费孝通精选集

费孝通论乡村建设

费孝通 著
方李莉 编

商务印书馆
The Commercial Press

图书在版编目(CIP)数据

费孝通论乡村建设/费孝通著;方李莉编.—北京：商务印书馆,2021
ISBN 978-7-100-20150-6

Ⅰ.①费… Ⅱ.①费…②方… Ⅲ.①城乡建设—研究—中国 Ⅳ.①D693.62

中国版本图书馆 CIP 数据核字(2021)第 144385 号

权利保留,侵权必究。

费孝通精选集
费孝通论乡村建设
费孝通 著
方李莉 编

商 务 印 书 馆 出 版
(北京王府井大街36号 邮政编码100710)
商 务 印 书 馆 发 行
北 京 冠 中 印 刷 厂 印 刷
ISBN 978-7-100-20150-6

2021年12月第1版 开本 880×1230 1/32
2021年12月北京第1次印刷 印张 17⅝
定价:88.00元

费孝通精选集
总　序

中国如何面向未来

——费孝通的文化反思及其解读

方李莉

一、我们为什么要读费孝通

应商务印书馆的邀请编一套"费孝通精选集",这对于编者来说是一件既艰巨又光荣的任务。费孝通先生是一位世界级的学者,也可以说是一位当代重要的思想者。他一生从未停止过思考,从年轻时思考中国乡村贫困的缘由,到中年关注少数民族问题及小城镇的发展,到晚年关注世界的和平与人类所向往的美好生活;从关注对人的生态研究进入到对人的心态研究,再进入到对人的精神世界和情感的研究等。在他一生的研究中,隐含着一段中国近代社会发展史,他所研究的每一个阶段都是中国社会的变革与发展在他学术思想中的投射。而这段近代史正是中国从传统的农业社会迈向现代的工业化社会,再迈向后工业化社会,迈向信息化社会的过程;也是从相对封闭发展的民族国家迈向一个开放的、拥抱全球化的国际性的民族国家的过程；还是从一个贫穷落后的国家发展到世界第二大经济体国家的过程等。

在这样的过程中，中国社会经历了许多巨大而又曲折的变迁与重构，这样的变迁与重构不仅是物质上的，也是精神上的，不仅是经济上的，也是心理上的；其中包括了中国人从对自身文化的批判及抛弃到走向重新认同及自信，从对外来文化的抗拒及迟疑到学习及融入等心态变化的历程。在费孝通先生不同阶段的研究中，我们都能感受中国社会每一个发展阶段所呈现的时代气息。这主要因为：第一，他是一位社会学人类学家，中国社会和中国文化是他的观察和研究对象，记录下其不同时期的变化，并加以研究本身是他的职责。第二，他受过非常良好的现代教育，是一位非常敏锐的当代思想者，善于从中国半个多世纪的社会实践中提炼出重要的理论，并将其描述出来指导当代中国的社会发展。第三，他不仅在学界而且在政界也有非常重要的地位，因此，他的许多研究都参与过中国政府的重大决策，并有机会指导中国的社会实践。第四，他受过良好的英文教育，研究视野宽阔，关注人类社会的整体发展，具有世界性、全球性和前瞻性的眼光。因此，他的许多理论和看法对于今天的中国社会发展，甚至是整个人类社会的发展都还具有借鉴意义，值得我们去再研究和再阅读。

可以说，当今整个人类世界让人最困惑和最需要解决的问题就是：人类是否能够继续和平地、可持续地发展下去？托马斯·弗里德曼说"全球化的第一时期（大约1870—1914年）将一个'大'世界变成一个中等世界，但这次全球化（自1989年以来）

将一个中等世界变成了一个'小'的世界（地球村）"，"一个平的世界"。①他说，在这个迷你（小）、扁平的世界里，我们没有藏身之处。核武器和气候变化（更不用提恐怖主义、疾病、迁移、金融、食物和水资源等）是全球性的问题，需要各国共同努力解决，国家或帝国只是在本国内拥有主权，并不能独自有效地解决这些问题。费孝通先生作为一位中国学者，不仅关心这一问题，还非常关心中国的崛起和中国的发展是否能顺利地融入世界的国际大家庭中，促进整个人类社会的发展。为此，费孝通先生晚年提出了"文化自觉"的学术思想，希望中国人能回到自己的历史文化中，去寻找中国古代社会积累下来的经验和智慧贡献给世界，与世界不同的民族共同建构一个新的共存共荣地美好的时代。为此，他提出了"各美其美，美人之美，美美与共，天下大同"的十六字箴言，并写下了多篇文章阐述这一思考，希望以此来促进世界不同国家的相互理解，相互欣赏，为人类能够共存共荣地生活在地球上而提出方案。

究其一生的研究，我们看到的是，他从一个点开始，即从研究家乡，研究乡村，到研究少数民族，到研究国家的发展，到最后关注人类未来的走向、人类情感的归属、美好生活的追求等。近期有人提出"费孝通的思想是否过时？"，编者的回答是，其研究不会过时，因为其研究是扎根在中国乃至世界的社会文化的实践中，是集中国社会学人类学研究的大成者，是耸立在学术道路上的一座丰碑，经得起时间的考验。而且由于他研究的深刻性和

---

① 伊恩·莫里斯:《西方将主宰多久》，钱峰译，中信出版社2014年版，第406页。

前瞻性,今天,我们阅读他的书的感觉是正当其时。

尤其是当下,我们正面临世界的各种纷争,中美贸易摩擦的加剧,乡村人口的疏离,少数民族团结需要进一步加强等国际的、国内的问题,我们越加感觉到费孝通先生的这些思考变得日益重要。丘吉尔称"你越能回溯历史,便越有可能展望未来"[①]。阅读费先生的著作,我们不仅能看到中国当代社会发展与变迁的历史脉络,而且由于他的研究是来自"从实求知"的社会调查,许多研究能非常清晰地反映不同时期中国社会的真实面貌,因此,在阅读中,我们不仅回溯历史,展望未来,而且能够非常深刻地理解中国的社会结构和中国的文化价值。费孝通先生严谨的做学问的方式和他学贯中西的修养,使他成为中国当代最有思想、最熟知中国社会与文化的重量级学者。可以说,无论哪一个学科,要了解当代的中国社会必须要了解费孝通的学术思想,不仅在中国,在国际上也一样,他的著作是所有国家研究中国问题学者的必读书目。

当今的中国需要有经济的发展,需要有文化的发展,更需要有理论资源导出的种种思考,来应对在经济发展中所遇到的种种文化问题,包括如何解决人与人相处、人与社会相处,还有国家与国家之间相处等等方面的问题。未来不再是一个讲究效益的时代,而是讲究意义和价值的时代,因此,哪一个国家的理论思考能够走在前面,能率先提出系列的符合世界和平的可持续发展的价值观,哪一个国家就能在未来的发展中胜出。费孝通先生作为

[①] 伊恩·莫里斯:《西方将主宰多久》,钱峰译,中信出版社2014年版,第406页。

一辈子从事人类学、社会学研究的学者，其所思考的都是与此相关的问题，因此，他的理论和思考能帮助我们解答或启迪我们去认识这些当今所面临的挑战，也可以在此基础上形成中国当代的思考、中国当代的可持续发展理论贡献给世界。

正因为如此，编者在编这套精选集时，花了近两年的时间阅读所编辑的每一篇文章，试图在阅读中去理解费孝通先生学术生涯中每一个思想转折期的时代背景及他做这些研究的价值和意义，力图通过这些文章去理解他的人生追求及思考。通过反复地学习让自己对费孝通的学术思想和学术经历有了一些认识及体会，希望在这里介绍和表达出来与读者们一起分享。

为了理解费孝通先生的学术，我们可以先从了解他的家庭和他的教育背景开始，这是他学术思想构成的初始条件，也是确立他一生学术目标的起步阶段。

二、学术的起步与背景

费孝通先生 1910 年出生于江苏吴江的一个乡绅家庭。他自己定义自己的社会属性是士绅阶级，文化属性是新学熏陶出来的知识分子。在那个年代的中国人，大多数还是在接受旧式的私塾教育，但费孝通先生的家庭在当时是属于比较时髦和前卫的。他的两位舅舅一位留学美国、一位留学欧洲，父亲也曾留学日本。正因为如此，费孝通先生从未上过私塾，是从他母亲最早开办的幼儿园里出来的，当时叫"蒙养院"，它是中国最早具有现代教育意义的幼儿教育的模式，学唱歌，学脚踏风琴，在那时候是很新鲜的。[1] 这是费孝通先生一生的出发点。费孝通说,童年的教育很重要,它决定了我的一生,也可以说,一个人是从家庭中开始成长起来的,家庭是人一生成长的出发点。[2]

费孝通说:"从那里开始,我按照当时的教育制度从小学、中学到大学一直到同西方接触,到了英国,于1938年在伦敦大学获得博士学位告一段落,这是我一生中受教育的时期。"[3] 从费孝通的经历我们可以看到,从十九世纪末开始,由于西方文化不断的扩张,中国不再是一个孤立的、自守的文化,而是在西方化的影响下重新发展出来的文化。费孝通的家族就是最早受到这一文化影响的家族之一,而费孝通自己也是在这一影响中成长起来的。[4]

通过查阅资料,我们看到,费孝通先生受过非常良好的英文教育,他18岁时进入东吴大学医学专业学习,但是两年之后,他放弃了这个专业,在"一种为医治社会疾病与不公的更伟大目标"的感召之下,他转向了社会学,认为这个专业比医学对于中国更有用。尽管东吴大学的两年荒废了,但由于这是一个教会学校,用的是英文教育,为费孝通日后打下了基础。

离开东吴大学后他考入燕京大学学习社会学,三年后又考入清华大学人类学系学习人类学。早年燕京大学社会学专业和清华大学的人类学专业,由于没有中文教材,基本上都是用的英文教材和英文授课,而且还曾邀请不少国际社会学人类学者到中国来讲学,这

---

[1] 《我的早年生活》,载《费孝通论文化艺术与美好生活建设》,第148页。
[2] 同上书,第144页。
[3] 《创建一个和而不同的全球社会》,载《费孝通论文化自觉与学科建设》,第41页。
[4] 《我的早年生活》,载《费孝通论文化艺术与美好生活建设》,第144页。

些为费孝通先生出国前的英文和西学教育打下了良好的基础。

常言道"名师出高徒",费孝通作为一代宗师,不仅与他所受的教育有关,与他的老师们的培养也有关。他一生常念叨的老师有五位,第一位是吴文藻,是费孝通在燕京大学学习社会学时期的老师,也是费孝通先生学习社会学和人类学的引路人。吴文藻认为,社会学要中国化,最主要的是要研究中国国情,即通过调查中国各地区的村社和城市的状况,提出改进中国社会结构的参考意见。吴文藻先生把此概括为"社区研究"。

费孝通常念叨的中国老师,还有一位是潘光旦。潘光旦是一位通古博今、学贯中西的大学者,他发现应该以人为研究本体的社会科学并没有拿人作对象,社会俨然成为一新的本体,于是社会科学成了从社会到社会的本本,成了隔靴搔痒不着痛处的空谈。所以,他提倡社会学要以人为研究中心,尤其是将重点放在教育学的研究方面。他认为,一个人、一个民族,都在求其"安所遂生",即求其"位育",教育的目的也在于求人生良好的"位育"。

有关这两位中国老师对他的影响,费孝通先生在晚年的文章中提到过。他说,吴文藻先生提出了两个重要思想,一个是社会学中国化,一个是把人类学和社会学结合起来,运用人类学的方法发展中国的社会学,从实际调查中出思想,出理论。这一影响伴随了费孝通的一生,他的一生就是做实地考察,并将社会学与人类学融为一体来研究中国问题。他说,潘先生对我影响比较重要的思想是"两个世界",一是人同物的关系的世界,一是人同人的关系的世界。[①]

[①] 《从反思到文化自觉和交流》,载《费孝通论文化自觉与学科建设》,第83页。

总序

费孝通先生是由中西学者共同培养出来的一代骄子,除两位中国老师外,在他的受教育的生涯中,还有三位外国老师非常重要。第一位外国老师是来自于美国芝加哥大学的派克(Robert Park)教授,他是费孝通先生接触的第一位外国老师。1932年,应吴文藻先生的邀请,派克教授来到燕京大学做客座教授,传授实地调查的社区研究方法。

费孝通先生在书中写道:这套方法是从现代人类学里移植过来的。西方当时人类学者都必须参与到具有不同文化特点的各族人民的实际社会生活中去,通过切身的观察、理解、分析、总结,取得对实际的认识。派克和他的学生们就采用这种方法去调查芝加哥的都市社会,建立了被称为芝加哥学派的社会学,而派克是这一学派的领军人物。吴文藻希望采用这种将人类学与社会学结合的方法来建立中国的社会学。所以,吴文藻请派克到中国来为学生们上课,也是希望他的学生们能掌握这一工具来研究中国社会,解释中国社会所发生的问题。派克上课期间,曾带学生们去北平的天桥做调查。中国传统做学问的方式都是坐在书斋里,而派克却将他们带入到社会生活中,尤其是到当时那些洋学生们从未接触过的底层社会中去做研究,这对于当时的中国知识分子们来讲是前所未有过。费孝通写道:以前我们是不去那个地方的,燕京大学的学生怎么能去那样的地方?[1] 然而这种研究方法对于费孝通先生的影响是极其深远的,也就是从那个时候开始,费孝通确立了他一生"从实求知"的学术旨趣。

---

[1] 《从人类学是一门交叉的学科谈起》,载《费孝通论文化自觉与学科建设》,第371页。

当时燕京大学的社会学系在吴文藻的主持下，不仅请来了美国社会学芝加哥学派的奠基人派克，还请来了英国人类学功能学派创始人之一布朗（Alfred Radcliffe-Brown）。当时的费孝通先生有幸遇到了两位学科前沿的开拓者。如果说派克教授的授课让费孝通学习到了社区研究的方式，而布朗教授却鼓励他下乡去实地调查中国农民，这为他日后的江村考察打下了基础。

费孝通大学毕业后遵从吴文藻的建议，考入清华大学史禄国教授的门下学习体质人类学的硕士课程。

据费孝通介绍，史禄国教授是欧洲传统学术训练出来的世界级的人类学家，他的研究范围非常广，包括体质、语言、考古以及当代各民族文化的比较研究。

史禄国为费孝通的学术成长打下了非常扎实的基础，在硕士期间，他给费孝通规定了三个学习阶段，每个阶段用两个学年。第一阶段学体质人类学，第二阶段学语言学，第三阶段才学文化人类学。其间还要自学一段考古学。[①] 由于种种原因，费孝通只学习了体质人类学，后面两个阶段的学习并没完成。尽管如此，史禄国的教育对于费孝通是受益终身的。费孝通在跟随史禄国学习期间，除了体质人类学之外，还学到了他严谨的科学治学态度，以及对各民族在社会结构上各具特点、自成系统的认识方法。他说，后来我才意识到，从史禄国那里学到的有关人的生物基础和社会结构的整体论和系统论，原来就是马林诺斯基功能论的组成

---

① 《人不知而不愠：缅怀史禄国老师》，载《费孝通论文化自觉与学科建设》，第307页。

部分①。

　　1935年在清华研究院结业后，费孝通接受史禄国的建议到广西大瑶山实地调查瑶族的体质和社会组织。这次实习可说是费孝通民族研究的初次尝试②，而江村的调查实际上是花蓝瑶调查的继续。史禄国对费孝通一生的学术影响是非常深远的，他曾在文章中写道："如果硬是要问我这一生在社区研究上有什么'得力武器'，我想到的也许就是从史老师那里学来的'类型比较法'。"③这是当年费孝通先生在清华园生物楼里天天埋头在找体型类型和模式时，所打下的学术基础。至于费孝通先生在民族学上提出的"多元一体论"更直接从史氏的Ethnos论里传来的④。在晚年时，费孝通先生在文章中写道："我那篇文章（中华民族多元一体）的思路在60年前早已由史老师灌输入我的脑中，不料经过了多少坎坷的年头才重新在我笔下出现。"⑤

　　1936年，在吴文藻先生的安排下，费孝通赴伦敦政治经济学院（LSE）攻读社会人类学博士学位。在LSE，他师从弗思（Raymond Firth）和马林诺斯基（Bronislaw Malinowski）。

　　费孝通入校后，以开弦弓村（即"江村"）的调查所得为基

---

　　① 《创建一个和而不同的全球社会》，载《费孝通论文化自觉与学科建设》，第40页。
　　② 《简述我的民族研究经历和思考》，载《费孝通论文化自觉与学科建设》，第247页。
　　③ 《从史禄国老师学体质人类学》，载《费孝通论文化自觉与学科建设》，第335页。
　　④ 《人不知而不愠：缅怀史禄国老师》，载《费孝通论文化自觉与学科建设》，第311页。
　　⑤ 《从史禄国老师学体质人类学》，载《费孝通论文化自觉与学科建设》，第334页。

础，写成一部博士论文，并在1938年秋天顺利通过答辩。这本著作的中文名字叫《江村经济》，英文名字叫《中国农民生活》，这本书是马林诺斯基推荐给书商的（叫《中国农民生活》在市场上更有卖点）。当时的人类学界所关注和研究的对象大多还是像美洲、非洲、大洋洲上的土著，而描绘文明社会的农民生活的著作极少，因此，费孝通的著作一出版就受到了广泛的关注。这一方面是费孝通的文笔和研究角度都非常符合西方人的口味和习惯，另一方面，书中描述的有关中国这一古老的民族在遭遇西方文化时的困境和挑战，也让西方人看到了现代文明与传统文明接触时所产生的一些负面因素。

费孝通先生的这本论文完成后，马林诺斯基亲自为其写序，他热情地写道："我敢预言费孝通博士的《中国农民生活》一书将被认为是人类学实地调查和理论工作发展中的一个里程碑。此书有一些杰出的优点，每一个优点都标志着一个新的发展。本书让我们注意到的并不是一个小小的微不足道的部落，而是世界上一个最伟大的国家。"[①] 当时的人类学界不仅很少有人去研究文明国家，更少有人去研究自己的家乡，因此，费孝通的研究可以说是开启了当时人类学研究的先河。马林诺斯基认为："本书的内容包含着一个公民对自己的人民观察的结果，这是一个土生土长的人在本乡人民中间进行的工作成果。如果说人贵有自知之明的话，那么一个民族研究自己民族的人类学当然是最艰巨的，同样这也是一个实地调查工作者的最珍贵的成就。"更重要的是"费博士看

[①] 马林诺斯基:《〈江村经济〉序言》，载费孝通:《江村经济》，商务印书馆2001年版，第13页。

到了科学的价值在于为人类服务"[1]。费孝通当年弃医转而学习社会学,目的就是要用社会科学的研究来医治中国社会的病症,显然,他一开始的目标就直指这一点,即以自己的研究来为人类服务,为自己的同胞服务。这与他后来提出的迈向人民的人类学的思考是一致的。而马林诺斯基看到了他的这位学生的志向。他说:"费博士是中国的一个年轻爱国者,他不仅充分感觉到中国目前的悲剧,而且还注意到更大的问题,他的伟大祖国,进退维谷,是西方化还是灭亡?既然是一个人类学者,他毕竟懂得,再适应的过程是何等地困难。他懂得,这一过程必须逐步地、缓慢地、机智地建立在旧的基础之上。"[2]的确,费孝通当时进入人类学与社会学的目的是社会责任高于学术追求,"中国越来越迫切地需要这种知识,因为这个国家再也承担不起因失误而损耗任何财富和能量"[3]。人类社会从传统农业社会进入到现代的工业社会的过程,就是一个丢弃自己的传统开始走向西方化的过程,这是一个重新选择文化认同的痛苦过程。费孝通深深地理解这一点,他要用自己的研究来帮助祖国的发展。

马林诺斯基是一位侨居在英国的波兰人。第一次世界大战和第二次世界大战他的祖国都深陷于其中,但他却不能用自己的学术来帮助自己的祖国,所以对于费孝通的研究,他非常羡慕和欣赏。他通过费孝通的《江村经济》一书看到:"那面向人类社会、人类行为和人类本性的真正的有效的科学分析的人类学,它的进程是

---

[1] 马林诺斯基:《〈江村经济〉序言》,载费孝通:《江村经济》,商务印书馆2001年版,第13页。

[2] 同上书,第14页。

[3] 同上。

不可阻挡的。"① 他在序言中说道:"他书中所表露的很多箴言和原则,也是我过去在相当一段时间里所主张和宣扬的,但可惜我自己却没有机会去实践它。"② 可以说,从某种程度来讲,费孝通的研究案例展露出了他的许多主张。费孝通到晚年时非常感谢老师给他写的这篇序言,他说:"他看到这书字后行外的意向,指向人类应当用知识来促进世人的幸福和美好社会的实现。这触及了马老师心中早已认识到的社会人类学的应用价值和它的使命。"③ 正是认同这个应用价值,他将自己的研究定义为应用人类学,其目的就是为人服务。

在学术界许多研究是以专业学科为界别为中心,这样的研究固然会由于学术的规范让学者在专业领域中得到发展和认同,但有时候因为过于强调反而成为藩篱,限制学者的视野。费孝通先生一生学习社会学和人类学,但他的研究从来不限于专业或受制于专业,相反,他是希望以专业的训练来服务于他的目标,当他的研究视野超越专业时,他常常是勇于和敢于打破它。所以,他说:"我有一次在国际会议上自称是被视为在这个学术领域的一匹乱闯的野马。野马野者是指别人不知道这匹马东奔西驰目的何在。其实这匹四处奔驰的马并不野,目的早已在 60 年前由马老师代我说明白了。"他认为,真正了解他学人类学目的的,进入农村调查工作的,在当时甚至一直到后来的同行中除马林诺斯基之外,为

---

① 马林诺斯基:《〈江村经济〉序言》,载费孝通:《江村经济》,商务印书馆 2001 年版,第 15 页。
② 同上。
③ 费孝通:《重读〈江村经济·序言〉》,载费孝通:《江村经济》,商务印书馆 2001 年版,第 343 页。

数不多。① 可见马林诺斯基对于费孝通的影响不仅是在学术上，在人生的奋斗目标上也是巨大的。

费孝通对于他在马林诺斯基身边学习印象最深的是，参与马老师主持的每星期五下午举行的席明纳。这个席明纳当时有个通行的名称叫 Anthropology Today（今日人类学），这个名称的意义各人可以有各人的体会，费孝通先生喜欢用"人类学的前沿"来理解，也包含着"赶上时代的人类学"的意思，实际上主要是马林诺斯基当时正在思考的有关社会人类学及时的问题，讨论的主题每个学年都有不同。② 1936—1937 年期间，费孝通学的是马林诺斯基的文化论，讨论的是做田野时如何制定"文化表格"；1937—1938 年，费孝通先生学习的是马林诺斯基的文化动态论，讲的是分析文化动态的"the three columns approach"，即"三项法"。

"文化表格"和"三项法"都是马林诺斯基在席明纳里通用的，要建立这一门实证的科学关键是找到一套研究方法。马林诺斯基为现代社会人类学的这门学科确立了"参与观察"的实证主义的田野工作方法。他在席明纳里所提出的"文化表格"和"三项法"，一再强调是给田野工作者准备的参考工具，为进行参与观察的田野工作服务的③。这样的研究方法伴随了费孝通的一生，为他的研究找到了路径和工具。

---

① 费孝通:《重读〈江村经济·序言〉》，载费孝通:《江村经济》，商务印书馆 2001 年版，第 342 页。
② 《读马老师遗著〈文化动态论〉书后》，载《费孝通论文化自觉与学科建设》，第 267 页。
③ 同上书，第 270 页。

了解完费孝通的学习经历和教育背景，我们可以看到这是一位由中外著名学者共同教育和培养出来的天之骄子，他从各位学术大师身上吸收到的社会学人类学研究的营养，为他日后的成长打下了厚实的基础。

三、透过"他者"与"我者"交替的眼光研究中国

"他者""异文化""主位""客位""局内人""局外人"等是人类学里非常重要的概念，这一系列的概念源于传统的人类学家常常是去遥远的异邦，研究"他者"的文化，并由此形成反射自身文化的镜子，而达到对自身文化的反思和认识的目的。

但费孝通的研究有别于传统西方人类学的研究，他的成名作《江村经济》没有去远方，只是在家乡，也不是"异文化"，这里面没有"他者"，都是他所熟悉的乡亲父老。对此，有外国人类学者表示质疑，认为他研究的不是"他者"的文化，而是"我者"的文化、家乡的文化，在研究中难免会带上自己的主观色彩。对于这样的质疑，学界有不同的看法，费先生自己也有所回应。

通过对费孝通的教育背景的研究，笔者有了新的想法：费孝通研究的虽然是他饱浸于其中的家乡，但他从很年轻的时候就接触到西方文化，这也是一种遥远的"异文化"；通过接受非常严格的西方式社会学、人类学的教育，他有了与传统中国人不一样的眼光，他既是"异文化"的观察者，也是"异文化"的接受者。因此，当他再去看自己家乡时，在某种场合会将其陌生化，以达到客观认识的目的。也即在研究的过程中，他既有"主

位"和"局内人"的角度,但同时也有"客位"和"局外人"的看法。

费孝通一生主要是研究中国,所以是以"我者"的眼光去写"本文化",并不完全符合西方人类学以"他者"的眼光来写"异文化"的要求,但因为他受过很好的西方教育,在研究是就不仅只有"我者"的眼光,当他站在西方文化的立场上再来回望中国的时候,就不仅仅只是在研究"本文化",而是穿梭于中西之间进行对比研究。

而且很有趣的是,仔细想起来,费孝通的一生不仅是做过"本文化"的研究,也做过"异文化"的研究。他曾站在中国人的角度去观察西方文化,并且书写了大量的有关英美文化的文章。有关他的这方面的研究学界是有所疏忽的,但正是因为有了这些研究才构成了费孝通完整的思想体系。只有关注到了他的这方面的研究,我们才会明白为什么他的视阈是全球性的。

四、站在中西比较的角度"书写西方"

为此我们可以简单地回顾一下费孝通的海外研究。1938年费孝通从英国获得博士学位回国,结束了海外学习。当时正值抗日战争时期,他到达当时的后方云南,并在当时的西南联大/云南大学社会学系工作。其间,他在昆明附近的呈贡魁阁创建了社会学调查工作站。在那里,他培养了新一代投身于田野工作的青年学者,同时继《江村经济》之后,他又完成了一本有关乡村研究的著作——《禄村农田》。1943年美国有一个资助中国学者到美国做学术交流的项目，时年32岁的费孝通成为人选之一。1943年6月费孝通先生到达美国，他首先在哥伦比亚大学完成了《禄村农田》的翻译工作（1943年7—10月），其间得到该校人类学教授拉尔夫·林顿（Ralph Linton）和他的学生保罗·库珀（Paul Cooper）的协助。此后他移师芝加哥大学，在那里完成了另外的一些翻译（1943年11月—1944年1月），在翻译过程中同样得到了美国同行的大力支持。《禄村农田》于1945年由芝加哥大学出版社出版，成为继《江村经济》后，费孝通又一本产生重大国际影响的著作。那时，他第一次到美国，非常激动，在去美国之前给朋友写信道："我来了，我要来看人生的另一条道路。"所以到美国后，除了完成自己著作的翻译外，他还完成了系列的旅美文章，回国后，又于1945年在云南完成了《初访美国》的专著，大约有十万字左右。他之所以写这些文章，是一种对"异文化"的研究，目的是要由此要了解人生的另一条路，也可以说是社会发展的另一条路，并以这条路作为对比，认识自己，认识中国。

1946年，李公朴、闻一多惨案发生后，国民党特务加紧迫害投身于爱国民主运动的进步知识分子，费孝通的处境极其凶险，被迫离开云南，并于当年冬天重访英国，在那里待了三个月。那一年除完成了代表性著作《生育制度》和代表性文章《人性与机器》等之外，他还写了十几篇有关西方世界的时评文章，其中包括《重访英伦》。

编者仔细地翻阅了费孝通从1943年至1949年期间的文章，发现这一期间是他研究的高峰期。在这期间他不仅完成了他的许多有代表性的有关中国乡村研究的理论总结式的专著，还完成了大量的"写西方"的文章。1946年和1947年是他学术成果最多的两年，但同时，也是他"写西方"文章最多的时期。1948年至1949年期间，在完成了《乡土中国》《皇权与绅权》《关于城乡问题》《城乡联系》等重要专著与文章外，他还写了17篇关于世界局势的文章，除有一篇写印度、一篇写日本的文章外，其余写的都是英美的时事，资料是来自当时的英文报纸。

从以上的叙述，我们可以看到费孝通先生不仅是用中西对比的方式来研究中国，也试图用中西对比的方式研究西方。他对西方的这些所谓的"杂写"，实际上开启了中国人类学观察研究西方的窗户。最重要的是，在这期间他对西方的研究，不仅没有耽误他对中国问题的研究，反而加强了其研究的深度。最能代表他30、40年代研究理论高度的专著与文章，《生育制度》《乡土中国》《乡土重建》《皇权与绅权》《机器与人性》等都是出自这一时期。他写西方、观察西方的目的还是为了解决中国的问题，为了中国的未来发展看看世界的另一条发展之路。

上世纪80年代复出以后，他又多次出国参加学术活动，每一次活动他都不放弃写作，如在1979年至1982年期间他曾写过《访加巡回讲学纪要》《赴美访学观感点滴》《访美掠影》《英伦杂感》《访澳杂记》《访日杂咏》等。通过"书写西方"，他更坚定了进一步研究中国、认识中国的决心。

通过长期的观察和研究，他认识到："不论哪种文明，都不是完美无缺的，都有精华和糟粕，所以对涌进来的异文化我们既要'理解'，又要有所'选择'。"[①] 他认为，我们要走现代化的道路，但并不是盲目地跟在西方后面，需要用自己的脚走出来。要走中

---

① 《"美美与共"和人类文明》，载《费孝通论文化自觉与学科建设》，第36页。

国自己现代化的道路首先就要了解中国的文化和历史。所以他提出了"文化自觉"的学术思想,认为"文化自觉"就是要明白自己文化的来龙去脉,做到自知自明,其目的就是掌握文化转型和发展的自主权。

晚年,费孝通参加过一些考古学术论坛,还阅读不少有关中国哲学历史的书籍,就是为了补充自己对中国传统文化认识方面的知识。他在一次与李亦园先生的对话中说道:"最近我在看顾颉刚、傅斯年、钱穆这样一些人的传记,他们都是从私塾里边出来的,是我的上一代人。我和上一代人的差距的一个方面,就是国学的根子在我这里不深。"[①]李亦园先生的回答是:"像陈寅恪、顾颉刚他们那样一种学术研究,没有办法提出一套可以供全世界的学者了解的人们如何相处的理论。您一开始就提出的'差序格局'的想法,是从旧学出来的学者很难提出来的。您提出的理论,是一个有了一番国外经历和西学训练的中国学者提出的对自己民族的看法和理论。"[②]编者认为,李亦园讲得非常对,费孝通先生既是一位中国学者,又是一位通晓西方学术和具有世界眼光的学者,他看中国的问题从来就不仅仅是从中国的角度,还包括了从世界性的角度来看,所以以他的角度来研究中国,即使是自己的家乡也一样夹杂有"他者"的眼光。多一种眼光看问题,会更全面和更有优势,也会更客观地看待自己本土的文化历史,在他那一代人里这样的学者是不多的。

当然,萨林斯和亨廷顿都注意到,从上世纪80年代开始,

[①] 《中国文化与新世纪的社会学人类学——费孝通、李亦园对话录》,载《费孝通论文化自觉与学科建设》,第452页。

[②] 同上书,第453页。

许多传统国家开始复兴自己的本土文化，而推动这一复兴现象的往往是受教育程度比较高的人，大多数都有在西方受过教育的经历。正是这种西方教育，让他们从另一个角度来看待自己的传统文化，反而有了新的认识。而费孝通是中国较早受到西方教育的一代人，所以也是较早重新认识和肯定自己传统文化的学者。因此，这种高度的本土化文化自觉精神不是由完全受本土教育的学者提出来，而是由费孝通这样受西化教育很深的学者提出来，有其背后很深的原因。

费孝通先生的一生一方面是站在全球性的高度，通过中西方对比来研究中国，另一方面又是深入到社会实践中去研究中国，还有一方面就是在历史的脉络中去研究中国。多条线路的研究方法构成了费孝通的学术体系，而这条学术体系所呈现的就是近百年的中国文化自觉和中国文化反思，这既是费孝通先生建构的，也是这个时代中国人思考的集体反射。

五、结束语

以上叙述的是费孝通思想形成的家庭背景、教育背景和研究角度与方法，下面编者将叙述自己编"费孝通精选集"的思考。这套精选集首先是要方便读者查找，以前编辑的"费孝通全集"或"费孝通文集"，主要是按照时间序列，不按主题，所以不方便查找。为此，编者遵循如下三个原则：第一，按照主题选择文章，当然主题后面也隐含了时间，因为费孝通是根据时代背景而选择研究主题的。第二，因为专著有单行本，也方便查找，于是就不选入，主要选入的是文章。第三，主题要与当前社会的需要相结合，对当今社会的发展和学术研究有所启迪。

为此，编者选择了五个部分的内容。第一部分：费孝通论乡村建设；第二部分：费孝通论中华民族多元一体格局与民族关系；第三部分：费孝通论小城镇建设；第四部分：费孝通论文化自觉与学科建设；第五部分：费孝通论文化艺术与美好生活建设。这五个部分代表了费孝通的五个学术阶段，每一个阶段都有它特殊的历史价值和学术意义。编者将这五个部分，编成五册精选集，每一册的主题都与中国的当今发展息息相关，既可以成为各个人文学科及社会科学领域里的基础理论研究部分的参考书目，也可以成为各级政府学习的重要理论著作之一。在每一册精选集前，编者都写了自己的编撰思考以及对其研究内容的认识，以帮助大家抓住阅读的重点，同时也是抛砖引玉，供大家参考。

目 录

导读 ································· 方李莉 i

第一编　乡村与土地

乡土中国 ································· 3
内地的农村 ······························· 89
土地里长出来的文化 ······················· 187

第二编　乡村与工业

中国乡村工业 ····························· 195
人性和机器
　　——中国手工业的前途 ················· 215
关于"乡土工业"和"绅权" ··············· 230
小康经济
　　——敬答吴景超先生对《人性和机器》的批评 ············· 238

第三编　乡土重建及城乡关系

乡土重建 ································· 257
关于"城""乡"问题
　　——答姜庆湘先生 ····················· 409

评晏阳初《开发民力建设乡村》 415
城乡联系的又一面 424

第四编　农村建设新探索

农村调查的体会 437
农村工业化的道路 454
九访江村 457
说草根工业 480
农民头脑里的变化 483
江村五十年 488
在农业基础上发展起来 493
三访江村 506
工农结合探索农业现代化新路 524

导　读

方李莉

本册《费孝通论乡村建设》共收录费孝通先生二十篇有关乡村研究方面的文章，分为"乡村与土地""乡村与工业""乡土重建及城乡关系""农村建设新探索"四个部分，前三个部分主要完成于上世纪三四十年代，最后一部分是上世纪八十年代费孝通复出以后写的。这本集子对于今天国家乡村振兴的战略是具有参考价值的，其不仅可以帮助我们了解中国传统的乡村文化、乡村社会结构，还为未来的乡村勾勒出了发展的前景。

一、费孝通学术研究的起点

费孝通先生的学术活动可以说是以研究中国乡村开始的，也是从做中国乡村的田野考察开始的。他一生共有三次人类学的田野作业。第一次是在广西金秀瑶山，第二次是在江苏的开弦弓村（江村），第三次是在云南禄村。这三次都可以说都是中国人研究中国社会文化。但是第一次则是汉人去研究瑶人。① 这三次田野工作为费孝通先生认识中国社会、中国文化、中国少数民族和汉族之间的相互关系打下了深厚的基础。三次田野中影响最大的是江村考察，既是费孝通先生的博士论文内容，也是其成名之作。

这本博士论文在英国的出版奠定了费孝通在国际上的学术地位。马林诺斯基亲自为这本书作序，他评价说："吴教授和他所培养的年轻学者首先认识到，为了解他们的伟大祖国的文明并使其他的人理解它，他们需要去阅读中国人生活这本公开的书本，并理解中国人在现实生活中是怎样思考的。"② 费孝通在《重读〈江村经济〉序言》中说，只从 80% 以上的中国人住在农村里这一事实，可以看到中国的基本社会结构和生活方式大部分还是等同于从农民的型式中发展出来的，因之至少可以肯定研究中国文化应当从农村入手。③ 费孝通先生的研究不仅帮助中国人，也帮助西方学者了解了中国的乡村社会和乡村文化，马林诺斯基认为，费孝通的研究"对农村生活、农民生活资料、农民典型职业的描述以及完美的节气农历和土地占有的准确定义等都为读者提供了一种深入的确切资料，这在任何有关的中国文献中都十分罕见的"④。在这之前，从未有过学者用科学和客观的人类学方法去描述和研究过中国的乡村，因此，费孝通的博士论文一出版就受到了西方世界的关注。

由于费孝通是以人类学的方法对一个有着悠久文明史的国家

---

① 《重读〈江村经济〉序言》，载《费孝通论文化自觉与学科建设》，第 224 页。
② 马林诺斯基：《〈江村经济〉序言》，载费孝通：《江村经济》，商务印书馆 2001 年版，第 16 页。
③ 同上书，第 325 页。
④ 同上书，第 17 页。

进行研究，有别于西方主要是做原始部落研究的人类学，因此，在他的研究中不仅有空间的还有时间的维度，他的研究促使马林诺斯基对历史和人类学关系的思考，费孝通在马老师的影响下讲："至少我认为今后在微型社区里进行田野工作的社会人类学者应当尽可能地重视历史背景，最好的方法是与历史学者合作，使社区研究，不论是研究哪个层次的社区都须具有时间发展的观点，而不只是为将来留下一点历史资料。真正的'活历史'是前因后果串联起来的一个动态的巨流。"[①] 这些观点的提出，打破了以往功能主义不关注历史研究的传统，并对费孝通一生的研究都留下了深刻的烙印，也使他在学术研究的过程中始终有一条历史的脉络隐含于其中，也因此，乔健先生将费孝通的研究归为"历史功能主义"。

二、对中国乡土重建的启发

1938 年，从英国获得博士回国以后，正值抗日战争爆发，费孝通到西南联大/云南大学社会学系任教。抗战结束后，他到清华大学任教。从 1938 年到 1941 年这三四年的时间里，费孝通先后撰写了《禄村农田》《生育制度》《乡土中国》《乡土重建》等专著，并发表了一系列有关中国农村研究的论文，内容涉及中国农村地区的经济、文化、政治、教育等诸多方面。

---

① 《重读〈江村经济〉序言》，载《费孝通论文化自觉与学科建设》，第 236 页。

这些专著和论文的发表，都是建立在对三四十年代的中国农村进行了微型社区的典型研究的基础之上的。这十几年是他一生学术打基础、高产并最具研究锐气的阶段，也是他最具国际化的阶段。这一阶段的成果基本被翻译成英文，并产生国际影响力。

今天当我们重新读这些著作和论文时，不仅是感到亲切，还特别感到非常具有现实意义。民国时期中国乡村所遇到的工业化冲击到今天仍然没有解决，而且是更加尖锐了。费孝通先生对于当时乡村问题的分析以及他提出来的解决方案对于我们今天的乡村振兴来讲，仍然非常重要。费孝通先生在当时的专著和论文中的有关中国社会结构的研究，如差序格局、代际传承、政道合一、乡绅阶层、乡村工业、乡土社会等概念对我们今天的乡村建设仍然有着非常重要的指导意义。

有关中国的乡村建设，编者认为，涉及三个最重要的问题：一个是乡村文化，一个是乡村治理，还有一个是乡村产业和经济。有关这些问题，费孝通在《乡土中国》《乡土重建》《皇权与绅权》《人性和机器》等一系列的著作和文章中做了非常深入的剖析。即使在今天，我们还需要回到乡土中去重新认识这些问题。中国的乡土社会中本来包含着赖以维持其健全性的所有习惯、制度、道德、人才。但这一切在工业化和城市化以后，却被消失殆尽。

另外，编者认为，费孝通先生写的乡村的社会结构、乡村的文化礼俗，尤其是文人士绅和知识分子在乡村中所发挥的作用和价值，也会给我们今天的乡村治理带来许多新的思考。在他的笔下，我们看到生活在乡村中的，不仅有农民还有文人士绅，而且这些文人士绅们在传统的中国乡村中有着不可替代的作用。他在文章中写道：士绅住在地方社区当中，以私人的以及法律以外的方式，同那些正式承认的、在官府中担任最低职位的官吏打交道。文人士绅发挥的这种关键作用，使得皇权统治得以施行，并且维护了村庄的传统社会组织。而且，古代圣人的教导便是通过这些文人来传递给农民的，并一次又一次重新界定农民和士绅都共同认可的道德目的的意义。[1]

他们有的是祖祖辈辈生活在乡村，有的则是读书做官，或出外经商老了以后才回家乡，利用自己的知识以及官场或商场的人脉关系，帮助家乡发展，维系乡村的繁荣。所以，费孝通说，在传统的乡村"人和地在乡土社会中有着感情的联系，一种桑梓情谊，落叶归根的有机循环中所培养出来的精神"[2]。但是，工业革命以后，受过西方教育的现代知识分子并没有取代旧的知识分子。他们没有回到既无社会地位又无事业可谈的乡村中去，而是留在城里，因此，乡村流失了一些最优秀的人力资源[3]。费孝通认为，都市和乡村是必须来回流通的。[4] 从这桥梁上，城市里所孕育出来的现代知识输入了乡间，乡间出来的人才，受了现代科学的教育后，可以回去服务农村了。[5] 这些话虽然是费孝通在上个世纪40年代写的，但对于我们今天的乡村仍然有着非常重要的启示，今天的乡村建设如果不能

---

[1] 罗伯特·雷德菲尔德：《〈中国士绅〉序言》，载费孝通：《中国士绅》，外语教学与研究出版社2011年版，第15页。
[2] 《乡土重建》，载《费孝通论乡村建设》，第316页。
[3] 同上书，第320页。
[4] 同上书，第322页。
[5] 同上。

吸引知识分子的参与，仍然会难以成功。

三、乡村工业对乡村建设的意义

编者认为，费孝通提出来的乡村工业是今天乡村建设非常需要关注的问题，今天的乡村振兴大家所关注的主要是旅游业，服务的对象主要是游客，但忽视了当地的农民。这些农民要在自己的土地上生活下去，不仅是要发展农业和旅游业，还必须要发展乡村工业，如果乡村没有自己的工业，农民的生活将很难有所依附。这是费孝通先生一生都非常关注的问题，他的"志在富民"就来自于此。

他认为，在传统的中国，由于人多地少，土地不但不能单独养活农村里的人口，而且也不能利用农村里所有的劳力。所以，在传统的乡村，人民除种田外，多从事一种手工艺以为副业。往往一村之内，全村居民均赖此为生，该村即以此种小工艺而著闻于当地。因此，在那样的时代，每个农民多少同时是个工人。[①]

也正因为如此，在中国广大的农村里养育了中国百分之九十的人口，同时也使得传统的中国不仅是一个农业大国，也是一个手工业大国，因此，传统的中国不能简单地称之为农业国家，应该与手工业合称为农工国家。从秦汉时期开始，中国的手工业制品就大量出口，并由此开通了陆上丝绸之路。到唐代，随着大运河的南北贯通，海运的发达，中国的手工业产品通过内陆河流到

---

① 《中国乡村工业》，载《费孝通论乡村建设》，第198页。

达海岸港口。因此,美国学者罗伯特·芬雷曾在他的书中写道:"人类物质文化首度步向全球化,是在中国的主导下展开。在绝大部分的人类历史时光之中,中国的经济都为全世界最先进、最发达。"[1] 费孝通先生所考察的江村,在19世纪末之前,一直是出口蚕丝去海外的所在地。编者的家乡景德镇,在工业革命之前,所生产的瓷器曾销往世界各国。

但由于工业革命的冲击,手工不敌机器,中国的手工业产品不仅无法出口,就是本国城市的居民也热衷购买外来的洋货。在19世纪末至20世纪中叶,整个的大趋势是中国经济的彻底农业化,中国陷入了前所未有的贫困之中。费孝通先生认为,失去了手工业的农业中国等于是个饥饿中国。[2] 手工业没有了希望,也就等于说中国农村经济没有了希望。乡村工业不是一个单独的问题,而是密切关联着农业技术和人民生计的复杂问题的一环。[3] 正因为有这样的认识,费孝通一生都在试图推行乡村工业,他甚至认为,有一天乡村工业的发展很可能成为一个主流。

这些思考与他熟知西方对工业文明的反思有关,他看到的是人类更远的前途。他说,若是手工业的前途是无可挽救的,我们放弃手工业又必然要接受集中都市的机器工业,则我们的问题是如何在现代工业中恢复人和机器以及在利用机器时人和人的正确关系。这就是一般西洋朋友们现在焦心思虑的问题。[4] 工业革命以后,人与

---

[1] 罗伯特·芬雷:《青花瓷的故事:中国瓷的时代》,郑明萱译,海南出版社2015年版,第16页。
[2] 《中国乡村工业》,载《费孝通论乡村建设》,第207页。
[3] 同上书,第202页。
[4] 《人性和机器》,载《费孝通论乡村建设》,第227页。

机器的对立，人的单一向度的发展，包括人的异化在西方的学术界都广为讨论。当然还有城市化工业化所带来的乡村衰败等现象，也引起了费孝通先生的关注，所以他认为"生产方法"不但包括"技术"而且包括社会方式，"利用机器时可以有不同的社会方式，并不是一定要走西洋朋友所走过的旧路而一成不变的"。[①]也因此，他认为，我们一大部分可以分散的工业和农村配合来维持大多数人民的生活，是一条比较最切实的出路，而且这条出路里可以避免西洋机器文明所引起对于个人和社会的不良影响。[②]

当然，他也知道人类已经离开了农业文明，走上了现代化的工业文明之路，要想让工业留在乡村，最重要的是乡村电气化，[③]也就是乡村现代化。他说，中国乡土工业的复兴必须以这种新动力作基础。有了这种动力，我们才能依每种制造过程的性质去安排工厂的规模和位置。[④]工业之所以集中到城市是因为集中劳动和集中分配资源以及集中分享信息，费孝通先生在当时就看到，电话和航邮使经营上的往来减少了密集的需要。

尽管如此，在费孝通的时代，他的这一理想由于科学技术的限制难以做到，但今天，当人类社会来到了第四次工业革命的大门，机械化将由智能化、信息化、网络化所取代时，费孝通先生理想中的分散式工业将不再是幻想。未来的乡村不仅可以实现小型的分散式工业，还可以实行智能化加手工艺式的家庭作坊制。等到乡村智能化以后，费孝通先生所期待的"通过现代化使农村

---

① 《人性和机器》，载《费孝通论乡村建设》，第225页。
② 同上书，第228页。
③ 《关于"乡土工业"和"绅权"》，载《费孝通论乡村建设》，第237页。
④ 《乡土重建》，载《费孝通论乡村建设》，第349页。

变质，使农村成为一个更适宜于人类居住的社区"的愿望就一定能实现。同时他还说，我们所主张就地推广小型工业到乡村里去所可以实现在民生上的决不是美国式的生活，而是东方的小康生活。如果我们能在智能化、网络化的基础上恢复有中国特色的地方性手工业，一方面可以带来新的文化和经济的增长点，另外一方面，新的生产方式将会构成新的生活方式。手工业代表的不仅是技术，也是一种环保与生态的理念。在这样的基础上达到费孝通所理想的东方式小康生活，也就是环保式和生态式的小康生活是完全有可能的。如果能如此，中国将会从乡土中国迈向生态中国，这是一个可持续的绿色文明发展模式。中国如能率先走出这样的模式，就会成为无论在价值理念上和经济发展上都非常先进的国家，这也是费孝通先生所期待的。这也是为什么我们今天还要重新阅读费孝通的著作，因为在他的著作暗含有中国未来的发展道路及发展方向。

第一编
乡村与土地

乡土中国

乡土本色

从基层上看去,中国社会是乡土性的。我说中国社会的基层是乡土性的,那是因为我考虑到从这基层上曾长出一层比较上和乡土基层不完全相同的社会,而且在近百年来更在东西方接触边缘上发生了一种很特殊的社会。这些社会的特性我们暂时不提,将来再说。我们不妨先集中注意那些被称为土头土脑的乡下人。他们才是中国社会的基层。

我们说乡下人土气,虽则似乎带着几分藐视的意味,但这个土字却用得很好。土字的基本意义是指泥土。乡下人离不了泥土,因为在乡下住,种地是最普通的谋生办法。在我们这片远东大陆上,可能在很古的时候住过些还不知道种地的原始人,那些人的生活怎样,对于我们至多只有一些好奇的兴趣罢了。以现在的情形来说,这片大陆上最大多数的人是拖泥带水下田讨生活的了。我们不妨缩小一些范围来看,三条大河的流域已经全是农业区。而且,据说凡是从这个农业老家里迁移到四围边地上去的子弟,也老是很忠实地守着这直接向土里去讨生活的传统。最近我遇着一位到内蒙古旅行回来的美国朋友，他很奇怪地问我：你们中原去的人，到了这最适宜于放牧的草原上，依旧锄地播种，一家家划着小小的一方地，种植起来，真像是向土里一钻，看不到其他利用这片地的方法了。我记得我的老师史禄国先生也告诉过我，远在西伯利亚，中国人住下了，不管天气如何，还是要下些种子，试试看能不能种地——这样说来，我们的民族确是和泥土分不开的了。从土里长出过光荣的历史，自然也会受到土的束缚，现在很有些飞不上天的样子。

靠种地谋生的人才明白泥土的可贵。城里人可以用土气来藐视乡下人，但是乡下，"土"是他们的命根。在数量上占着最高地位的神，无疑地是"土地"。"土地"这位最近于人性的神，老夫老妻白首偕老的一对，管着乡间一切的闲事。他们象征着可贵的泥土。我初次出国时，我的奶妈偷偷地把一包用红纸裹着的东西，塞在我箱子底下。后来，她又避了人和我说，假如水土不服，老是想家时，可以把红纸包裹的东西煮一点汤吃。这是一包灶上的泥土——我在《一曲难忘》的电影里看到了东欧农业国家的波兰也有着类似的风俗，使我更领略了"土"在我们这种文化里所占和所应当占的地位了。

农业和游牧或工业不同，它是直接取资于土地的。游牧的人可以逐水草而居，飘忽无定；做工业的人可以择地而居，迁移无碍；而种地的人却搬不动地，长在土里的庄稼行动不得，侍候庄稼的老农也因之像是半身插入了土里，土气是因为不流动而发生的。

直接靠农业来谋生的人是黏着在土地上的。我遇见过一位在张北一带研究语言的朋友。我问他说在这一带的语言中有没有受蒙古话的影响。他摇了摇头，不但语言上看不出什么影响，其他方面也很少。他接着说:"村子里几百年来老是这几个姓,我从墓碑上去重构每家的家谱,清清楚楚的,一直到现在还是那些人。乡村里的人口似乎是附着在土上的,一代一代地下去,不太有变动。"——这结论自然应当加以条件的,但是大体上说,这是乡土社会的特性之一。我们很可以相信,以农为生的人,世代定居是常态,迁移是变态。大旱大水,连年兵乱,可以使一部分农民抛井离乡;即使像抗战这样大事件所引起基层人口的流动,我相信还是微乎其微的。

当然,我并不是说中国乡村人口是固定的。这是不可能的,因为人口在增加,一块地上只要几代的繁殖,人口就到了饱和点;过剩的人口自得宣泄出外,负起锄头去另辟新地。可是老根是不常动的。这些宣泄出外的人,像是从老树上被风吹出去的种子,找到土地的生存了,又形成一个小小的家族殖民地,找不到土地的也就在各式各样的运命下被淘汰了,或是"发迹了"。我在广西靠近瑶山的区域里还看见过这类从老树上吹出来的种子,拼命在垦地。在云南,我看见过这类种子所长成的小村落,还不过是两三代的事;我在那里也看见过找不着地的那些"孤魂",以及死了给狗吃的路毙尸体。

不流动是从人和空间的关系上说的,从人和人在空间的排列关系上说就是孤立和隔膜。孤立和隔膜并不是以个人为单位的,而是以一处住在的集团为单位的。本来,从农业本身看,许多人群居住一处是无需的。耕种活动里分工的程度很浅,至多在男女间有一些分工,好像女的插秧,男的锄地等。这种合作与其说是为了增加效率,不如说是因为在某一时间男的忙不过来,家里人出来帮帮忙罢了。耕种活动中既不向分工专业方面充分发展,农业本身也就没有聚集许多人住在一起的需要了。我们看见乡下有大小不同的聚居社区，也可以想到那是出于农业本身以外的原因了。

乡下最小的社区可以只有一户人家。夫妇和孩子聚居于一处有着两性和抚育上的需要。无论在什么性质的社会里，除了军队、学校这些特殊的团体外，家庭总是最基本的抚育社群。在中国乡下这种只有一户人家的小社区是不常见的。在四川的山区种梯田的地方，可能有这类情形，大多的农民是聚村而居。这一点对于我们乡土社会的性质很有影响。美国的乡下大多是一户人家自成一个单位，很少屋檐相接的邻舍。这是他们早年拓殖时代，人少地多的结果，同时也保持了他们个别负责、独来独往的精神。我们中国很少类似的情形。

中国农民聚村而居的原因大致说来有下列几点：一、每家所耕的面积小，所谓小农经营，所以聚在一起住，住宅和农场不会距离得过分远。二、需要水利的地方，他们有合作的需要，在一起住，合作起来比较方便。三、为了安全，人多了容易保卫。四、土地平等继承的原则下，兄弟分别继承祖上的遗业，使人口在一地方一代一代地积起来，成为相当大的村落。

无论出于什么原因，中国乡土社区的单位是村落，从三家村起可以到几千户的大村。我在上文所说的孤立、隔膜是以村和村之间的关系而说的。孤立和隔膜并不是绝对的，但是人口的流动率小，社区间的往来也必然疏少。我想我们很可以说，乡土社会的生活是富于地方性的。地方性是指他们活动范围有地域上的限制，在区域间接触少，生活隔离，各自保持着孤立的社会圈子。

乡土社会在地方性的限制下成了生于斯、死于斯的社会。常态的生活是终老是乡。假如在一个村子里的人都是这样的话，在人和人的关系上也就发生了一种特色，每个孩子都是在人家眼中看着长大的，在孩子眼里周围的人也是从小就看惯的。这是一个"熟悉"的社会，没有陌生人的社会。

在社会学里，我们常分出两种不同性质的社会，一种并没有具体目的，只是因为在一起生长而发生的社会，一种是为了要完成一件任务而结合的社会。用Tönnies[①]的话说：前者是Gemeinschaft[②]，后者是Gesellschaft[③]；用Durkheim[④]的话说：前者是有机的团结，后者是机械的团结[⑤]。用我们自己的话说，前者是礼俗社会，后者是法理社会——我以后还要详细分析这两种社会的不同。在这里我想说明的是生活上被土地所囿住的乡民，他们平素所接触的是生而与俱的人物，正像我们的父母兄弟一般，并不是由于我们选择得来的关系，而是无需选择，甚至先我而在的一个生活环境。

熟悉是从时间里、多方面、经常的接触中所发生的亲密的感觉。这感觉是无数次的小摩擦里陶炼出来的结果。这过程是《论语》第一句里的"习"字。"学"是和陌生事物的最初接触，"习"是陶炼，"不亦悦乎"是描写熟悉之后的亲密感觉。在一个熟悉的社会中，我们会得到从心所欲而不逾规矩的自由。这和法律所保障的自由不同。规矩不是法律，规矩是"习"出来的礼俗。从俗即是从心。换一句话说，社会和个人在这里通了家。

---

① 现译为滕尼斯。
② 现译为共同体。
③ 现译为社会。
④ 现译为涂尔干。
⑤ 疑似有误，据涂尔干理论，似应为：前者是"机械的团结"，后者是"有机的团结"。——编辑注

"我们大家是熟人,打个招呼就是了,还用得着多说么?"——这类的话已经成了我们现代社会的阻碍。现代社会是个陌生人组成的社会,各人不知道各人的底细,所以得讲个明白;还要怕口说无凭,画个押,签个字。这样才发生法律。在乡土社会中法律是无从发生的。"这不是见外了么?"乡土社会里从熟悉得到信任。这信任并非没有根据的,其实最可靠也没有了,因为这是规矩。西洋的商人到现在还时常说中国人的信用是天生的。类于神话的故事真多:说是某人接到了大批瓷器,还是他祖父在中国时订的货,一文不要地交了来,还说着许多不能及早寄出的抱歉话——乡土社会的信用并不是对契约的重视,而是发生于对一种行为的规矩熟悉到不假思索时的可靠性。

这自是"土气"的一种特色。因为只有直接有赖于泥土的生活才会像植物一般地在一个地方生下根,这些生了根在一个小地方的人,才能在悠长的时间中,从容地去摸熟每个人的生活,像母亲对于她的儿女一般。陌生人对于婴孩的话是无法懂的,但是在做母亲的人听来都清清楚楚,还能听出没有用字音表达的意思来。

不但对人,他们对物也是"熟悉"的。一个老农看见蚂蚁在搬家了,会忙着去田里开沟,他熟悉蚂蚁搬家的意义。从熟悉里得来的认识是个别的,并不是抽象的普遍原则。在熟悉的环境里生长的人,不需要这种原则,他只要在接触所及的范围之中知道从手段到目的间的个别关联。在乡土社会中生长的人似乎不太追求这笼罩万有的真理。我读《论语》时,看到孔子在不同人面前说着不同的话来解释"孝"的意义时,我感觉到这乡土社会的特性了。孝是什么?孔子并没有抽象地加以说明,而列举具体的行为,因人而异地答复了他的学生。最后甚至归结到心安两字。做子女的得在日常接触中去摸熟父母的性格，然后去承他们的欢，做到自己的心安。这说明了乡土社会中人和人相处的基本办法。

这种办法在一个陌生人面前是无法应用的。在我们社会的激速变迁中，从乡土社会进入现代社会的过程中，我们在乡土社会中所养成的生活方式处处产生了流弊。陌生人所组成的现代社会是无法用乡土社会的习俗来应付的。于是，土气成了骂人的词汇，"乡"也不再是衣锦荣归的去处了。

文字下乡

乡下人在城里人眼睛里是"愚"的。我们当然记得不少提倡乡村工作的朋友们，把愚和病贫连结起来去作为中国乡村的症候。关于病和贫我们似乎还有客观的标准可说，但是说乡下人"愚"，却是凭什么呢？乡下人在马路上听见背后汽车连续地按喇叭，慌了手脚，东避也不是，西躲又不是，司机拉住闸车，在玻璃窗里，探出半个头，向着那土老头儿，啐了一口："笨蛋！"——如果这是愚，真冤枉了他们。我曾带了学生下乡，田里长着苞谷，有一位小姐，冒充着内行，说："今年麦子长得这么高。"旁边的乡下朋友，虽则没有啐她一口，但是微微地一笑，也不妨译作"笨蛋"。乡下人没有见过城里的世面，因之而不明白怎样应付汽车，那是知识问题，不是智力问题，正等于城里人到了乡下，连狗都不会赶一般。如果我们不承认郊游的仕女们一听见狗吠就变色是"白痴"，自然没有理由说乡下人不知道"靠左边走"或"靠右边走"等时常会因政令而改变的方向是因为他们"愚不可及"了。"愚"

在什么地方呢？

其实乡村工作的朋友说乡下人愚那是因为他们不识字，我们称之曰"文盲"，意思是白生了眼睛，连字都不识。这自然是事实。我决不敢反对文字下乡的运动，可是如果说不识字就是愚，我心里总难甘服。"愚"如果是智力的不足或缺陷，识字不识字并非愚不愚的标准。智力是学习的能力。如果一个人没有机会学习，不论他有没有学习的能力还是学不到什么的。我们是不是说乡下人不但不识字，而且识字的能力都不及人呢？

说到这里我记起了疏散在乡下时的事来了。同事中有些孩子送进了乡间的小学，在课程上这些孩子样样比乡下孩子学得快、成绩好。教员们见面时总在家长面前夸奖这些孩子们有种、聪明。这等于说教授们的孩子智力高。我对于这些恭维自然是私心窃喜。穷教授别的已经全被剥夺，但是我们还有别种人所望尘莫及的遗传。但是有一天，我在田野里看放学回来的小学生们捉蚱蜢，那些"聪明"而有种的孩子，扑来扑去，屡扑屡失，而那些乡下孩子却反应灵敏，一扑一得。回到家来，刚才一点骄傲似乎又没有了着落。

乡下孩子在教室里认字认不过教授们的孩子，和教授们的孩子在田野里捉蚱蜢捉不过乡下孩子，在意义上是相同的。我并不责备自己孩子蚱蜢捉得少，第一是我们无需用蚱蜢来加菜（云南乡下蚱蜢是下饭的，味道很近于苏州的虾干）；第二是我的孩子并没有机会练习。教授们的孩子穿了鞋袜，为了体面，不能不择地而下足，弄污了回家来会挨骂，于是在他们捉蚱蜢时不免要有些顾忌，动作不灵活了。这些也许还在其次，他们日常并不在田野里跑惯，要分别草和虫，须费一番眼力，蚱蜢的保护色因之易于生效——我为自己孩子所作的辩护是不是同样也可以用之于乡下孩子在认字上的"愚"呢？我想是很适当的。乡下孩子不像教授们的孩子到处看见书籍，到处接触着字，这不是他们日常所混熟的环境。教授们的孩子并不见得一定是遗传上有什么特别善于识字的能力，显而易见地却是有着易于识字的环境。这样说来，乡下人是否在智力上比不上城里人，至少还是个没有结论的题目。

这样看来，乡村工作的朋友们说乡下人愚，显然不是指他们智力不及人，而是说他们知识不及人了。这一点，依我们上面所说的，还是不太能自圆其说。至多是说，乡下人在城市生活所需的知识上是不及城市里人多。这是正确的。我们是不是也因之可以说乡下多文盲是因为乡下本来无需文字眼睛呢？说到这里，我们应当讨论一下文字的用处了。

我在上一篇里说明了乡土社会的一个特点就是这种社会的人是在熟人里长大的。用另一句话来说，他们生活上互相合作的人都是天天见面的。在社会学里我们称之作 face to face group，直译起来是面对面的社群。归有光的《项脊轩志》里说，他日常接触的老是那些人，所以日子久了可以用脚声来辨别来者是谁。在"面对面的社群"里甚至可以不必见面而知道对方是谁。我们自己虽说是已经多少在现代都市里住过一时了，但是一不留心，乡土社会里所养成的习惯还是支配着我们。你不妨试一试，如果有人在你门上敲着要进来，你问："谁呀！"门外的人十之八九回答你一个大声的"我"。这是说，你得用声气辨人。在面对面的社群里一起生活的人是不必通名报姓的。很少太太会在门外用姓名来回答丈夫的发问。但是我们因为久习于这种"我呀！""我呀！"的回答，也很有时候用到了门内人无法辨别你声音的场合。我有一次，久别家乡回来，在电话里听到了一个无法辨别的"我呀"时，的确闹了一个笑话。

"贵姓大名"是因为我们不熟悉而用的。熟悉的人大可不必如此，足声、声气，甚至气味，都可以是足够的"报名"。我们社交上姓名的不常上口也就表示了我们原本是在熟人中生活的，是个乡土社会。

文字发生之初是"结绳记事"，需要结绳来记事是为了在空间和时间中人和人的接触发生了阻碍。我们不能当面讲话，才需要找一些东西来代话。在广西的瑶山里，部落有急，就派了人送一枚铜钱到别的部落里去，对方接到了这记号，立刻派人来救。这是"文字"，一种双方约好代表一种意义的记号。如果是面对面可以直接说话时，这种被预先约好的意义所拘束的记号，不但多余，而且有时会词不达意引起误会的。在十多年前青年们谈恋爱，受着直接社交的限制，通行着写情书，很多悲剧是因情书的误会而发生的。有这种经验的人必然能痛悉文字的限制。

文字所能传的情、达的意是不完全的。这不完全是出于"间接接触"的原因。我们所要传达的情意是和当时当地的外局相配合的。你用文字把当时当地的情意记了下来，如果在异时异地的圜局中去看，所会引起的反应很难尽合于当时当地的圜局中可能引起的反应。文字之成为传情达意的工具常有这个无可补救的缺陷。于是在利用文字时，我们要讲究文法，讲究艺术。文法和艺术就在减少文字的"走样"。

在说话时，我们可以不注意文法。并不是说话时没有文法，而是因为我们有着很多辅助表情来补充传达情意的作用。我们可以用手指指着自己而在话里吃去一个我字。在写作时却不能如此。

于是我们得尽量地依着文法去写成完整的句子了。不合文法的字词难免引起人家的误会，所以不好。说话时我们如果用了完整的句子，不但显得迂阔，而且可笑。这是从书本上学外国语的人常会感到的痛苦。

文字是间接的说话，而且是个不太完善的工具。当我们有了电话、广播的时候，书信文告的地位已经大受影响。等到传真的技术发达之后，是否还用得到文字，是很成问题的。

这样说来，在乡土社会里不用文字绝不能说是"愚"的表现了。面对面的往来是直接接触，为什么舍此比较完善的语言而采取文字呢？

我还想在这里推进一步说，在面对面社群里，连语言本身都是不得已而采取的工具。语言本是用声音来表达的象征体系。象征是附着意义的事物或动作。我说"附着"是因为"意义"是靠联想作用加上去的，并不是事物或动作本身具有的性质。这是社会的产物，因为只有在人和人需要配合行为的时候，个人才需要有所表达；而且表达的结果必须使对方明白所要表达的意义。所以象征是包括多数人共认的意义，也就是这一事物或动作会在多数人中引起相同的反应。因之，我们绝不能有个人的语言，只能有社会的语言。要使多数人能对同一象征具有同一意义，他们必须有着相同的经历，就是说在相似的环境中接触和使用同一象征，因而在象征上附着了同一意义。因此在每个特殊的生活团体中，必有他们特殊的语言，有许多别种语言所无法翻译的字句。

语言只能在一个社群所有相同经验的一层上发生。群体愈大，包括的人所有的经验愈繁杂，发生语言的一层共同基础也必然愈有限，于是语言也愈趋于简单化。这在语言史上看得很清楚的。

可是从另一方面说，在一个社群所用的共同语言之外，也必然会因个人间的需要而发生许多少数人间的特殊语言，所谓"行话"。行话是同行人中的话，外行人因为没有这种经验，不会懂的。在每个学校里，甚至每个寝室里，都有他们特殊的语言。最普遍的特殊语言发生在母亲和孩子之间。

"特殊语言"不过是亲密社群中所使用的象征体系的一部分，用声音来做象征的那一部分。在亲密社群中可用来做象征体系的原料比较多。表情、动作，因为在面对面的情境中，有时比声音更容易传情达意。即使用语言时，也总是密切配合于其他象征原料的。譬如，我可以和一位熟人说："真是那个！"同时眉毛一皱，嘴角向下一斜，面上的皮肤一紧，用手指在头发里一插，头一沉，对方也就明白"那个"是"没有办法""失望"的意思了。如果同样的两个字用在另一表情的配合里，意义可以完全不同。

"特殊语言"常是特别有效，因为它可以摆脱字句的固定意义。语言像是个社会定下的筛子，如果我们有一种情意和这筛子的格子不同也就漏不过去。我想大家必然有过"无言胜似有言"的经验。其实这个筛子虽则帮助了人和人间的了解，而同时也使人和人间的情意公式化了，使每一人、每一刻的实际情意都走了一点样。我们永远在削足适履，使感觉敏锐的人怨恨语言的束缚。李长吉要在这束缚中去求比较切近的表达，难怪他要呕尽心血了。

于是在熟人中，我们话也少了，我们"眉目传情"，我们"指石相证"，我们抛开了比较间接的象征原料，而求更直接的会意了。所以在乡土社会中，不但文字是多余的，连语言都并不是传达情意的唯一象征体系。

我决不是说我们不必推行文字下乡，在现代化的过程中，我们已开始抛离乡土社会,文字是现代化的工具。我要辨明的是乡土社会中的文盲,并非出于乡下人的"愚",而是由于乡土社会的本质。我而且愿意进一步说,单从文字和语言的角度中去批判一个社会中人和人的了解程度是不够的,因为文字和语言,只是传情达意的一种工具,并非唯一的工具,而且这工具本身是有缺陷的,能传的情、能达的意是有限的。所以在提倡文字下乡的人,必须先考虑到文字和语言的基础,否则开几个乡村学校和使乡下人多识几个字,也许并不能使乡下人"聪明"起来。

再论文字下乡

在上一篇《论文字下乡》里,我说起了文字的发生是在人和人传情达意的过程中受到了空间和时间的阻隔的情境里。可是我在那一篇里只就空间阻隔的一点说了些话。乡土社会是个面对面的社会,有话可以当面说明白,不必求助于文字。这一层意思容易明白,但是关于时间阻隔上怎样说法呢?在本文中,我想申引这一层意思了。

所谓时间上的阻隔有两方面,一方面是个人的今昔之隔,一方面是社会的世代之隔。让我先从前一方面说起。

人的生活和其他动物所不同的,是在他富于学习的能力。他的行为方式并不固执地受着不学而能的生理反应所支配。所谓学就是在出生之后以一套人为的行为方式做模型,把本能的那一套方式加以改造的过程。学的方法是"习"。习是指反复地做,靠时间中的磨练,使一个人惯于一种新的做法。因之,学习必须打破个人今昔之隔。这是靠了我们人类的一种特别发达的能力,时间中的桥梁记忆。在动物的学习过程中,我们也可以说它们有记忆,但是它们的"记忆"是在简单的生理水准上。一个小白老鼠在迷宫里学得了捷径,它所学得的是一套新的生理反应,和人的学习不相同的是它们并不靠一套象征体系的。人固然有很多习惯,在本质上是和小白老鼠走迷宫一般的,但是他却时常多一个象征体系帮他的忙。所谓象征体系中最重要的是"词"。我们不断地在学习时说着话,把具体的情境抽象成一套能普遍应用的概念,概念必然是用词来表现的,于是我们靠着词,使我们从特殊走上普遍,在个别情境中搭下了桥梁;又使我们从当前走到今后,在片刻情境中搭下了桥梁。从这方面看去,一个动物和时间的接触,可以说是一条直线的,而人和时间的接触,靠了概念,也就是词,却比一条直线来得复杂。他有能力闭了眼睛置身于"昔日"的情境中,人的"当前"中包含着从"过去"拔萃出来的投影,时间的选择累积。

在一个依本能而活动的动物不会发生时间上阻隔的问题,它的寿命是一连串的"当前",谁也不能剪断时间,像是一条水,没有刀割得断。但是在人却不然,人的当前是整个靠记忆所保留下来的"过去"的累积。如果记忆消失了、遗忘了,我们的"时间"就可说是阻隔了。

人之所以要有记忆,也许并不是因为他的脑子是个自动的摄影箱。人有此能力是事实,人利用此能力,发展此能力,还是因为他"当前"的生活必须有着"过去"所传下来的办法。我曾说人的学习是向一套已有的方式的学习。惟有学会了这套方式才能在人群中生活下去。这套方式并不是每个人个别的创制,而是社会的遗业。小白老鼠并不向别的老鼠学习，每只老鼠都得自己在具体情境里，从"试验错误"的过程中，得到个别的经验。它们并不能互相传递经验，互相学习，人靠了他的抽象能力和象征体系，不但累积了自己的经验，而且可以累积别人的经验。上边所谓那套传下来的办法，就是社会共同的经验的累积，也就是我们常说的文化。文化是依赖象征体系和个人的记忆而维持着的社会共同经验。这样说来，每个人的"当前"，不但包括他个人"过去"的投影，而且是整个民族的"过去"的投影。历史对于个人并不是点缀的饰物，而是实用的、不能或缺的生活基础。人不能离开社会生活，就不能不学习文化。文化得靠记忆，不能靠本能，所以人在记忆力上不能不力求发展。我们不但要在个人的今昔之间筑通桥梁，而且在社会的世代之间也得筑通桥梁，不然就没有了文化，也没有了我们现在所能享受的生活。

我说了这许多话，也许足够指明了人的生活和时间的关联了。在这关联中，词是最主要的桥梁。有人说，语言造成了人，那是极对的。圣经上也有上帝说了什么，什么就有了，"说"是"有"的开始。这在物质宇宙中尽管可以不对，在文化中是对的。没有象征体系也就没有概念，人的经验也就不能或不易在时间里累积，如要生活也不能超过禽兽。

但是词却不一定要文。文是用眼睛可以看得到的符号，就是字。词不一定是刻出来或写出来的符号，也可以是用声音说出来的符号、语言。一切文化中不能没有"词"，可是不一定有"文字"。我这样说是因为我想说明的乡土社会，大体上，是没有"文字"的社会。在上篇，我从空间格局中说到了乡下人没有文字的需要，在这里我是想从时间格局中说明同一结果。

我说过我们要发展记忆，那是因为我们生活中有此需要。没有文化的动物中，能以本能来应付生活，就不必有记忆。我这样说，其实也包含了另一项意思，就是人在记忆上发展的程度是依他们生活需要而决定的。我们每个人，每一刻，所接触的外界是众多复杂，但是并不尽入我们的感觉，我们有所选择。和我们眼睛所接触的外界我们并不都看见，我们只看见我们所注意的，我们的视线有焦点，焦点依着我们的注意而移动。注意的对象由我们选择，选择的根据是我们生活的需要。对于我们生活无关的，我们不关心，熟视无睹。我们的记忆也是如此，我们并不记取一切的过去，而只记取一切过去中极小的一部分。我说记取，其实不如说过后回忆为妥当。"记"带有在当前为了将来有用而加以认取的意思，"忆"是为了当前有关而回想到过去经验。事实上，在当前很难预测将来之用，大多是出于当前的需要而追忆过去。有时这过程非常吃力，所以成为"苦忆"。可是无论如何记忆并非无所为的，而是实用的，是为了生活。

　　在一个乡土社会中生活的人所需记忆的范围和生活在现代都市的人是不同的。乡土社会是一个生活很安定的社会。我已说过，向泥土讨生活的人是不能老是移动的。在一个地方出生的就在这地方生长下去，一直到死。极端的乡土社会是老子所理想的社会，"鸡犬相闻，老死不相往来"。不但个人不常抛井离乡，而且每个人住的地方常是他的父母之邦。"生于斯，死于斯"的结果必是世代的黏着。这种极端的乡土社会固然不常实现，但是我们的确有历世不移的企图，不然为什么死在外边的人，一定要把棺材运回故乡，葬在祖茔上呢？一生取给于这块泥土，死了，骨肉还得回入这块泥土。

　　历世不移的结果，人不但在熟人中长大，而且在熟悉的地方上生长大。熟悉的地方可以包括极长时间的人和土的混合。祖先们在这地方混熟了，他们的经验也必然就是子孙们所会得到的经验。时间的悠久是从谱系上说的，从每个人可能得到经验说，却是同一方式的反复重演。同一戏台上演着同一的戏，这个班子里演员所需要记得的，也只有一套戏文。他们个别的经验，就等于世代的经验。经验无需不断累积，只需老是保存。

我记得在小学里读书时，老师逼着我记日记，我执笔苦思，结果只写下"同上"两字。那是真情，天天是"晨起，上课，游戏，睡觉"，有何可记的呢？老师下令不准"同上"，小学生们只有扯谎了。

在定型生活中长大的有着深入生理基础的习惯帮着我们"日出而起，日入而息"的工作节奏。记忆都是多余的。"不知老之将至"就是描写"忘时"的生活。秦亡汉兴，没有关系。乡土社会中不怕忘，而且忘得舒服。只有在轶出于生活常轨的事，当我怕忘记时，方在指头上打一个结。

指头上的结是文字的原始方式，目的就是用外在的象征，利用联想作用，帮助人的记忆。在一个常常变动的环境中，我们感觉到自己记忆力不够时，方需要这些外在的象征。从语言变到文字，也就是从用声音来说词，变到用绳打结，用刀刻图，用笔写字，是出于我们生活从定型到不定型的过程中。在都市中生活，一天到晚接触着陌生面孔的人才需要在袋里藏着本姓名录、通信簿。在乡土社会中粘着相片的身份证，是毫无意义的。在一个村子里可以有一打以上的"王大哥"，绝不会因之错认了人。

在一个每代的生活等于开映同一影片的社会中，历史也是多余的，有的只是"传奇"。一说到来历就得从"开天辟地"说起；

不从这开始，下文不是只有"寻常"的当前了么？都市社会里有新闻；在乡土社会，"新闻"是稀奇古怪、荒诞不经的意思。在都市社会里有名人，乡土社会里是"人怕出名，猪怕壮"。不为人先，不为人后，做人就得循规蹈矩。这种社会用不上常态曲线，而是一个模子里印出来的一套。

在这种社会里，语言是足够传递世代间的经验了。当一个人碰着生活上的问题时，他必然能在一个比他年长的人那里问得到解决这问题的有效办法，因为大家在同一环境里，走同一道路，他先走，你后走；后走的所踏的是先走的人的脚印，口口相传，不会有遗漏。哪里用得着文字？时间里没有阻隔，拉得十分紧，全部文化可以在亲子之间传授无缺。

这样说，中国如果是乡土社会，怎么会有文字的呢？我的回答是中国社会从基层上看去是乡土性，中国的文字并不是在基层上发生。最早的文字就是庙堂性的，一直到目前还不是我们乡下人的东西。我们的文字另有它发生的背景，我在本文所需要指出的是在这基层上，有语言而无文字。不论在空间和时间的格局上，这种乡土社会，在面对面的亲密接触中，在反复地在同一生活定型中生活的人们，并不是愚到字都不认得，而是没有用字来帮助他们在社会中生活的需要。我同时也等于说，如果中国社会乡土性的基层发生了变化，也只有发生了变化之后，文字才能下乡。

差序格局

在乡村工作者看来，中国乡下佬最大的毛病是"私"。说起私，我们就会想到"各人自扫门前雪，莫管他人屋上霜"的俗语。谁也不敢否认这俗语多少是中国人的信条。其实抱有这种态度的并不只是乡下人，就是所谓城里人，何尝不是如此。扫清自己门前雪的还算是了不起的有公德的人，普通人家把垃圾在门口的街道上一倒，就完事了。苏州人家后门常通一条河，听来是最美丽也没有了，文人笔墨里是中国的威尼斯，可是我想天下没有比苏州城里的水道更脏的了。什么东西都可以向这种出路本来不太畅通的小河沟里一倒，有不少人家根本就不必有厕所，明知人家在这河里洗衣洗菜，毫不觉得有什么需要自制的地方。为什么呢？——这种小河是公家的。

一说是公家的，差不多就是说大家可以占一点便宜的意思，有权利而没有义务了。小到两三家合住的院子，公共的走廊上照例是尘灰堆积，满院生了荒草，谁也不想去拔拔清楚，更难以插足的自然是厕所。没有一家愿意去管"闲事"，谁看不惯，谁就得白服侍人，半声谢意都得不到。于是像格兰亨姆的公律，坏钱驱逐好钱一般，公德心就在这里被自私心驱走。

从这些事上来说，私的毛病在中国实在比了愚和病更普遍得多，从上到下似乎没有不害这毛病的。现在已成了外国舆论一致攻击我们的把柄了。所谓贪污无能，并不是每个人绝对的能力问题，而是相对的，是从个人对公家的服务和责任上说的。中国人并不是不善经营，只要看南洋那些华侨在商业上的成就，西洋人谁不侧目？中国人更不是无能，对于自家的事，抓起钱来，拍起马来，比哪一个国家的人能力都大。因之这里所谓"私"的问题却是个群己、人我的界线怎样划法的问题。我们传统的划法，显然是和西洋的划法不同。因之，如果我们要讨论私的问题就得把整个社会结构的格局提出来考虑一下了。

西洋的社会有些像我们在田里捆柴，几根稻草束成一把，几把束成一扎，几扎束成一捆，几捆束成一挑。每一根柴在整个挑里都属于一定的捆、扎、把。每一根柴也可以找到同把、同扎、同捆的柴，分扎得清楚不会乱的。在社会，这些单位就是团体。我说西洋社会组织像捆柴就是想指明：它们常常由若干人组成一个个的团体。团体是有一定界限的，谁是团体里的人，谁是团体外的人，不能模糊，一定分得清楚。在团体里的人是一伙，对于团体的关系是相同的，如果同一团体中有组别或等级的分别，那也是先规定的。我用捆柴来比拟，有一点不太合，就是一个人可以参加好几个团体，而好几扎柴里都有某一根柴当然是不可能的，这是人和柴不同的地方。我用这譬喻是在想具体一些使我们看到社会生活中人和人的关系的一种格局。我们不妨称之作团体格局。

家庭在西洋是一种界限分明的团体。如果有一位朋友写信给你说他将要"带了他的家庭"一起来看你，他很知道要和他一同来的是哪几个人。在中国，这句话是含糊得很。在英美，家庭包括他和他的妻以及未成年的孩子。如果他只和他太太一起来，就不会用"家庭"。在我们中国"阖第光临"虽则常见，但是很少人能说得出这个"第"字究竟应当包括些什么人。

提到了我们的用字，这个"家"字可以说最能伸缩自如了。"家里的"可以指自己的太太一个人，"家门"可以指伯叔侄子一大批，"自家人"可以包罗任何要拉入自己的圈子、表示亲热的人物。自家人的范围是因时因地可伸缩的，大到数不清，真是天下可成一家。

为什么我们这个最基本的社会单位的名词会这样不清不楚

呢？在我看来却表示了我们的社会结构本身和西洋的格局不相同的，我们的格局不是一捆一捆扎清楚的柴，而是好像把一块石头丢在水面上所发生的一圈圈推出去的波纹。每个人都是他社会影响所推出去的圈子的中心。被圈子的波纹所推及的就发生联系。每个人在某一时间某一地点所动用的圈子是不一定相同的。

我们社会中最重要的亲属关系就是这种丢石头形成同心圆波纹的性质。亲属关系是根据生育和婚姻事实所发生的社会关系。从生育和婚姻所结成的网络，可以一直推出去包括无穷的人，过去的、现在的和未来的人物。我们俗语里有"一表三千里"，就是这个意思，其实三千里者也不过指其广袤的意思而已。这个网络像个蜘蛛的网，有一个中心，就是自己。我们每个人都有这么一个以亲属关系布出去的网，但是没有一个网所罩住的人是相同的。在一个社会里的人可以用同一个体系来记认他们的亲属，所同的只是这体系罢了。体系是抽象的格局，或是范畴性的有关概念。当我们用这体系来认取具体的亲亲戚戚时，各人所认的就不同了。我们在亲属体系里都有父母，可是我的父母却不是你的父母。再进一步说，天下没有两个人所认取的亲属可以完全相同的。兄弟两人固然有相同的父母了，但是各人有各人的妻子儿女。因之，以亲属关系所联系成的社会关系的网络来说，是个别的。每一个网络有个"己"作为中心，各个网络的中心都不同。

在我们乡土社会里，不但亲属关系如此，地缘关系也是如此。现在的保甲制度是团体格局性的，但是这和传统的结构却格格不相入。在传统结构中，每一家以自己的地位做中心，周围画出一个圈子，这个圈子是"街坊"。有喜事要请酒，生了孩子要送红蛋，有丧事要出来助殓，抬棺材，是生活上的互助机构。可是这不是一个固定的团体，而是一个范围。范围的大小也要依着中心的势力厚薄而定。有势力的人家的街坊可以遍及全村，穷苦人家的街坊只是比邻的两三家。这和我们的亲属圈子一般的。像贾家的大观园里，可以住着姑表林黛玉，姨表薛宝钗，后来更多了，什么宝琴，岫云，凡是拉得上亲戚的，都包容得下。可是势力一变，树倒猢狲散，缩成一小团。到极端时，可以像苏秦潦倒归来，"妻不以为夫，嫂不以为叔"。中国传统结构中的差序格局具有这种伸缩能力。在乡下，家庭可以很小，而一到有钱的地主和官僚阶层，可以大到像个小国。中国人也特别对世态炎凉有感触，正因为这富于伸缩的社会圈子会因中心势力的变化而大小。

在孩子成年了住在家里都得给父母膳宿费的西洋社会里，大家承认团体的界限。在团体里的有一定的资格。资格取消了就得走出这个团体。在他们不是人情冷热的问题，而是权利问题。在西洋社会里争的是权利，而在我们却是攀关系、讲交情。

以"己"为中心，像石子一般投入水中，和别人所联系成的社会关系，不像团体中的分子一般大家立在一个平面上的，而是像水的波纹一般，一圈圈推出去，愈推愈远，也愈推愈薄。在这里我们遇到了中国社会结构的基本特征了。我们儒家最考究的是人伦，伦是什么呢？我的解释就是从自己推出去的和自己发生社会关系的那一群人里所发生的一轮轮波纹的差序。"释名"于沦字下也说"伦也，水文相次有伦理也"。潘光旦先生曾说：凡是有"仑"作公分母的意义都相通，"共同表示的是条理，类别，秩序的一番意思。"（见潘光旦《说伦字》）

伦重在分别，在《礼记·祭统》里所讲的十伦，鬼神、君臣、父子、贵贱、亲疏、爵赏、夫妇、政事、长幼、上下，都是指差等。"不失其伦"是在别父子、远近、亲疏。伦是有差等的次序。在我们现在读来，鬼神、君臣、父子、夫妇等具体的社会关系，怎能和贵贱、亲疏、远近、上下等抽象的相对地位相提并论？其实在我们传统的社会结构里最基本的概念，这个人和人往来所构成的网络中的纲纪，就是一个差序，也就是伦。《礼记·大传》里说："亲亲也、尊尊也、长长也，男女有别，此其不可得与民变革者也。"意思是这个社会结构的架格是不能变的，变的只是利用这架格所做的事。

孔子最注重的就是水纹波浪向外扩张的推字。他先承认一个己，推己及人的己，对于这己，得加以克服于礼，克己就是修身。顺着这同心圆的伦常，就可向外推了。"本立而道生"。"其为人也孝弟，而好犯上者鲜矣，不好犯上而好作乱者，未之有也。"从己到家，由家到国，由国到天下，是一条通路。《中庸》里把五伦作为天下之达道。因为在这种社会结构里，从己到天下是一圈一圈推出去的，所以孟子说他"善推而已矣"。

在这种富于伸缩性的网络里，随时随地是有一个"己"做中心的。这并不是个人主义，而是自我主义。个人是对团体而说的，是分子对全体。在个人主义下，一方面是平等观念，指在同一团体中各分子的地位相等，个人不能侵犯大家的权利；一方面是宪法观念，指团体不能抹杀个人，只能在个人们所愿意交出的一分权利上控制个人。这些观念必须先假定了团体的存在，在我们中国传统思想里是没有这一套的，因为我们所有的是自我主义，一切价值是以"己"作为中心的主义。

自我主义并不限于拔一毛而利天下不为的杨朱，连儒家都该包括在内。杨朱和孔子不同的是杨朱忽略了自我主义的相对性和伸缩性。他太死心眼儿一口咬了一个自己不放；孔子是会推己及人的，可是尽管放之于四海，中心还是在自己。子曰："为政以德，譬如北辰，居是所，而众星拱之。"这是很好一个差序格局的譬喻，自己总是中心，像四季不移的北斗星，所有其他的人，随着他转动。孔子并不像耶稣，耶稣是有超于个人的团体的，他有他的天国，所以他可以牺牲自己去成全天国。孔子呢？不然。

> 子贡曰："如有博施于民，而能济众，何如？可谓仁乎？"子曰："何事于仁，必也圣乎！尧舜其犹病诸？夫仁者，己欲立而立人，己欲达而达人，能近取譬，可谓仁之方也已。"

孔子的道德系统里绝不肯离开差序格局的中心，"君子求诸己，小人求诸人"。因之，他不能像耶稣一样普爱天下，甚至而爱他的仇敌，还要为杀死他的人求上帝的饶恕——这些不是从自我中心出发的。孔子呢？或曰："以德报怨，何如？"子曰："何以报德？以直报怨，以德报德。"这是差序层次，孔子是决不放松的。孔子并不像杨朱一般以小己来应付一切情境，他把这道德范围依着需要而推广或缩小。他不像耶稣或中国的墨翟，一放不能收。

我们一旦明白这个能放能收、能伸能缩的社会范围，我们可以明白中国传统社会中的私的问题了。我常常觉得："中国传统社会里一个人为了自己可以牺牲家，为了家可以牺牲党，为了党可以牺牲国，为了国可以牺牲天下。"这和《大学》的：

> 古之欲明明德于天下者，先治其国，欲治其国者，先齐其家，欲齐其家者，先修其身……身修而后家齐，家齐而后

国治，国治而后天下平。

在条理上是相通的，不同的只是内向和外向的路线，正面和反面的说法，这是种差序的推浪形式，把群己的界限弄成了相对性，也可以说是模糊两可了。这和西洋把权利和义务分得清清楚楚的社会，大异其趣。

为自己可以牺牲家，为家可以牺牲族……这是一个事实上的公式。在这种公式里，你如果说他私么？他是不能承认的，因为当他牺牲族时，他可以为了家，家在他看来是公的。当他牺牲国家为他小团体谋利益、争权利时，他也是为公，为了小团体的公。在差序格局里，公和私是相对而言的，站在任何一圈里，向内看也可以说是公的。其实当西洋的外交家在国际会议里为了自己国家争利益，不惜牺牲世界和平和别国合法利益时，也是这样的。所不同的，他们把国家看成了一个超过一切小组织的团体，为这个团体，上下双方都可以牺牲，但不能牺牲它来成全别种团体。这是现代国家观念，乡土社会中是没有的。

在西洋社会里，国家这个团体是一个明显的也是唯一特殊的群己界线。在国家里做人民的无所逃于这团体之外，像一根柴捆在一束里，他们不能不把国家弄成个为每个分子谋利益的机构，于是他们有革命、有宪法、有法律、有国会等等。在我们传统里，群的极限是模糊不清的"天下"，国是皇帝之家，界线从来就是不清不楚的，不过是从自己这个中心里推出去的社会势力里的一圈而已。所以可以着手的，具体的只有己，克己就成了社会生活中最重要的德性，他们不会去克群，使群不致侵略个人的权利。在这种差序格局中，不发生这问题的。

在差序格局中，社会关系是逐渐从一个一个人推出去的，是私人联系的增加，社会范围是一根根私人联系所构成的网络，因之，我们传统社会里所有的社会道德也只在私人联系中发生意义——这一点，我将留在下篇里再提出来讨论了。

系维着私人的道德

中国乡土社会的基层结构是一种我所谓"差序格局"，是一个"一根根私人联系所构成的网络"。这种格局和现代西洋的"团体格局"是不同的。在团体格局里个人间的联系靠着一个共同的架子；先有了这架子，每个人结上这架子，而互相发生关联。"公民"的观念不能不先有个"国家"。这种结构很可能是从初民民族的"部落"形态中传下来的。部落形态在游牧经济中很显著地是"团体格局"的。生活相倚赖的一群人不能单独地、零散地在山林里求生。在他们，"团体"是生活的前提。可是在一个安居的乡土社会，每个人可以在土地上自食其力的生活时，只在偶然的和临时的非常状态中才感觉到伙伴的需要。在他们，和别人发生关系是后起和次要的，而且他们在不同的场合下需要着不同程度的结合，并不显著地需要一个经常的和广被的团体。因之他们的社会采取了"差序格局"。

社会结构格局的差别引起了不同的道德观念。道德观念是在社会里生活的人自觉应当遵守社会行为规范的信念。它包括着行为规范、行为者的信念和社会的制裁。它的内容是人和人关系的行为规范，是依着该社会的格局而决定的。从社会观点说，道德是社会对个人行为的制裁力，使他们合于规定下的形式行事，用以维持该社会的生存和绵续。

在"团体格局"中，道德的基本观念建筑在团体和个人的关系上。团体是个超于个人的"实在"，不是有形体的东西。我们不能具体地拿出一个有形的东西来说这是团体。它是一束人和人的关系，是一个控制各个人行为的力量，是一种组成分子生活所倚赖的对象，是先于任何个人而又不能脱离个人的共同意志……这种"实在"只能用有形的东西去象征它、表示它。在"团体格局"的社会中才发生笼罩万有的神的观念。团体对个人的关系就象征在神对于信徒的关系中，是个有赏罚的裁判者，是个公正的维持者，是个全能的保护者。

我们如果要了解西洋的"团体格局"社会中的道德体系，决不能离开他们的宗教观念的。宗教的虔诚和信赖不但是他们道德观念的来源，而且是支持行为规范的力量，是团体的象征。在象征着团体的神的观念下，有着两个重要的派生观念：一是每个人在神前的平等；一是神对每个人的公道。

耶稣称神是父亲，是个和每一个人共同的父亲，他甚至当着众人的面否认了生育他的父母。为了要贯彻这"平等"，基督教的神话中，耶稣是童贞女所生的。亲子间个别的和私人的联系在这里被否定了。其实这并不是"无稽之谈"，而是有力的象征，象征着"公有"的团体，团体的代表——神，必须是无私的。每个"人子"，耶稣所象征的"团体构成分子"，在私有的父亲外必须有一个更重要的与人相共的是"天父"，就是团体——这样每个人人格上的平等才能确立，每个团体分子和团体的关系是相等的。团体不能为任何个人所私有。在这基础上才发生美国《独立宣言》中开宗明义的话："全人类生来都平等，他们都有天赋不可夺的权利。"

可是上帝是在冥冥之中，正象征团体无形的实在；但是在执行团体的意志时，还得有人来代理。"代理者"minister是团体格局的社会中一个基本的概念。执行上帝意志的牧师是 minister，执行团体权力的官吏也是 minister，都是"代理者"，而不是神或团体的本身。这上帝和牧师、国家和政府的分别是不容混淆的。在基督教历史里，人们一度再度地要求直接和上帝交通，反抗"代理者"不能真正代理上帝的意旨。同样的，实际上是相通的，也可以说是一贯的，美国《独立宣言》可以接下去说："人类为了保障这些权利，所以才组织政府，政府的适当力量，须由受治者的同意中产生出来；假如任何种政体有害于这些目标，人民即有改革或废除任何政体之权。这些真理，我们认为是不证自明的。"

神对每个个人是公道的，是一视同仁的，是爱的；如果代理者违反了这些"不证自明的真理"，代理者就失去了代理的资格。团体格局的道德体系中于是发生了权利的概念。人对人的互相尊重权利，团体对个人也必须保障这些个人的权利，防止团体代理人滥用权力，于是发生了宪法。宪法观念是和西洋公务观念相配合的。国家可以要求人民的服务，但是国家也得保证不侵害人民的权利，在公道和爱护的范围内行使权力。

我说了不少关于"团体格局"中道德体系的话，目的是在陪衬出"差序格局"中道德体系的特点来。从它们的差别上看去，很多地方是刚刚相反的。在以自己作中心的社会关系网络中，最主要的自然是"克己复礼""一是皆以修身为本"。——这是差序格局中道德体系的出发点。

从己向外推以构成的社会范围是一根根私人联系，每根绳子被一种道德要素维持着。社会范围是从"己"推出去的,而推的过程里有着各种路线,最基本的是亲属:亲子和同胞,相配的道德要素是孝和悌。"孝弟也者其为仁之本欤。"向另一路线推是朋友,相配的是忠信。"为人谋而不忠乎,与朋友交而不信乎?""主忠信,无友不如己者。"孔子曾总结说:"弟子入则孝,出则弟,谨而信,泛爱众,而亲仁。"

在这里我得一提这比较复杂的观念"仁"。依我以上所说的,在差序格局中并没有一个超乎私人关系的道德观念,这种超己的观念必须在团体格局中才能发生。孝、悌、忠、信都是私人关系中的道德要素。但是孔子却常常提到那个仁字。《论语》中对于仁字的解释最多,但是也最难捉摸。一方面他一再地要给仁字明白的解释,而另一方面却又有"子罕言利,与命与仁"。孔子屡次对于这种道德要素"欲说还止"。

> 司马牛问仁。子曰:"仁者其言也讱。"曰:"其言也讱,斯谓之仁已乎?"子曰:"为之难,言之得无讱乎?"
>
> 子曰:"我未见好仁者……盖有之矣,我未之见也。"
>
> 孟武伯问:"子路仁乎?"子曰:"不知也。"又问。子曰:"由也,千乘之国,可使治其赋也,不知其仁也。""求也何如?"子曰:"求也,千室之邑,百乘之家,可使为之宰也,不知其仁也。""赤也何如?"子曰:"赤也,束带立于朝,可使与宾客言,不知其仁也。"

孔子有不少次数说"不够说是仁",但是当他积极地说明仁字是什么时,他却退到了"克己复礼为仁""恭宽信敏惠"这一套私人间的道德要素了。他说:"能行五者于天下为仁矣——恭则不侮,宽则得众,信则人任焉,敏则有功,惠则足以使人。"

孔子的困难是在"团体"组合并不坚强的中国乡土社会中并不容易具体地指出一个笼罩性的道德观念来。仁这个观念只是逻辑上的总合,一切私人关系中道德要素的共相,但是因为在社会形态中综合私人关系的"团体"的缺乏具体性,只有个广被的"天下归仁"的天下,这个和"天下"相配的"仁"也不能比"天下"观念更为清晰。所以凡是要具体说明时,还得回到"孝悌忠信"那一类的道德要素。正等于要说明"天下"时,还得回到"父子,昆弟,朋友"这些具体的伦常关系。

不但在我们传统道德系统中没有一个像基督教里那种"爱"的观念——不分差序的兼爱;而且我们也很不容易找到个人对于团体的道德要素。在西洋团体格局的社会中,公务,履行义务,是一个清楚明白的行为规范。而在中国传统中是没有的。现在我们有时把"忠"字抬出来放在这位置里,但是忠字的意义,在《论语》中并不如此。我在上面所引"为人谋而不忠乎"一句中的忠,是"忠恕"的注解,是"对人之诚"。"主忠信"的忠,可以和衷字相通,是由衷之意。

子张问曰:"令尹子文三仕为令尹,无喜色,三已之,无愠色。旧令尹之政,必以告新令尹。何如?"子曰:"忠矣。"这个忠字虽则近于"忠于职务"的忠字,但是并不包含对于团体的"矢忠"。其实,在《论语》中,忠字甚至并不是君臣关系间的道德要素。君臣之间以"义"相结合。"君子之仕也,行其义也。"所以"忠臣"的观念可以说是后起的,而忠君并不是个人与团体的道德要素,而依旧是对君私人间的关系。

团体道德的缺乏，在公私的冲突里更看得清楚。就是负有政治责任的君王，也得先完成他私人间的道德。《孟子·尽心上篇》有：桃应问曰："舜为天子，皋陶为士，瞽瞍杀人，则如之何？"孟子曰："执之而已矣。""然则舜不禁与？"曰："夫舜恶得而禁之，夫有所受之也。""然则舜如之何？"曰："舜视弃天下，犹弃敝屣也。窃负而逃，遵海滨而处，终身欣然，乐而忘天下。"——这是说舜做了皇帝，不能用对其他国民一样的态度去对待他的父亲。孟子所回答的是这种冲突的理想解决法，他还是想两全，所以想出逃到海滨不受法律所及的地方去的办法。他这样回答是可以的，因为所问的也并非事实问题。另一个地方，孟子所遇到的问题，却更表现了道德标准的缺乏普遍性了。万章问曰："象日以杀舜为事，立为天子，则放之，何也？"孟子曰："封之也，或曰放焉。"万章曰："象至不仁，封之有庳，有庳之人奚罪焉，仁人固如是乎？在他人则诛之，在弟则封之？"孟子的回答是："身为天子，弟为匹夫，可谓亲爱之乎？"

一个差序格局的社会，是由无数私人关系搭成的网络。这网络的每一个结附着一种道德要素，因之，传统的道德里不另找出一个笼统性的道德观念来，所有的价值标准也不能超脱于差序的人伦而存在了。

中国的道德和法律，都因之得看所施的对象和"自己"的关系而加以程度上的伸缩。我见过不少痛骂贪污的朋友，遇到他的父亲贪污时，不但不骂，而且代他讳隐。更甚地，他还可以向父亲要贪污得来的钱，同时骂别人贪污。等到自己贪污时，还可以"能干"两字来自解。这在差序社会里可以不觉得是矛盾；因为在这种社会中，一切普遍的标准并不发生作用，一定要问清了，对象是谁,和自己是什么关系之后,才能决定拿出什么标准来。

团体格局的社会里,在同一团体的人是"兼善"的,就是"相同"的。孟子最反对的就是那一套。他说:"夫物之不齐,物之情也,子比而同之,是乱天下也。"墨家的"爱无差等",和儒家的人伦差序,恰恰相反,所以孟子要骂他无父无君了。

家　　族

我曾在以上两章中,从群己的关系上讨论到社会结构的格局。我也在那章里提出了若干概念,比如"差序格局"和"团体格局"。我知道这些生疏的名词会引起读者的麻烦,但是为了要表明一些在已有社会学词汇里所没有确当名词来指称的概念,我不能不写下这些新的标记。这些标记并没有使我完全满意,而且也有容易引起误会的地方。譬如有一位朋友看过我那一章的分析之后,曾摇头说,他不能同意我说中国乡土社会里没有团体。他举出了家庭、氏族、邻里、街坊、村落,这些不是团体是什么?显然我们用同一名词指着不同的实体。我为了要把结构不同的两类"社群"分别出来,所以把团体一词加以较狭的意义,只指由团体格局中所形成的社群,用以和差序格局中所形成的社群相区别;后者称之作"社会圈子",把社群来代替普通所谓团体。社群是一切有组织的人群。在那位朋友所列举的各种社群中,大体上都属于我所谓社会圈子的性质。在这里我可以附带说明,我并不是说中国乡土社会中没有"团体",一切社群都属于社会圈子性质,譬如钱会,即是賨,显然是属团体格局的;我在这个分析中只想从主要的格局说，在中国乡土社会中，差序格局和社会圈子的组织是比较地重要。同样地，在西洋现代社会中差序格局同样存在的，但比较上不重要罢了。这两种格局本是社会结构的基本形式，在概念上可以分得清，在事实上常常可以并存的，可以看得到的不过各有偏胜罢了。

在概念上把这两种格局和两种组织区别出来并不是多余的，因为这个区别确可帮助我们对于社会结构上获得许多更切实的了解，免除种种混淆。在这里我将接着根据这套概念去看中国乡土社会中基本社群"家"的性质。

我想在这里提出来讨论的是我们乡土社会中的基本社群，这社群普通被称为"大家庭"的。我在《江村经济》中把它称作"扩大了的家庭"（expanded family）。这些名词的主体是"家庭"，在家庭上加一个小或大的形容词来说明中国和西洋性质上相同的"家庭"形式上的分别。可是我现在看来却觉得这名词并不妥当，比较确当的应该称中国乡土社会基本社群作"小家族"。

我提出这新名词来的原因是在想从结构的原则上去说明中西社会里"家"的区别。我们普通所谓大家庭和小家庭的差别决不是在大小上，不是在这社群所包括的人数上，而是在结构上。一个有十多个孩子的家并不构成"大家庭"的条件，一个只有公婆儿媳四个人的家却不能称之为"小家庭"。在数目上说，前者比后者为多，但在结构上说，后者却比前者为复杂，二者所用的原则不同。

家庭这概念在人类学上有明确的界说：这是个亲子所构成的生育社群。亲子指它的结构，生育指它的功能。亲子是双系的，兼指父母双方；子女限于配偶所出生的孩子。这社群的结合是为了子女的生和育。在由个人来担负孩子生育任务的社会里，这种社群是不会少的。但是生育的功能，就每个个别的家庭说，是短期的，孩子们长成了也就脱离他们的父母的抚育，去经营他们自己的生育儿女的事务，一代又一代。家庭这社群因之是暂时性的。从这方面说，家庭这社群和普通的社群不完全一样。学校、国家这些社群并不是暂时，虽则事实上也不是永久的，但是都不是临时性的，因为它们所具的功能是长期性的。家庭既以生育为它的功能，在开始时就得准备结束。抚育孩子的目的就在结束抚育。关于这一层意思我在《生育制度》一书中有详细的讨论。

但是在任何文化中，家庭这社群总是赋有生育之外其他的功能。夫妇之间的合作并不因儿女长成而结束。如果家庭不变质，限于亲子所构成的社群，在它形成伊始，以及儿女长成之后，有一段期间只是夫妇的结合。夫妇之间固然经营着经济的、感情的、两性的合作，但是所经营的事务受着很大的限制，凡是需要较多人合作的事务就得由其他社群来经营了。

在西洋，家庭是团体性的社群，这一点我在上面已经说明有严格的团体界限。因为这缘故，这个社群能经营的事务也很少，主要的是生育儿女。可是在中国乡土社会中，家并没有严格的团体界限，这社群里的分子可以依需要、沿亲属差序向外扩大。构成这个我所谓社圈的分子并不限于亲子。但是在结构上扩大的路线却有限制。中国的家扩大的路线是单系的，就是只包括父系这一方面；除了少数例外，家并不能同时包括媳妇和女婿。在父系原则下女婿和结了婚的女儿都是外家人。在父系方面却可以扩大得很远，五世同堂的家，可以包括五代之内所有父系方面的亲属。

这种根据单系亲属原则所组成的社群，在人类学中有个专门名称，叫氏族。我们的家在结构上是一个氏族。但是和普通我们所谓族也不完全相同，因为我们所谓族是由许多家所组成，是一个社群的社群。因之，我在这里提了这个"小家族"的名词。小家族和大家族在结构原则上是相同的，不相同是在数量、在大小上——这是我不愿用大家庭，而用小家族的原因。一字的相差，却说明了这社群的结构性质。

家族在结构上包括家庭；最小的家族也可以等于家庭。因为亲属的结构的基础是亲子关系、父母子的三角。家族是从家庭基础上推出来的。但是包括在家族中的家庭只是社会圈子中的一轮，不能说它不存在，但也不能说它自成一个独立的单位，不是一个团体。

形态上的差异，也引起了性质上的变化。家族虽则包括生育的功能，但不限于生育的功能。依人类学上的说法，氏族是一个事业组织，再扩大就可以成为一个部落。氏族和部落赋有政治、经济、宗教等复杂的功能。我们的家也正是这样。我的假设是中国乡土社会采取了差序格局，利用亲属的伦常去组合社群，经营各种事业，使这基本的家，变成氏族性了。一方面我们可以说在中国乡土社会中，不论政治、经济、宗教等功能都可以利用家族来担负，另一方面也可以说，为了要经营这许多事业，家的结构不能限于亲子的小组合，必须加以扩大。而且凡是政治、经济、宗教等事物都需要长期绵续性的，这个基本社群决不能像西洋的家庭一般是临时的。家必须是绵续的，不因个人的长成而分裂，不因个人的死亡而结束，于是家的性质变成了族。氏族本是长期的，和我们的家一般。我称我们这种社群作小家族，也表示了这种长期性在内，和家庭的临时性相对照。

中国的家是一个事业组织，家的大小是依着事业的大小而决定。如果事业小，夫妇两人的合作已够应付，这个家也可以小得等于家庭；如果事业大，超过了夫妇两人所能担负时，兄弟伯叔全可以集合在一个大家里。这说明了我们乡土社会中家的大小变异可以很甚。但不论大小上差别到什么程度，结构原则上却是一贯的、单系的差序格局。

以生育社群来担负其他很多的功能，使这社群中各分子的关系的内容也发生了变化。在西洋家庭团体中，夫妇是主轴，夫妇共同经营生育事务，子女在这团体中是配角，他们长成了就离开这团体。在他们，政治、经济、宗教等功能有其他团体来担负，不在家庭的分内。夫妇成为主轴，两性之间的感情是凝合的力量。两性感情的发展，使他们的家庭成了获取生活上安慰的中心。我在《美国人的性格》一书中曾用"生活堡垒"一词去形容它。

在我们的乡土社会中，家的性质在这方面有着显著的差别。我们的家既是个绵续性的事业社群，它的主轴是在父子之间，在婆媳之间，是纵的，不是横的。夫妇成了配轴。配轴虽则和主轴一样并不是临时性的，但是这两轴却都被事业的需要而排斥了普通的感情。我所谓普通的感情是和纪律相对照的。一切事业都不能脱离效率的考虑。求效率就得讲纪律；纪律排斥私情的宽容。在中国的家庭里有家法，在夫妇间得相敬，女子有着三从四德的标准，亲子间讲究负责和服从。这些都是事业社群里的特色。

不但在大户人家，书香门第，男女有着闺内闺外的隔离，就是在乡村里，夫妇之间感情的淡漠也是日常可见的现象。我在乡间调查时特别注意过这问题，后来我又因疏散下乡，和农家住在一所房子里很久，更使我认识了这事实。我所知道的乡下夫妇大多是"用不着多说话的""实在没有什么话可说的"。一早起各人忙着各人的事,没有工夫说闲话。出了门,各做各的。妇人家如果不下田,留在家里带孩子。工做完了,男子们也不常留在家里,男子汉如果守着老婆,没出息。有事在外,没事也在外。茶馆,烟铺,甚至街头巷口,是男子们找感情上安慰的消遣场所。在那些地方,大家有说有笑,热热闹闹的。回到家,大如间合作顺利,各人好好地按着应做的事各做各的。做得好,没事,也没话;合作得不对劲,闹一场,动手动脚,说不上亲热。这些观察使我觉得西洋的家和我们乡下的家,在感情生活上实在不能并论。乡下,有说有笑,有情有意的是在同性和同年龄的集团中,男的和男的在一起,女的和女的在一起,孩子们又在一起,除了工作和生育事务上,性别和年龄组间保持着很大的距离。这决不是偶然的,在我看来,这是把生育之外的许多功能拉入了这社群中去之后所引起的结果。中国人在感情上,尤其是在两性间的矜持和保留,不肯像西洋人一般地在表面上流露,也是在这种社会圜局中养成的性格。

男女有别

在上篇我说家族在中国的乡土社会里是一个事业社群,凡是做事业的社群,纪律是必须维持的,纪律排斥了私情。这里我们碰着了中国传统感情定向的基本问题了。在上篇我虽则已说到了一些,但是还想在本篇里再引申发挥一下。

我用感情定向一词来指一个人发展他感情的方向,而这方向却受着文化的规定，所以从分析一个文化形式时，我们应当注意这文化所规定个人感情可以发展的方向，简称作感情定向。"感情"又可以从两方面去看：心理学可以从机体的生理变化来说明感情的本质和种类，社会学却从感情在人和人的关系上去看它所发生的作用。喜怒哀乐固然是生理现象，但是总发生在人事圜局之中，而且影响人事的关系，它们和其他个人的行为一样，在社会现象的一层里得到它们的意义。

感情在心理方面说是一种体内的行为，导发外表的行为。William James 说感情是内脏的变化。这变化形成了动作的趋势，本身是一种紧张状态，发动行为的力量。如果一种刺激和一种反应之间的关联，经过了练习，已经相当固定的话，多少可说成为自动时，就不会发生体内的紧张状态，也就是说，不带着强烈的感情。感情常发生在新反应的尝试和旧反应的受阻情形中。

这里所谓感情相当于普通所谓激动，动了情，甚至说动了火。用火来形容感情，就在指这动的势和紧张的状态，从社会关系上说感情是具有破坏和创造作用的。感情的激动改变了原有的关系。这也就是说，如果要维持着固定的社会关系，就得避免感情的激动。其实，感情的淡漠是稳定的社会关系的一种表示。所以我在上篇曾说纪律是排斥私情的。

稳定社会关系的力量，不是感情，而是了解。所谓了解，是指接受着同一的意义体系。同样的刺激会引起同样的反应。我在论"文字下乡"的两篇里，已说起过熟习所引起的亲密感觉。亲密感觉和激动性的感情不相同。它是契洽，发生持续作用；它是无言的，不像感情奔放时铿然有声，歌哭哀号是激动时不缺的配合。

Oswald Spengler 在《西方陆沉论》里曾说西洋曾有两种文化模式，一种他称作亚普罗式的 Apollonian，一种他称作浮士德式的 Faustian。亚普罗式的文化认定宇宙的安排有一个完善的秩序，这个秩序超于人力的创造，人不过是去接受它，安于其位，维持它；但是人连维持它的力量都没有，天堂遗失了，黄金时代过去了。这是西方古典的精神。现代的文化却是浮士德式的。他们把冲突看成存在的基础，生命是阻碍的克服；没有了阻碍，生命也就失去了意义。他们把前途看成无尽的创造过程，不断地变。

这两种文化观很可以用来了解乡土社会和现代社会在感情定向上的差别。乡土社会是亚普罗式的，而现代社会是浮士德式的。这两套精神的差别也表现在两种社会最基本的社会生活里。

乡土社会是靠亲密和长期的共同生活来配合各个人的相互行为，社会的联系是长成的、是熟习的，到某种程度使人感觉到是自动的。只有生于斯、死于斯的人群里才能培养出这种亲密的群体，其中各个人有着高度的了解。好恶相投，连臭味都一般。要达到这境界，却有一个条件，就是没有什么差别在阻碍着各人间的充分了解。空间的位置，在乡土社会中的确已不太成为阻碍人了解的因素了。人们生活在同一的小天地里，这小天地多少是孤立的，和别群人没有重要的接触。在时间上，每一代的人在同一的周期中生老病死，一个公式。年轻的人固然在没有经历过年长的生活时，可以不了解年长的人的心情，年龄因之多少是一种隔膜，但是这隔膜却是一方面的，年长的人可以了解年轻的人，他们甚至可以预知年轻的人将要碰着的问题。年轻的人在把年长的人当作他们生活的参考蓝图时，所谓"不了解"也不是分划的鸿沟。

乡土社会中阻碍着共同生活的人充分了解的却是个人生理上

的差别。这差别倒并不是起于有着悬殊的遗传特质，这在世代互婚的小社区里并不会太显著的。永远划分着人们生理差别的是男女两性。正因为还没有人能亲身体会过两性的差别，我们对于这差别的认识，总是间接的；所能说的差别多少只限于表面的。在实际生活上，谁也会感觉到异性的隔膜，但是差别的内容却永远是个猜想，无法领会。

在以充分了解来配合人们相互行为的社会中，这性别的鸿沟是个基本的阻碍。只在他们理想的天堂里，这鸿沟才算被克服：宗教家对性的抹杀，不论自觉或不自觉，决不是偶然的。完全的道义必须有充分的了解，无所隔，这就不能求之于生理上早已划下了鸿沟的男女之间。

男女生理上的分化是为了生育，生育却又规定了男女的结合。这一种结合基于异，并非基于同。在相异的基础上去求充分了解，是困难的，是阻碍重重的，是需要不断地在创造中求统一，是浮士德式的企图。浮士德是感情的象征，是把感情的激动，不断的变，作为生命的主脉。浮士德式的企图也是无穷止的，因为最后的统一是永远不会完成的，这不过是一个求同的过程。不但这样，男女的共同生活，愈向着深处发展，相异的程序也愈是深，求同的阻碍也愈是强大，用来克服这阻碍的创造力也更需强大，在浮士德的立场说，生命力也因之愈强，生活的意义也因之愈深。

把浮士德式的两性恋爱看成是进入生育关系的手段是不对的。恋爱是一项探险，是对未知的摸索。这和友谊不同，友谊是可以停止在某种程度上的了解，恋爱却是不停止的，是追求。这种企图并不以实用为目的，是生活经验的创造，也可以说是生命意义的创造，但不是经济的生产，不是个事业。恋爱的持续倚于推陈出新，不断地克服阻碍，也是不断地发现阻碍，要得到的是这一个过程，而不是这过程的结果。从结果说可以是毫无成就的。非但毫无成就，而且使社会关系不能稳定，使依赖于社会关系的事业不能顺利经营。依现代文化来看，男女间感情激动的发达已使生育的事业摇摇欲坠。这事业除非另外设法，由社会来经营，浮士德式的精神的确在破坏这社会上的基本事业。

在乡土社会中这种精神是不容存在的。它不需要创造新的社会关系，社会关系是生下来就决定的。它更害怕社会关系的破坏，因为乡土社会所求的是稳定。它是亚普罗式的。男女间的关系必须有一种安排，使他们之间不发生激动性的感情。那就是男女有别的原则。"男女有别"是认定男女间不必求同，在生活上加以隔离。这隔离非但有形的，所谓男女授受不亲，而且是在心理上的，男女只在行为上按着一定的规则经营分工合作的经济和生育的事业，他们不向对方希望心理上的契洽。

在社会结构上，如上篇所说的，因之发生了同性间的组合。这在我们乡土社会中看得很清楚。同性组合和家庭组合原则上是交错的，因为以生育为功能的家庭总是异性的组合。因之，乡土社会中"家庭"的团结受到了这同性组合的影响，不易巩固。于是家族代替了家庭，家族是以同性为主、异性为辅的单系组合。中国乡土社会里，以家族为基本社群，是同性原则较异性原则为重要的表示。

男女有别的界限，使中国传统的感情定向偏于同性方面去发展。变态的同性恋和自我恋究竟普遍到什么程度，我们无法确说；但是乡土社会中结义性的组织，"不愿同日生，但愿同日死"的亲密结合，多少表示了感情方向走入同性关系的一层里的程度已经并不很浅。在女性方面的极端事例是华南的姊妹组织，在女性文学里所流露的也充满着冯小青式的自恋声调。可惜我们对于中国人的感情生活太少分析，关于这方面的话我们只能说到这里为止了。

缺乏两性间的求同的努力，也减少了一个不在实利上打算的刺激。中国乡土社会中那种实用的精神安下了现世的色彩。儒家不谈鬼，"祭神如神在"，可以说对于切身生活之外都漠然没有兴趣。一般人民更会把天国现世化：并不想把理想去改变现实，天国实现在这世界上；而把现实作为理想的底稿，把现世推进天国。对生活的态度是以克己来迁就外界，那就是改变自己去适合于外在的秩序。所以我们可以说这是古典的，也是亚普罗式的。

社会秩序范围着个性，为了秩序的维持，一切足以引起破坏秩序的要素都被遏制着。男女之间的鸿沟从此筑下。乡土社会是个男女有别的社会，也是个安稳的社会。

礼治秩序

普通常有以"人治"和"法治"相对称，而且认为西洋是法治的社会，我们是"人治"的社会。其实这个对称的说法并不很清楚的。法治的意思并不是说法律本身能统治，能维持社会秩序，而是说社会上人和人的关系是根据法律来维持的。法律还得靠权力来支持，还得靠人来执行，法治其实是"人依法而治"，并非没有人的因素。

现代论法理的学者中有些极重视人的因素。他们注意到在应用法律于实际情形时，必须经过法官对于法律条文的解释。法官的解释的对象虽则是法律条文，但是决定解释内容的却包含很多因素，法官个人的偏见，甚至是否有胃病，以及社会的舆论都是极重要的。于是他们认为法律不过是法官的判决。这自是片面的说法，因为法官并不能任意下判决的，他的判决至少也须被认为是根据法律的，但是这种看法也告诉我们所谓法治绝不能缺乏人的因素了。

这样说来，人治和法治有什么区别呢？如果人治是法治的对面，意思应当是"不依法律的统治"了。统治如果是指社会秩序的维持，我们很难想象一个社会的秩序可以不必靠什么力量就可以维持，人和人的关系可以不根据什么规定而自行配合的。如果不根据法律，根据什么呢？望文生义地说来，人治好像是指有权力的人任凭一己的好恶来规定社会上人和人的关系的意思。我很怀疑这种"人治"是可能发生的。如果共同生活的人们，相互的行为、权利和义务，没有一定规范可守，依着统治者好恶来决定，而好恶也无法预测的话，社会必然会混乱，人们会不知道怎样行动，那是不可能的，因之也说不上"治"了。

所谓人治和法治之别，不在人和法这两个字上，而是在维持秩序时所用的力量和所根据的规范的性质。

乡土社会秩序的维持，有很多方面和现代社会秩序的维持是不相同的。可是所不同的并不是说乡土社会是"无法无天"，或者说"无需规律"。的确有些人这样想过。返朴归真的老子觉得只要把社区的范围缩小，在鸡犬相闻而不相往来的小国寡民的社会里，社会秩序无需外力来维持，单凭每个人的本能或良知，就能相安无事了。这种想法也并不限于老子。就是在现代交通之下，全世界的经济已密切相关到成为一体时，美国还有大多数人信奉着古典经济学里的自由竞争的理想，反对用人为的"计划"和"统制"来维持经济秩序，而认为在自由竞争下，冥冥之中，自有一双看不见的手，会为人们理出一个合于道德的经济秩序来的。不论在社会、政治、经济各个范围中，都有认为"无政府"是最理想的状态，当然所谓"无政府"决不是等于"混乱"，而是一种"秩序"，一种不需规律的秩序，一种自动的秩序，是"无治而治"的社会。

可是乡土社会并不是这种社会，我们可以说这是个"无法"的社会，假如我们把法律限于以国家权力所维持的规则，但是"无法"并不影响这社会的秩序，因为乡土社会是"礼治"的社会。

让我先说明，礼治社会并不是指文质彬彬，像《镜花缘》里所描写的君子国一般的社会。礼并不带有"文明"，或是"慈善"，或是"见了人点个头"，不穷凶极恶的意思。礼也可以杀人，可以很"野蛮"。譬如在印度有些地方，丈夫死了，妻子得在葬礼里被别人用火烧死，这是礼。又好像在缅甸有些地方，一个人成年时，一定要去杀几个人头回来，才能完成为成年礼而举行的仪式。我们在旧小说里也常读到杀了人来祭旗，那是军礼——礼的内容在现代标准看去，可能是很残酷的。残酷与否并非合礼与否的问题。"子贡欲去告朔之饩羊。子曰，赐也，尔爱其羊，我爱其礼。"恻隐之心并没有使孔子同意于取消相当残忍的行为。

礼是社会公认合式的行为规范。合于礼的就是说这些行为是做得对的，对是合式的意思。如果单从行为规范一点说，本和法律无异，法律也是一种行为规范。礼和法不相同的地方是维持规范的力量。法律是靠国家的权力来推行的。"国家"是指政治的权力，在现代国家没有形成前，部落也是政治权力。而礼却不需要这有形的权力机构来维持。维持礼这种规范的是传统。

传统是社会所累积的经验。行为规范的目的是在配合人们的行为以完成社会的任务，社会的任务是在满足社会中各分子的生活需要。人们要满足需要必须相互合作，并且采取有效技术，向环境获取资源。这套方法并不是由每个人自行设计，或临时聚集了若干人加以规划的。人们有学习的能力，上一代所试验出来有效的结果，可以教给下一代。这样一代一代地累积出一套帮助人们生活的方法。从每个人说，在他出生之前，已经有人替他准备下怎样去应付人生道上所可能发生的问题了。他只要"学而时习之"就可以享受满足需要的愉快了。

文化本来就是传统，不论哪一个社会，绝不会没有传统的。衣食住行种种最基本的事务，我们并不要事事费心思，那是因为我们托祖宗之福，一一有着可以遵守的成法。但是在乡土社会中，传统的重要性比了现代社会更甚。那是因为在乡土社会里传统的效力更大。

乡土社会是安土重迁的，生于斯、长于斯、死于斯的社会。不但是人口流动很小，而且人们所取给资源的土地也很少变动。在这种不分秦汉，代代如是的环境里，个人不但可以信任自己的经验，而且同样可以信任若祖若父的经验。一个在乡土社会里种田的老农所遇着的只是四季的转换，而不是时代变更。一年一度，周而复始。前人所用来解决生活问题的方案，尽可抄袭来做自己生活的指南。愈是经过前代生活中证明有效的，也愈值得保守。于是"言必尧舜"，好古是生活的保障了。

我自己在抗战时，疏散在昆明乡下，初生的孩子，整天啼哭不定，找不到医生，只有请教房东老太太。她一听哭声就知道牙根上生了"假牙",是一种寄生菌,吃奶时就会发痛,不吃奶又饿。她不慌不忙地要我们用咸菜和蓝青布去擦孩子的嘴腔。一两天果然好了。这地方有这种病,每个孩子都发生,也因之每个母亲都知道怎样治,那是有效的经验。只要环境不变,没有新的细菌侵入,这套不必讲学理的应付方法,总是有效的。既有效也就不必问理由了。

像这一类的传统,不必知之,只要照办,生活就能得到保障的办法,自然会随之发生一套价值。我们说"灵验",就是说含有一种不可知的魔力在后面。依照着做就有福,不依照了就会出毛病。于是人们对于传统有了敬畏之感了。

如果我们在行为和目的之间的关系不加推究,只按着规定的方法做,而且对于规定的方法带着不这样做就会有不幸的信念时,这套行为也就成了我们普通所谓"仪式"了。礼是按着仪式做的意思。"禮"字本是从豊从示。豊是一种祭器,示是指一种仪式。

礼并不是靠一个外在的权力来推行的,而是从教化中养成了个人的敬畏之感,使人服膺;人服礼是主动的。礼是可以为人所好的,所谓"富而好礼"。孔子很重视服礼的主动性,在下面一段话里说得很清楚:

> 颜渊问仁。子曰:"克己复礼为仁。一日克己复礼,天下归仁焉。为仁由己,而由人乎哉?"颜渊曰:"请问其目。"子曰:"非礼勿视,非礼勿听,非礼勿言,非礼勿动。"颜渊曰:"回虽不敏,请事斯语矣。"

这显然是和法律不同了,甚至不同于普通所谓道德。法律是从外限制人的，不守法所得到的罚是由特定的权力所加之于个人的。人可以逃避法网，逃得脱还可以自己骄傲、得意。道德是社会舆论所维持的，做了不道德的事，见不得人，那是不好；受人唾弃，是耻。礼则有甚于道德：如果失礼，不但不好，而且不对、不合、不成。这是个人习惯所维持的。十目所视，十手所指的，即是在没有人的地方也会不能自己。曾子易箦是一个很好的例子。礼是合式的路子，是经教化过程而成为主动性的服膺于传统的习惯。

礼治在表面看去好像是人们行为不受规律拘束而自动形成的秩序。其实自动的说法是不确，只是主动地服于成规罢了。孔子一再地用"克"字，用"约"字来形容礼的养成，可见礼治并不是离开社会，由于本能或天意所构成的秩序了。

礼治的可能必须以传统可以有效的应付生活问题为前提。乡土社会满足了这前提，因之它的秩序可以礼来维持。在一个变迁很快的社会，传统的效力是无法保证的。尽管一种生活的方法在过去是怎样有效，如果环境一改变，谁也不能再依着老法子去应付新的问题了。所应付的问题如果要由团体合作的时候，就得大家接受个同意的办法，要保证大家在规定的办法下合作应付共同问题，就得有个力量来控制各个人了。这其实就是法律。也就是所谓"法治"。

法治和礼治是发生在两种不同的社会情态中。这里所谓礼治也许就是普通所谓人治，但是礼治一词不会像人治一词那样容易引起误解，以致有人觉得社会秩序是可以由个人好恶来维持的了。礼治和这种个人好恶的传统相差很远，因为礼是传统，是整个社会历史在维持这种秩序。礼治社会并不能在变迁很快的时代中出现的，这是乡土社会的特色。

无　讼

在乡土社会里，一说起"讼师"，大家会联想到"挑拨是非"之类的恶行。做刀笔吏的在这种社会里是没有地位的。可是在都市里律师之上还要加个大字，报纸的封面可能全幅是律师的题名录。而且好好的公司和个人，都会去请律师做常年顾问。在传统眼光中，都市真是个是非场，规矩人是住不得的了。

讼师改称律师，更加大字在上；打官司改称起诉；包揽是非改称法律顾问——这套名词的改变正代表了社会性质的改变，也就是礼治社会变为法治社会。

在都市社会中一个人不明白法律，要去请教别人，并不是件可耻之事。事实上，普通人在都市里居住，求生活，很难知道有关生活、职业的种种法律。法律成了专门知识。不知道法律的人却又不能在法律之外生活。在有秩序的都市社会中，在法律之外生活就会捣乱社会的共同安全，于是这种人不能不有个顾问了。律师地位的重要从此获得。

但是在乡土社会的礼治秩序中做人，如果不知道"礼"，就成了撒野，没有规矩，简直是个道德问题，不是个好人。一个负责地方秩序的父母官，维持礼治秩序的理想手段是教化，而不是折狱。如果有非打官司不可，那必然是因为有人破坏了传统的规矩。在旧小说上，我们常见的听讼，亦称折狱的程序是：把"犯人"拖上堂，先各打屁股若干板，然后一方面大呼冤枉。父母官用了他"看相"式的眼光，分出哪个"獐头鼠目"，必非好人，重加呵责，逼出供状，结果好恶分辨，冤也伸了，大呼青天——这种程序在现代眼光中，会感觉到没有道理；但是在乡土社会中，这却是公认正当的。否则为什么这类记载，《包公案》《施公案》等等能成了传统的畅销书呢？

我在上一次杂话中已说明了礼治秩序的性质。在这里我可以另打一个譬喻来说明：在我们比赛足球时，裁判官吹了叫子，说哪个人犯规，哪个人就得受罚，用不到由双方停了球辩论。最理想的球赛是裁判员形同虚设（除了做个发球或出界的信号员）。为什么呢？那是因为每个参加比赛的球员都应当事先熟悉规则，而且都事先约定根据双方同意的规则之下比赛，裁判员是规则的权威。他的责任是在察看每个球员的动作不越出规则之外。一个有sportsmanship的球员并不会在裁判员的背后，向对方的球员偷偷地打一暗拳。如果发生此类事情，不但裁判可以罚他，而且这个球员，甚至全球队的名誉即受影响。球员对于规则要谙熟，技艺要能做到从心所欲而不逾规的程度，他需要长期的训练。如果发生有意犯规的举动，就可以说是训练不良，也是指导员的耻辱。

这个譬喻可以用来说明乡土社会对于讼事的看法。所谓礼治就是对传统规则的服膺。生活各方面，人和人的关系，都有着一定的规则。行为者对于这些规则从小就熟习，不问理由而认为是当然的。长期的教育已把外在的规则化成了内在的习惯。维持礼俗的力量不在身外的权力，而是在身内的良心。所以这种秩序注重修身，注重克己。理想的礼治是每个人都自动地守规矩，不必有外在的监督。但是理想的礼治秩序并不常有的。一个人可以为了自私的动机，偷偷地越出规矩。这种人在这种秩序里是败类无疑。每个人知礼是责任，社会假定每个人是知礼的，至少社会有责任要使每个人知礼。所以"子不教"成了"父之过"。这也是乡土社会中通行"连坐"的根据。儿子做了坏事情,父亲得受刑罚,甚至教师也不能辞其咎。教得认真,子弟不会有坏的行为。打官司也成了一种可羞之事,表示教化不够。

在乡村里所谓调解,其实是一种教育过程。我曾在乡下参加过这类调解的集合。我之被邀,在乡民看来是极自然的,因为我是在学校里教书的,读书知礼,是权威。其他负有调解责任的是一乡的长老。最有意思的是保长从不发言,因为他在乡里并没有社会地位,他只是个干事。调解是个新名词,旧名词是评理。差不多每次都由一位很会说话的乡绅开口。他的公式总是把那被调解的双方都骂一顿。"这简直是丢我们村子里脸的事!你们还不认了错,回家去。"接着教训了一番。有时竟拍起桌子来发一阵脾气。他依着他认为"应当"的告诉他们。这一阵却极有效,双方时常就"和解"了,有时还得罚他们请一次客。我那时常觉得像是在球场旁看裁判官吹叫子,罚球。

我记得一个很有意思的案子:某甲已上了年纪,抽大烟。长子为了全家的经济,很反对他父亲有这嗜好,但也不便干涉。次子不务正业,偷偷抽大烟,时常怂恿老父亲抽大烟,他可以分润一些。有一次给长子看见了,就痛打他的弟弟,这弟弟赖在老父身上。长子一时火起,骂了父亲。家里大闹起来,被人拉到乡公所来评理。那位乡绅,先照例认为这是件全村的丑事。接着动用了整个伦理原则,小儿子是败类,看上去就不是好东西,最不好,应当赶出村子。大儿子骂了父亲,该罚。老父亲不知道管教儿子,还要抽大烟,受了一顿教训。这样,大家认了罚回家。那位乡绅回头和我发了一阵牢骚。一代不如一代,真是世风日下。

子曰:"听讼,吾犹人也,必也使无讼乎。"——当时体会到了孔子说这话时的神气了。

现代都市社会中讲个人权利，权利是不能侵犯的。国家保护这些权利，所以定下了许多法律。一个法官并不考虑道德问题、伦理观念，他并不在教化人。刑罚的用意已经不复"以儆效尤"，而是在保护个人的权利和社会的安全。尤其在民法范围里，他并不是在分辨是非，而是在厘定权利。在英美以判例为基础的法律制度下，很多时间诉讼的目的是在获得以后可以遵守的规则。一个变动中的社会，所有的规则是不能不变动的。环境改变了，相互权利不能不跟着改变。事实上并没有两个案子的环境完全相同，所以各人的权利应当怎样厘定，时常成为问题，因之构成诉讼，以获取可以遵守的判例，所谓 test case。在这种情形里自然不发生道德问题了。

现代的社会中并不把法律看成一种固定的规则了，法律一定得随着时间而改变其内容。也因之，并不能盼望各个在社会里生活的人都能熟悉这与时俱新的法律，所以不知道法律并不成为"败类"。律师也成了现代社会中不可缺的职业。

中国正处在从乡土社会蜕变的过程中，原有对诉讼的观念还是很坚固地存留在广大的民间，也因之使现代的司法不能彻底推行。第一是现行法里的原则是从西洋搬过来的，和旧有的伦理观念相差很大。我在前几篇杂话中已说过，在中国传统的差序格局中，原本不承认有可以施行于一切人的统一规则，而现行法却是采用个人平等主义的。这一套已经使普通老百姓不明白，在司法制度的程序上又是隔膜到不知怎样利用。在乡间普通人还是怕打官司的，但是新的司法制度却已推行下乡了。那些不容于乡土伦理的人物从此却找到了一种新的保障。他们可以不服乡间的调解而告到司法处去。当然，在理论上，这是好现象，因为这样才能破坏原有的乡土社会的传统，使中国能走上现代化的道路。但是事实上，在司法处去打官司的，正是那些乡间所认为"败类"的人物。依着现行法去判决（且把贪污那一套除外），时常可以和地方传统不合。乡间认为坏的行为却正可以是合法的行为，于是司法处在乡下人的眼光中成了一个包庇作恶的机构了。

有一位兼司法官的县长曾和我谈到过很多这种例子。有个人因妻子偷了汉子打伤了奸夫。在乡间这是理直气壮的，但是和奸没有罪，何况又没有证据，殴伤却有罪。那位县长问我：他怎么判好呢？他更明白，如果是善良的乡下人，自己知道做了坏事决不会到衙门里来的。这些凭借一点法律知识的败类，却会在乡间为非作恶起来，法律还要去保护他。我也承认这是很可能发生的事实。现行的司法制度在乡间发生了很特殊的副作用，它破坏了原有的礼治秩序，但并不能有效地建立起法治秩序。法治秩序的建立不能单靠制定若干法律条文和设立若干法庭，重要的还得看人民怎样去应用这些设备。更进一步，在社会结构和思想观念上还得先有一番改革。如果在这些方面不加以改革，单把法律和法庭推行下乡，结果法治秩序的好处未得，而破坏礼治秩序的弊病却已先发生了。

无为政治

论权力的人多少可以分成两派，两种看法：一派是偏重在社会冲突的一方面，另一派是偏重在社会合作的一方面；二者各有偏重，所看到的不免也各有不同的地方。

从社会冲突一方面着眼的，权力表现在社会不同团体或阶层间主从的形态里。在上的是握有权力的，他们利用权力去支配在下的，发施号令，以他们的意志去驱使被支配者的行动。权力，依这种观点说，是冲突过程的持续，是一种休战状态中的临时平衡。冲突的性质并没有消弭，但是武力的阶段过去了，被支配的一方面已认了输，屈服了。但是他们并没有甘心接受胜利者所规定下的条件，非心服也。于是两方面的关系中发生了权力。权力是维持这关系所必需的手段，它是压迫性质的，是上下之别。从这种观点上看去，政府，甚至国家组织，如果握有这种权力的，是统治者的工具。跟下去还可以说，政府，甚至国家组织，只存在于阶级斗争的过程中。如果有一天"阶级争斗"的问题解决了，社会上不分阶级了，政府，甚至国家组织，都会像秋风里的梧桐叶一般自己凋谢落地——这种权力我们不妨称之为横暴权力。

从社会合作一方面着眼的，却看到权力的另一性质。社会分工的结果每个人都不能"不求人"而生活。分工对于每个人都有利的，因为这是经济的基础，人可以较少劳力得到较多收获；劳力是成本，是痛苦的，人靠了分工，减轻了生活担子，增加了享受。享受固然是人所乐从的，但贪了这种便宜，每个人都不能自足了，不能独善其身，不能不管"闲事"，因为如果别人不好好地安于其位地做他所分的工作，就会影响自己的生活。这时，为了自己，不能不干涉人家了。同样地，自己如果不尽其分，也会影响人家，受着人家的干涉。这样发生了权利和义务，从干涉别人一方面说是权利，从自己接受人家的干涉一方面说是义务。各人有维持各人的工作、维持各人可以互相监督的责任。没有人可以

"任意"依自己高兴去做自己想做的事，而得遵守着大家同意分配的工作。可是这有什么保障呢？如果有人不遵守怎么办呢？这里发生共同授予的权力了。这种权力的基础是社会契约，是同意。社会分工愈复杂，这权力也愈扩大。如果不愿意受这种权力的限制，只有回到"不求人"的境界里去做鲁宾逊，那时才真的顶天立地。不然，也得"小国寡民"以减少权力。再说得清楚些，得抛弃经济利益，不讲享受，像人猿泰山一般回到原始生活水准上去。不然的话，这种权力也总解脱不了——这种权力我们不妨称之为同意权力。

这两种看法都有根据的，并不冲突的，因为在人类社会里这两种权力都存在，而且在事实层里，统治者，所谓政府，总同时代表着这两种权力，不过是配合的成分上有不同。原因是社会分化不容易，至少以已往的历史说，只有合作而没有冲突。这两种过程常是互相交割，错综混合，冲突里有合作，合作里有冲突，不很单纯的。所以上面两种性质的权力是概念上的区别，不常是事实上的区分。我们如果要明白一个社区的权力结构不能不从这两种权力怎样配合上去分析。有的社区偏重在这方面，有的社区偏重在那方面；而且更可以在一社区中，某些人间发生那一种权力关系，某些人间发生另一种权力关系。譬如说美国，表面上是偏重同意权力的，但是种族之间，事实上，却依旧是横暴权力在发生作用。

有人觉得权力本身是具有引诱力的，人有"权力的饥饿"。这种看法忽略了权力的工具性。人也许因为某种心理变态可能发生单纯的支配欲或所谓 sadism（残酷的嗜好），但这究竟不是正常。人们喜欢的是从权力得到的利益。如果握在手上的权力并不能得到利益，或是利益可以不必握有权力也能得到的话，权力引诱也就不会太强烈。譬如英国有一次民意测验，愿意自己孩子将来做议员或做阁员的人的比例很低。在英国做议员或做阁员的人薪水虽低，还是有着社会荣誉的报酬，大多数的人对此尚且并无急于攀登之意，如果连荣誉都不给的话，使用权力的人真成为公仆时，恐怕世界上许由、务光之类的人物也将不足为奇了。

权力之所以引诱人，最主要的应当是经济利益。在同意权力下，握有权力者并不是为了要保障自身特殊的利益，所以社会上必须用荣誉和高薪来延揽。至于横暴权力和经济利益的关系就更为密切了。统治者要用暴力来维持他们的地位不能是没有目的的，而所具的目的也很难想象不是经济的。我们很可以反过来说，如果没有经济利益可得，横暴权力也没有多大意义，因之也不易发生。

甲团体想用权力来统治乙团体以谋得经济利益，必须有一前提：就是乙团体的存在可以供给这项利益；说得更明白一些，乙团体的生产量必须能超过它的消费量，然后有一些剩余去引诱甲团体来征服它。这是极重要的。一个只有生产他生存必需的消费品的人并没有资格做奴隶的。我说这话意思是想指出农业社会中横暴权力的限制。在广西瑶山里调查时，我常见到汉人侵占瑶人的土地，而并不征服瑶人来做奴隶。原因当然很多，但主要的一个，依我看来，是土地太贫乏，而种水田的瑶人，并不肯降低生活程度，做汉人的佃户。如果瑶人打不过汉人，他们就放弃土地搬到别处去。在农业民族的争斗中，最主要的方式是把土著赶走而占据他们的土地自己来耕种。尤其在人口已经很多，劳力可以自足，土地利用已到了边际的时候是如此。我们读历史，常常可以找到"坑卒几万人"之类的记录，至于见人便杀的流寇，一直到不久之前还是可能遭遇的经验。这种情形大概不是工业性的侵略权力所能了解的。

我并不是说在农业性的乡土社会基础上并不能建立横暴权力。相反地,我们常见这种社会是皇权的发祥地,那是因为乡土社会并不是一个富于抵抗能力的组织。农业民族受游牧民族的侵略是历史上不断的记录。这是不错的,东方的农业平原正是帝国的领域,但是农业的帝国是虚弱的,因为皇权并不能滋长壮健,能支配强大的横暴权力的基础不足,农业的剩余跟着人口增加而日减,和平又给人口增加的机会。

中国的历史很可助证这个看法:一个雄图大略的皇权,为了开疆辟土,筑城修河,这些原不能说是什么虐政,正可视作一笔投资,和罗斯福造田纳西工程性质可以有相类之处。但是缺乏储蓄的农业经济却受不住这种工程的费用,没有足够的剩余,于是怨声载道,与汝偕亡地和皇权为难了。这种有为的皇权不能不同时加强它对内的压力,费用更大,陈胜吴广之流,揭竿而起,天下大乱了。人民死亡遍地,人口减少了,于是乱久必合,又形成一个没有比休息更能引诱人的局面,皇权力求无为,所谓养民。养到一个时候,皇权逐渐累积了一些力量,这力量又刺激皇帝的雄图大略,这种循环也因而复始。

为了皇权自身的维持,在历史的经验中,找到了"无为"的生存价值,确立了无为政治的理想。

横暴权力有着这个经济的拘束,于是在天高皇帝远的距离下,把乡土社会中人民切身的公事让给了同意权力去活动了。可是同意权力却有着一套经济条件的限制。依我在上面所说的,同意权力是分工体系的产物。分工体系发达,这种权力才能跟着扩大。乡土社会是个小农经济,在经济上每个农家,除了盐铁之外,必要时很可关门自给。于是我们很可以想象同意权力的范围也可以小到"关门"的程度。在这里我们可以看到的是乡土社会里的权力结构，虽则名义上可以说是"专制""独裁"，但是除了自己不想持续的末代皇帝之外，在人民实际生活上看，是松弛和微弱的，是挂名的，是无为的。

长老统治

要了解乡土社会的权力结构，只从我在上篇所分析的横暴权力和同意权力两个概念去看还是不够的。我们固然可以从乡土社会的性质上去说明横暴权力所受到事实上的限制，但是这并不是说乡土社会权力结构是普通所谓"民主"形式的。民主形式根据同意权力，在乡土社会中，把横暴权力所加上的一层"政府"的统治揭开，在传统的无为政治中这层统治本来并不很强的，基层上所表现出来的却并不完全是许多权利上相等的公民共同参与的政治。这里正是讨论中国基层政治性质的一个谜。有人说中国虽没有政治民主，却有社会民主。也有人说中国政治结构可分为两层，不民主的一层压在民主的一层上边。这些看法都有一部分近似；说近似而不说确当是因为这里还有一种权力，既不是横暴性质，又不是同意性质；既不是发生于社会冲突，又不是发生于社会合作；它是发生于社会继替的过程，是教化性的权力，或是说爸爸式的，英文里是 paternalism。

社会继替是我在《生育制度》一书中提出来的一个新名词，但并不是一个新的概念，这就是指社会成员新陈代谢的过程。生死无常，人寿有限；从个人说这个世界不过是个逆旅，寄寓于此的这一阵子，久暂相差不远。但是这个逆旅却是有着比任何客栈、饭店更复杂和更严格的规律。没有一个新来的人，在进门之前就明白这一套的。不但如此，到这"逆旅"里来的，又不是由于自己的选择，来了之后又不得任意搬家；只此一家，别无分店。当然，在这大店里有着不同部分；每个部分，我们称之为不同文化的区域，有着不完全一样的规律，但是有规律这一点却并无轩轾。没有在墙壁上不挂着比十诫还多的"旅客须知"的。因之，每个要在这逆旅里生活的人就得接受一番教化，使他能在这些众多规律下，从心所欲而不碰着铁壁。

社会中的规律有些是社会冲突的结果，也有些是社会合作的结果。在个人行为的四周所张起的铁壁，有些是横暴的，有些是同意的。但是无论如何，这些规律是要人遵守的，规律的内容要人明白的。人如果像蚂蚁或是蜜蜂，情形也简单了。群体生活的规律有着生理的保障，不学而能。人的规律类皆人为。用筷子夹豆腐，穿了高跟鞋跳舞不践别人的脚，真是难为人的规律；不学，不习，固然不成，学习时还得不怕困，不惮烦。不怕困，不惮烦，又非天性；于是不能不加以一些强制。强制发生了权力。

这样发生的权力并非同意，又非横暴。说孩子们必须穿鞋才准上街是一种社会契约未免过分。所谓社会契约必先假定个人的意志。个人对于这种契约虽则并没有自由解脱的权利，但是这种契约性的规律在形成的过程中，必须尊重各个人的自由意志，民主政治的形式就是综合个人意志和社会强制的结果。在教化过程中并不发生这个问题，被教化者并没有选择的机会。他所要学习的那一套，我们称作文化的，是先于他而存在的。我们不用"意志"加在未成年的孩子的人格中,就因为在教化过程里并不需要这种承认。其实,所谓意志并不像生理上的器官一样是慢慢长成的,这不是心理现象,而是社会的承认。在维持同意秩序中,这是个必需的要素;在别的秩序中也就不发生了。我们不承认未成年的人有意志,也就说明了他们并没有进入同意秩序的事实。

我曾说:"孩子碰着的不是一个为他方便而设下的世界,而是一个为成人们方便所布置下的园地。他闯入进来,并没有带着创立新秩序的力量,可是又没有个服从旧秩序的心愿。"(见《生育制度》)从并不征求、也不考虑他们同意而设下他们必须适应的社会生活方式的一方面说,教化他们的人可以说是不民主的,但是说是横暴却又不然。横暴权力是发生于社会冲突,是利用来剥削被统治者以获得利益的工具。如果说教化过程是剥削性的,显然也是过分的。我曾称这是个"损己利人"的工作,一个人担负一个胚胎培养到成人的责任,除了精神上的安慰外,物质上有什么好处呢?"成人"的时限降低到生理上尚是儿童的程度,从而开始"剥削",也许是可以发生的现象,但是为经济打算而生男育女,至少是一件打算得不大精到的亏本生意。

从表面上看,"一个孩子在一小时中所受到的干涉,一定会超过成年人一年中所受社会指摘的次数。在最专制的君王手下做老百姓,也不会比一个孩子在最疼他的父母手下过日子为难过"。(同上注)但是性质上严父和专制君王究竟是不同的。所不同的就在教化过程是代替社会去陶炼出合于在一定的文化方式中经营群体生活的分子。担负这工作的,一方面可以说是为了社会,一方面可以说是为了被教化者,并不是统治关系。

教化性的权力虽则在亲子关系里表现得最明显,但并不限于亲子关系。凡是文化性的，不是政治性的强制都包含这种权力。文化和政治的区别是在这里：凡是被社会不成问题地加以接受的规范，是文化性的；当一个社会还没有共同接受一套规范，各种意见纷呈，求取临时解决办法的活动是政治。文化的基础必须是同意的，但文化对于社会的新分子是强制的，是一种教化过程。

在变化很少的社会里，文化是稳定的，很少新的问题，生活是一套传统的办法。如果我们能想象一个完全由传统所规定下的社会生活，这社会可以说是没有政治的，有的只是教化。事实上固然并没有这种社会，但是乡土社会却是靠近这种标准的社会。"为政不在多言""无为而治"都是描写政治活动的单纯。也是这种社会，人的行为有着传统的礼管束着。儒家很有意思想形成一个建筑在教化权力上的王者；他们从没有热心于横暴权力所维持的秩序。"苛政猛于虎"的政是横暴性的，"为政以德"的政是教化性的。"为民父母"是爸爸式权力的意思。

教化权力的扩大到成人之间的关系必须得假定个稳定的文化。稳定的文化传统是有效的保证。我们如果就个别问题求个别应付时，不免"活到老，学到老"，因为每一段生活所遇着的问题是不同的。文化像是一张生活谱，我们可以按着问题去查照。所以在这种社会里没有我们现在所谓成年的界限。凡是比自己年长的，他必定先发生过我现在才发生的问题，他也就可以是我的"师"了。三人行，必有可以教给我怎样去应付问题的人。而每一个年长的人都握有强制年幼的人的教化权力："出则弟"，逢着年长的人都得恭敬、顺服于这种权力。

在我们客套中互问年龄并不是偶然的，这礼貌正反映出我们这个社会里相互对待的态度是根据长幼之序。长幼之序也点出了教化权力所发生的效力。在我们亲属称谓中，长幼是一个极重要的原则，我们分出兄和弟、姊和妹、伯和叔，在许多别的民族并不这样分法。我记得老师史禄国先生曾提示过我：这种长幼分划是中国亲属制度中最基本的原则，有时可以掩盖世代原则。亲属原则是在社会生活中形成的，长幼原则的重要也表示了教化权力的重要。

文化不稳定，传统的办法并不足以应付当前的问题时，教化权力必然跟着缩小，缩进亲子关系、师生关系，而且更限于很短的一个时间。在社会变迁的过程中，人并不能靠经验做指导。能依赖的是超出于个别情境的原则，而能形成原则、应用原则的却不一定是长者。这种能力和年龄的关系不大，重要的是智力和专业，还可加一点机会。讲机会，年幼的比年长的反而多。他们不怕变，好奇，肯试验。在变迁中，习惯是适应的阻碍，经验等于顽固和落伍。顽固和落伍并非只是口头上的讥笑，而是生存机会上的威胁。在这种情形中，一个孩子用小名来称呼他的父亲，不但不会引起父亲的呵责，反而是一种亲热的表示，同时也给父亲一种没有被挤的安慰。尊卑不在年龄上，长幼成为没有意义的比较，见面也不再问贵庚了——这种社会离乡土性也远了。

回到我们的乡土社会来，在它的权力结构中，虽则有着不民主的横暴权力，也有着民主的同意权力，但是在这二者之外还有教化权力，后者既非民主又异于不民主的专制，是另有一工的。所以用民主和不民主的尺度来衡量中国社会，都是也都不是，都有些像，但都不确当。一定要给它一个名词的话，我一时想不出比长老统治更好的说法了。

血缘和地缘

缺乏变动的文化里，长幼之间发生了社会的差次，年长的对年幼的具有强制的权力。这是血缘社会的基础。血缘的意思是人和人的权利和义务根据亲属关系来决定。亲属是由生育和婚姻所构成的关系。血缘，严格说来，只指由生育所发生的亲子关系。事实上，在单系的家族组织中所注重的亲属确多由于生育而少由于婚姻，所以说是血缘也无妨。

生育是社会持续所必需的，任何社会都一样，所不同的是说有些社会用生育所发生的社会关系来规定各人的社会地位，有些社会却并不如此。前者是血缘的。大体上说来，血缘社会是稳定的，缺乏变动；变动得大的社会，也就不易成为血缘社会。社会的稳定是指它结构的静止，填入结构中各个地位的个人是不能静止的，他们受着生命的限制，不能永久停留在那里，他们是要死的。血缘社会就是想用生物上的新陈代谢作用——生育，去维持社会结构的稳定。父死子继：农人之子恒为农，商人之子恒为商——那是职业的血缘继替；贵人之子依旧贵——那是身份的血缘继替；富人之子依旧富——那是财富的血缘继替。到现在固然很少社会能完全抛弃血缘继替，那是以亲属来担负生育的时代不易做到的。但是社会结构如果发生变动，完全依血缘去继替也属不可能。生育没有社会化之前，血缘作用的强弱似乎是以社会变迁的速率来决定。

血缘所决定的社会地位不容个人选择。世界上最用不上意志，同时在生活上又是影响最大的决定，就是谁是你的父母。谁当你的父母，在你说，完全是机会，且是你存在之前的既存事实。社会用这个无法竞争，又不易藏没、歪曲的事实来作分配各人的职业、身份、财产的标准，似乎是最没有理由的了；如果有理由的话，那是因为这是安稳既存秩序的最基本的办法。只要你接受了这原则（我们有谁曾认真地怀疑过这事实？我们又有谁曾想为这原则探讨过存在的理由），社会里很多可能引起的纠纷也随着不发生了。

血缘是稳定的力量。在稳定的社会中，地缘不过是血缘的投影，不分离的。"生于斯、死于斯"把人和地的因缘固定了。生、也就是血，决定了他的地。世代间人口的繁殖，像一个根上长出的树苗，在地域上靠近在一伙。地域上的靠近可以说是血缘上亲疏的一种反映，区位是社会化了的空间。我们在方向上分出尊卑：左尊于右，南尊于北，这是血缘的坐标。空间本身是混然的，但是我们却用了血缘的坐标把空间划分了方向和位置。当我们用"地位"两字来描写一个人在社会中所占的据点时，这个原是指"空间"的名词却有了社会价值的意义。这也告诉我们"地"的关联派生于社会关系。

在人口不流动的社会中，自足自给的乡土社会的人口是不需要流动的，家族这社群包含着地域的涵义。村落这个概念可以说是多余的。儿谣里"摇摇摇，摇到外婆家"，在我们自己的经验中，"外婆家"充满着地域的意义。血缘和地缘的合一是社区的原始状态。

但是人究竟不是植物，还是要流动的。乡土社会中无法避免的是"细胞分裂"的过程，一个人口在繁殖中的血缘社群，繁殖到一定程度，他们不能在一定地域上集居了，那是因为这社群所需的土地面积，因人口繁殖，也得不断地扩大。扩大到一个程度，住的地和工作的地距离太远，阻碍着效率时，这社群不能不在区位上分裂——这还是以土地可以无限扩张时说的。事实上，每个家族可以向外开垦的机会很有限，人口繁殖所引起的常是向内的精耕，精耕受着土地报酬递减律的限制，逼着这社群分裂，分出来的部分另外到别的地方去找耕地。

如果分出去的细胞能在荒地上开垦，另外繁殖成个村落，它和原来的乡村还是保持着血缘的联系，甚至把原来地名来称这新地方，那是说否定了空间的分离。这种例子在移民社会中很多。在美国旅行的人，如果只看地名，会发生这是个"揉乱了的欧洲"的幻觉。新英伦，纽约（新约克）是著名的；伦敦、莫斯科等地名在美国地图上都找得到，而且不止一个。以我们自己来说罢，血缘性的地缘更是显著。我10岁就离开了家乡吴江，在苏州城里住了9年，但是我一直在各种文件的籍贯项下填着"江苏吴江"。抗战时期在云南住了8年，籍贯毫无改变，甚至生在云南的我的孩子，也继承着我的籍贯。她的一生大概也得老是填"江苏吴江"了。我们的祖宗在吴江已有二十多代，但是在我们的灯笼上却贴着"江夏费"的大红字。江夏是在湖北，从地缘上说我有什么理由和江夏攀关系？真和我的孩子一般，凭什么可以和她从来没有到过的吴江发生地缘呢？在这里很显然在我们乡土社会里地缘还没有独立成为一种构成团结力的关系。我们的籍贯是取自我们的父亲的，并不是根据自己所生或所住的地方，而是和姓一般继承的，那是"血缘"，所以我们可以说籍贯只是"血缘的空间投影"。

很多离开老家漂流到别地方去的并不能像种子落入土中一般长成新村落，他们只能在其他已经形成的社区中设法插进去。如果这些没有血缘关系的人能结成一个地方社群，他们之间的联系可以是纯粹的地缘，而不是血缘了。这样血缘和地缘才能分离。但是事实上在中国乡土社会中却相当困难。我常在各地的村子里看到被称为"客边""新客""外村人"等的人物。在户口册上也有注明"寄籍"的。在现代都市里都规定着可以取得该地公民权的手续，主要的是一定的居住时期。但是在乡村里居住时期并不是个重要条件，因为我知道许多村子里已有几代历史的人还是被称为新客或客边的。

我在江村和禄村调查时都注意过这问题，"怎样才能成为村子里的人？"大体上说有几个条件，第一是要生根在土里：在村子里有土地。第二是要从婚姻中进入当地的亲属圈子。这几个条件并不是容易的，因为在中国乡土社会中土地并不充分自由买卖。土地权受着氏族的保护，除非得到氏族的同意，很不易把土地卖给外边人。婚姻的关系固然是取得地缘的门路，一个人嫁到了另一个地方去就成为另一个地方的人（入赘使男子可以进入另一地方社区），但是已经住入了一个地方的"外客"却并不容易娶得本地人做妻子，使他的儿女有个进入当地社区的机会。事实上大概先得有了土地，才能在血缘网中生根——这不过是我的假设，还得更多比较材料加以证实，才能成立。

这些寄居于社区边缘上的人物并不能说已插入了这村落社群中，因为他们常常得不到一个普通公民的权利，他们不被视作自己人，不被人所信托。我已说过乡土社会是个亲密的社会，这些人却是"陌生"人，来历不明，形迹可疑。可是就在这个特性上却找到了他们在乡土社会中的特殊职业。

亲密的血缘关系限制着若干社会活动，最主要的是冲突和竞争；亲属是自己人，从一个根本上长出来的枝条，原则上是应当痛痒相关，有无相通的。而且亲密的共同生活中各人互相依赖的地方是多方面和长期的，因之在授受之间无法一笔一笔地清算往回。亲密社群的团结性就倚赖于各分子间都相互地拖欠着未了的人情。在我们社会里看得最清楚，朋友之间抢着会账，意思是要对方欠自己一笔人情，像是投一笔资。欠了别人的人情就得找一个机会加重一些去回个礼，加重一些就在使对方反欠了自己一笔人情。来来往往，维持着人和人之间的互助合作。亲密社群中既无法不互欠人情，也最怕"算账"。"算账""清算"等于绝交之谓，因为如果相互不欠人情，也就无需往来了。

但是亲属尽管怎样亲密，究竟是体外之己；虽说痛痒相关，事实上痛痒走不出皮肤的。如果要维持这种亲密团体中的亲密，不成为"不是冤家不碰头"，也必须避免太重叠的人情。社会关系中权利和义务必须有相当的平衡，这平衡可以在时间上拉得很长，但是如果是一面倒，社会关系也就要吃不消，除非加上强制的力量，不然就会折断的。防止折断的方法之一是在减轻社会关系上的担负。举一个例子来说：云南乡下有一种称上赍的钱会，是一种信用互助组织。我调查了参加赍的人的关系，看到两种倾向，第一是避免同族的亲属，第二是侧重在没有亲属关系的朋友方面。我问他们为什么不找同族亲属入赍？他们的理由是很现实的。同族的亲属理论上有互通有无、相互救济的责任；如果有能力，有好意，不必入赍就可以直接给钱帮忙。事实上，这种慷慨的亲属并不多，如果拉了入赍，假若不按期交款时，碍于人情不能逼，结果赍也吹了。所以他们干脆不找同族亲属。其他亲属如舅家的人虽有入赍的，但是也常发生不交款的事。我调查时就看到一位赍首为此发急的情形。他很感慨地说：钱上往来最好不要牵涉亲戚。这句话就是我刚才所谓减轻社会关系上的担负的注解。

社会生活愈发达，人和人之间往来也愈繁重，单靠人情不易维持相互间权利和义务的平衡。于是"当场算清"的需要也增加了。货币是清算的单位和媒介，有了一定的单位，清算时可以正确；有了这媒介可以保证各人间所得和所欠的信用。"钱上往来"就是这种可以当场算清的往来，也就是普通包括在"经济"这个范围之内的活动，狭义的说是生意经，或是商业。

在亲密的血缘社会中商业是不能存在的。这并不是说这种社会不发生交易，而是说他们的交易是以人情来维持的，是相互馈赠的方式。实质上馈赠和贸易都是有无相通，只在清算方式上有差别。以馈赠来经营大规模的易货在太平洋岛屿间还可以看得到。Malinowski 所描写和分析的 Kulu 制度就是一个例证。但是这种制度不但复杂，而且很受限制。普通的情形是在血缘关系之外去建立商业基础。在我们乡土社会中，有专门做贸易活动的街集。街集时常不在村子里，而在一片空场上，各地的人到这特定的地方，各以"无情"的身份出现。在这里大家把原来的关系暂时搁开，一切交易都得当场算清。我常看见隔壁邻舍大家老远地走上 10 多里在街集上交换清楚之后，又老远地背回来。他们何必到街集上去跑这一趟呢，在门前不是就可以交换的么？这一趟是有作用的，因为在门前是邻舍，到了街集上才是"陌生"人。当场算清是陌生人间的行为，不能牵涉其他社会关系的。

从街集贸易发展到店面贸易的过程中，"客边"的地位有了特殊的方便了。寄籍在血缘性社区边缘上的外边人成了商业活动的媒介。村子里的人对他可以讲价钱，可以当场算清，不必讲人情，没有什么不好意思。所以依我所知道的村子里开店面的，除了穷苦的老年人摆个摊子,等于是乞丐性质外,大多是外边来的"新客"。商业是在血缘之外发展的。

地缘是从商业里发展出来的社会关系。血缘是身份社会的基础,而地缘却是契约社会的基础。契约是指陌生人中所作的约定。在订定契约时,各人有选择的自由,在契约进行中,一方面有信用,一方面有法律。法律需要一个同意的权力去支持。契约的完成是权利义务的清算,需要精密的计算,确当的单位,可靠的媒介。在这里是冷静的考虑,不是感情,于是理性支配着人们的活动——这一切是现代社会的特性,也正是乡土社会所缺的。

从血缘结合转变到地缘结合是社会性质的转变,也是社会史上的一个大转变。

名实的分离

我们把乡土社会看成一个静止的社会不过是为了方便,尤其在和现代社会相比较时,静止是乡土社会的特点,但是事实上完全静止的社会是不存在的,乡土社会不过比现代社会变得慢而已。说变得慢,主要的意思自是指变动的速率,但是不同的速率也引起了变动方式上的殊异。我在本文里将讨论乡土社会速率很慢的变动中所形成的变动方式。

我在上面讨论权力的性质时已提出三种方式:一是从社会冲突中所发生的横暴权力,二是从社会合作中所发生的同意权力,三是从社会继替中所发生的长老权力。现在我又想提出第四种权力,这种权力发生在激烈的社会变迁过程之中。社会继替是指人物在固定的社会结构中的流动；社会变迁却是指社会结构本身的变动。这两种过程并不是冲突的，而是同时存在的，任何社会决不会有一天突然变出一个和旧有结构完全不同的样式，所谓社会变迁，不论怎样快，也是逐步的，所变的，在一个时候说，总是整个结构中的一小部分。因之从这两种社会过程里所发生出来的两种权力也必然同时存在。但是它们的消长却互相关联。如果社会变动得慢，长老权力也就更有势力；变得快，"父不父，子不子"的现象发生了，长老权力也随着缩小。

社会结构自身并没有要变动的需要。有些学者，好像我在上文所提到的那位 Spengler，把社会结构（文化中的一主要部分）视作有类于有机体，和我们身体一般，有幼壮老衰等阶段。我并不愿意接受他们的看法，因为我认为社会结构，像文化的其他部分一般，是人造出来的，是用来从环境里取得满足生活需要的工具。社会结构的变动是人要它变的，要它变的原因是在它已不能答复人的需要。好比我们用笔写字，笔和字都是工具，目的是在想用它们来把我们的意思传达给别人。如果我们所要传达的对象是英国人，中文和毛笔就不能是有效的工具了，我们得用别的工具，英文和打字机。

这样说来社会变迁常是发生在旧有社会结构不能应付新环境的时候。新的环境发生了，人们最初遭遇到的是旧方法不能获得有效的结果，生活上发生了困难。人们不会在没有发觉旧方法不适用之前就把它放弃的。旧的生活方法有习惯的惰性。但是如果它已不能答复人们的需要，它终必会失去人们对它的信仰，守住一个没有效力的工具是没有意义的，会引起生活上的不便，甚至蒙受损失。另一方面，新的方法却又不是现存的，必须有人发明，或是有人向别种文化去学习、输入，还得经过试验，才能被人接受，完成社会变迁的过程。在新旧交替之际，不免有一个惶惑、无所适从的时期，在这个时期，心理上充满着紧张、犹豫和不安。这里发生了"文化英雄"，他提得出办法，有能力组织新的试验，能获得别人的信任。这种人可以支配跟从他的群众，发生了一种权力。这种权力和横暴权力并不相同，因为它并不建立在剥削关系之上的；和同意权力又不同，因为它并不是由社会所授权的；和长老权力更不同，因为它并不根据传统的。它是时势所造成的，无以名之，名之曰时势权力。

这种时势权力在初民社会中常可以看到。在荒原上，人们常常遭遇不平常的环境，他们需要有办法的人才，那是英雄。在战争中，也是非常的局面，这类英雄也脱颖而出。现代社会又是一个变迁激烈的社会，这种权力也在抬头了。最有意思的就是一个落后的国家要赶紧现代化的过程中，这种权力表示得也最清楚。我想我们可以从这角度去看苏联的权力性质。英美的学者把它归入横暴权力的一类里，因为它形式上是独裁的；但是从苏联人民的立场来看，这种独裁和沙皇的独裁却不一样，如果我们采用这个时势权力的概念看去，比较上容易了解它的本质了。

这种权力最不发达的是在安定的社会中。乡土社会，当它的社会结构能答复人们生活的需要时，是一个最容易安定的社会，因之它也是个很少"领袖"和"英雄"的社会。所谓安定是相对的，指变得很慢。如果我单说"很慢"，这句话并不很明朗，一定要说出慢到什么程度。其实孔子已回答过这问题，他的答案是"三年无改于父之道"。换一句话来说，社会变迁可以吸收在社会继替之中的时候，我们可以称这社会是安定的。

儒家所注重的"孝"道，其实是维持社会安定的手段，孝的解释是"无违"，那就是承认长老权力。长老代表传统，遵守传统也就可以无违于父之教。但是传统的代表是要死亡的，而且自己在时间过程中也会进入长老的地位。如果社会变迁的速率慢到可以和世代交替的速率相等，亲子之间，或是两代之间，不致发生冲突，传统自身慢慢变，还是可以保持长老的领导权。这种社会也就不需要"革命"了。

从整个社会看，一个领导的阶层如果能追得上社会变迁的速率，这社会也可以避免因社会变迁而发生的混乱。英国是一个很好的例子。很多人羡慕英国能不流血而实行种种富于基本性的改革，但很多忽略了他们所以能这样的条件。英国在过去几个世纪中，以整个世界的文化来说是处于领导地位，它是工业革命的老家。英国社会中的领导阶层却又是最能适应环境变动的，环境变动的速率和领导阶层适应变动的速率配得上才不致发生流血的革命。英国是否能保持这个纪录，还得看他们是否能保持这种配合。

乡土社会环境固定，在父死三年之后才改变他的道的速率中，社会变迁也不致引起人事的冲突。在人事范围中，长老保持他们的权力，子弟们在无违的标准中接受传统的统治。在这里不发生"反对"，长老权力也不容忍反对。长老权力是建立在教化作用之上的，教化是有知对无知。如果所传递的文化是有效的，被教的自没有反对的必要；如果所传递的文化已经失效，根本也就失去了教化的意义。"反对"在这种关系里是不发生的。

容忍，甚至奖励反对在同意权力中才发生，因为同意权力建立在契约上，执行这权力的人是否遵行契约是一个须随时加以监督的问题。而且反对，也就是异议，是获得同意的必要步骤。在横暴权力之下，没有反对，只有反抗，因为反对早就包含在横暴权力的关系中。因之横暴权力必须压制反抗，不能容忍反对。在时势权力中，反对是发生于对同一问题不同的答案上，但是有时，一个社会不能同时试验多种不同的方案，于是在不同方案之间发生了争斗，也可以称作"冷仗"、宣传战，争取人民的跟从。为了求功，每一个自信可以解决问题的人，会感觉到别种方案会分散群众对自己的方案的注意和拥护，因之产生了不能容忍反对的"思想统制"。在思想争斗中，主要的是阵线，反对变成了对垒。

回到长老权力下的乡土社会说，反对被时间冲淡，成了"注释"。注释是维持长老权力的形式而注入变动的内容。在中国的思想史中，除了社会变迁激速的春秋战国这一个时期，有过百家争鸣的思想争斗的场面外，自从定于一尊之后，也就在注释的方式中求和社会的变动谋适应。注释的变动方式可以引起名实之间发生极大的分离。在长老权力下，传统的形式是不准反对的，但是只要表面上承认这形式，内容却可以经注释而改变。结果不免是口是心非。在中国旧式家庭中生长的人都明白家长的意志怎样在表面的无违下，事实上被歪曲的。虚伪在这种情境中不但是无可避免而且是必需的。不能反对而又不切实用的教条或命令只有加以歪曲，只留一个面子。面子就是表面的无违。名实之间的距离跟着社会变迁速率而增加。在一个完全固定的社会结构里不会发生这距离的，但是事实上完全固定的社会并不存在。在变得很慢的社会中发生了长老权力，这种统治不能容忍反对，社会如果加速地变动时，注释式歪曲原意的办法也就免不了。挟天子以令诸侯的结果，位与权，名与实，言与行，话与事，理论与现实，全趋向于分离了。

从欲望到需要

提起了时势权力使我又想到关于社会变迁另一问题，也就是现在我们常常听到的社会计划，甚至社会工程等一套说法。很明显地，这套名字是现代的，不是乡土社会中所熟习的。这里其实包含着一个重要的变化，如果我们要明白时势权力和长老权力的差别，我们还得在这方面加以探讨。人类发现社会也可以计划，是一个重大的发现，也就是说人类已走出了乡土性的社会了。在乡土社会里没有这想法的。在乡土社会人可以靠欲望去行事，而在现代社会中欲望并不能做人们行为的指导了，发生"需要"，因之有"计划"。从欲望到需要是社会变迁中一个很重要的里程碑，让我先把欲望和需要这两个概念区别一下。

观察人类行为，我们常可以看到人类并不是为行为而行为，为活动而活动的，行为或是活动都是手段，是有所为而为的。不信你自己可以默察自己，一举一动，都有个目的，要吃饭才拿起筷子来，要肚子饿了才吃饭……总是有个"要"在领导自己的活动；你也可问别人："为什么你来呢？有什么事么？"我们也总可以从这问题上得到别人对于他们的行为的解释。于是我们说人类行为有动机的。

说人类行为有动机的包含着两个意思：一是人类对于自己的行为是可以控制的，要这样做就这样做，不要这样做就不这样做，也就是所谓意志；一是人类在取舍之间有所根据，这根据就是欲望。欲望规定了人类行为的方向，就是上面所说要这样要那样的"要"。这个"要"是先于行为的，要得了，也就是欲望满足了，我们会因之觉得愉快；欲望不满足，要而得不到，周身不舒服。在英文里欲望和要都是 want，同时 want 也作缺乏解。缺乏不只是一种状态的描写，而是含有动的意思，这里有股劲，由不舒服而引起的劲，它推动了人类机体有所动作，这个劲也被称作"紧张状态"，表示这状态是不能持久，必须发泄的，发泄而成行为，获得满足。欲望——紧张——动作——满足——愉快，那是人类行为的过程。

欲望如果要能通过意志对行为有所控制，它必须是行为者所自觉的。自觉是说行为者知道自己要的是什么。在欲望一层上说这是不错的，可是这里却发生了一个问题，人类依着欲望而行为，他们的行为是否必然有利于个体的健全发展，和有利于社会间各个人的融洽配合，社会的完整和持续？这问题在这里提出来并不是想考虑性善性恶，而是从人类生存的事实上发生的。如果我们走出人类的范围，远远地站着，像看其他生物一般地看人类，我们可以看见人类有着相当久的历史了，他们做了很多事，这些事使人类能生存和绵续下去，好像个人的健全发展和社会的完整是他们的目的。但是逼近一看，拉了那些人问一问，他们却说出了很多和这些目的毫不相关的欲望来了。你在远处看男女相接近，生了孩子，男女合作，抚养孩子，这一套行为是社会完整所必需的，如果没有孩子出生，没有人领孩子，人类一个个死去，社会不是会乱了，人类不是断绝了么？你于是很得意去问这些人，他们却对你说，"我们是为了爱情，我们不要孩子，孩子却来了"。他们会笑你迂阔，天下找不到有维持人类种族的欲望的人，谁在找女朋友时想得着这种书本上的大问题？

同样地，你在远处看，每天人都在吃淀粉、脂肪，吃维他命

A、维他命C，一篇很长的单子，你又回去在实验室研究了一下，发现一点不错，淀粉供给热料，维他命A给人这个那个——合于营养，用以维持生命。但是你去找一个不住在现代都市的乡下佬问他，为什么吃辣子、大蒜，他会回答你，"这才好吃，下饭的呀"。

爱情、好吃，是欲望，那是自觉的。直接决定我们行为的确是这些欲望。这些欲望所引导出来的行为是不是总和人类生存的条件相合的呢？这问题曾引起过很多学者的讨究。我们如果从上面这段话看去，不免觉得人类的欲望确乎有点微妙，他们尽管要这个要那个，结果却常常正合于他们生存的条件。欲望是什么呢？食色性也，那是深入生物基础的特性。这里似乎有一种巧妙的安排，为了种族绵续，人会有两性之爱；为了营养，人会有五味之好。因之，在19世纪发生了一种理论说，每个人只要能"自私"，那就是充分地满足我们本性里带来的欲望，社会就会形成一个最好、最融洽的秩序。亚当·斯密说"冥冥中那只看不见的手"会安排个社会秩序给每个为自己打算的人们去好好生活的。

这种理论所根据的其实并非现代社会而是乡土社会，因为在乡土社会中，这种理论多少是可以说正确的，正确的原因并不是真是有个"冥冥中"的那只手，而是在乡土社会中个人的欲望常是合于人类生存条件的。二者所以合，那是因为欲望并非生物事实，而是文化事实。我说它是文化事实，意思是人造下来教人这样想的。譬如说，北方人有吃大蒜的欲望，并不是遗传的，而是从小养成的。所谓"自私"，为自己打算，怎样打算法却还是由社会上学来的。问题不是在要的本身，而是在要什么的内容。这内容是文化所决定的。

我说欲望是文化事实，这句话并没有保证说一切文化事实都是合于人类生存条件的。文化中有很多与人类生存条件无关甚至有害的。就是以吃一项来说，如果文化所允许我们入口的东西样样都是合于营养原则的，我们也不致有所谓毒物一类的东西了。就是不谈毒物，普通的食品，还是可以助证"病从口入"的说法。再说得远一些，我常觉得把"生存"作为人类最终的价值是不太确切的。人类如果和其他动植物有些不同的地方，最重要的，在我看来，就在人在生存之外找到了若干价值标准，所谓真善美之类。我也常喜欢以"人是生物中唯一能自杀的种类"来说明人之异于禽兽的"几希"——但是，人类主观上尽管有比生存更重要的价值，文化尽管有一部分可以无关及无益于人类的生存，这些不合于生存的条件的文化以及接受不合于生存条件的文化的人，却在时间里被淘汰了。他们不存在了。淘汰作用的力量并不限于文化之内，也有在文化之外的，是自然的力量。这力量并不关心于价值问题；美丑、善恶、真伪，对它是无关的，它只列下若干条件，不合则去，合则留。我们可以觉得病西施是美，但是自然却并不因她美而保留她，病的还是要死的，康健才是生存的条件。自然不禁止人自杀，但是没有力量可以使自杀了的还能存在。

于是另外一种说法发生了。孙末楠在他的名著 *Folk Ways* 开章明义就说：人类先有行为，后有思想。决定行为的是从试验与错误的公式中累积出来的经验，思想只有保留这些经验的作用，自觉的欲望是文化的命令。

在一个乡土社会中，这也是正确的，那是因为乡土社会是个传统社会，传统就是经验的累积，能累积就是说经得起自然选择的，各种"错误"——不合于生存条件的行为——被淘汰之后留下的那一套生活方式。不论行为者对于这套方式怎样说法，它们必然是有助于生存的。

在这里更可以提到的是，在乡土社会中有很多行为我们自以为是用来达到某种欲望或目的，而在客观的检讨中，我们可以看到这些行为却在满足主观上并没有自觉的需要，而且行为和所说的目的之间毫无实在的关联。巫术是这种行为最明显的例子。譬如驱鬼，实际上却是驱除了心理上的恐惧。鬼有没有是不紧要的，恐惧却得驱除。

在乡土社会中，欲望经了文化的陶冶可以作为行为的指导，结果是印合于生存的条件。但是这种印合并不是自觉的，并不是计划的，乡土文化中微妙的配搭可以说是天工，而非人力，虽则文化是人为的。这种不自觉的印合，有它的弊病，那就是如果环境变了，人并不能做主动的有计划的适应，只能如孙末楠所说的盲目地经过错误与试验的公式来找新的办法。乡土社会环境不很变，因之文化变迁的速率也慢，人们有时间可以从容地做盲目的试验，错误所引起的损失不会是致命的。在工业革命的早期，思想家还可以把社会秩序交给"冥冥中那只看不见的手"，其实一直到目前，像美国那样发达的文化里，那样复杂的社会里，居然还有这样大的势力在反对计划经济。但是这时候要维持乡土社会中所养成的精神是有危险的了。出起乱子来，却非同小可了。

社会变动得快，原来的文化并不能有效地带来生活上的满足时，人类不能不推求行为和目的之间的关系了。这时发现了欲望并不是最后的动机，而是为了达到生存条件所造下的动机。于是人开始注意到生存条件的本身了——在社会学里发生了一个新的概念，"功能"。功能是从客观地位去看一项行为对于个人生存和社会完整上所发生的作用。功能并不一定是行为者所自觉的，而是分析的结果，是营养而不是味觉。这里我们把生存的条件变成了自觉，自觉的生存条件是"需要"，用以别于"欲望"。现代社会里的人开始为了营养选择他们的食料，这是理性的时代，理性是指人依了已知道的手段和目的的关系去计划他的行为，所以也可以说是科学化的。

在现代社会里知识即是权力，因为在这种社会里生活的人要依他们的需要去做计划。从知识里得来的权力是我在上文中所称的时势权力；乡土社会是靠经验的，他们不必计划，因为时间过程中，自然替他们选择出一个足以依赖的传统的生活方案，各人依着欲望去活动就得了。

后　　记

这集子里所收的14篇论文是从我过去一年所讲"乡村社会学"的课程中所整理出来的一部分。我这门课程已讲过好几遍，最初我采用美国的教本做参考，觉得不很惬意，又曾用我自己调查的材料讲，而那时我正注意中国乡村经济一方面的问题，学生们虽觉得有兴趣，但是在乡村社会学中讲经济问题未免太偏，而且同时学校有土地经济学和比较经济制度等课程，未免重复太多。过去一年我决定另起炉灶，甚至暂时撇开经济问题，专从社会结构本身来发挥。初次试验离开成熟之境还远，但这也算是我个人的一种企图。

以我个人在社会学门内的工作说，这是我所努力的第二期。第一期的工作是实地的社区研究。我离开清华大学研究院之后就选择了这方面。民国二十四年的夏天,我和前妻王同惠女士一同到广西瑶山去研究当地瑶民的生活。那年冬天在山里遭遇了不幸,前妻未获生还,我亦负伤,一直在广州医院度过了春天才北返。在养病期间,我整理了前妻的遗稿,写成了《花蓝瑶社会组织》。二十五年夏天我到自己家乡调查了一个村子,秋天到英国,整理材料,在老师 Malinowski 教授指导之下,写成了 *Peasant Life in China* 一书,在二十七年返国前付印,二十八年出版。返国时抗战已进入第二年,所以我只能从安南入云南,住下了,得到中英庚款的资助,在云南开始实地研究工作,写出了一本《禄村农田》。后来得农民银行的资助,成立了一个小规模的研究室,附设于云南大学,系云大和燕京大学合作机关。我那时的工作是帮忙年轻朋友们一起下乡调查,而且因为昆明轰炸频繁,所以在二十九年冬迁到呈贡古城村的魁星阁。这个研究室从此得到了"魁阁"这个绰号。我们进行的工作有好几个计划,前后参加的也有10多人,有结果的是:张之毅先生的《易村手工业》《玉村农业和商业》《洱村小农经济》;史国衡先生的《昆厂劳工》《个旧矿工》;谷苞先生的《化城镇的基层行政》;田汝康先生的《芒市边民的摆》《内地女工》;胡庆钧先生的《呈贡基层权力结构》。其中有若干业已出版。我是魁阁的总助手,帮着大家讨论和写作,甚至抄钢笔版和油印。三十二年我到美国去了一年,把《禄村农田》《易村手工业》和《玉村农业和商业》改写英文,成为 *Earthbound China* 一书,《昆厂劳工》改写成 *China Enters the Machine Age*。三十三年回国,我一方面依旧继续做魁阁的研究工作,同时在云大和联大兼课,开始我的第二期工作。第二期工作是社会结构的分析,偏于通论性质,在理论上总结并开导实地研究。《生育制度》是这方面的第一本著作，这本《乡土中国》可以说是第二本。我在这两期的研究工作中虽则各有偏重，但在性质上是连贯的。为了要说明我选择这些方向来发展中国的社会学的理由，我不能不在这里一述我所认识的现代社会学的趋势。

社会学在社会科学中是最年轻的一门。孔德（Comte）在他《实证哲学》里采取这个名字到现在还不过近100年，而孔德用这名词来预言的那门研究社会现象的科学应当相等于现在我们所谓"社会科学"的统称。斯宾塞（Spencer）也是这样，他所谓社会学是研究社会现象的总论。把社会学降为和政治学、经济学、法律学等社会科学并列的一门学问，并非创立这名称的早年学者所意想得到的。

社会学能不能成为一门特殊的社会科学其实还是一个没有解决的问题。这里牵涉到了社会科学领域的分划。如果我们承认政治学、经济学有它们特殊的领域，我们也承认了社会科学可以依社会制度加以划分：政治学研究政治制度，经济学研究经济制度等。社会现象能分多少制度也就可以成立多少门社会科学。现在的社会学，从这种立场上说来，只是个没有长成的社会科学的老家；一旦长成了，羽毛丰满，就可以闹分家，独立门户去了。这个譬喻确说明了现代社会学中的一个趋势。

讥笑社会学的朋友曾为它造下了个"剩余社会科学"的绰号。早年的学者像孟德斯鸠，像亚当·斯密，如果被称作社会学家并非过分，像《法意》，像《原富》一类的名著，包罗万象，单说是政治学和经济学未免偏重。但是不久他们的门徒们把这些大师们的余绪发挥引申，蔚成家数，都以独立门户为荣，有时甚至讨厌老家的渊源。政治学、经济学既已独立，留在"社会学"领域里的只剩了些不太受人问津的、虽则并非不重要的社会制度，好像包括家庭、婚姻、教育等的生育制度，以及宗教制度等等。有一个时期，社会学抱残守缺地只能安于"次要制度"的研究里。这样，它还是守不住这老家的，没有长成的还是会长成的。在最近10多年来，这"剩余领域"又开始分化了。

在这次大战之前的几年里，一时风起云涌地产生了各种专门性质的社会学，好像曼海姆（Karl Mannheim）的知识社会学，约阿希姆·瓦赫（Joachim Wach）的宗教社会学，埃利希（Fugen Ehrlich）的法律社会学，甚至人类学家弗思（Raymond Firth）称他 We the Tikopia 的调查报告作亲属社会学。这种趋势发展下去，都可以独立成为知识学、宗教学、法律学和亲属学的。它们还愿意拖着社会学的牌子，其实并不是看得起老家，比政治学和经济学心肠软一些，而是因为如果直称知识学或宗教学就不易和已经占领着这些领域的旧学问相混。知识学和知识论字面上太近似，宗教学和神学又使人不易一见就分得清楚。拖着个"社会学"的名词表示是"以科学方法研究该项制度"的意思。社会学这名词在这潮流里表面上是热闹了，但是实际上却连"剩余社会科学"的绰号都不够资格了，所剩的几等于零了。

让我们重回到早期的情形看一看。在孔德和斯宾塞之后有一个时期许多别的科学受了社会学的启发，展开了"社会现象和其他现象交互关系"的研究，我们不妨称作"边缘科学"。这种研究在中国社会学中曾占很重要的地位。我记得在民国十五年左右，世界书局曾出过一套社会学丛书，其中主要的是：社会的地理基础、心理基础、生物基础、文化基础等的题目。孔德早已指出宇宙现象的级层，凡是在上级的必然以下级为基础，因之也可以用下级来"解释"上级。社会现象正处于顶峰，所以从任何其他现象都可以用来解释它的。从解释进而成为"决定论"，就是说社会现象决定于其他现象。这样引诱了很多在其他科学里训练出来的学者进入社会学里来讨论社会现象，因而在社会学里引成了许多派别：机械学派、生物学派、地理学派、文化学派。苏洛金（Sorokin）曾写了一本《当代社会学学说》来介绍这许多派别。这书已有中译本，我在这里不必赘述。

虽则苏洛金对于各家学说的偏见很有批评，但是我们得承认"边缘科学"的性质是不能不"片面"的。着眼于社会现象和地理接触边缘的，自不能希望它会顾到别的边缘。至于后来很多学者一定要比较哪一个边缘为"重要"因而发生争论，实在是多余的。从边缘说，关系是众多的，也可以是多边的，偏见的形成是执一废百的结果。社会学本身从这些"边缘科学"所得的益处，除了若干多余的争论外还有多少，很难下断语，但是对于其他科学却引起了很多新的发展，好像人文生物学、人文地理学等等，在本世纪的前期有了重要的进步，不能不说是受了社会学的影响。

社会现象有它的基础，那是无从否认的；其他现象对社会现象发生影响，也是事实；但是社会学不能被"基础论"所独占，或自足于各种"决定论"，那也是自明的道理。社会学躲到这边际上来是和我上述的社会科学分家趋势相关的。堂奥既被各个特殊社会科学占领了去，社会学也只能退到门限上，站在门口还要互争谁是大门，怎能不说是可怜相？

社会学也许只有走综合的路线，但是怎样综合呢？苏洛金在批评了各派的偏见之后，提出了个 X+1 的公式，他的意思是尽管各派偏重各派的边缘，总有一个全周。其实他的公式是"综合"

不如说是"总和"。"总"是把各边缘加起来,"和"是调解偏见。可是加起来有什么新的贡献呢?和事佬的地位也不够作为一门科学的基础。社会学的特色岂能只是面面周到呢?

社会现象在内容上固然可以分成各个制度,但是这些制度并不是孤立的。如果社会学要成为综合性的科学,从边缘入手自不如从堂奥入手。以社会现象本身来看,如果社会学不成为各种社会科学的总称,满足于保存一个空洞的名词,容许各门特殊的社会科学对各个社会制度做专门的研究,它可以从两层上进行综合的工作:一是从各制度的关系上去探讨。譬如某一种政治制度的形式常和某一种经济制度的形式相配合,又譬如在宗教制度中发生了某种变动会在政治或经济制度引起某种影响。从各制度的相互关系上着眼,我们可以看到全盘社会结构的格式。社会学在这里可以得到各个特殊的社会科学所留下、也是它们无法包括的园地。

以全盘社会结构的格式作为研究对象,这对象并不能是概然性的,必须是具体的社区,因为联系着各个社会制度的是人们的生活,人们的生活有时空的坐落,这就是社区。每一个社区有它一套社会结构、各制度配合的方式。因之,现代社会学的一个趋势就是社区研究,也称作社区分析。

社区分析的初步工作是在一定时空坐落中去描画出一地方人民所赖以生活的社会结构。在这一层上可以说是和历史学的工作相通的。社区分析在目前虽则常以当前的社区做研究对象,但这只是为了方便的原因,如果历史材料充分的话,任何时代的社区都同样地可做分析对象。

社区分析的第二步是比较研究,在比较不同社区的社会结构时,常发现了每个社会结构有它配合的原则,原则不同,表现出来结构的形式也不一样。于是产生了"格式"的概念。在英美人类学中这种研究的趋势已经十分明显，好像 pattern, configuration, integration 一类名词都是针对着这种结构方面的研究，我们不妨称之作"结构论"（Structuralism）是"功能论"（Functionalism）的延续。但是在什么决定"格式"的问题上却还没有一致的意见。在这里不免又卷起"边缘科学"的余波，有些注重地理因素，有些注重心理因素。但这余波和早年分派互讦的情形不完全相同，因为社区结构研究中对象是具体的；有这个综合的中心，各种影响这中心的因素都不致成为抽象的理论，而是可以观察、衡量的作用。

在社区分析这方面，现代社会学却和人类学的一部分通了家。人类学原是一门包罗极广的科学，和社会学一般经过了分化过程，研究文化的一部分也发生了社区研究的趋势，所以这两门学问在这一点上辐辏会合。譬如林德（Lynd）的 *Middletown* 和马林诺斯基（Malinowski）在 Trobriand 岛上的调查报告，性质上是相同的。嗣后人类学者开始研究文明人的社区，如槐南（Warner）的 *Yankee City Series*，恩勃里（Embree）的《须惠村》（日本农村）以及拙作 *Peasant Life in China* 和 *Earthbound China*，更不易分辨是人类学或社会学的作品了。美国社会学大师派克先生（Park）很早就说：社会学和人类学应当并家，他所主持的芝加哥都市研究就是应用人类学的方法，也就是我在上面所说的"社区分析"。英国人类学先进布朗先生（Radcliffe-Brown）在芝加哥大学讲学时就用"比较社会学"来称他的课程。

以上所说的只是社会学维持其综合性的一条路线，另一条路线却不是从具体的研究对象上求综合，而是从社会现象的共相上着手。社会制度是从社会活动的功能上分出来的单位：政治、经济、宗教等是指这些活动所满足人们不同的需要。政治活动和经济活动，如果抽去了它们的功能来看，原是相同的，都是人和人之间的相互行为。这些行为又可以从它们的形式上去分类，好像合作、冲突、调和、分离等不同的过程。很早在德国就有形式社会学的发生，席默尔（Simmel）是这一派学者的代表。冯维斯（Von Wiese）的系统社会学经贝克尔（Becker）的介绍在美国社会学里也有很大的影响。派克和伯吉斯（Burgess）的《社会学导论》也充分表明这种被称为"纯粹社会学"的立场。

纯粹社会学是超越于各种特殊社会科学之上的，但是从社会行为作为对象，撇开功能立场，而从形式入手研究，又不免进入心理学的范围。这里又使我们回想到孔德在建立他的科学级层论时对于心理学地位的犹豫了。他不知道应当把心理现象放在社会现象之下，还是之上。他这种犹豫是起于心理现象的二元性，其一是现在所谓生理心理学，其二是现在所谓社会心理学。这两种其实并不隶属于一个层次，而是两片夹着社会现象的面包。纯粹社会学可以说是以最上层的一片做对象的。

总结起来说，现代社会学还没有达到一个为所有被称为社会学者共同接受的明白领域。但在发展的趋势上看去，可以说的是社会学很不容易和政治学、经济学等在一个平面上去分得一个独立的范围。它只有从另外一个层次上去得到一个研究社会现象的综合立场。我在这里指出了两条路线，指向两个方向。很可能是再从这两个方向分成两门学问：把社区分析让给新兴的社会人类学，而由"社会学"去发挥社会行为形式的研究。名称固然是并不重要的，但是社会学内容的常变和复杂确是引起许多误会的原因。

依我这种对社会学趋势的认识来说，《生育制度》可以代表以社会学方法研究某一制度的尝试，而这《乡土中国》却是属于社区分析第二步的比较研究的范围。在比较研究中，先得确立若干可以比较的类型，那就是依不同结构的原则分别确定它所形成的格式。去年春天我曾根据米德（Mead）女士的 *The American Character* 一书写成一本《美国人的性格》，并在这书的后记里讨论过所谓文化格式的意思。在这里我不再复述了。这两本书可以合着看，因为我在这书里是以中国的事实来说明乡土社会的特性，和 Mead 女士根据美国的事实说明移民社会的特性在方法上是相通的。

我已经很久想整理这些在"乡村社会学"课上所讲的材料，但是总觉得还没有成熟，所以迟迟不敢下笔。去年暑假里，张纯明先生约我为《世纪评论》长期撰稿，盛情难却，才决定在这学期中，随讲随写，随写随寄，随寄随发表，一共已有十几篇。储安平先生约我在《观察》丛书里加入一份，才决定重新编了一下，有好几篇重写了，又大体上修正了一遍。不是他们的督促和鼓励，我是不会写出这本书的，但也是因为他们限期限日的催稿，使我不能等很多概念成熟之后才发表，其中有很多地方是还值得推考。这算不得是定稿，也不能说是完稿，只是一段尝试的记录罢了。

1948 年 2 月 14 日于清华胜因院

内地的农村[1]

序

  这小册子里所收的15篇关于内地农村的论文是我在抗战初期，根据云南农村的观察而写下的。我在这书的首页上就记下这时空的限制，是因为我知道这里所作若干结论可能和抗战后期以及别地方的情形不完全相合。但是我并不因此而觉得这些结论已经失去它们的价值，因为我认为人类所有的知识都受到时空的限制的，都是有限观察和思考的总结；只要所说的话的确是根据事实，只要把时空的范围划清，就可以成立。所谓成立，并非说是颠扑不破的定论，而是可以做累积知识的基础罢了。观察的范围扩大了，原有的结论中有些话得加上一些条件，有些话得加以修改。但是除非是在另一世界里，另一历史单位里，时空的变异中还是有若干不太容易变的事实，而且变异本身还是有原则可见，所以一切根据事实而作的结论，对于人类知识总是有用处的。

  我在这本书里所说的，我相信都是有事实根据的，因为我是

---

[1] 本文于1946年7月由生活书店出版发行。

个极力主张社会科学一定要从实地研究开始的人。十多年来，我一直为这主张而工作，而且常希望我们这种实地研究的工作能有一天挽回现在风行的空谈和官僚性闭门造数字的空气。我宁可因求真实性而牺牲普遍性。若是有人觉得我这里所说的事实，和他自己所见到的事实不同，我会觉得很高兴，因为我们的知识就会在大家把所见不同的事实堆积起来里得到增加。

我对于中国农村研究的兴趣并不是从学理或是政见上发生的，而是从实地接触中得来的。民国二十五年我在清华大学研究院毕业时，我念的是人类学，而且偏于体质人类学。毕业之后，我到广西瑶民里去研究，才开始对于人类生活本身要求亲密的了解。在瑶山里我遭遇到意外的不幸，把太太牺牲了，自己的脚骨也打断了。在丧余病后，我回到自己家乡——江苏吴江——去望我的姊姊。她是一个为农民工作的人，为他们改良丝业。她的热忱使我感动。因之我就在震泽的开弦弓住下。在村子里我和农民谈话接触，发生很多问题。几个月之后，我离开了他们到了英国。我的老师 Malinowski 教授鼓励我，要我把这几个月里观察所得的事实，做一个有系统的分析，好让西洋的学者知道一些中国农民实际生活的情形。在伦敦的两年里，我写完了一本《江村经济》（*Peasant Life in China*），1939 年在 Routledge 出版，后来列入了"国际社会学丛书"，已经发行了三版。

这本书出版之后，在无意中，我被英美的读者看成了中国农民的代言人。这使我很惭愧，因为我对于中国广大农民的生活知道得太少。既然有许多比我知道得更少的人要我替他们讲中国农民生活，我也就没有理由推诿这责任，所以我民国二十七年回国后，立刻到云南农村里去观察，增加自己的认识。可是愈看问题也愈多。我一面做调查，一面就写下这些短文在各种杂志上发表。我实地研究的报告《禄村农田》，以及我后来主持的研究室里很多朋友所做的报告，已有一部分出版了。但是有很多问题的提出和思考的结果并没有写在报告里，所以我还愿意把这些短文收成一个集子出版。关于事实材料部分，我希望读者去参考我们的研究报告。整理得最完全的一部分是我去年在芝加哥大学出版社出版的 Earthbound China。这是我的《禄村农田》和张之毅先生的《易村手工业》及《玉村农业和商业》（未出版）的译本（后方出版太困难，中文本反而比英文本出得迟，是一件憾事）。

我说这一段话的目的不过想讲明我并不是个农村经济学的"专家"，只是因为接触了中国农民生活而引起的一些常识性的分析。也因为这个原因，我只有很谨慎地根据所见到的说说，在时空上不能不受很大的限制了。

这些论文写成的时候，是在抗战初期。在征实征购的政策实施前，内地农村的局面和以后的一段很有差别。为读者方便起见，我愿意在这序文中把本书所提出的各个主要问题，就抗战后期的转变，约略说一说。

我在本书中第一个讨论到的是土地问题。在抗战初期，云南农村里土地权集中的现象很不多见。最大多数的农民是雇工自营的小地主。我根据农业资本不容易累积和兄弟平等继承的事实上，推想这种小农制度是工商业发达前期很容易发生的现象。我并没有太注重传统的豪强兼并的情形，因为在云南，我所到过的村子里，这情形并不显著。可是，我也并没有太忽略了"升官发财"的路线（见《禄村农田》）。自从我发表了《农村土地权的外流》一文后，我就接到谷春帆先生的信，要我注意在中国历史上很重要的以权力集中土地的现象。同时,我也收到四川的朋友们的信,告诉我在四川官僚资本(从权力得来的财富)甚至单凭权力,所引起土地权集中的现象是很显著。我因为没有机会到四川去调查,所以对于这问题并没有进一步去研究。当然,我所说在工商业不发达的社区中资本累积很容易发生土地权集中这一句话,也可以包括豪强兼并现象的一部分。

在抗战初期,云南内地还保持着小农的特性。就是在通货膨胀的初期,资本逐渐集中,但集中的资本还是向囤积货物方面发展,并没有向利润很低的农业里流,也没有向村子里去买田。一直要到抗战后期,云南也似乎有一点土地集中的趋向,这趋向并不很深刻,因为征实征购的政策增加了一辈没有特权的地主们的负担,地价不能跟其他货物一般地上涨,所以吸收不了资本。可是土地权确在集中,集中在有势力可以逃避耕地税的官僚手上——这是一个很好的豪强兼并的实例。这一部分调查我们还没有分析完竣。

我在本书中曾特别注意农村里的雇佣关系。原因是我在江苏所看到的情形,在这一点上和云南农村太不相同。江苏的村子里很少有无产的雇工,而云南农村里,在抗战初期,却有很多专门靠出卖劳力谋生的单身汉子。这"无产农民"阶层,在我看来,又可以说是内地农村的一个特色。

我看到这特色(也是造成雇工自营农田经营方式的主要因素),使我想到了中国的人口问题。这是人多地少的现象。人多地少是相对而说的。一块土地能养活多少人是要看土地的生产力,生产的技术和出产分配的方式而定。在中国现在的生产技术和分配方式来说,土地不但不能单独养活农村里的人口,而且也不能利用农村里所有的劳力。

有些批评者认为我太注重自然因素，而忽视了社会条件，尤其是分配方式。我承认：若是雇工自营的方式改变了，土地就可以减少一部分担负，可以使从事于耕地的人得到较高的报酬。但是，现在寄生在无产农民身上的有闲小地主们到哪里去谋生活呢？我问这话并不是顾惜这辈躺在床上抽烟的小乡绅们，而是要指出，若是我们在农业之外不开辟新的生产事业，同时又不控制人口，地主和耕者之间总是会分化的。所以我对于农村人口问题特别关心，而且竭力主张：一方面要在农村里增加农业之外的生产事业，一方面要合理地控制农村人口的继续扩大。

在抗战初期，征兵和公共建筑曾一时减少了农村的人口压力。我正在这时候，住在农村里，看见闲着的劳力开始动员，工资上涨，都给我很大的乐观基础。内地农村因为人口压力的暂减，确曾露出一点生气来。但是这是短期的。因为从农村里吸收出去的人口并没有安顿在生产事业里，他们成了职业的残杀者，他们的消费还得由农民来供给。而且他们有着武器，武器又回头来做剥削农民的工具，农民不但要养活从他们自己阶层里抽出去的士兵，而且还要供奉有着士兵拥卫的长官们的挥霍和置产。结果，农民的担负增加不已，所谓农村繁荣，只是昙花一现，紧接着的是凋疲和灾荒，我在这里几篇文章中的乐观气息可以说完全落了空。可是我觉得这并不是说农村人口压力的减低是没有意义的；这只是说农村人口压力的减低并不是等于农村里少几个人，而是说土地所供养的人数必须减少的意思。怎样减少呢？大概还得积极地发展工业和消极地节制生育两条路。

在发展工业一层上，我是主张就农民的所在地推广现代化的小工业。这一种主张的理由我已在《中国乡村工业》一文中说明，后来，我又为时代评论小丛书写了一本《人性和机器》。这两篇文章又引起很多批评，甚至有人说我是在"开倒车"。其实我并没有反对利用科学所给我们的技术，非但不反对，而且极力主张要乡村工业变质的。我也不反对有重工业，有大规模的工业在中国发生，但是我同时主张为了中国农村的性质，为了使工业利润分配得更广，农村里必须有很多科学化的副业。我做出主张也并不是毫无事实根据的。这实在是我的姊姊二十几年来在江苏农村里所试验而已有成绩的计划。当然，有很多地方还要我们改善，但是方针上是适合于中国农民的需要的。关于这个试验的分析和批评，见我的《江村经济》（英文本）。我觉得这问题在理论上做争论，不如让农民自己去选择好。中国将来工业化的过程，若是在民主方式中去决定，我相信乡村工业的发展很可能成为一个主流。关于这问题，那在 *Earthbound China* 的结论中曾有一点发挥，在这里不再重复了。

我这篇序言已经写得相当长。我在结束之前，只想附注一个插曲，我那篇反对奖励生育的文章，听说曾引起发表那篇文章的刊物的编者很多的麻烦，甚至有人说，这刊物也就因这篇过于露骨的文章而受到停刊的处分。刊物是的确停了，是不是因为这篇文章的原因，我也不愿去证实。假如是的话，我应当趁这篇文章再行刊出时，向那位编者表示同情。这一个小小插曲，也可以说明在后方写文章的，在那一个时间，不能不特别含蓄的理由。这里也说明了本书中有些问题不能充分发挥的原因。中国的读者是素来有训练的，这一点我倒很放心。

农村土地权的外流

一、江村的土地权如何流出农村的？

民国二十五年，我在江苏省太湖边上的一个农村中（以后称作"江村"）调查该地人民的经济生活。当时使我十分惊讶的就是这村子里有 80% 以上是租别人田来耕种的佃户，这村子有一半以上的地权是握在我一个本家的手里，他是住在城里的，连他自己的田在什么地方都晓不得。我曾想：江村一般的农村简直可以说是个佃户的村子了。农村土地权已大部外流到住在都市里的地主们手上。

农村土地权怎样会流到都市里去的呢？换一句话说：农民们怎样会把田卖到城里去？我在江村见到一只可怕的魔手在那里活动，那就是高利贷。说起了江村的高利贷，那真把初到农村里去调查的人吓住了，我当时曾记下这可怕的事实：

> 一个不能交付地税的人，假如他不愿意在监狱中过冬，就非借钱不可。高利贷者的门户，对他是开着的。从高利贷者那儿借来的钱，是以桑叶的数量计算。在借贷的时候，根本便没有桑叶，也没有桑叶的市价。高利贷者，以己意断决桑叶的价格为 7 毛钱一担。譬如借 7 块钱，就说借了 10 担桑叶。借款在清明便要还清，至迟不能在谷雨之后。借款者要付还的钱，其数目的多少，决于当时桑叶的市价。譬如市价要 3 块钱一担罢，那么在 10 月借了 7 块钱或 10 担桑叶的

人，到了第二年4月，便要还30块钱。在这五个月之内，这位债户所付的利息，是每月六分五。到了清明的时节，丝季才开始，村里的人，是拿不出钱来的。在冬季要靠举债度日的人，到了这个时候，大约也没有力量还债，因为在冬季的几个月内，村民并没有生产的工作，除却做点小本生意之外。在这种情形之下，债户可以请高利贷者延长借款的期限，所借的钱又用稻米的数量来折合。不管市价如何，稻米以5块钱3"蒲式耳"计算。还债的期限，于是延长到10月。到了10月，米价便以7块钱3"蒲式耳"计算。总计起来，在10月借7块钱的人，到第二年10月，要还48块钱。平均起来，借贷的利息每月五分三。假如债户到了这个时候，还不能把债还清，期限可就不能延长了，他只能把田契移交给高利贷者。田地的价格，是30块钱一亩。从此他不是债户而变为永久的佃农了。（见《江村经济》）

在这一段叙述中，我们可以见到农村土地权的外流和都市资金流入农村是一回事的两方面。高利贷的泼辣不过是加速这一个过程罢了。

二、R. H. Tawney 的一个解释

当我想要解释都市资金向农村中流入，农村中土地权向都市流出的现象时，就记起 Tawney 教授在他所著 *Land and Labour in China* 一书中所提出的意见来了。他说："至少有些地方，正发生着一种现象，就是离地地主阶级的崛起，他们和农业的关系纯粹

是金融性质。"这种现象常见于都市附近的农村中,他说:"住在地主在大都会附近的地方最不发达,那些地方都市资本常流入农业中——广州三角洲上有85%,上海邻近地带有95%的农民据说全是佃户——住在地主最普遍的是没有深刻受到现代经济影响的地方。在陕西、山西、河北、山东及河南,据说有2/3的农民是地主。这些地方是中国农业的发祥地,工商业的影响很小,土地的生产力太低,不足以吸引资本家的投资,而且农民也没有余力来租地。"

江村是离上海很近的一个村子,太湖流域又是江苏有名的肥沃地带,因之,我觉得我在江村实地的调查,正可以用当地的材料来证实 Tawney 的说法。于是,当我写《江村经济》时就把他的意见引用了。在那本书上我说过:农村吸收都市资本的能力是倚于土地的生产力和农民一般的生计。生产力越高,农民生计越好,吸收资本的能力也越大,住在地主越少,离地地主越多——这也就是 Tawney 的意见,用以解释都市附近农村土地权外流的现象。

后来我到了云南,在离昆明100多公里的一个村子里调查(以后称作"禄村"),见到了一个和江村可以对比的农村形式。在禄村虽则有一半人家是租着些田耕种的,但是自家有田的却占全村户数的69%。禄村经济结构的中心是一辈住在村里的小地主。最大的地主只有65工农田("工"是当地农田面积单位,约2.6工等于1市亩),约合25亩,禄村村子里的人很少把田租给人去种(约占全部私家所有田的8%)。佃户们所租得的大部是团体的公田。城里地主们在禄村所有田也很少(约占全部经营面积4%)。换一句话说,这是一个离地地主最不发达的地方,农村的土地权绝少流到市镇中去。我在禄村既得到这一个和江村相反的形式,正可用以校核 Tawney 的意见了。让我们先来看看江村土地生产力是否比禄村高？

三、J. L. Buck 的数字

若是没有机会在云南农村里实地调查的人，要回答上述的问题，最简单的办法是去查一查 Buck 教授最近的巨著 *Land Utilization in China*。在这本书里，他详列中国各地农村所植农作物的产额，可以给我们很方便的参考。可是在学术工作上想贪图方便，时常要吃亏的。我在这问题上就引起了很多麻烦，不妨在此一提。

据 Buck 调查，中国各地农田产米量相差很大，最低的有一英亩（合6.59市亩，或17.13禄村当地工）只出22蒲式耳（1蒲式耳合36.36公升），最高的出169蒲式耳。最高的数量发现于西南水稻区（包括云南，贵州及广西西部）。该区平均产额每英亩97蒲式耳。这个数目对于外国度量衡单位不太熟的人，也许不觉得太惊人，若是我们和自己调查所得的数目一比较，就不能不疑心其中一定另有蹊跷了。依我在江村的调查，普通的田，1英亩只出40蒲式耳（据 Buck 调查，扬子水稻小麦产米量1英亩63蒲式耳）。江村水田，在中国不能不说是好的了，和西南水稻区相差如是之甚，竟至一倍。若以169蒲式耳最高额计算，竟超过四倍。也许 Buck 在编这表格时也觉得数目太大了些，所以附一小注说："有两个地方产米量特别高，因土地特别肥。"接下去又说："当地农田面积丈量不甚正确，折合英亩时或有错误。"（第225页）这个小注并不能减少我的疑虑。1英亩若能产169蒲式耳的米，一枝稻穗上

要多少谷粒？依我的估计至少要600粒。在我经验中最多一枝稻穗能带300粒谷子，这种多产的稻穗已经不容易直立。600粒谷子一穗，乡下人见了准会认作神仙显灵。事实上这是不可能的，因为稻秆决不能载这重量。不论Buck说是因为土地怎么肥，天下决没有肥到这个程度；即使肥得如此，也不宜于种稻了，因为当谷没有熟，就会载量太重，稻秆折断，倒在泥里一粒也收不起，这结果乡下人全明白。

我记住了这数目来和禄村的产米量相比较，却发现了Buck的错误并不在折合农田面积而已，重要的是把rice和grain混成一物所致。禄村上等田每工每年产谷1个当地石（合3.5公石），碾米4个当地斗，合成英制是1英亩收谷子165蒲式耳，收米66蒲式耳。根据我实地调查的结果，很可猜想Buck"雇员"在云南调查时把谷子当作米了。我在云南各处调查时，若问农民：你们的田能收多少？他们没有不以谷子的产量作答的。我从没有遇见过有直接以产米量作答。所以以谷作米的错误很容易发生。Buck似乎没有注意到这种可能的错误，而且对于谷子一词好像不太了解，在翻译农谚时，每逢谷子全译为millet。当然，我对于英语造诣极浅，但总觉得rice，millet和grain应当加以明白的分义。不分的结果，铸成"奇迹"，似乎不能太容易原谅过去。

四、为什么靠近都市的农村佃户特别多？

回到正题。Buck的数字虽则有错误，但若果把他的数字看作产谷量，则和我们实地调查的结果很近，而且禄村是云南公认产米丰富的区域之一。若以每英亩产米66蒲式耳计算，则较江村的产额 40 蒲式耳为高了。这样一比较，Tawney 的话却成了问题。为什么农田生产力高的地方，反而住在地主特别发达呢？于是我们不得不再检讨一下 Tawney 的见解了。

我在第一节里虽则叙述了江村土地权如何流出农村的情形，但是并不能从此见到为什么江村的农民会穷到要借高利贷，以致最后出卖田契。依 Tawney 的解释，好像是说都市附近的田地总是特别肥，都市里资本自然会向农村中流，而且那里的农民也是有余力来接受这笔钱，自处于佃户的地位。Tawney 自然没有这样说穿，因为若是这样一说，谁也会觉得说不过去了，但是他的意思至少是很容易使读者引起这种误解。

Tawney 的意见可以批评的第一点，是在他似乎以为农民借钱（引起都市资本的流入农村）是为了农业上有利用资本来增加生产的机会，因之土地生产力愈高，愈能吸收都市资本；而事实上农民们为生产需要资本而举债，是绝无仅有的，因为农业借款的利息很少比农业利益为低的。江村的高利贷且不提，即我们在禄村所见到普通的借款利率是以三分二为标准，而雇工经营农田可得的利益，据我的估计只有一分三。若是借款来经营农田，在农民看来自是"憨包"无疑。

农民借钱是用来嫁女儿，娶媳妇，办丧事，抽洋烟……总之，是用来消费的。生计的穷困，人不敷出，才不能不"饮鸩止渴"地借债了。生计穷困和近不近都市有什么关系呢？这问题也许是要解答近都市地方离地地主多，远都市地方离地地主少的关键。我将根据江村和禄村两地的比较，提出一种对于农村土地权外流的解释，以供研究中国农村经济的朋友们讨论。

农村土地权的外流是由于农村金融的竭蹶。为什么靠近都市的农村金融容易竭蹶呢？引起农村金融竭蹶的原因不外两个：一是农村资金输出的增加，一是农村资金收入的减少。靠近都市的农村是不是容易发生上述两种现象呢？在回答这问题之前，我们还得先问这里所谓都市究竟是什么意思？都市普通的定义是指人口密集的社区。人口密集的原因固然很多，若是以现代都市来说，则重要的是在工商业的发达，因之我们的问题等于是说，工商业发达和农村土地权外流有什么关系了。

工商业发达无疑地会在农村市场上增加工业品，靠近工商业中心的地带，因为运费低，工业品更易充斥。农民购买工业品的数量增加，农村资金外流的数目也随之增加，可是用工业品去吸收农村资金却有个限度，因为农民对于工业品的需求富有伸缩性。在他们生计穷困时，可以拒绝或减少他们工业品的消费；除非是像鸦片一般的嗜好品，决不会因工业品输入农村而把农村金融吸枯，以致农民要卖田来维持生计。

农民的消费品依赖都市供给的种类及数量的增加，是农村自给性降低的指数。自给性降低，就是说以前可以自己供给的消费品，现在不再自己供给了。都市发达促进农村生产的专门化，使它成为食料及其他制造品原料的供给者。在农村自给性降低的过程中，有一个危机，就是以前农村持以吸收外界资金的家庭手工业会因之崩溃。这种在减少农村收入上的金融压力，实是农村土地权外流的主要因子。

我时常这样想（虽则还没有事实材料来证实）：我国传统的市镇和现代都市不同，它不是工业的中心，而是一辈官僚、地主的集合所，和农村货物的交易场。在传统经济中，基本工业，如纺织，是保留在农村中的，因之在传统经济中富于自给性的农村是个自足的单位，它在租税等项目下输出相当资金，而借家庭手工业重复吸收回来一部分，乡镇之间似乎有一个交流的平衡。这平衡在现代工商业发达，农村手工业崩溃中打破了，农村金融的竭蹶跟着就到了。

这样看来，农村土地权的外流和都市确有关系，可是这关系并不像 Tawney 所说的是因为靠近都市的农田生产力高，而是在靠近都市的农村，凡有传统手工业的，抵挡不住现代工业的竞争，容易发生金融竭蹶。换句话说，土地权外流不一定是靠近都市的农村必遭的命运，若是一个原来就不靠手工业来维持的农村，他遭遇到都市的威胁，决不会那样严重。关于这一点，我自己还没有材料来证明，因之很想得到一个都市附近没有传统手工业的农村，加以调查，用来校核我这个假设。

若根据我这种说法，很可用以解释为什么以丝业为基础的江村，在都市工商业发达过程中沦为佃户的集团，以及为什么内地以经营农田为主要业务的禄村，至今能维持以自营小地主为基础的结构。

五、工商业发展一定会引起农村土地权外流么？

让我们再回到 Tawney 的话：土地生产力低的地方土地权不致外流，是不是因为土地生产力低的地方不易发展手工业，所以不易受现代工商业的威胁么？事实却适得其反。我们为了这问题，又在云南选了两个农村来调查，我们的结论是传统手工业常发生在农田面积较小，土地较瘠，农业生产力较低的地方。关于这一点，我希望将来还有机会详论。若是我们的分析没有大错，则

Tawney 的解释似乎不能再维持了。

Tawney 的见解一加修改，我们就要为内地一辈有传统手工业而农田生产力太低的农村的前途担心了。现代工商业在内地发展起来会不会使这些农村的土地权外流呢？在这考虑上我们却又看到了这问题的另一方面，就是都市资本向农村流入是否一定会引起土地权的外流？

都市资本用来买田可以说是一条末路，买田出租，依我们的计算，利息总是在一分五左右，而农村中借款的利息则至少在三分以上。所以即使都市资本因农村借款的利息高而进入农村，并不会立刻引起农村土地权外流的。有钱的人希望能放债收高利不愿买田，只有在债户没有清理债务的力量时，债主为避免本利双失，才去收买抵押的农田，或是有钱的人找不到债户，有空着的资金才去买田。换一句话说，在农民有力维持支付利息时，土地权不易很快地转入城里放债者的手里，若是城里有钱的人能有其他利用他资本的机会时，他们也不会让资金自然地流到乡间去的。

这样说来，若是现代工商果真能发展起来，都市里投资的机会加多，工商业的利益能超过一分五以上，都市资本不易流向农村，土地权外流的趋势可以减少。这当然还要有一个条件，就是农村中金融不竭蹶到非大量靠都市资金的接济不可的地步，或可以得到不必用土地权去换取的资金。好像现在政府提倡的农村小本贷款等办法，确可防止江村的覆辙。

工商业的发展，若不同时减少农村原有的收入，很可以发生农村收复已失土地权的趋势。这是我们在云南某地已见到的现象。因为近来商业利益的日增，有田的人很有愿意把土地卖给农民，把钱去经商。在夷汉杂居的地方，有所谓"水田上山"的情形，就是说夷人向地主买水田,把土地权带到山上去的意思。我们是这样想:若是政府在工商业发达过程中,能采取适当的政策,不但可以防止土地权从农村中流出来,而且要可以把农村已失的土地权慢慢地收回去。

雇工自营的农田经营方式

一、自耕农和自营农

"自耕农"是讨论农村经济时一个常见的名词。究竟这是指哪一种农民呢?我们不妨借行政院农村复兴委员会丛书《云南省农村调查》(商务印书馆出版)所给的定义来回答:"自种自田而不租种人家土地亦不出租者为自耕农。"(凡例1页)这是根据土地权及经营方式两个条件而规定的。从土地权方面说,自耕农所耕的土地是属于他自己的。从经营方式说,他们是自己"种"的。

用这个名词来说明农村土地权的分配也许不致发生困难,可是用来说明经营方式时,我们就得问一问"种"字究竟是什么意思了。我发生这个问题并不是偶然的,早年在江村调查时,我就用这个名词。这时我自以为很明白,种田是指在田里劳作。自耕农是指在自己田里插秧以至割稻的一辈农民。最近在禄村调查时,我就发生困难了。若以种字限制于在田里劳作的话,则有一大部分农民并不把田出租,又不租人田,可是自己却并不在田里劳作。他们可以把整个农作活动雇零工或包工来做。他们坐收农田之利,和出租田的地主差不多。可是从经营方式上说,却又有差异,因为出租田的地主所得的是定额的租谷，不直接担负农业经营上的风险。雇工经营的地主却相反，他们付出定额的工资，直接担负农业经营上的风险。

我们若把这辈雇工自营的农民也放在自耕农的一类里，固然没有什么不可，可是在"自耕农"一类中却包括了两种经济地位不同的农民了。一是自工自营的，一是雇工自营的。这两种农民相同之处不在"耕"而在"营"。严格地说来，与其把这一类农民称作"自耕农"不如称作"自营农"。而且我接下去就要说"雇工自营"是内地农村特别发达的农田经营方式，若我们要分析内地农村经济，我们不宜把这重要方式，不清不楚放在"自耕农"的范畴内，而甚至使望文生义者认为内地的"自耕农"和江村一类农村的"自耕农"可以相提并论。

二、发生雇工经营的条件

为什么雇工自营在江村不发达而成为禄村农田经营的基本方式呢？一提到这问题，我们就得注意到发生雇工经营的经济条件了。雇工自营和出租经营，都是地主脱离农田劳作的结果。为什么地主们要脱离劳作？那是另外一个问题，本文不想讨论。我们不妨先假定一个地主已决定自己不下田，他出租呢？还是雇工自营？在选择时他要顾虑到两个条件，第一是他能不能自己经营，第二是雇工经营比出租利益是否较大。对于这两个条件的答案各地不同，因之结果也不同，我们正可用江村和禄村的对照来说明雇工自营的基础。

经营农田包括决定农作日历，筹划农作资本，添置农作工具及监督农作活动等事务。这些事务要有效地处理，地主不能离田过远。换一句话说，只有在地地主才能经营农田。离地地主是事实上无法直接顾问农事的。我在《农村土地权的外流》一文中已分析过靠近都市的江村离地地主发达的原因。握有江村一半以上土地权的大地主却住在苏州，他们连自己的田在哪里都不晓得，要他们自己去经营农田是不可能的。禄村的农民大部是在地地主，他们想要经营农田却很方便。而且在工商业不发达的内地，地主们由农田上解放出来的精力和时间都没有机会用在其他得利更大的事业上，不管农事，就无事可管。

可是内地地主经营农田虽有方便，却并不一定使他们自己经营的，因为若是出租的利息大，他们为什么自讨麻烦呢？所以内地农村中雇工自营方式的发达还要有一个重要条件，就是它一定得比把田出租为值得。雇工经营和租营对于地主的利益是由工资和租额的高低来决定。若是雇工经营的地主支付了工资之后所得农田上的盈余为数不及租额，他们就不值得雇工经营了。

三、雇工经营的利益

民国二十三年，农村复兴委员会曾派员在禄丰六个村子（禄村就是其中的一个）里调查当时的工资，报告里说："普通在农忙得雇用短工，工资以日计，其伙食亦由雇主供给……忙时男工每日3角，闲时1角5分。女工忙时1角5分，闲时1角。"（第154页）货币单位据说是当时的国币。我们不知道当时的物价，该报告又没有把农田收入说明，自无法说这种工资是高是低。可是农田的出产量在这6年中决不会有很大的变化，当时的物价也不会比抗战军兴之后为高。而上述的工资数目却和二十八年十月时的工资数目相等（我们并没有发现各种农作中工资有变迁的情形），因之也许我们可以说，依他们的调查，当时内地农村的工资实在很高的了。他们却又说禄丰六个村子里雇工的农家很多："地主兼自耕农完全是雇有雇工的，自耕农和半自耕农约有一半有雇工的，佃农亦有少数雇用雇工的。"假定他们的调查是正确的，则我们上节里所说雇工经营只有在工资低的情形中发生的一句话就不能成立了。

也许当时的租额低得厉害，使农民们即使付了很高的工资，还是值得雇工自营，何况依他们说佃农都有雇工的呢？可是一查他们的报告却又不然。据说这六个村子中租额对于正产量的百分比有高至 100 的，换一句话说全部农田的正产是给地主的。依他们调查禄村的记录，租额是正产量的 83.3%（第 161 页）。这把我们弄糊涂了，除非农田副产高得很，这个农村经济真太特别了。他们没有把农田副产的情形说出来，据我们在二十七年和二十八年的两次的调查，禄村约有 70% 左右的农田种有蚕豆，一年的豆产价值至多不过谷收价值的 1/4。在这种种考虑下，我们只有怀疑这报告的正确性，甚至觉得里边定有"荒谬不堪"的地方了。

先说工资：据我们的调查，二十七年十月除膳食由地主供给外，男工每天国币 1 角，女工减半，二十八年七月男工每天 3 角，女工减半。依这个数目我们曾估计二十七年每工农田（一工约等于 250 方公尺）一共要支出工资 1.48 元（一工两熟的农田全部农作须劳力男工 8.5，男或女工 1.5，女工 10.3，关于估计方法，本文不能详述），另加工人膳食 1.62 元（每人平均每日 8 分），再加种子、肥料、工具折旧、耕地税等，全部农业支出每工农田是 4.17 元。

第一编　乡村与土地

同时农田收入，依我们的估计，是上等田 10.1 元（谷收占 8 元），中等田 7.75 元（谷收占 6.4 元），下等田 4.69 元（谷收占 4 元）。收支相抵，一个全部农作活动雇工来做的地主可以获得利益：上等田 5.93 元，中等田 3.58 元，下等田 0.52 元。

若以租额是谷收 83.3% 来说，则上等田可以得到 6.66 元，中等田 5.33 元，下等田 3.33 元，比了雇工自营的利益高得多了。可是据我们的调查，禄村从没有过这样的租额，我们根据保公所的档案和实地调查的个案，可以断然说禄村的租额至多是谷收的 60%。而且这是名义租额，实际租额还有不到这个数目的，即以租额 60% 计算，在二十七年，地主可得到：上等田 4.8 元，中等田 3.84 元，下等田 2.4。很明显的，上等田的租额是低于雇工经营的利益了。

一个租得着上等田的人若雇工经营，全部支出加上租额每工田是 8.97 元，可得 1.23 元的利益。可是中等田就不值得了，因为全部支出每工田 8.01 元而收入只有 7.75 元。下等田更差。因之租中等田的只得自己劳作，事实上等于获得工资而已；下等田就没有人要租，因为连比卖工都不如了。

四、工资和租额为什么这样低呢？

工资和租额的低落出于两个不同的因素。工资低落是为了当地有大批非出卖劳力不可的人；租额低落是为了当地有大批非出租不成的团体所有地。在这里我并不能详细讨论，但不妨择要一说。

若我们再去查一查农村复兴委员会的报告，禄丰县六个村子劳力的供给都极少，雇农只占全体村户的 3.61%，这是和他们说雇工很多的事实相矛盾的，事实上决不止此数。我们在民国二十七年调查时，禄村没有田又租不着田，非在农田上卖工来维持生活的，占全村农户15%，经营农田在16工之下，单靠农田不够维持生活的，占全村农户16%。因之即在本村里独立门户的人家，全部或部分出卖劳力的，就在30%以上。此外还有住在人家的长工和单身卖工的，二十七年的户门册上就有32个，占全休农作年龄人口7%。而且每年有大量由别村来禄村短期卖工的人。据说以前在禄村人民所经营的农田上，有一半以至2/3的劳工，是从外村短期雇来的。即在二十八年劳力供给锐减的时节，我还亲自清查收谷时的劳工中，有20%是外来的。禄村劳力供给的确很多，工资的降落是自然的结果。

禄村的农田有27%是属于团体地主的，如阖村公田、族姓公田、庙产等（据复兴委员会调查禄丰全县除族产外，公产占全县熟地面积3.98%。第129页）。团体所有田只是土地权的集合，并不是经营的集合，非租出去给私家经营不成的。而且团体所有田的管事照例是不以团体利益为主，结果是管事和佃户双方占一些便宜，让不开口的公家吃些亏。不但租额定得低，而且还租时不常足额的，甚至欠租欠到分文不纳的程度也很普通。管事的心里本有病，开不出口，又不愿为了公事得罪人。团体本身又没有健全组织，普通人管不着。在这种情形下，所决定的租额，不能超过雇工经营的利益了。租额低，工资低，雇工自营得到了发达的机会。禄村私家出租的农田，不过占全部私家所有田的8%。

若是容许我说一句笼统的话，禄村的租佃关系是发生于团体和私人之间，私人所有田以自营为原则，所有田面积较大的人家，就不自工自营而走上雇工自营的方式上去了。

土地继承和农场的分碎

一、人口压力压碎了农场

"人口压力"看来好像是个抽象的名词，可是在乡下闹分家的时候，却表现得最具体也没有的了。让我先说几个实例：

我在禄村寄居的那家房东是村子里的小康之家，有田36工。平时我的房东，穿长袍，赶闲街，做礼拜；空来还在茶社里画飞鸟山水。大儿子在楚雄中学里读书，小儿子提了个外国名字叫大彼得，生活真不算差。隔壁住着他的伯父，伯父有两个儿子，一群孙子，人丁倒兴旺，可是大家挤在三间住房里，家境很窘。小孩子们更是显得褴褛，14岁的孩子整天在田里做工。堂兄弟间生活相差这样远！据说房东的祖父死时，把田产平分给两个儿子。房东的父亲生下一个孩子就死了，剩下个寡妇，伶仃孤苦，把儿子领大，田产保住了。房东的伯父，生了两个儿子，娶了两房媳妇，经了几次大事，只剩了24工田。媳妇们不和睦，闹分家，老人家留下了6工。儿子们各得9工。9工田的小农场养不活两口子，家道如何能维持呢？大儿子更不争气，又懒又抽烟，连这点家产都保不住；小儿子勤苦，租了些田来耕，其中有一部分还是我们的房东的。一个老祖的子孙，竟分出了地主和佃户，"悠悠两代，贫富是分"，听来也叫人寒心。"贫富是分"的原因，只是在大房里多生了个孩子罢了！

禄村村子里现在已找不到大地主，有田最多的只不过65工。可是30年前村子里还有好几家有200工田的。有一位同善社的朋友曾和我谈起他的家世说："家父手上还有200工田，一年近200石谷子的收入，真是不愁衣食，我们兄弟五个整天打打牌，抽抽烟，日子容易过得很，后来分了家，一个人只剩了40工，手边就紧了。到下一代，再一分，剩多少呢？"——真是"家无三代富"！

人一代比一代多，大家争着这块有限的土地，农场怎能不一代比一代小？小到成了中国农业改良的一个大障碍。据说中国的农场平均已经不到4英亩，和美国一比真是小巫见大巫，相差快40倍了。不要说这样的小农场上机器用不得，连最简单的技术改良都无法着手。关心中国农村经济前途的人自不能不对这问题特别焦急了。

人在繁殖，土地有限，这矛盾固然是人类经济中无法逃避的，但这矛盾却不一定成为分碎农场的力量。人多了，可以把他们赶到农业之外去谋生；即使赶不出去，也不一定要叫他们都做地主。若能这样干，人尽管多，农场哪里会小呢？以英国的情形说，19世纪以来，人口增加了几倍，而农场不但不分碎，反而集中起来。这不是明明告诉我们人口压力不一定把农场压小的么？在中国，人口压力直接成了分碎农场的力量是因为我们传统的亲属结构在助虐为暴。

二、继承的平等原则

在我们传统的亲属结构中承认着兄弟有同样继承遗产的权利，而且他们继承时还要讲平等的原则。有些地方的习惯法虽则在名义上否认平等原则，好像承认长子有特权可以多分得一些田产，但是在实际上这特权也有时并不一定实现的。即使实现也是没有防止农场分碎的作用。

江村的继承习惯法是承认"长子权"的，长子可以多得一份长子田。可是中国农村中田产的继承并不一定要等父亲死了才实行。父亲在世时就可以闹分家，若是长子成了婚，娶来的媳妇受不住婆婆的气，争执得不可开交，请舅舅出来作主，把田分了。在江村，分家时老人家留下一份"养老田"，长子留下一份"长子田"，其余几个儿子公平分开。以此时为止，长子比了幼子似乎是占了些便宜。但长子分走了，老人家大都跟小儿子同住，那份养老田就归小儿子经营。老人家死了，养老田里拿注钱出来送葬，其他很多就不再要小儿子吐出来了。他供养了老人家一辈子，这是一些报酬。名义上，江村的继承原则不是平等的，可是实际上不平等程度却浅得很。

继承上讲平等，听来是最好也没有了。可是就因为这原则，人口压力一直压上农场来，使中国遍地都是小农。要避免农场的分碎，儿子间总得有几个吃些亏，不继承土地。这种完全由长子或由幼子继承的办法，一个以农田为经济基础的社区中不容易行得通，因为得不到继承农田的儿子不易谋生，除非在农业之外还有谋生之道，或是本地之外还有新世界可以吸收那辈在父亲手上得不到农田的人；否则继承上讲平等确是最合人情的办法，农场虽因之缩小，要是大家挤一挤，能活得过也就算了。

三、土地双系继承的困难

传统的继承法中所承认的平等原则却有个限制，就是同性讲平等，异性不讲平等。男女有别是天经地义，女子继承不到田产是中国农村中普遍的习惯。农田是男性的财产，农田的继承是单系的。单系继承，从一方面说，一家的农场不会因出嫁女儿而分碎；可是，另一方面说，娶媳妇时，媳妇也不带田来，一家的农场也不会增大。双方刚刚互相抵消，在农场的缩小和增大上看，女子有没有继承权，并没有多大关系的，农场虽不致因男女在继承上的平权而愈分愈小，但是因之会愈分愈零散，那却是免不了的。我们若再深入想一想就能见到土地的双系继承有很多不易实行的客观条件，在这里不妨附带一提。

从农村的区位结构上说，农田和住处不能相距太远，若是太远了，往返时间及所费劳力会影响到农田经营的效率。我们若假定农田继承是双系的，就是子女平等继承父母双方的田产，则婚姻关系在地域上就会因农田和住处间的区位关系而限制于一较小的范围中。若是夫妇原来的住处相隔很远，他们两地都有田地需要经营，田地不能因婚姻关系而搬在一起，夫妇又不能因田产分散而各自独住。在这种情形中，只有在邻近的地域中发生婚姻关系了。若是婚姻关系有其他的原因不能限于狭小的地域时，则农田双系继承在事实上办不通了，除非所有权和使用事实完全脱离关系。

我在《江村经济》中曾提到，我国的新民法因为要促进男女平等起见，确定双系继承的原则，这是没有顾到最大多数农民的实际生活情形的立法，在可以分析的动产方面，双系继承自有实施的可能，可是在不动产方面，尤其是日常要加以经营的生产工具，好像农村中的土地，在现有的生产技术之下，很少有实施的可能性。现有的土地政策，鼓励耕者有其田，而继承法却间接地在鼓励不动产的所有者脱离使用,在我看来,二者是互相冲突的。

土地的单系继承虽则是农村中女子地位低落的一个重要原因,可是它确有它经济上的贡献。靠了单系继承农场少了一个被分割离散的机会,从上文看下来,若是我们要想法免除农场因人口压力而分碎,似乎不能不采取不平等的继承原则,把继承土地的权利交给特定的少数人。这种说法似乎很不合潮流,因为在这个年头自由平等一类抽象名词的力量太大,为这些名词牺牲一些经济上的利益,似乎是大家甘心的。我在这里本来没有怂恿人舍此取彼的意思,只想指出在现有的社会结构中,二者是不能兼有罢了。

四、团体地主和农场集中

这样说法,不免叫人有些悲观了,一方面我们希望现在的小农经济能逐渐消灭,一方面我们却拼命地在推广土地继承上的平等原则,这不是南辕而北辙么?这个矛盾并不是永远解不开的,在乡下就可以见到有一种农田不在人们世代交替中发生继承和分碎的现象,这就是团体地主的农田。在云南省这种农田特别发达,依我们调查的禄村来说,全村所有田总数 27% 是属于团体地主的。

农田继承是发生在农田可以继续不断被人利用,和农田所有者的个人有生有死的矛盾上。团体的生命并不和个人的生命一般,团体分子虽有生死,团体的本身却可以较长地维持下去。团体超越了个人,团体所有的农田就不会一代一代地发生继承的手续,团体中分子的数目虽则可以多起来,可是这个人口压力却压不碎农场的整个性,至多压低一些各人所能获得的利益罢了。

团体所有田非但不易分碎，而且有着慢慢扩大的趋势，以禄村的阁村公田为例：据说杜文秀叛乱时（1855—1873），屡次蹂躏禄村一带，杀戮甚惨，有全家被难，不剩一人者，事后村里有一大批田产没有人收管经营，所以就充了公田。每次变乱，公田都有增加。公田的扩张当然不一定要靠变乱和杀戮；因绝嗣，因捐助，私家的田向团体集中，团体所有的田又不分出来。有进无出，面积自然容易扩大了。

从这方面看来，土地一脱离私家所有就很容易集中。可是这种集中起来的农田，以禄村来说，并没有形成大农场。团体地主并不以团体来经营农田，所有权是集合了，经营上没有集合，禄村团体所有的农田都是租给私家经营。这样说来，大农场的形成，单靠所有权的集合是不够的。可是云南团体地主的发达，多少是已经给大农场立下了一个基础。如何利用已有所有权的集合发展到农业经营的集合，是云南农村经济前途一个有意义的问题，希望本省的青年能特别加以注意。

农田的经营和所有

一、"耕者有其田"的背景

中国以前关于土地问题的理论和政策大都是以沿海诸省的农村情况做张本的。抗战把我们的眼界扩大了，我们在内地见到各种和沿海不同的农村形式，因之，有一些土地问题的理论和政策可以重加考虑。本文想提出来讨论的是以往土地政策中的一个根本观念——"耕者有其田"。

"耕者有其田",初看上去似乎是最明白不过的,可是若要详细分析起来,就可以有不少性质不同的解释。我在这里先只就一种意思说,就是"经营农田的人就是该农田的所有者"。"耕者有其田"是提倡农田的经营和所有合一的主义。

农田经营和所有的合一之成为土地政策的基本观念是针对着一种形式的农村而发生的,这就是我们沿海各省常见的农村形式。这形式的特点,简单说来,是佃户在农家中占绝对多数。佃户为主的农村中,在农田上劳作和经营的是一辈没有土地所有权的人们。握有土地权的地主们可以住在很远的市镇里,他们连所有农田在什么地方都不很明白。在这种农村中,经营农田的人并不是所有农田的人;农田的经营和所有在这分了手。

一个已经脱离了经营的农田所有者,农田对他有什么好处呢?有,就是"地租"。在一个承认土地所有者有权可以任意支配他的土地(甚至包括自由废弃土地的生产力)的地方,地主们只有在能获得"地租"的条件下,才会把使用他们所有土地的权利让给别人。所有者虽不自己经营他所有的农田,可是他单凭那"可以不给人经营"的权利,坐享着别人经营农田之后所收获的农产,这笔名作"地租"的收入,可以占农田产量总数的一半到一半之上。

我在这里不想追究"地租"的起源,只想看一看社会承认了地主有权把田租给人家而向佃户征收一笔地租之后,在农村人民的经济生活上引起了什么影响。任何人根据他的常识就能想象到:以佃户为主的农村中,每年一定得输出大宗农产到地主所在的市镇中去,结果使农村人民借以为生的资产大行减少,人民的生活程度因之降低。当然，有人可以说：佃户们的输出是和另外一笔无形的输入相平衡的，因为，他们靠了这笔输出获得了在农田上暂时经营的权利。佃户得到了这权利可以利用他们的劳力和资本以获取工资和利息。他们的经营既靠着地主们的允许，地主们的允许就是一笔无形的输入。不管我们怎样替"地租"辩护，这种"有形输出，无形输入"的农村中的佃户们的生活程度总是提不高的。

农民生活程度高不高与地主有什么关系呢？不能接受极低生活程度的人，本来不用来做佃户，"要租田就得这样，不租就算了么"，地主们自然可以这样说——他这样说，是合法的，因为法律承认他可以任意荒废他所有的农田，自己不经营，并不一定要给人经营。

话是合法的，可是合法的并不一定能做得通的，因为法律本身的基础很脆弱。它是只在人民能容忍的时候才有效力。若是一条法律太使一辈人过不去，这辈人的反抗可以使该项法律失去效力。地租若高出了一辈佃户的生活所能容忍的限度时，就发生了"自愿坐牢，不愿交租"，以及"罢耕抗租"一直到大规模的"农民暴动"和"政治革命"。

以上的一段话，实是我们中国很多地方，尤其是沿海诸省的实地写照。蒿目时艰的先觉之士，要求一个釜底抽薪的办法，就发生了"耕者有其田"的主张：所有田的人自己去经营他的田，或是不经营农田的就不能享有农田所有权。彻底地这样做，经营和所有合一之后，就取消了"佃户"这一种人，因地租而引起的农村经济的危机，以及农村经济危机而引起的政治叛乱，都无从发生了。

二、小农制的弊病

抗战一起，似乎很少人再谈"耕者有其田"了。据闻中共执政区域也改变了多年来不惜流血争取的土地纲领。这改变的原因是政略的。现在这些区域实行的减租减息政策，是在容许地主继续存在的原则下改善佃农和一般小农的经济地位。不过内地农村的主要形态是自营的小农，我在本书以上的几篇文章中已经说明这种形态的基础，在这里不再重述。自营小农的形态，却让我们看到农田经营和所有合一的"耕者有其田"也有其弊病。

在抗战以前，尤其是在沿海诸省，农村的问题可以说是在分配的不均上；抗战发生以后，分配问题似乎推到了幕后，注意的集中点转到了生产问题。大家要求的是如何谋增粮食的自给，如何推广可以出口的农产物，如何增加工业中所需的农业原料的产量——一言以蔽之是在求农业生产的增加。在这要求之下就看到小农制的弊病。

小农制是中国农业技术不能改良的一个主要原因，在小农场上，不但现在利用动力的机器用不进，连耕牛都不能充分利用。技术不能改良，农民们要凭赤手赤足在田里劳作，农业里拖住了大量人口，农民的生活程度也终是在饥饿线上挣扎，哪里还能希望农村有多余的粮食大批地向都市和前线输送，哪里还能希望有大批的农田改种出口的作物和工业的原料。

因之，目前的农业政策必然要向如何扩大农场以减少农业里的劳工，如何提高农业的机械化，如何把农村人口吸收出来等方向打算。在这些打算中，农田经营和所有的合一不但不成了主要的目标，甚至会觉得这是农场扩大的障碍了！

"耕者有其田"本是防止土地权集中的一种对策，它是想以农田经营来限制农田所有，使农村经济不致受分配不均的累。可是农田经营和所有一旦合一，农田经营却也受了农田所有的限制。若是"经营农田的人必须是该田的所有者"，则农场的大小必然限于该家自有劳力所能耕种的面积，其面积必然很小。这样说来，"耕者有其田"不是成了提倡小农制的政策了么？这种政策也就不能适应抗战以来所发生的新需要了。

农田经营和所有分开了会发生分配不均的问题，农田经营和所有合并了又会发生生产限制的问题。究竟分好呢？还是合好呢？

三、所有分散和经营集合

在这个农田经营和所有分好还是合好的问题下，我们对于"耕者有其田"的原则似乎需要一个新的解释，我们要使农田的所有不在大农场的需要下集中起来，而同时我们也要大农场能在农田所有不集中的条件下确立起来。分散所有，集合经营，能不能同时并进呢？

以我们过去的农村情况来说，农场的大小的确常受农田所有权分碎的限制。可是农田所有权集中了依旧没有产生大农场。我在上文所提到的租佃方式就是发生在集中所有和分散经营的方式上。一个连自己的田在什么地方都不知道的大地主，他不是农田的经营者，他虽则集中了农田所有，可是又分散了租给佃户们。每个佃户各自经营他们所租得的农田，分裂成不少的小农场。

农田所有权的集合并不会就发生大规模经营的农场。在云南农村中常有很多团体地主，好像氏族、村田等也是一个例子，他们很多人共同有了一块地，可是他们并不共同来经营它，而交给一个管事分别租给佃户。

为了要在经营上有大农场产生，我们决不能在农田所有集中上谋出路。而且我们也可以说："耕者有其田"政策所针对的租佃制度也正是把已集中的所有权分散为小农场经营的机构。

所有权集中固然不一定会产生大规模的经营，可是我们得问：所有权分散了是否有发生集合经营的可能呢？我的回答是可能的。

在云南农村中所常见的"换工"制就是超越所有权界限集合劳作的方式。甲家在前一天帮乙家掼谷子，第二天乙家就帮甲家来掼。他们并非各在各的农田上工作。再以江村的灌溉工作来说，集合经营的性质更是清楚。太湖流域的田是高出水平面的，每丘田要水时固然可以单独向河流里汲水；可是水太多时，一大片田一起淹着，不能单独排水，因之在排水时，全圩的农家得集合起来，在一个出口上，一同排水。在这上边发生了一个排水的组织，有条有理，有一定的规矩，有公认的裁制方法（见《江村经济》）。在云南农田上的水是靠水坝的管制和沟渠的疏导而得来的，于是靠同一条水沟来灌溉的农民并不能单独解决他个别农田上的水的问题，他们一定得组织起来，集合经营。

以上这些例子是说明了：在我们原有的农田经营的过程中已有某些工作段落，因实际的需要，采取了集合的方式。同时亦说明了农田所有的分散并不一定会使经营分散。于是，我们可以说，分散所有和集合经营是可以并行推进的。

"耕者有其田"，依其字面解释，"经营农田的人就是该田的所有者"，其利在于防止大地主的产生，其弊则在鼓励小农经营。我们在需要大农场时，就不宜以所有来限制经营，使所有和经营合一，我们的理想是要使土地所有权能平均地分配于每一个人，而经营上则可以有宜于用最新技术的农场，这就是农田所有的分散和农田经营的集合并行发展。这一个原则应当在土地政策中特别加以注意。

抗战和农村劳力

一、战时农村劳力的减少

长期战争中经济成了决定胜负的因素。劳力的供给和利用是经济因素中的重要部分。前线要维持着大量作战的部队，后方不但要准备更多补充的兵士，而且军需的制造和运输，更需比兵役加倍的人工。在一个农业国家，这许多直接间接从事于战役的人，大多数是从农村中征调出来的。在短期中，农村向外输送了大批壮丁，在经营农业时，会不会缺乏劳力？劳力缺乏会不会减低农业生产力？农业生产力减低会不会引起战时粮食及其他原料品的缺乏？这些都是我们在支持长期抗战中应注意的问题。

抗战三年来，人口稠密的省份，相继沦陷。人力接济的责任大部分加在内地农村的肩头上，于是有很多人想着内地农村劳力不足的危险。我们虽没有全部的统计，能指出在这次抗战中动员兵役的确数和新兴军事工业在农村中所吸收劳工的数目；但依云南某县出征壮丁估计，约占全部壮丁1.5%；若包括加入新兴工业、建筑铁路，及其他原因外出的农民在内，依我们在云南某村实施调查的结果，约占全体人口9%。这个数目并不能说是小了，可是我们却从没有见过农村中因劳力缺乏以致农业停顿的现象。再根据中央农业实验所的调查：民国二十八年短工之需要量较该年实际雇用工数尚缺10%。但是结论却说："目前短工缺乏情形，尚未臻十分严重，其每农家所需要之增加量，亦不过5、6工而已。"（沈宪耀《我国之农工》，《新经济》第3卷第7期）

我们若一看日本的情形却大不相同。民国二十八年十二月十六日重庆《大公报》社评把日本劳力缺乏的情形分析得很详细。农村劳力缺乏已影响到日本粮食的产额。其中有一段说："日本今年的旱灾，虽说是天灾，但是若是有充分人工施以救济，或者也不致如此严重。所以今年不但被天旱的地方无收，就是未被天旱的地方，因工人减少，也影响收成不少。日本稻米每年至迟10月底总可收完，但是今年到了11月中旬，还有许多稻谷在田中未收，而米荒得如火如荼；所以军阀也慌了，12月12日下令使军队暂时解散，以便回家收谷。在这种战争不利的时代，竟使兵士回家收谷，这可证农村缺人的程度了。"

为什么我们内地农村的劳力能支持而日本不能呢？本文就想回答这问题的一部分。

二、农村结构和劳力的储藏

日本在战前的农村结构不容许储藏着大量没有利用的劳力，因之，一加战事的征发，立刻暴露了劳力缺乏的窘状。日本的农村里充满着靠租田生活的佃户。这是在双重压迫之下发生的：一是封建势力变相的持续，二是商业资本侵入农村。根据青山和夫等在重庆《大公报》所发表《战时日本农村》，该报的社评中说："日本资本主义的原始积蓄及工业基础，建筑在半封建的榨取之上。明治维新没有农业革命，维新以后，农民不断地暴动，要求土地，继续至明治十七八年间，所谓'版籍奉还'与'秩禄处分'，只是将诸侯土地，移交皇帝而已——明治政府因此而继承了德川幕府全国1/4的土地。所谓'地租（田赋）改正'，把田赋现物制度改为货币制度（佃租仍旧纳物）只是承认土地兼并，开辟高利贷与商业资本浸透农村之路而已。结果，自耕农没落，佃农增加，使农村阶级分化，走于两端。现在日本全国农户，约有42%属于半自耕农，27%属于佃农，即10个农民之中，7个属于贫农层"。（民国二十九年四月十三日社评）

租田生活的佃户和半自耕农只有亲自在农田上劳作，才能靠他们劳力的出卖获取给地主剥削之后的剩余收入，在一个佃户充斥的农村中，决不能储藏着没有加以利用的劳力。若是这种农村中有了多余的劳工，这批劳工很快地因生活压迫，被吸收到都市中去了。据吉川政雄在重庆《大公报》的报告（4月9日），曾这样说："昭和元年，年轻人便陆续到都市去了。至昭和五年，往都市作工人数之多，平均几一家一口，于是村中不足的生活费用，便仰给于都市工银。及昭和十年，离村人数，已占全村的半额；其远离乡井死心做都市的劳动工人，不再返里者，亦比比皆是。因此在岛村里面，年轻的人不可多见了。凡健康未替，不论男女，一一都跑了。"

我们内地农村的结构，刚刚和日本相反。据 J. L. Buck 在我国各地农村调查的结果，说西南水稻区（包括云南、贵州和广西的一部），自耕农占57%，半自耕农占34%，佃户占9%（*Land Utilization in China*，1937，第196页）。这是说在内地农村中有一半以上的农民是自家有地的。

这辈有地的农民,住虽住在村子里,大多数并不亲自下田劳作的。他们雇工去经营农田。民国二十二年行政院农村复兴委员会派人在云南禄丰县调查时,已注意过这种雇工经营的方式。他们在报告中说:"地主兼自耕农完全是雇有雇工的,自耕农和半自耕农,约有一半有雇工的,佃农亦有多少雇有雇工的。"(《云南省农村调查》,第1546页)

我们曾在这地方详细调查过,觉得这种雇工自营的小地主是内地农村中的典型人物。若是笼统地说来,有田的就有资格不必劳作,在田里劳作的大多是没有田的人。有田的人的劳力在战前并没有充分利用在农业里,他们是农村中储藏着的劳力。有储藏的,不怕临时的支出,所以目前农村中输出了大批劳工,可是有储藏着的劳力拿出来填补,不致很快地发生缺乏劳力的危机。

三、女工在农业中的贡献

在战时动员的兵役和工役,至少在我国,是偏重于男子方面,所以最近由农村输出的人口,以男子为多数。我们调查的那个农村中,20个月中一共迁出了74个人,其中男子占55个,女子占19个。男女的比例约3∶1。可是在农业所需的劳力上来说,男女的比例怎样呢?以上述的村子来说:在250方公尺的农田面积上,在经营水稻和蚕豆的一年工作中,需要女工10.3,男或女工1.5,男工8.5。这表明在内地农村中,有些地方女子在农田上所费的劳力比男子多。女子因战事服役而离村的为数既少,则农田上所需劳力,至少有一大部分,不致受战事的影响。农业中女工的利用,是保障战时农业效率的一个重要因子。

可是农业中利用女工并不是农村的普遍现象。在云南省境内,我们就看见过有些村子,女工是不常利用的。女子不下田的习惯,在太湖流域的农村中最为显著。若我们详细一察:为什么有些地方女子不从事农作?依我们看来,凡是有女子手工业发达的地方,农业才容易成为完全是男子的作业。女子手工业中最重要的是纺织。丝业发达是太湖流域农村中女子不下田的基本原因。内地女子手工业比较上不发达,所以女子在农业中的贡献也时常较大。

从这一点上,我们或许可以推想到以丝业为农村主要副业的日本女子从事农业的机会一定少得多。没有熟习于偏重在体力劳动的农作的女子,决不能在短时期来接替男子们遗下的工作。凡是女子不参加农作的地方,男子被战事征出之后,总是易于发生农村劳力不足的恐慌。

四、地域间劳力的交换接济

农业所需的劳力,在时间上说,不是平均的。在农忙时需要多量劳力,可是农忙一过,就有很长的农闲。谈农村经济,不能不注意缩短农闲的办法。

农忙和农闲是被农作物的生长期所决定的。以一家农户来说,一播种之后,哪天忙,哪天闲,差不多都已排下了,伸缩性很少。可是若是各家播种期参差不齐,有早有迟,则甲家农忙时,乙家却正闲着;乙家忙时,甲家已经忙过。这两家若是合作,你闲帮我忙,我闲帮你忙,则各家的农闲期不是可以大大地缩短了么?这是农村中常见的换工方式。

可是同一地方播种的先后，不易有很长的参差期，因为天太冷，播得不能太早，太迟了又要失农时。但是地域间的农期参差性可以很高，尤其以云南为甚。云南的地势高低不平，邻近的盆地可以相差很大，因之气候上、地域间的差异也特别显著。譬如离昆明西100公里的禄丰，农期比昆明至少要早一个月。又好像，相差30公里的昆阳和玉溪，两地农期先后又可有一个月的差别。靠了这地域间农期的参差，劳工可以有大规模的流动，交换调剂各地劳力临时的缺乏。

以我们所调查的那个村子来说，它在农作上依靠外来劳力接济的程度很高。据当地人民告诉我们："早年在田里做工的，三个里有两个是外边来的，现在少了，还有一半的样子。"我们在民国二十八年收谷时，实地清查了几天，结果至少有20%是外村人。在另外一个村子里，一共不到300户，可是掼谷子时，经常要有100来个外村人来帮工。

地域间劳工的流动，从个人讲，增加了在农田上工作的时间；从整个农业上讲，较少人可以经营较大农田面积。因之，我们内地农村中，若在农忙时发生劳力不足的危险，它很容易得到邻近地域劳工的接济，这是在平原地带所不易获得的。内地多山的自然环境，缓冲了农村中劳力缺乏的可能性。

五、结论

以上我们分析了抗战三年来为什么我们内地农村并没有发生劳力缺乏的恐慌。可是我们决不能有恃无恐，以为我国人力是取之不竭，用之不尽的。抗战的能否持久，一部分是看我们能不能维持农村劳力于不缺乏。维持的方法有二：一方面是爱惜已征调出来的人力，避免一切不必需的浪费，使我们可以不致永远不断地向农村要人。另一方面是看清了内地农村的特征，尽力使劳力调剂的机构健全化。本文中已经提到的，可以归纳起来做三个具体的建议：（一）提高农村工资，使以前雇工自营的小地主，觉得不值得再雇工，而亲自下田劳作，这样，本来储藏着未加利用的劳力可以动员在农业里；（二）奖励妇女下田，并供给较良工具和耕牛，以减少妇女因体力限制不能操作的工作；（三）组织地域间劳工交换机构，并供给便利的交通，用以扩大交换劳工的区域。

农民的离地

一、被咒诅的"离地"

五六年前，关心农村的人，一听到"离地"两字，总是有些惊心，正好像一个看护听到了病人"热度在上升"。当时"离地"真是个不祥的名词，因为它正表示着两种严重的农村经济的症候：土地权的集中和农民的离散。

农村金融恐慌的结果，使农民们不能不如饮鸩止渴一般地以高利来吸收市镇资本的济急，农民所保有的土地权加速地向市镇输送，引起了地主的"离地"。地主的离地使农村里的人民普遍地佃户化，这辈佃户重重地压在地租和高利的榨取之下，劳作终年也不能避免妻儿的冻馁。他们既和土地脱离了"所有"的联系，生活的压迫，很容易把他们逼出农村，在农业之外另求他们安生立命之道：人口从农业里流出来，农民的离地！

"农民的离地"背后不是在扮演着一出出惊心动魄的悲剧么？五六年前在沿海诸省农村里偶尔去走走，就可以随手摘取无数可以写作小说的题材。譬如说我自己就亲身知道亲戚家的一个丫头是为了抵几十块钱的债而来的，她父亲死后，没有钱送葬，她妈哭哭啼啼地向我亲戚借了那笔钱，不到一年，她的女儿就被拉出来了，她妈也离了乡下，不久就死了。一个软心的人，决不宜去农村调查，因为那里这一类的事，早就被列入天灾一类，太平常而又无法避免的祸事了。

"离地"被咒诅是活该！

过去谈"农村复兴"的人，也总忘不了这被咒诅的"离地"，我们见到不少防止这两种症候——土地权的集中和农民的离散——的"热度上升"。好像：用农村贷款来减轻农民金融上的煎熬；用二五减租来缓和地主的威力；用"耕者有其田"来限制土地权流入长衫阶级的手上。没有问题的，这些全是"良法善政"，若是认真做去，自可减少许多人间的悲剧，使传统的农业制度能维持得下，使那辈挤在土地上、在农业里讨生活的人能安心住在农村里，日出而作、日入而息。

二、农民逃亡并没有减轻土地担负

若是住在村子里，天天看着农民们那种窘迫的苦况，谁也不能不为"恻隐之心"所动，进而觉得非赶快安定农村不成。可是让我们暂时闭一闭眼睛，从远处想一想，一切罪恶是否全能归在"离地"身上？

并没有在中国农村里住过的 R. H. Tawney 曾这样说:"中国农村问题虽则千头万绪,其实却极为简单,一言以蔽之,是现有资源不够养活这一批挤在土地上的人。"若是他说得有理的话,我们似乎反而得奖励离地了。土地上挤得人太多,唯一的法子就在解放一些人到农业之外去,这不就是在我们咒诅中的"离地",摇身一变而成我们的救星么?

事实不是告诉我们几十年来农村人口离地并没有改善我们的农村窘态?这不是明白说单单"离地"是成不了救星么?于是我们得在这里追问一下,这辈从农村里流亡出去的人口到哪里去了?他们是否因为离了农业,减轻了土地的担负?

陈翰笙先生最近在他的《三十年的中国农村》一文中(见《中国农村》第 7 卷第 3 期)曾回答这个问题。他说那一大批破产的农民,离村之后有下列几条出路:"10 年以前直鲁豫三省的农民蜂拥到东北的,每年达 100 万。自第一次欧战直到世界经济恐慌开始,闽粤等省,破产的农民也成千成万地流亡到南洋一带去当苦力,许多没有出路无法迁移的破产者,不当土匪便投入军队。他们在军阀制度之下,渐渐失去了农民的本来面目而同化于流氓性质的游民。"

这一段话,说明了离村的农民只有少数是在农业之外找到其他的生产事业。东北去的农民依旧在土地上求生活。他们离了甲地入了乙地,只在地域上换了个位置,没有在社会经济中换个职业。流亡到南洋去的有一部分固然转变了职业,确实离了地,可是和国内的经济,除了约略减少一些人口压力外,并没有多大贡献。离村的农民大部分还是走入军队。入了军队表面上是离了村,出了农业,但是军队本身并不出产什么,它依旧大部分取给于农村，苛捐杂税，敲诈勒索，一分一毫没有减轻土地的担负。只是减少了一部分土地上的劳动者，没有减少土地上的消费者。这样说来，过去农民的大批离散，并不是减轻土地担负的离地，他们的流亡反而增加了留在农田上那辈人口的经济压迫。

土地上一部分劳动者离地去了，重重压迫下的农民，哪里有余力和余资来改良他们农业的技术！技术未改，劳力减少，结果却发生了所谓"熟荒"——不是可耕之田地荒废了，就是因为劳力不足，农作流于粗放。农田产量，下降不已。

战前的"农民离地"确是该咒诅！

三、抗战后转变

抗战在中国农村经济史上展开了一张新页。在农业之外，很快地加多了不少新的事业：兵役、运输、工业、建筑，随处都需要大量劳工。这批劳工大部分还得取之于农村。可是内地的农村中却供给不了这大批的需要，于是很多人又在为农民不肯离地而发愁了。

以兵役来说，以前几块钱就可以雇一个人去冲锋，去当内战的炮灰，以理推想，为民族争生存的战争开始了，兵役不该成问题了，但是在农村里住的人，和负有征兵责任的保甲长，一谈起兵役，没有不摇头。满墙满壁写着触目的标语："好人当兵"，好人却还是不多。

当前的新工业正需要大量的劳工，可是到处可以听到招不到工的怨言，连街头巷口都贴着招工的广告，工资提高了，生产成本加高了，农村里的人依旧不向村外跑。即使为了要逃役而不能不离村的，大都还是从甲村到乙村，不肯离地。

这是什么原因呢？农村经济在抗战中苏转了。后方连年的丰收，农产物不断地涨价，30年来压迫农民离村的力量消失了。在本乡有好好的饭吃，谁愿意自动离井背家地走入城市？新工业等待他们，可是他们不出来。"离地，到农业之外去！"成了此时急需的口号。

可是现在的离地和以前的离地的性质不同了，以前是农业之外没有生产事业来吸收那批农村里流亡出来的人口，跌入军阀的掌握，是从"生产"到"不生产"。现在是要转移一部分农田上的劳力到别的生产事业中去，这才是真的减轻土地所背着的重担，这才是根本解决千头万绪的农村问题的根本对策。

四、农村劳工的解放

要转移农田上的劳力到别的生产事业中去，问题就复杂了。以前农业之外很少其他生产事业，农民离地成了流寇，现在农业之外有了其他生产事业，可是农业的繁荣又不肯把劳工解放出来，新工业要想向农业争取劳力到处都逢着困难。这种困难的发生实是因为新工业的设计没有和农业政策取得联络所致。

设计新工业的人时常忽略了和工业密切相关的广大农村，新工业需要原料，这些原料很多是要农民去培植的，新工业需要劳力，这些劳力是要向农业里争取的。若是要新工业成年，我们不能不同时在农业方面采取相配的步骤。稍知道一些工业史的人，不会忘记，英国工业的发展，得力于农业革命的地方，实在很大。换一句话说，若是我们尽力维持传统的农业，则新工业一定会受到很大的限制——这里我只从劳力上来申说。

要想在正常的方式中去吸收农业劳力到农业之外去，一定要先想法使农业所需的劳力减少。农业所需的劳力减少之后，农村就无需拖住中国80%以上的人口，使他们半身插在泥里，动弹不得。这是说我们要农民离地，必须在农业的生产要素中，加以重新的配合——以资本来代替劳力。

以资本来代替劳力，就是减低劳力在生产要素中的地位，而增强资本在生产要素中的地位。让我举一个最浅显的例子来说明这句话的意义：若是你一早在农村的大路上去看，就能见到不少小孩在路上捡粪。这是以劳力去得到肥料的办法。若是我们有便宜的化学肥料可以大量地输入农村，使农民不值得费力去捡粪，在肥料上是以资本代替劳力。

"以资本代替劳力"，最重要的方式是"农业机械化"。机械就是资本；用了机械可以省下劳力，就是以资本代替了劳力。对于农业机械化的问题，已有很多人讨论过，在这里不必多说。苟其我们能在各种方面使农业里的劳力需要减低了，农村里才有多余的人口送入都市。

"离地"在新局面中已不应再被咒诅了。可是要使农民在有利于国民经济的条件下离地，却还得我们通盘的筹划，还得我们把它作为今后农业政策之一，努力去促其实现。

我们要的是人口还是人力？

上帝造人，像他自己，有一口，连双手。撒旦来捣鬼，缚住了人的双手，却没有把口也塞住，世间罪恶，从此开始。

——《圣经》逸文

最近八中全会所通过的重要议案中有"奖励生育，提倡优生，发扬民族，以固国本"一案，除标题16字外，报纸上还没有见中央公布原提案人所据理由，及其拟定的实施方案。我们在这时候加以评论，当然不免太早。但正因为其详尚未确定，而又事关国本，大家就值得对这个问题，各抒所见，以供当局参考。

在本文中，我想提出讨论的问题是：在这抗战的最后关头，大家若果认真积极生育起来，这对于国家目前的经济状况会有什么影响？这问题自然不能在这短篇中充分发挥，所以我只想说一个方面，就是生产要素中人力这一方面。

一、从人力缺乏到奖励生育

目前后方经济感觉到极严重的问题之一就是人力的缺乏。家庭里想雇一个老妈子，托来托去，来了一个刚和婆婆吵嘴的媳妇。住不上几天，气平了，想念家里的孩子，她就不告而别。做主妇的便恨20年前不曾奖励生育，多生几个老妈子来帮她煮饭洗衣！工厂里的情形并不较好。街头巷尾本来张贴招租的地方，现在尽是招工广告。若是你有朋友们在厂里人事科或考工科做事，你将见到他们整天在拟招工广告，签发准假单证，以及追查逃工等事上面愁眉莫展。哪一个厂里的长期请假名单不是长到成卷？在厂的技工们早就"封了王"，谁敢不另眼相看，巴巴结结地称他们为"工友""师傅"，甚至于为"工程师"？粗工们也身价十倍，未便轻易得罪，为的是"物以稀为贵"。

人力缺乏的现象，据说在农村里都出现了。最近我在陪都观光了两周，至少有一打以上的朋友追问我："你们云南怎样？农村里不也是闹着人力缺乏么？"就从这种语气里面，可以知道四川农村中缺乏人力已经是不必置疑的事实。劳工少，工资涨，米价贵，生活的压迫开源于此，釜底抽薪的办法自得扩大劳工供给。资本可以借，人力哪里去移呢？于是我们听见有人说，中国的人口还嫌太少了。这样说来，奖励生育，增加人口，不但是百年大计，而且也是目前经济战略中的重要项目了。

二、目前人力利用重于储蓄

奖励生育能否解决目前人力缺乏的问题？我的回答是"不能"。说出来谁也容易明白，我们若在这时积极生育，假定一切都顺利，在一两年内所能收获的只是一大批乳臭未干的"小毛毛"，他们既不能当老妈子，进工厂，也不能够下田或赶马。要靠他们来充实人力的基础，至少也得等待10余年，也许多至20年。所以在这时候奖励生育，对于战时生产事业中的人力要素，不会有甚贡献。

若是我们看得更加切近一些，就会觉得奖励生育不但不能解决目前的人力缺乏问题，且会增加这种恐慌的严重性。譬如一年前，我家时常发生老妈子不告而别的情形，可是并不因之而即手忙脚乱，因为那时我们还有一道防线——到了必要之时，太太自己可下厨房。今年的情形却不同了，原因是在来了一个小孩。凡有孩子的人，应都知道孩子的麻烦：吃奶，拉屎，全得消耗一些别人的劳力。在最初三个月里，产妇之外再添一个"劳工"，有时还嫌不够。

当然，我们也可以这样想：小孩是会长大的，长大了就在社会上添了一个劳工，所以别人在他幼时所耗的劳力，将来可以收回；换言之，在孩子身上费些人力，有如长期存款。生育孩子可以说是"人力的再生产"；从整个的社会着眼，生育便是人力的储蓄。我们既在提倡节约储蓄，是否也得奖励人力储蓄？

可是人力储蓄不比节约储蓄。节约储蓄是延迟我们的消费；人力储蓄却是延迟我们的生产。一个本来可以在工厂里做工的女子，怀了孕，生个孩子，至少得停两三个月工作，甚至可以使她不能再进工厂。一个学校里的教员，因为太太生了孩子，半夜里被孩子哭醒三次，第二天总得加个午睡，精神才能支持。本来一天可以改完的卷子，现在得做两天工作；本来可预备得充足一些的教材，这样一睡就得减少一些。自然，我不反对你说小孩大了也许是个社会之栋梁，现在的牺牲，拉长了看，还是值得。可是，至少在时间上，这一段人力的储蓄，须延迟到下一代才能收回。

节约储蓄，"功在国家"；人力储蓄，要不是生出汪精卫那样的孩子，或许"功在后世"。在这抗敌到了经济战的关头，突然奖励起延迟生产来，不是有些像在战斗正酣之际，忽然下令储蓄起子弹来吗？

奖励生育若能生效，不但会转移一批可以动员在生产事业中的人力到"人力储蓄银行"的家庭中去，变成呆债，而且若要保证这笔储蓄不致本利全失，还得天天贴上一些保险费呢。吃代乳粉的孩子不用提，他可吃去高级公务员的全份薪水。即以母亲自己奶大的孩子来说，他至少也要抵过半个成人的消费。不说别的，只是尿布一项,已超过了父母一年所需添置的衣料。当然,你在小孩身上苛刻一些,暂时也并不会遭受啼哭以外的任何严重抗议。但是营养不足,皮包骨的黄脸儿童,即使长大成人,能否配做一个合格的健全的现代劳工,也有问题。若是不配的话,父母所下的"人力本钱"就不容易收回了。只要孩子能够长大,能在马路上擦皮鞋,父母预费的人力,至少还能收回一部分,只怕半途夭折,或仅能放"信号枪",那就糟了!

人力储蓄在中国本是一件危险事业。在乡下,若去问问那些老太太,她们会使你惊异:她们在生育上真是能干,七八胎是常事,十几胎并不足奇。可是能长大的孩子有多少呢?乡下人在世兄弟能排行到老四的就不多了。少说些,至少一半是夭折的。查查我国的婴儿死亡率,据说是275。这就是说,1000个一岁以下的婴儿中要死去275个。一岁以后死去的不在这数内算。如果我们真要凭着奖励生育来增加人力的总量,当然不能够以仅仅多些产妇,便可认为满足,总得要使已生的孩子能有充分的机会来长大成为有用的人。若要这样,则对婴儿的保育,产妇的看护,营养的改良,教育的推广,均得尽力去办。这笔费用,十足是长期投资,一时没有利息。试问在这因为事业扩充得太快而致发生人工缺乏的年头,在这抗战紧张,万事要求节约的关口,这笔账从何开起?

道旁的树木还是不住地被人砍做柴烧,"十年树木"尚谈不到,我们凭什么来大规模地实施"百年树人"的计划?

三、增加人口的代价

苟有人能担保今后20年内世界必再大战一次;战一次,狠一次；动员的人数也必多于这一次，则我们在这初次抗战的末期，就开始大量制造下一批的战斗员，那是谁也不敢哼出半个"不"字的。即使我们不得不抽一批直接生产的劳工和资本来促成其事，也是理所当然。可是20年后必再大战之说，究竟还是一个预言；关于国际政治的预言，有多少是曾经兑现过的？若是20年后没有大战，则今积极生育之结果，对于国计民生将有什么影响呢？

依现时估计，我们的人口自然增加率如果不变，则约138年增加一倍。若因奖励而使生育率加倍，又不因贫弱愚而使死亡率减低，则约70年后，中国的人口就可以满10万万了。从现在起，过20年，中国就有五六万万的人口。人口增多而耕地面积并不扩大，则在20年后，平均每人所有的耕地，也许不满8亩。这个数目和美国现在每人的平均耕地相比，相差约40倍。换一句话说，我们的生活程度，到那时候要比美国现在的人降低40倍。

凡是注意中国农村经济的人，除了极少数外，没有不把现在人多地少的现象作为农民贫、弱、愚的基本病因。以现在的情形来说，每人平均只有可耕地10华亩弱，每户平均只有可耕地约30华亩，在这样小的农场上，尽你怎样努力，也不过图一温饱，哪里谈得到其他的生活需要。Tawney教授形容得好："中国人好像都站在水里，水已齐肩，只要略有一些风波，就有大批的人惨遭灭顶。"水为什么这样高呢？那是因为人太多，地太少。我们所有的资源，本来有限，人多了挤着争这一点资源。在中国，一般人民的生活，只能说是"还没有死"。生和死在这里真的只差一口气。在这一口气里，尽你高谈富国强兵，国怎能富？兵怎能强？在这情形之下，我们若再加上1万万的人口，终会表现怎样的穷相？

当然，话也得说回来，我们一方面奖励生育，另方面也得改良生产技术。若是我们能在20年内增加农产量一倍，上述的情形自然可不发生。我不敢说20年内农产量加一倍是不可能，虽则很多学农的人曾经屡次向我这样保证。我想，即使这是可能的话，最好也是先等成了事实以后再来增加人口吧，"麻雀尚在天空里飞，忙着先在厨房里砍葱蒜"，究竟是件拿不稳的事。何况一旦农产未增而人口已加，那就够麻烦了。说不定世界大战过了20年没有重演，我们却已抢米抢得酿成内乱！

提倡奖励生育固然是有道理的，但要所加的人口多数变成充实国本的人力，则决不是不付代价而能办得到的。让我们先在代价上打算周到了，再谈奖励生育，你看如何？

四、人多了仍然会缺工

或者有人这样问我：若是中国人口已嫌太多，如今怎会感到人力不敷分配？因此，我得再写一段来说明人口和人力并非一事。

我们说人口太多，是从现有的资源分配上说的。资源不变，人数增多，各人分得的数目愈来愈少，生活程度越降越低，低至人过狗的生活，我们不能不说人口太多。人力缺乏是从现有生产事业和人力的比例上说的。技术不变，人力不增加，新事业扩张，找不到人来做工，此之谓人力缺乏。

人口的总数若等于人力的总量，那就没有问题。困难是在人的生产能力并不相等：有些等于零，有些且在数字前加个负号。在计口授粮之时，一人必定一口；而在计手派工之时，决定不是一人两手。让我们看看事实：有些嚷着雇不到老妈子的主妇，自己很可以每天约集三四个人陪她在麻将牌上消磨她们的"人力"。

同样的，在农村里，我确知道还有不少全家躺在大烟榻上为找不到长工而致发愁的地主。撒旦用着麻将牌、烟灯，甚至一部分衙门里的办公桌来缚住了这样的人手。他若彻底捣鬼，连口也塞住，我们的世界便会多么丰富！现在所要解决的是人手问题，不是人口问题！

再进一步说，生产事业中所需劳工的总数，是依每个劳工的工作效率如何而定的。若我们去看看那批造路的"役工"，动手挖了三锄头地，就得撑着腰说三句闲话；过一刻，又得找个阴凉地方，抽三筒烟，悠悠自得地做，10天也不过做勤快工人一天的工。后方工厂里的"师傅"们，自己就说这里做工比较轻松，在上海一天得做完的，在此可做三天。同样数目的劳工，做同样的事业，效率减低了就会发生人力缺乏现象。人数多寡和劳工总数并没有必然的关系。

此外还有一个更重要的关键，那就是技术。这里，我又想到每天早上闹得我不能熟睡的舂米声音来了。我现在所住的村子里是怎样舂米的呢？每家门口有一个高约2尺的石臼，舂米时把谷子放在臼里，舂米的双手举起一个石锤，一上一下地向石臼里舂，他们的一举一动，全赖两臂肌肉动作，不借一些别的力量。这种技术，比瑶人都不如！瑶人还知道利用杠杆作用，减少体力。他们把石臼埋在地上，旁边搭个架子，作为支点，搁根木杆，木杆一头是石锤，另一头用脚踏，一上一下地舂。同样一个人，费同样的劳力，可以多舂不少的米。在禄村就没有用体力来舂米的了。他们利用山沟里的激流，冲动一个木轮，木轮上安一个碾子，谷子放在石槽里，碾子转动，谷子碾成了米；人只袖手在旁说闲话，或是抽烟。在江南，连这一种碾子都看不到，有碾米的船航到四乡去兜生意。船上安了个柴油发动机，一两天就把整个村子的谷都碾完。

在用两臂来舂米的村子里闹人力缺乏，不是自作自受？他们若是为了舂米的劳工不够，而想多生几个孩子，没有人不会不笑他们愚蠢！为什么不利用一个简单的杠杆，而一定要女人们到"血污池"里去翻身受难？让我们平心静气，反躬自问：为要增加中国现在的人力，而去奖励生育，是否也有一些说不过去？

附　录

疏散与生育
——给某杂志编者的信

编者：

纵使政府当局并不"奖励生育"，我也未尝不想试试那做爸爸的味道。人生有如走马看花，世间种种，管它甜酸苦辣，总得遍尝一下，才不枉此一遭。

这是去年夏天的事，孩子据说是有了，方庆此愿可偿。不料敌国的空军却找到了昆明这个最好的演习场所，于是不三不四的飞机便来满天飞了。昆明的警报是要"逃"的，一逃就得远走五六里，虽则不必定要翻山越岭，可是郊外的阡陌也不怎样平坦。我一面担心着尚未出世的孩子，一面要扶时常呕吐的太太，一脚高一脚低地在那坟山里乱爬。这时的情景也许可说狼狈得很，然而每一念及自己快做爸爸，也就可以咬紧牙关，鼓起勇气来了。

10月13日，远足回来，发现我的小小的院子业已变成一座荒废了千年似的古庙。屋面开了一个天窗，满院子飞来了一地栋梁，还有一本旧书店里难觅的无线电手册。若是炸弹再重50磅的话，隔壁的七位无名英雄，准会飞临这个道场！

昆明是住不成了。冒了炸弹的危险，绕过飞机场，把家"疏散"到乡下。有话则长，无话即短。在乡下住了不久，太太的肚子更大了，有一天房东突然给我一个意想不到的警告。他说我的孩子决不能在他的家里出世。他接着声明：这并不是有意为难，而仅为了遵照本地的风俗。据说一家人家的住宅，若被别人家的孩子血光一冲，则这人家的子子孙孙，也就完了。房东自己有年纪，并不十分惧怕这般秽气，可是他不能不稍为子孙打算，所以希望我能原谅他的苦衷。当然，我是一个将做爸爸的人，自己也很想做一个负责的"光前裕后"之人，怎能拒受他的事实教训？

我们本已请妥了一位相熟的助产士来乡下接生。这一警告便把预定计划全盘打破了。省城是去不得的。要不然，当初何须疏散？郊外医院索价过昂，穷产妇只好望门兴叹。交通不便，路又难走，倘若孩子等不及，要在半路上溜出来欣赏阳光，怎么应付？这决不是杞人忧天，我有一个表嫂，半夜里就在城门口做那个！

或者你得问我，"入国问禁"，古有明训，为什么不先打听打听？我的答复是：你得原谅我是一个"名教"中人！在此以前，政府早已下令，不准郊外房东刁难疏散居民，尤其应该保护孕妇。我想我已有了保障，毋庸提心吊胆。

闲话略过，言归正传：当我接到了房东的警告以后，就去找一相熟的局长，责以春秋大义，请他执行政府法令，破除本地陋俗。他唯唯称是，答允派员去和房东交涉。可是事隔三天，音讯杳然！朋友们劝我另谋出路，于是转向卫生院去接洽。但是卫生院设在文庙里，那是一县的圣地，当其成立之初，就已接受了人民的要求，绝不容留产妇！

行政法令既不发生实效，卫生机关又怕圣地被污，我急得团团转，想托一个本省的同事去和房东商量，"挂挂红"就算了事。谁知他说："这还要看房东对这风俗究竟认真到什么程度！"他自己的太太也曾在乡下生产，也是弄得没有办法，结果把房了买了下来，才算解决。又说他有一个亲戚，生产得太急，来不及出门，引起纠纷，终以改造大门为条件，费了很多的钱，尚未能使房东的心事完全了结。听了他这许多报告，我当然不必再请他去做那劳而无功的疏通工作。幸亏天无绝人之路，最后终找到了县城里的一个广东太太，肯以5元一天的代价，租了一间白天黑得看不清楚钞票数字的房间给我，孩子总算可在屋内出世了。

满月回家，房东送了一份礼来。他的确和我很讲交情，至今还没有提加租的事。他是一个可敬的老人，对于世事看得非常清楚。他对子孙负责——为了他们的利益，半点不肯让步。即使他不送礼，我也没有理由怨他。

我怨谁？怨自己罢，像我那样年纪已过三十，而又娶得"优秀妇女"的人，即请潘光旦先生来检定，似乎也够为父资格，至少我的太太是有为母资格。

怨风俗罢，也不成。因为我是读过文化人类学的，而且还有一个老师是属于"功能派"，对于任何风俗，都能寻出它的道理来的。生孩子决不是件苟且随便的事。为了这，人们才把婚礼看得异常隆重。在任何民族里，每当文化鼎盛之时，添丁总是一家之庆，它象征着家运亨通，保证着香火绵延。凡为家主的人，自应在他治下，留出一个地位来给新生的宁馨儿。而且亲族制度最重血统，最忌"杂种"，所以孕妇应在家人的监视之下，明白"交货"，不许偷偷摸摸地产在别处，致生以女易男或伪装膨肚一类弊端。对于这种杜绝流弊的风俗，如果明白了它的作用，当然也不应该抱怨。

时代已是变了。如今是在"发扬民族，以固国本"的大前提下"提倡优生，奖励生育"。

法律既承认了"非婚生子女"的利益，则对所谓"杂种"的观念，亦必随之改变。安得广厦千万间，庇尽后方产妇尽欢颜！

生活到反抗

一、生活程度的变异中找不到足与不足的标准

"衣食足而知荣辱"！自从管子说了这话，大家就不假思索地把它引作格言，"生计压迫"成了很多不分荣辱者的护身符。可是"衣食足"的标准在哪里呢？若管子不能把这个标准拿出来，这句话就没有多大意思了。

要说衣食足与不足，我们得有一根计算生活享受的规尺。可是用什么单位来表示享受的多少呢？直接测量享受既不可能，于是经济学家只能去借重交换经济中的货币单位了。

每一单位货币所购得不同的货物是不是给人相等的享受？只在一种情形之中这是正确的：购买者在一定的购买力，一定的物价水准上，用钱时熟虑衡量，不受不合理的冲动所影响，则他在这时每一块钱所得货物的边际效用至少是差不多的。若是我们要

绳量较长时间中一个人享受的总量，或是比较同时间很多人享受的多寡，用货币来表示就有相当困难了。因为购买力、物价、经济考虑的能力，在事实上，是因时、因人而变。在种种变数中只有物价的涨落比较上容易知道，容易除外。于是在经济学中，分出了两种概念，一是生活费用，一是生活程度。

生活费用是指一个人或一个团体在一定时间内，为谋生活上的消费所支出货币的总数；生活程度是根据生活费用用物价指数修正之后的数目。生活程度是用来表示这人或这团体享受总量的。当然，用这种方法来表示，说不上十分正确，可是在没有其他更好的方法时，这至少是可以表示一些大概的情形了。

生活上的享受既然找到了一个可以绳量的规尺，我们能不能借此来决定"衣食足与不足"的标准呢？在普遍的言论中，我们的确看见有很多人用生活程度这概念来讨论"足不足"的问题。他们立下一个"最低生活程度"的名词来批评这地方或那地方的人民是"在最低生活程度之下"过日子。或是含糊一些说"这辈人够不上生活水准"。这种说法初听来好像很顺，可是细细一想是毫没有意思的。

生活程度是用来叙述一地方或一个人享受的事实，本身不含有价值的批判。我们可以从这概念中知道一地方人民中享受最少的人和其他人们相差多少。可是在事实中绝不会有比"最低生活程度"更低的享受者，因为既有比某程度更低的，某程度就不能成为最低的程度了。若是有人认为"最低生活程度"是"衣食足"的标准，那么天下就不会有"衣食不足"的人了。若是说一地方生活程度变异的中数是"足不足"的标准，则我们已说定了在这地方有近一半人是衣食不足——从统计上，我们是找不到"足不足"的标准。我们一定得先立下了一个标准，说哪一种生活程度是代表"衣食足"，然后才能根据一地方生活程度的统计来判断有多少人是"足"和有多少人是"不足"，这标准怎么定法呢？

二、客观的生活最低水准

人民的生计有没有最低的限度？普通人一定可以很快地回答："怎么没有呢？饱食暖衣是也！"可是若追问一下."饱到什么程度，暖到什么程度，才算足呢？是不是指饿到不致死，冻到不僵才算是最低的限度呢？"可是常识不许我们把"死"作为"活"的限度，生活不能说就等于不死。维持于不死是最低的生存线，普通所谓最低生活程度实在是指获得健全生活所必需的享受。可是健全生活的标准在哪里呢？

营养学的发达给了我们树立"健全"生活标准的希望。标准不在饿和饱，而是在一个机体要维持常态活动时所需的营养。常态活动固然还得加以定义，因为一个肉体劳动者和思想劳动者的常态不相同，所需营养也有不同。可是营养学的研究推进，我们可以希望得到一张比较详细地分着年龄、性别、职业、种族的表格，规定每一特殊种类的人，一天至少要吃多少什么种类的食品，这张表格似乎是可以作为我们"最低应当获得的生活程度"的标准了。可是我们所能希望于营养学的却不能太大，因为在我们所谓"健全"的生活中并不只是营养足够一个条件而已。

我是个学社会学的人，所以特别注意一个人和其他人所维持着的社会关系。这个关系网张得愈大，他在社会中活动的能力也愈大，可是这个网却需要经济力量来维持的，为了要说明一个人生活中必需的社会费用起见，我可以先举一个在江村里所见的实例。

江村自从丝业衰落后，人民生活程度一直下降，下降得最快的就是社会费用那一部分，他们本来有一种传统的习惯，就是结婚时一定得举行隆重的仪式，在这仪式中要请亲戚朋友大喝大乐，依我在民国二十五年的估计，结一次婚总得要500元国币。这笔费用在经济枯窘时大都支付不出。除了有些把婚事延迟外，娶童养媳的风气大盛。在439个已婚妇女中只有34个是童养媳出身，可是在244个未婚女子中却有95个是童养媳。童养媳圆房的仪式简单，没有女家来要长要短，经济得多。可是贪这便宜是有代价的，就是媳妇没有女家的保障，地位跌落，儿子没有舅舅，社会上丧失了不少方便。这损失很难用货币数目来计算的。有着亲属网的不觉得生活上有什么便宜，可是缺少了就会觉到艰难。生孩子是件经济上最不合算的事，可是没有孩子的想孩子时才真凶。据当地人同我说太平天国时代，这地方也盛行过童养媳，可是经济恢复了，大家又用花轿去娶媳妇了（详见《江村经济》）。

亲属关系不过是社会关系的一种。我们目前为了国家抗战所付的代价何尝不是要维持我们独立自由的身份？何尝不是要争取安全和发展的社会地位？岂不也是一种必需的社会费用么？

社会费用有没有一个最低的标准呢？社会需要能不能和营养需要一般可以列表来说明最低该满足的限度呢？我不敢回答这问题，虽则我个人认为这是社会科学应当探求的一个目标，至少我可以说，现在还是谈不到这标准。于是，单有营养学家的努力，还是不能客观地决定人们生活应当满足的最低水准。

三、正当生活标准

从客观方面我们既不能立下一个生活应当满足的最低水准，"衣食足"的标准似乎得回头来到各个人的主观境界里去寻求了。当我在江村调查时，因为无法得到农民日用账的材料，不能采取讨论和估计的方法，结果我却在无意中得到农民们公认为正当的生活标准。这并不是统计的结果，而是通行在一社区用来分别贫富的标准，也就是当时当地人民所采用来决定"足与不足"的标准。这标准是规定农民实际生活程度的一种活的力量。若是一个佃户穿了绸袍子，人家就要批评他；一个绅士而不穿长袍又要给人笑话，甚至影响到他的身份。我在《江村经济》中曾主张研究社会经济的人，应当特别注意这种标准。

当然，一个人并不一定要遵守这种在一社区中通行的"正当生活标准"，因为它所有的裁制力量只是社会的舆论罢了。社会舆论所以能发生裁制的效力是靠了被裁制者的"羞恶之心"。若是我们承认一个普通人最关心的并不是物质生活的享受，更不是机体的需要，而是别人对他的批评，则荣辱之分在事实上常是决定一个人甘心忍受而认为"衣食足"的主观条件了。

一个健全的社会决不能让一个人任意地向物质享受上追求，因为享受是没有止境的，他很容易使人希望着超过他正当报酬之上的享受，社会上物资有限，若让每个人不择手段地争取享受，一定会使一部分人的享受压迫下去。"正当生活标准"是一种社会控制个人享受的力量，使一个人对于"非分的享受"发生羞恶的观念。没有羞恶观念的人，是个不受舆论裁制的人；没有正当生活标准的社会，是一个在解体、在崩溃中的社会。

正当生活水准在社会中并不是一律的。在一个封建社会中,地主和田奴可以接受相差很远的标准,相差的基础是在继袭的身份上。在一个资本主义的社会中,资本家和劳工的标准也相差得很远,相差的基础是在生产工具所有权的有无上。无论相差的基础是什么,只要社会上共同接受这相差的基础,这种社会结构总是能维持下去,若是社会上有一部分人对于通行的"正当"标准的基础发生了怀疑,不再给传统的荣辱观念所支配时,这社会就会发生革命;不满意于当时正当标准所给予的享受的一辈人,向这传统的社会结构发生反抗,在反抗时,他们以前认为"已足"的生活程度为"不足"了,只在这时候"衣食足"才提到了荣辱之外,不再受传统的社会标准所控制。

四、反抗线

若我们把那会引起反抗的生活程度作为最低生活程度,则最低生活程度的意义是政治性质而不是纯粹经济性质的了。决定这反抗线的高低的因素也时常超出于经济的范围之外。要在实际生活程度上去寻一条固定的反抗线是得不到的。且不说在荣辱的观念下有饿死事小,失节事大的实行者,即使是普通人因饥荒而抢米,他们也并不是要修正一种生活标准,而是争取生命线的行动,是一时的骚扰而不是革命。

反抗线的划定并不在绝对的生活程度而是在相对的生活程度。换言之,是一个分配形态中所发生不平等的事实,再进一层说,不是根据实际需要而发生的不平等分配,而是根据社会原因所产生的不均的分配。当那种社会原因被认为不合理时,才会发生反抗行动。"不患贫而患不均"是明白社会经济动态的话，可是所谓"不均"应当是指当时通行的观念中被认为不合理的分配的意义。

我在这个时候特地提出这个问题来，是因为我觉得这是安定后方社会经济中应有的认识。在战时生活费用高涨，生活程度降落是无可避免的。要从平价运动去安定民生，似乎是件不太容易办到的事。在战时每个人在生活享受上牺牲一些，在现行的道德标准上看来是应当的，何况事实上，因为有这"荣辱之分"，徒步当车，在香油灯下写文章，不但不会使人觉得"生活压迫"非反抗不可，而且确有不少乐于忍受的人在。一个人能忍受的程度甚至可以降到生命线之下去的。可是问题却不在此，我们要防止的是生活程度上反抗线的提高。

反抗线的上升是系于社会上是否能维持"正当生活标准"的观念，在得到超过这标准的享受时，会不会觉得羞耻？社会上是否能给这种人以道义上的制裁？那辈获得较高享受的人所用的手段，在通行的道德标准上看是否是合理的？生活程度下降是否是一律的？是否在造成一般人不能容忍的不均现象？荣辱不分，衣食足的标准是不能定的，这里是社会组织崩溃的起点，是我们亟宜自问的一个严重问题。

增加生产与土地利用

一、土地的负担

中国是个农业国，因之一切经济问题的打算，归根结底，总离不了土地。我们这一片土地已经养活了我们几千年的民族,到现在,我们还是没有法子减轻它的负担,敌人有大炮、飞机、坦克打来,我们得向这片土地讨取招架回击的东西。前线上留着几百万大军,都市里住着比以前多了好几倍的人口,嗷嗷待哺,我们又要向土地讨取这一笔粮食。这一片老大的土地,还能应付我们愈来愈重的要求么?

一年多前吴景超先生对此很乐观地说:"我们的主要粮食是稻米和小麦。我们现在每年虽然还有数百担的米谷进口,但这个数目如与我们自己的生产数量比较,真是微乎其微……即以推广良种一项而论,如积极进行,便可以增加产量20%以上……假如生产的技术进步,每亩的生产,可以增加一倍,那么种植粮食的土地,便应减少,以从事于别种经济作物的栽培。"(《我国农业政策的检讨》,《新经济》第2卷第10期)

当吴先生提出我们可以在谋粮食自给之后尚有余地足以栽培经济作物、换取外汇的时候,正是我们需要外汇来购取军火的日子,因之,普通都注意到增加经济作物的培植,粮食方面求足已够。

隔了半年多,经济作物培植的提倡似乎并没太满人意,而且渐渐觉得老大土地的担负力也不像我们所希望的那样大。汤佩松先生给了我们一些对于土地利用的具体估计。他说:"中国的战前土地利用情形大约如下:在八大农业区内,食粮作物面积占23%,牧场面积占5%,森林面积占9%,特种作物面积占4%,未耕或荒地面积占59%。"又说:"设若我们只就已耕面积来说,战前土地利用的分配比例是:食粮物面积占61%,工业原料物产面积占37%,出口农产面积占2%。"又说:"根据农学家的观察,在现在状态下,耕地面积不能再有若干的增加,但是如果现有的耕地能用适当方法处理同经营，农品的产量有增高25%的可能。"（《战后土地利用问题》，《新经济》第3卷第8期）这种口气已经不太响亮了，若是要靠2%的耕地面积来换取我们所需要的外汇，当有杯水车薪之感。

二、粮食和衣着占住了土地

可是问题更严重的是我们有了61%的耕地面积来培植粮食作物，是否已达到自给程度？若根据战前的海关报告来说，粮食自给的资格还没有得到，因为每年还有从国外输入的米麦。当然，如吴景超先生所说，为数不多，而且即有粮食进口，并不一定表示我们粮食绝对的不能自给。若是运输不便，费用太贵，很可能有些地方在把谷子当燃料烧，另一地方在闹饥荒，要洋米美麦来救济。

因之让我们问一问：全国一年中一共能收多少食粮，若是能把这一批粮食平均分配，能养活多少人呢？我手边并没有详细的统计可以做根据，只能用主计处所发表民国二十二年的数目，若把已沦陷区域除外，有调查的有浙、闽、粤、滇、湘、赣、鄂、川、陕、甘、豫等11省，其中浙、粤、鄂、豫省已有一半沦陷，故只能以半数计，这几省所产籼粳稻约有31505万公担，糯稻约有13500万公担，小麦约有8000万公担，合起约有53000万公担的米和麦。

据我们的估计，不论米或麦，每个壮丁每年约需200公担做食粮，上述这数目，应当可以供给2万万6500万个壮丁的所需，在上述几省中现有多少人口，我并不确实知道，民国二十二年左右，据主计处发表的数目（半沦陷省，以半数计），约2万万250万人，近10年来人口自有增加，而且还要加上从沦陷区撤退到后方来的人口，可是总数大约不会超过3万万。这3万万人口中包括老弱妇孺，若折合成壮丁则决不能超2万万5000万的数目，因之，若是近年的农业出产并没有比二十二年低落，则后方的食粮应当是能自给的。可是我们在现有土地利用的分配上，至多也不过做到粮食自给而已，若要有剩余，则还得推广出产粮食的土地面积或是提高单位面积上的产额。扩充出产粮食土地面积，显然是和求增加输出农作物的政策相反的，所以我们注意的是在提高产额上打算来缩小粮食作物所占的土地，使它可以让出一些来腾作别用。

提高农产绝不是一件短期间可以奏效的事，农学家虽说有提高产额25%的可能，可是没有说明要经过多少时候才能实现这可能性。有些方面比较容易，好像害虫的扫除或减少。至于品种的选择和肥料的配合，都得要较长期的试验。而且农业是十分富于地方性的，每个地方都须从头做起，即便我们已有足够的人才，急功还是不成，何况，在人才上，并不见得足够呢？25%的增产，以现在来说，还只是一种安慰自己的目标罢了。

假定这25%增产可能性已经实现，若要出产现有的粮食，只要用现有耕地面积的45%来种米麦等作物已足，换一句话说，我们可以把原来种粮食的耕地中取出1/4来改种其他作物。这片土地用来种什么呢？

若是从广义来说，粮食不只是饭和面包，应当包括一切营养上的需要。所谓粮食自给不只是说每个人不挨饿，而是指每个人应得到适当的营养。汤佩松先生在上引那篇文章中曾说过中国农民的健康和营养有改进的必要。

据董时进先生的估计，中国人每年平均食肉量当不能超过10斤（《食料与人口》第59页）。我固然不知道从营养上讲，每人每年应吃多少肉？但依我在农村中的观察，一个不常吃肉的中等人家大约每人每年要吃40斤。若是要使每个国民每年都有40斤肉吃，我们就得扩大现有供给肉食畜类的土地面积四倍。其他如鸡蛋如蔬菜，大都也是和肉食的情形相似。唯一的例外也许是辣子，而辣子在营养上的贡献，还是问题。因之，若我们为谋国民营养的健全，还得拨出一片土地来充这方面的应用。在稻作麦作等技术改良上所挖出的16%的耕地面积也许全部用在提高营养上还不一定足够。

在工业原料物产方面，能不能匀一些土地出来用作种油桐等输出的农产呢？这里所谓工业原料大部分是棉花。吴景超先生说："棉花的产额，已由民国二十一年的490万公担，增至二十五年的840万公担，因此我们进口棉花，也由二十一年的220万公担降至二十五年的40万公担。可是那年我们出口的棉花也有36.8万余公担，可见那年我们的棉花，已能自给。"

据主计处所发表二十二年产棉量中，沦陷区除外，有皖、浙、湘、赣、鄂、陕、豫等7省（中有皖浙鄂豫半为沦陷）共产棉150万公担，在这些省区内（沦陷者亦以半数计），共有10900万人，每人每年分不到一公斤半。

估计每人得需棉花量比粮食为困难，因为衣被耐用，没有办法时可以几年不添置，而且气候及社会地位等均影响每个人的消费量，可是每人只能有一公斤半的棉花似乎是不够的。以华北说，有一句俗语，一人每年得6斤花，才能过得过冬，即以气候没有很大变动的云南中部说,一个普通的农民,依我的估计至少要两公斤半棉花。所以除了比云南更温暖的地方,后方的棉花似乎尚没有达到自给的程度。产棉区的华北沦陷之后,工业原料所占的土地也决难再降低了。

三、经济作物的需要

德国要它的附庸国家恢复它们的农业,欧洲的工业集中到它自己的怀里。日本所希望的是棉花的华北,桑麻的吴越和稻米的安南,没有半个烟囱——这是个十分毒辣的手段,因为农业可以困住人,使他们永远不过得一个平庸的温饱。即在美国,什么可以用机器的都用了,可是在棉花田上,你却能找到成千成万的黑人,林肯解放了他们奴隶的名义,棉花田却还不曾宽恕他们奴隶的实质。至于那稻米,前途更是暗淡,阡陌纵横,沟渠如网,再加上烂污的泥、梯形的田,机器的应用似乎还不能想象。这是双手文化中最高的表现,它需要大量的人力,而能给人的却也不多过恢复为它而消灭的体力,和稻相配地活着。稻离不开人,人也离不开稻。

若是我们一定要求衣食的自给,我们就离不开稻,离不开棉花。不离开稻,不离开棉花,耕地中总得拨出60%给粮食作物,30%给纤维作物,这是个贫弱的象征。

董时进先生提出了一个很基本的问题,就是为什么我们一定要吃自己种出来的米,穿自己种出来的棉花?这些东西我们尽可向别人去买,只要我们有钱,而我们这片土地可以给我们充分的钱,若是我们不在粮食一定要自给上转念头。在他《中国农业政策》一书中，说了一句警语："中国农业的出路不是在使一担谷子的地面出两担谷，而是在使一块钱的地面出几块钱。"

不幸董先生把这意思提出不久，我们却碰着了两个逆转的势力，一是外债有了把握，一时不必亟于以农产品来换取外汇；一是米价高涨，似乎时有粮食不足的恐慌。这两个势力使我们又回到了扩大种植粮食作物的老路上去了。

若我们细心看看这个逆转的势力，就会使我们觉得维持或甚至增加粮食作物的土地面积，绝不是一个基本的打算，而且也救不得急。外债到底还是有本有利的债，而且这笔债是用来买军事上的消耗品，不是用来生产的，这只增加了我们以后输出的担负，试问我们可以拿什么东西去输出，来偿还这笔债呢？去还这笔债也不知要什么时候才还得清。因之，我们得及早推广经济作物的土地面积。

当然，粮食问题这样严重之下，再说要减少粮食作物的土地面积，不是荒谬么？可是在政府能公布粮食产额和人口数字之前，我觉得确有理由相信粮食恐慌并不是出于粮食的绝对缺乏。若果真是粮食绝对缺乏，像日本一般，那我们决不能在扩大或维持作物的面积上想法来应付这个问题。因为理由极简单，农业增产不比工业，绝不是短期内可以见功的，米价的涨风也绝不会因秧田里多插了三两把秧而停止的，粮食问题的解决是在囤积的绝迹、洋米来源的开辟和运输机构的调整。在土地利用上打算是最末的末策，而且这正可因之使我们比较健全的农业政策受到意外的打击。

在此增产增粮闹得极响的时候，提出我上面一篇话也许是不太动听，可是作为基本的农业政策，如何去利用我们这片土地确实还是一个值得考虑的问题。

货币在农村中

一、农家经济的自给程度

货币在农村中并没有像它在都市中那样有势力。在都市中住惯的人，他所要吃的，要用的，哪一件不是用钱去头？没有钱可以使一个人潦倒街头，冻饿以死，可是在农村中住的人，所吃所用有不少是不消花钱去买，而是自己田上园里长着的。农家经济中还保留着不少自给部分。

农家经济的自给部分是在市场之外，是不用货币做媒介的经济活动。我们若是要明了货币在农村中活动的情形，先得知道农家经济的自给程度。

普通所谓自给经济是指自己生产自己消费，不用和别人交换来满足经济生活的意思。可是依这种说法，除了鲁宾逊之外没有可说是自给的人了。人类的经济生活没有不是靠集团的分工合作，既有分工，个人之间必发生交换以互通有无。团体的经济自给从何说起？是否是指一个不需要与别团体交换的经济单位？我觉得自给的意义不单是对外的自足性，而且包括对内约定分配的特性。譬如在一个自给的家庭中，夫妇儿女分别从事于不同的生产，每个人贡献他一部分的收益给别人享受，同时也享受着别人的收益，这虽是一种各个人间互通有无的交换方式，可是规定各人权利和义务的不是临时的契约而是习俗的约定。权利和义务的相互抵消既有习俗保证，不需要步步清算，节节记账，在这里货币没有了活动的余地。

农家经济，对内可说是完全以约定分配来维持的，它是一个自给的单位，但是对外却并不是完全不求人的，它只是部分的自给罢了。于是我们要设法来比较各单位自给程度的高低了。我们用什么单位来测量呢？譬如说某家的米是完全靠自家供给的，可是衣料却要靠别家供给。另一家自己没有房屋要租别家的地方住，衣料却可以靠自己。试问哪一家自给程度为高呢？若是我们一定要比较时，只有以各家自给部分占全部消费量的百分比做根据，可是用什么共同的单位来计算自给部分和买入部分相对的百分比呢？普通只能借用货币单位，把自给部分用市价来估计，这种办法在理论上考量起来是不很通的，因为自给部分并没有进入市场，它和货币没有发生关系，货币没有能力来表示它的价值；何况，市价的决定是以当时在市场上的供给量为前提，若是自给部分全入市场，当时的市价如何，在不知数之中。所以若是我们用市价来估计自给部分，至多只能说是没有办法中的办法罢了。现在我们所熟习的经济学是在研究以货币为活动媒介的交换经济中发生的。因之，用经济学中现存的方法和概念来研究自给经济时，每每要遇着困难，这里提到的不过是一个例子罢了。

J. L. Buck 在 *Chinese Farm Economy* 里发表他所调查 13 个地方生活程度的结果，平均各家消费总量中有 65.9% 是由自家农场所供给的，华北农家自给部分平均占 73.3%，华东中部农家自给部分平均占 58.1%，这是表示华东农产品商业化程度较深，他更举美国的情形来比较：美国农家自给部分平均占 42.8%。

二、农家自给程度的差异

我在禄村调查时选了五家，各家代表不同的经济地位，详细询问他们在民国二十七年所费的各项数量，分别注明自给的或是买入的，凡是自给部分更以当时的市价折合，求得相对比例。结果发现在一村中各家的自给程度相差得很远，最高的67%，最低的只有18.7%。我根据各家经济地位来分析自给程度差别的原因，发现很多有趣的事实。

甲乙两家是雇工自营的地主，甲家自给程度是20.1%，乙家是44.3%，甲家自给程度之所以较低，是因为他有个儿子在中学里读书，有一笔较大的学费得支出，可是这笔学费其实是由氏族津贴的，我们若把它除外，则甲家自给程度是35%。乙家自给程度较高，一部分是因为他有一注田产是典来的，不必缴纳耕地税，而且经营的农田面积较小，雇工一项支出较甲家为低。普通说来，一家雇工自营的小地主，自给程度约在40%左右。

丙家是租田来经营的佃户，经营面积和甲家相若，可是他家的自给程度则有67%，甲乙两家所吃的米完全是自给的，丙家因为每年要交出40%的谷子做田租，所余的谷子又须出卖以便去买其他的日用品，所以一年中有1/5的米是买来吃的。虽则这样，但是丙家其他支出却会比甲乙两家为少，而且丙家尽量利用家有劳力，在雇工一项中也较甲乙两家担负为轻。

丁戊两家是没有田的雇工，丁家自给程度是25.8%，戊家自给程度是18.7%，他们是靠工资度日，没有自给的农产物，所需的食料、衣着、住房都得花钱去买去租。他们所自给的只是劳力，可是利用自给劳力的机会又不多，只有背柴来供给自家的燃料，自家去公路服役，以免用货币来支持捐税等，但是他们消费总量较低，所以这些有限的自给部分还能占20%左右。

在表面上看来戊家和甲家的自给程度很相近，可是他们所代表的经济形态却大不相同。甲家自给部分比例的少是因为他把农产物出售后,在各项生活费用上增加支出的结果;戊家自给部分比例的少是利用他自给劳力机会稀少的结果。他们自给程度既低,经济活动中利用货币的地方多,货币价值的改变对于他们的影响也较大。从这项分析中,可见货币在农村中活动的范围是受当地土地分配的形态所支配的,地主和雇工多的地方,货币的活动力量较大,佃户多的地方,货币的活动力量较小。

三、不用货币的经济支付

直接以货物或服役来互相抵消权利和义务的方式,也限制了货币活动的范围。这种方式在部落社区中最为显著,甚至可以使一地方的经济活动完全超出于货币势力之外。我不妨举出两个在广西瑶山中的例子来说明这种方式如何活动的情形。

瑶山中每家都养着猪,若是每家只吃自家所养的猪,则杀一头猪总要吃上几个月,换一句话说,每家吃新鲜猪肉的机会太少了。加以他们保存肉类的方法不很高明,腌着的肉味儿太差。在这情形下,一定得有个互相交换的办法,若是开了家肉店,问题自然少得多,可是他们没有。他们肉食的安排是这样:杀猪是件大事,轻易是不杀的,定得等结婚、做斋、祭庙的时候,才可以杀。结婚和做斋由事主出猪,祭庙是逢节举行,各家轮流献猪,杀了猪,把肉分给全村吃,不付代价,每家出猪的机会差不多相等,按期所分得的肉也差不多,没有人吃亏,没有人便宜,大家从此常有新鲜肉可吃。

瑶山中要造房子的也不必花钱购料请工,只要向全村声明了有这需要，村子里的男子在农闲时全有帮工的义务，他只要请这辈人吃和喝就得了，房子的格局都差不多，每个人没有特别事故，一生至多造一座房子，这次人家帮了我，下次帮还人家，结果大家做了工，大家住着了房子。

在农村社会中，这一类比较复杂的安排虽则少见，但是依旧有很多重要的支付是不用货币而用货物和服役的。在云南我们所调查过的农村田租全是以谷子计算的。借债的利息也是多数以谷子计算的。譬如禄村在民国二十七年时，借10元国币年利谷子4斗，有时借债是以服役来清偿的，好像禄村的贫户向有田的人家借米，到收谷时，帮工折价回偿。工资虽则有一部分是用货币支付的，可是做工时工人的膳食却大多数由雇主供给，此外水利交通等公家的事在云南农村里大多是直接征工来服役，而不是加税雇工来经营的。我们可见在农村经济中，重要的支付里，货币只占次要的地位。

在货币价值变迁得激烈的时候，农民们对于有时间性的债务都有避免以货币来计算的趋向，在目前农村中常发生纠葛的是借钱回谷利的契约，债户因为谷价上涨不愿意缴纳谷利，债主因为货币价值跌落，认为放债不如囤货。农村中货币活动的范围是否因货币贬值而更形缩紧，是值得我注意的一个问题。

四、街子和货币储积

云南农村中重要的贸易机构是街子。街子是定期集合买者卖者的场合，任何人有东西要出卖的都可以在街子上一坐，等顾客的光临。街子的特色是在把商业这一件事大众化了。若是说每个云南的农民都是兼做一些生意的，也不会太言过其实。

街子虽则把农村商业普遍化了，可是也使生产者和消费者直接有碰见的机会。在这场合下，物物交换的方式也可能发生，据张之毅君在易门调查，在这地方米和盛米的竹篓是直接交换，不需要货币作媒介的，一个竹篓值多少米大家承认的。

物物交换有不方便的地方，交换中的各物相对价值都得个别规定，也麻烦得很。在街子上，货币是普遍地在应用，可是货币时常是用来作计算价格的单位而已，这是说某甲要到街子上去买些酱油，他时常不是在袋子里带些货币上街，而是带着些米，或是带着些菜。他在街上把米和菜卖出了，得了货币，很快地把货币脱手换了酱油回家。货币只过一过某甲的手，时间很短。在这种情形中，货币流转得极快，停留在农家的数量却极少。他们囤积着的是货物不是货币。这一种现象自从货币贬值之后，更是显然，我们也许可以说，云南的农民受货币价值变动的亏已经有很长的历史，他们在经验中积有少和货币接触的教训。更加上了那每个人都可参加卖买的街子组织，使他们有和货币减少接触的机会。

我们在禄村问过比较熟的朋友，他们通常积在身上有多少钱？一家中产阶级的农家，一下可以拿出来的货币不过四五十元国币（这是在民国二十八年十月的时候）。他们说若是要钱时就得卖谷子了。

在内地农村中，货币活动范围很显然是很狭。这也许是使农村经济停滞的一个原因。若是农村经济的发展有赖于农家经济自给程度的下降，货币使用范围的扩大，则我们在云南还有许多应当努力的地方。

农村游资的吸收

一、农村货币的充斥

农村中发生游资的现象是一年多来特别可以令人注意的事。有一次我们在昆阳的一只小船里,看见有一个老太太在付船资时,向衣兜里摸出一大卷钞票来,而且全是伍元拾元的大票子,当时真把我看呆了。穿得这样不整齐的乡下老妪竟是个富翁!最近我疏散到离昆明有 20 公里的乡下住,据说我们的房东过去一年有 2 万元的收入,并不是滇币,这又是我初听来不易相信的事。又据说中山大学离开澄江时,学生们在短期内,曾把旧货换得农民十几万元的货币;一条绒毯竟卖到几百元!大热天气,路上会碰见披着大衣的乡下佬。货币有如潮水一般涌进农村,和两年前 1 毫钱可以雇工一天的情形相比,真是有隔世之感了。

农村货币充斥并不限于云南,11 月 21 日昆明《中央日报》载有中央社重庆航讯,美丰银行经理的谈话谓:本年度川康农村出售食粮和副产品约有 20 万万元,从前农民把农产品出售后,即购买其他日用品,通货可以再流入城市;今年却不然,20 万万中只有半数复入市面,其余半数却呆滞在农村里。这谈话中的数字若是可靠的话,则农村游资已成了很严重的问题了。

二、农村里哪里来这批货币呢?

农村中货币的充斥是目前一件很显著的事实。他们哪里来这些货币的呢？我们不应忘记抗战之前中国的农村到处都闹着金融恐慌。为什么不到三年，后方农村中反而会发生游资的问题呢？简单地说来是农民收入的增加超过了他们支付的增加，超过的结果是剩余了一大笔没有动用的资金，滞留在农家，不再回到市面上去——即使动用的话，也大部在农村范围之内。

《新经济》第4卷第2期发表了吴景超先生一篇《抗战与人民生活》，这是他5月间在湖南、江西、浙江、福建、广东、广西等省去考察的一篇报告。他的结论是农民生活在抗战的几年中普遍地改善了。改善的原因是在他们收入的增加。他更分析农民收入增加的原因有下列几种：

一、农产品价格的高涨。

二、农民在运输工作上，得到一笔很大的收入。

三、许多机关学校因为疏散的关系，都从都市搬到乡间，以前花在都市里面的钱，现在都花在乡间了。

四、农民在副业上的收入，大有增加。

五、农贷的积极推行。

六、农村失业问题完全解决，人人有事做。

据这分析，我们可以见到在抗战过程中，农村经济的传统自给程度已受到打击。抗战已迫着农村把农产品大量地输出，把他们的劳力加紧地利用，他们已成了前方的军队和后方都市居民生活资料的供给者，他们的经济由"自给"成了"他给"。

三、生活程度提高的困难

敌人的经济封锁，前方军需的需要，以及后方人口的集中——这些都刺激着内地农村的生产力，加重了他们供给别人生活资料的担负。可是他们得到的是些什么呢？内地都市能有什么东西拿来和农村交换呢？

我们若分析这一方面的问题，就可见到为什么货币呆滞在农村中的原因了。当然农民的生活，好像吴景超先生所说的，是普遍地提高了。老百姓现在比以前吃得好了，衣服穿得整齐了，新建筑比以前增加了，赎田的人多了，田价涨了，田赋的收入增加了，不必急于把新谷出售了，还债的能力提高了，市镇中杂货店生意好了，乞丐游民减少了——可是我们若仔细一查，吴先生所举出的10项中，只有很少的几项是表明农民向都市获取的生活资料在那里增加。农民穿的土布大都还在农家织的，吃的更不用说还多是自己家里的。只有市镇杂货店生意好的一项透露了一些都市产品输入农村的消息，农村输出增加而输入不成比例地增加，则他们的地位就会像美国在大战中成了黄金输入国一般，只是他们输入的不是黄金而是纸币罢了。

为什么都市向农村的输出不能成比例地增加呢？这也是抗战中不易避免的现象。抗战过程中都市工业总是在军用品上发展，即使不把原有制造日用品的工厂改造成军需工厂，至少在轻工业方面不会有突飞的发展，这在中国尤其是如此。后方都市既没有大量日用品生产，若是要提高农民的生活程度，其势不能不利用国外的输入，这在抗战中又是不可能的。即以政府所允许的输入品来说，因为数量少，运费贵，总是不容易达到农民的手中——以上是从都市的供给能力方面来说明农民生活资料不易改善和增高的原因。

在农民本身说，收入增加对于他们改善生活的刺激还是不够大。我们可以想象一个常在债务中挣扎的农民,突然鸿运亨通,手边有了一卷一卷的钞票,他若不是个朝不顾夕的无聊家伙,第一件事要做的自然是料理债务;还有余钱,也不会敢放胆花去;中国的农民是素来在勤俭两字中训导出来的,而且经验告诉他厄运随时会光临,所以积蓄一些生命的保障金是他们认为和吃饭一样必要的。这样使他们的生活程度不易跟着收入增加亦步亦趋地提高的主观原因。在吴先生所列的 10 项生活好转的事实中,重要的也是还债赎田,留些谷子在家,和置一些不易消耗的不动产。抗战中人民的生活是好转了,可是好转的速度并没有赶上他们收入的增加。

四、节约而不储蓄的危险

从每个箱子藏着一大卷一大卷纸币的农民来说,他们确是很能勤俭立家的人,"有的时候想着没有的时候",留着一些钱以防将来农村不景气的时候用,这是最可奖励的打算。可是大批的通货呆滞在农村中,从整个国家的经济上来说,却并不是一个好现象。通货入藏和储蓄是不同的,通货的入藏是把一部分可以用来再生产的经济力埋没了,储蓄是积聚分散的游资用来生产的意思。入藏和储蓄的区别告诉我们节约而不储蓄是件有害于国家经济的举动。

假如我们的货币是黄金,而黄金的产量不能突然提高的话,则入藏的结果是可以使货币流通量缩紧,压迫物价下落,货币的流转困难,生产力降低。但货币若是纸币,又处在战时,农村中一批批把货币入藏的结果,却会引起纸币发行额的不断扩大,以维持战时金融的流转。而且因为货币不断地吸出市面，减轻了通货膨胀的威胁，使发行机关更可大胆发行。可是货币入藏并不是销毁，每一张藏在箱子底下的纸币，每时每刻都可以走入市面上发生货币作用的。大量的入藏虽则暂时地减轻了通货膨胀的威胁，可是潜在的威胁却更大。若是有一个时候，收藏的人忽然对于货币缺乏信用而要在市面上换取货物时，很可以促成金融的危机。

货币呆滞在农民手中，不去用在生产事业上，在目前情形中，还有一个不良的影响，就是农民没有急于把农产品抛售在市场的需要，因而促进农产品价格的上涨，增加一般非农民的生活费用，而且更加速地使货币流向农村。

这样说来，农村游资的呆滞不但是旷费国家的生产力，而且还潜伏着对于国家经济很大的危险。可是我们怎样能去吸收这一批在农民箱子底下、衣兜角里的纸币呢？诚然，我们是不应当，也不可能，从努力提高农民消费量和农村的输入额来解决这问题，因为问题不是在农民节约节错了，而是发生在节约之后没有继之以储蓄的缘故。

五、吸取游资的方法

我们所谓吸收游资的意思，是在使这一笔可能的生产力实现出来，换言之，是要把农民现在所收藏的钱用在生产事业上。因之减少入藏的最捷途径，自应是增加用在农业上的资本，使农民自己来利用他们的储蓄。

这问题又牵连到我们的农业中还能吸收多少资本的题目上来了。反过来说，我们要吸收游资，还得开辟农业投资的门路。譬如在云南农村中用化学肥料的人家极少极少,我们所调查过的地方还没有看见过。他们所用的肥料是牲口和人类的粪,"油枯"(豆饼)和草。除了油枯是有市场者外,离市镇稍远之处肥料全是自给的。因之,肥料一项就不成为利用资本的项目。若是国内能有化学肥料的生产,一方面可以吸收大量的农村资金,另一方面可以增加农田的生产力。

若是在农业本身开辟投资的门路比较困难,则我们还得在农村副业中增辟投资之路。好像各种纺织机的输入农村等,都是应当注意的方法。

除了奖励农民自己利用他们的资金外,我们还得想法把他们多余的钱借出来用到农业以外的生产事业上去,可是这并不是一件容易的事。"钱到了农民手上就像黏着一般,不易吸出来了。"要农民节约,那是一些也不难,因为节约的好处,早已由痛苦的经验,深深地印在他们的心上了。要他们储蓄在银行里则不然,因为银行在农村还是件太新的东西,短期中极难取得他们的信任。在这过渡期间有什么方法可以比较有效地把农村游资吸收出来呢?

在回答这问题之前,我们最好先看一看农村中原有的金融机构。在中国任何农村中我们都可以见到"钱会"的组织,这种组织在云南俗称"上赛"。它的机构大致是如此:凡是需要大宗资金的人,出头集会,入会的人大家拿出一份钱来凑给他,以后每定期集一次会,由会员轮流收款,已收款的则按期归还,这是一种整借零还和零存整取两种方式并合而成的。我曾这样想:我们能不能利用这个机构来集中农村游资,然后再想法把这笔集合了的资金利用在生产事业上去?利用这机构的方法有两种:一是由政府或特许银行做会首,在农村中集会,任农民自由加入,并予以较高的利息，以资奖励；二是政府或特许银行提倡集会，规定凡集会者，政府或特许银行可入股若干，会首由农民自任，这样凡是有利用资本能力的农民，都容易在这机构中获得资金，而且在会规里面，公家所认股子的利息可以特别降低，以示提倡之意。

或者有人以为钱会的组织只能限于较小的亲密团体中，它信用的基础是人情和面子，若是公家参加了，就不易顺利进行，这一层我是觉得并不必顾虑的，因为依我们实地调查钱会的组织并不一定限于近亲，即是不太相熟的人也可以入会的，据张君之毅在玉溪调查，那里的钱会可以扩充得很大，参加同一组织的有百人以上，这个例子表明了若将这种机构稍加改良，就能有很大的活动能力，活动的范围也可以超过亲密的小团体。无论如何，我认为这是一件值得慎重试验的事业，希望农村金融的负责当局能留意及之。

还有一种吸收游资的方法值得试验的是奖券和有奖储蓄。在货币充斥的农村中，已发生了赌风滋长的情形，我们在昆明附近的乡村中，就知道有大规模的赌博，一夜的输赢有高至2000元的。这种现象是很自然的，因为游资无法吸收在生产事业中，投机行为就会发达；这在都市中是如此，农村中亦然，单靠一纸公文来禁止是没有用，而且反而增加行政机构腐化的引诱。最好就是政府能利用人民这种投机心理来吸收零批游资。现在中央储蓄会的有奖储蓄在吸收都市零批游资上已有很好的成就，可是加入储蓄会的至今还大都限于都市居民，这辈居民并不是入藏货币的重要人物。怎样可以使农民加入储蓄会？怎样可以引起他们的兴趣？怎样可以特别使农民容易得奖？我在这短文中不能提出来详细讨论，但是我愿意唤起金融界当局的注意，希望他们能及早在吸收农村游资上有具体的方案。

清理农家债务

一、农贷和生产

农贷政策,目前已到了一个亟待检讨的时候。推行农贷的基本目的,过去是在促进农业生产。促进农业生产,一方面可以繁荣农村,提高农民生活程度,另一方面可以保障前线和都市的粮食供给,以及增加可以输出的农产量,以获取外汇,平衡国际贸易。可是农贷直接所能做到的,不过是农村金融的易于流转。从金融流转到生产增加,中间还隔着几道门墙。农民手上多了几张纸币,并不一定就能增加农田上的出产。

要使农业生产额有所增加,一定得有新的资本、劳力和土地参加到已有的经济结构中去,才有希望。农贷添加了农业的资本么?普通以为货币就是资本,这是一种误解。资本应是可以再生产的实物:在农田上是肥料、牛、马、犁、耙以及其他工具。从每一农家来说,固然没有钱就得不到资本;可是从整个的农民经济来说,钱是钱,肥料是肥料,钱不能变为肥料。钱不过是决定谁可得到这些已有的肥料和牛马:有钱的买得起,分得着;没有钱的轮不到。流通农村金融,可使要钱用的借得着钱,这就是说以前无法得到肥料和牛的人,现在可用借来的钱换得到了。但若我们原本没有多少肥料和牛在那市场之上,一时又不能因需要增加而添出,那么,农民手上即使有了新得的货币,也是白白的。

从农贷入手来促进农业生产,只在两个条件之下是可以有效的:那就是(一)市场上确有多余的农业资本,不是钱而是肥料和牛马等实物，金融的流转可以使这一批存货分散到农民手里去从事再生产；或（二）农业资本本身的生产，受了需要的刺激，能够随时提高，以使本在农业以外的生产力量，集中到那农业里来。

目前的事实情形并不合于上述两个条件。以肥料来说，在战前的市场上面，还有一大批洋牌的肥田粉，现在则因运输的困难和人口的限制，农民要买也买不着了。农村里的牛马骡驴，数目虽则不致比较战前减少，可是因为军事上的征用以及运输事业的利息较大，也有一部分是不复任农田工作了。现在农业里所余的兽力，虽则没有调查可稽，可是扩充的机会，决不会太多。工具呢？那是更说不上了。我近来住在农村里，常常憎厌一种舂米的声音，既笨重，又单调，而且不合人道。有一次，我的房东和我一位在机器厂做事的同居谈话。房东是个保长，他说这村子里想办一个碾房，用水力来代替人力。我听了十分高兴，一则因为早上可多安睡一刻，二则因为抗战的影响究竟能使农业机械化了。可是我的同居扫了我们的兴。他说这种机器一时决买不到，连新式的木机都没有。

若是我们认为目前确没有闲废的农业资本之存在，一时也不会因需要增加而有化学肥料厂和农具机器厂之兴起，则从金融入手来促进农业生产，前途似很难有希望。

二、债务重压下的农民

这样说来，农贷根本没有意义了么？这却又不尽然。以金融势力来促进生产，在资本没有新加添的情形之下，虽则没有多大希望，可是农村中的问题却不止于生产而已。在生产以外，还有一个很大的消费问题之存在，亦即所谓民生问题。在那方面，农贷却还有个可以开垦的很大的园地。

金融并不直接创造新资本，同样地也并不直接创造新的货物来供消费之用。可是金融的力量，在另一方面，却是足以改变物资的分配形态。在农业资本上，分配问题并不严重，所以金融政策不易收效；但在消费品的分配上，就是在民生上，情形不同。农民生计的爬平，大有待于农贷的推行！

我们已有的农贷政策并没有疏忽这一方面所可以做的事情。举一个例：就是借钱给佃户收回土地权。土地权分配的调整不是生产问题（佃户所耕单位农田上的生产量常较自耕农所耕单位农田上的为高），而是农民的生计问题。佃户失去土地权后，不能享受所耕农田的全部利益，生活程度因之降低。农贷可以设法恢复他们的生活程度。

在本文中，我想另外提出一条和借钱给佃户赎田性质相同的事情，用以扩充农贷对于民生的贡献——那就是我在题目下所写的《清理农家债务》。

据韩德章先生的估计：全国农户负债总额约在20万万元以上（见《经济动员》第4卷第10期第9页）。借款来源的分布，据韩先生所引《中央农业实验所农情报告》如下：25%来自商人，8.8%来自典当，5.5%来自钱庄，2.6%来自合作社，又2.4%来自银行。这些数字说明了农村负债情形的严重，和农贷在这方面所做工作的微弱。

这20万万元以上的债务压在我们62%的农民身上，使他们永远翻不过身来，劳苦终年的结果只造成了少数商人、地主和富农们的优裕生活。若我们一看这笔大借款的利率，就容易了解农民为什么总是被人看不起的苦力。

上引的农情报告上说：借钱利息，平均周年一分至三分者占45.6%，三分者占41.5%，五分以上者占12.9%。粮食借贷的利率，平均月利为七分一厘；若以年利计算，至少平均为周息八分五厘以上。让我们想想：每年农民至少要白白地输出价值8万万元以上的农产来偿付这笔借款的利息，这数目竟等于全国田赋租税的1/2，农民安得不穷！

三、货币贬值的机会

货币贬值给予农民以清理债务的千载一时之良机。但若不得政府之协助，负债的农民也不能够利用这个机会。让我说些事实：

以我曾调查过的禄村来说，债主们历年饱受了货币贬值的经验（在云南过去20年来，货币贬值确是常事），所以定下了借钱改上谷利的办法。民国二十七年我在禄村住时，借用国币10元，每年应上谷利4斗。这时谷价每石（当地石）8元，折合年利三分二。到二十八年我再去禄村时，每石谷价已经涨到28元，所以谷利4斗，折合年利十一分二，利息比本钱还多。从债主的立场来说，这是有理由的，因为二十七年10元国币所有的价值并不等于二十八年的。可是这时候的农村里面，便常因为债务而起纠纷。欠债的要用二十八年的国币来还二十七年的债；放债的却不愿意接受这种还本办法，仍要继续收受谷利。最可恶的是在二十八年放债的人，还要坚持10元4斗的利率！于是需要钱用的人，不敢借贷。在这时候，各级政府并没有规定一个清理债务的办法，只让农民们去自谋解决谁负贬值的损失。这样，有势力的方面自是占便宜些。

最近听到一件事。据说有个农民在前年用田契为抵押品，向一绅士借了一笔钱。今年他因有了一些积蓄，想去赎田，而为绅士所拒，说只要他的田，并不要他的钱。他告到县政府去。无钱无势的债户怎争得过绅士！他没奈何，只得在火车上大哭大喊，说是没有王法。债主在任何情形之下，总比债户有势力些；假若仅凭势力来决定谁负货币贬值的损失，那当然是"没有王法"。农民哪里能占得便宜！

政府苟能利用这个机会，规定农民清理债务办法，即以现有的农贷经费来代负债的农民偿清高利借款，至少可以大大地在农村里面做出一件"德政"。可是事实上怎样呢？让我抄一段陈翰笙先生的话（见《中国农村》第7卷第3期第6页）：

> 20年以前，一般人没有听到信用合作社的时候，高利贷者，只能用他自己的资本来剥削农民。现在他们可以自己不出力，转向信用合作社去利用农贷的制度。他们可以拿到一笔款，不是慷他人之慨，而倒是借公济私，赤手来剥削农民。况且，从前用个人的名义出借款项，有时不容易收回借款，甚于难于索取利息。现在有了合作社的名义，凭借官厅保障，可以用更大的压力，加之于欠债的农民。在个人高利贷穷于应付的时候，得到集体高利贷或变相高利贷的帮助，高利贷自然更加猖獗了。

陈先生固然没有举出事实的观察来证实这种情形，我自己也没有见过这种转借谋利的中间人，但我认为这是很可能发生的，因为现行的农贷条例偏重于向有田的人放款，贫农极难得到借款的机会。农贷政策既以促进农业生产为主，且为防止呆账起见，放款对象自然应当限于有田的人，至少大部分要向这辈人去放款。可是事实上，这笔款项不一定能全部用在生产上面，一转手便很容易就成剥削那些需要用钱而又不能直接得到农贷的贫农的本钱。

在我个人看来，若是农贷要贯彻其促进农业生产的目的，则决不能仅以小宗放款的办法为已足。这一层意思，我在另外一篇文章中说过（《农贷方式的检讨》，《中农月刊》），这里不必赘述。若是事实上农业资本并不能大量扩充，则农贷的主要目的，不如老老实实放在促进民生上。若真要在这个目的上来发挥农贷的效力，清理农民债务是件急不容缓，而且机会极好的良图。

我们可以很具体地立下一个政策：在若干年内，把农家所欠高利贷的账目转到国家银行的账上；使每年农民要在利息中输出8万万的巨额，减低到2万万元。余下的6万万元不是等于国家向着农民所放的直接贷款么？若是农业里所需求的肥料、工具、牲口，在市场上有增加时，农民自己就有余力来增加他们的资本了。农贷所有促进农业生产的目的，也不是一样可以达到了么？

论贫农购赎耕地

吴文晖先生在《当代评论》第10期发表了一篇《贫农购赎耕地问题》。他是因为今年四联总处通过了《三十年度中央信托局中国交通农民三银行农贷办法纲要》规定有"贫农购赎耕地贷款"一项，所以提出这问题来讨论。在他看来中国没有土地和有土地而太少的农民竟占总户数68%，所以我们得极力设法使他们得到土地，以实现"耕者有其田"。贫农购赎耕地贷款是扶植自耕农的良法，只是过去放款太少，不免有"杯水车薪"之感，他对现有贷款方法上虽有批评，但是使贫农得地的基本政策上并没发生问题。我却觉得这基本政策还有提出来检讨的余地，愿意略抒己见，以就正于农业经济学者。

我要提出来检讨的可以分为两方面，第一是贫农得到贷款购取土地之后是否能改善他的生活？第二是自耕农增加之后，农场是否要更小，小到不值得经营？最后我想说从另一方面也可以达到"耕者有其田"的目的，不是使现在耕田的都有田，而是使现在有田而不耕的人，都下田去耕种。

一、"借钱盘田，愈盘愈穷"

我完全同意吴先生所说中国没有土地和土地太少的农民为数太多，这辈没有土地和土地太少的农民只有出卖劳力去当雇农，或租人家的土地耕种成为佃农，他们的生活程度极低，所以可以称作贫农，吴先生认为他们之所以贫是在没有土地权，若是他们都有了土地权，成了自耕农，他们生活就可以改善了。这其实还是成问题的。

先说佃农，吴先生反对无偿地没收地主的土地分配给农民，因之这辈没有土地权的佃农要得到土地权总得付一笔钱，这笔钱不论从哪里借来，他总得从土地经营的利益中去划出来支付。假定贷款期为30年，则每年得支付田价的1/30，也就是3%，若加上现定利息一分二，则每年得付出田价的15%。但是农业经营的利息有多少呢？我们曾在云南农村调查过这问题，我们的结论是农业利息（剩余利润除田价及成本）没有过一分三厘的，普通的农田只在七八厘左右，以这种付息的能力来担负一分五厘的利息是决难胜任。

吴先生也已经注意到这一点，所以说贷款期限应当加长，最好能和爱尔兰一般长到60年以上，利息应当减低到如美国的三厘。这样每年农民只要支付田价的4.5%，则农民还可以有一半的余利润作为维持生活之用。这比现在的情形，其实行的可能性自大得多，可是我们现在财政的能力能否担负这种长期的放款和这样低的利息呢？当然，我在这里用不着再去分析为什么我们的银行利息低不下来的原因，可是这是事实，不容我们否认：苟其放款利息能低到五厘，中国的金融全会改善了。

假定我们有这希望，贷款期限加长，贷款利息减低了，可是还有一个基本问题在阻碍我们，那就是一个只能获取农业经营剩余利润一半的农民，一定得要有较大的农场才能单靠农业来维持生活，关于这一点我曾经根据禄村的材料计算过，依民国二十七年的物价，每工最好的田（3工合1亩）可以有10元的收入，减去4元的成本，剩余利润是6元。一半是3元，一家三口，每年要有135元的生活费才能维持一个过得过去的生活程度，他们非有45工田不成。若是自己劳作，每工田可以多获得3元的工资。即是这样也得23工田才能勉强过日子，有23工田以上的人家在禄村只占全村户数的30%。换一句话说，要维持生活的话，单有土地权是不够的，还得有相当大的农场。这一点无论如何是做不到的，让我在下节里再讨论。

反过来看我们的佃农如何，我们农村中的租额确是很高，普通是农产的一半左右，据吴先生的计算是合地价11%左右的钱租，所谓农产的一半时常是指春收而言，在两熟田上，冬收通常是不付租的。所以佃农所得可以在全部农产的一半以上。即使如吴先生所说地价的11%，已显而易见是比现在"低利"的农贷更低了。

说来是很可以使人奇怪的，现在没有人不承认田租太高，政府已经试行过二五减租，可是在"贫农购赎耕地贷款"的办法中却会允许一分二厘的利息，这岂不是政府在和地主争利了么？而政府所要的竟会大过地主！这笔账我真不知应当如何算法了。

我们知道农业的收成常有升降的。佃农付租实额常是依实收成数而定。在我们江苏每年要规定实收成数。每逢荒年，可以由政府规定减租多少成。这种伸缩性在贷款付息上就不易得到，除非贷款期限可以在必要时拖长若干年；不然在荒年时，贷款买田的自耕农很可能还得另外出卖田地支付这笔利息了。

还有一点值得我们注意的就是田价不是固定的。若是现在有几百万的资本要投到土地里去，田价很可能涨起来。田价的上涨若比农产物价格的上涨为快时，农田利润还可以下跌，担负这笔债的"自耕农"又得冒这一层的风险。尤其是在这货币贬值的年头，借了一大笔钱去头了田，在今后的60年中要是货币价值有重行提高的时候，名义虽说是一分二厘的利息，实际可一直往上高升，结果出卖了田，也许还要赔一笔老本。

我在禄村就听见农民和我说得很透彻"借钱盘田，愈盘愈穷"，这一点老农的经验是值得我们考虑的。

二、土地权并不等于富有

再说雇农。雇农是农村里最穷的人，大家都这样说，可是这句话在这几年就不然了。每天卖工的除了伙食外,可以有3元左右的收入,一个月净收得90元,他比小地主和佃农强得多。雇工的所以穷和所以阔起来,全在有没有卖工的机会。在劳力充斥的农村中,卖工的机会很少,一年在农田上只能做一半日子,另外一半日子,得在农业之外另求工作。这辈半失业的雇农自然是苦了,可是现在情形已不同,内地农村的劳力供给逐渐在减少中,农业工资提高得很快。而且在农业之外找工作也极方便,他们若是天天有工做,生活也就提高了起来。一个挑夫可以衔着一支教授们想吸而吸不起的香烟。

这样说来,雇工的穷不穷并不由于有没有土地权,而是决定于有没有工作机会,在人浮于事的时间,有土地权却是工作机会的保障,可是足以保障工作机会的却不止土地权一种,何况土地权要保障农民终年有工作做是不可能的,因为农业里并不能吸收整年的劳力供给。

若是使这辈雇工都有了土地不是更好么?事实上却并不是这样,他们能得到很肥沃的田,那还好,若是分着的田土质不太好,他们所得很可能低于他以雇工身份所得的工资。我们知道在一块土质比较坏的土地上耕种,农业利润可以低到零,甚至农田上的所得可以付偿不了生产成本。可是这种土地还有人在耕,原因是农民自己的劳力是不计工资的,他们以降低自己的工资来减轻生产成本。这也可以说是以生活程度来争取耕种边际的办法,张之毅先生在易村调查的报告上有下列的一段话:"租种人家田的,如果在收入中要纳去租谷一半,再除去各项开支,则租种人所费的劳力,除膳食外的工资男工高至3角7分,低至无偿,女工高至2角2分,低至无偿,只有租顶好的田种,还可值得,租种坏田,简直是白费劳力。但是替人家做工，除供膳食外，男工工资5角，女工3角。"这表明雇农的工资可以高过有坏田的佃农甚至地主。

单单从土地权的获得上显然是并不能解决佃农和雇农的生活程度，佃农若有较大的农场，雇农若有较多的工作机会，他们实得利益可以比有一块小小的土地大得多。

三、贫农的出路

若比较现在有田和没有田的农民，不成问题的，前者生活较丰裕，可是没有田的既不能一跃而成为有田者，若要借钱来变成有田者，他们的生活很可能比现在没有田的时候更苦。

即使假定现在没有田的可以不花代价地都成为有田者了，这时农村经济是否会比现在更好呢？事实也许并不这样乐观。我们一共有多少土地，更有多少农民？每个农民都有土地，结果每个人能有多少土地呢？多年前翁文灏先生曾有过一个统计说：中原区每人得6亩，扬子区每人得4亩7分，丘陵区及东南沿海区每人得11亩，四川盆地每人得6亩半。若专就可以耕种土地论，他曾引Baker的估计说每个人分得的数目是：直隶4亩，江苏2亩半，广东1亩半，所以平均每个人大约只能得到3亩田地，这3亩田地的所有权即使属于耕者，试问这些有田的耕者能维持什么样的生活？用饥饿来换取地主的身份，在我看来未免太不合算。

中国农民的贫穷，基本原因是有耕地太少，有没有耕地权还是次要问题。为中国农业前途着想的，没有不是为现在农场面积太狭发愁。不论从生产的增加或是为生计的提高上说，扩大农场面积应当是今后农业改善的一个主要目标。

希望读者不要误会我是在为地主辩护，我完全和吴先生一般认为没有土地的农民是贫农，应当设法把他们的生活提高。同样我也觉得耕者没有田是件社会上不合理的事。可是要提高贫农生活，要耕者有其田，却不能只把既有土地设法分给既有耕者就了事。

若一看我们过去几十年以至现在的状况，农村里有土地的向外跑，没有土地的困守乡下。有地离地，无地守地，于是造下了"贫农"的身份。当然，使这现象发生的原因很多，其中最重要的是贫农在农业里尚能贫而活，一离开农业连贫都没有资格了。这种情形现在快要过去了，都市兴起，工业在建设，农业之外亦要劳力，离开土地一样能生活，没有土地的人自然可以出来了。

工业建设一定要有个相配合的农业革命，那就是说，我们一定要解放一部分农业里的人力到工业里去，现在工业里正感到人力缺乏，而农村里的确有闲手的地主。地主可以闲手是因为农村里有没有土地的贫农情情愿愿替他劳作，假若他们离开了农村，则没有卖工，也没有人愿意纳高租来当佃农，那时有土地的得下田耕种了，"耕者有其田"的目的不是一样达到了么？

因此我们解决贫农的出路，不一定在土地。这也是一条出路。要进工业，非使他们离开土地不成。这一点意见也许可供研究"贫农购赎耕地"问题者们参考。

举办春耕劳力贷款

春耕已到，窗外的秧田铺上了一片嫩绿，成行的农夫正在挖田，妇女们忙着打豆。这春尽夏来的几个月中农村里又显明活跃起来了,这几个月里农民们的辛劳将决定秋后一年粮食的丰歉,也部分地将决定我们在抗战最后关头的实力。我们有什么方法去帮助这季农作,使我们对于自己命运多一分把握?我在这里提出的是举办春耕劳力贷款。

一、农业金融的季候性

若是我们一看内地经营农田费用的账目,最大一项的支出便是工资。依我在禄村调查的结果,工资(包括工人伙食)竟占全部农田经营费用的74%。而从清明起到芒种止的两个半月中,农田上所需劳力又占全年需要量的56%。在这期间工资的支出占全部农田经营费用的41%。这几个数字可以告诉我们两件事:在现有农作技术下,劳力是农业成本中最重要的项目;因农作劳力在时间中需要的不平均,农业金融也充分表示了季候偏重性。

让我们回头看看农家在这个时期的支付能力:清明时节离开上年度秋收已经有六个月。这六个月中除了经常的消费外,还包括山租上利的清算期。农村结账是在年底,而清明离开新年还不到三个月。农闲的冬季中又常是男婚女嫁的忙月,特别的支出也多挤在这个时期,春季作物到清明时节即使成熟了,还正在收获中。蚕豆从田里割下,大部还在堆着,离开整理清楚、能送到市场上去出卖,至少还要有半个月到一个月的时候。这时候新的投资已催着不能再等,而农家的储蓄却早消蚀到所余无多,新的收入还须有待,于是农村金融上就发生了恐慌。说清明是"断魂"的时节。其实这感觉是不仅限于"路上行人"才有的。

或者有人会问:农民不是自己有劳力么?他们所需的资本既

以劳力为大宗，他们不是可以不必靠金融来流动的么？事实上却并不如此，农田上所需的劳力总是十分富于时限性的。我曾计算过一对夫妇，若全靠他们自有劳力至多只能经营10工田（约25公亩），而以禄村为例说，凡是经营农田的，他们所经营的农场在10工田之下只有11%。这是说云南普通农家除了极少数之外，劳力都是不能自给的。当然，他们有换工的方式，可以不必用货币去获取家外的劳力。但是以工还工的办法只能发生在亲密的团体中，并不能解决农家缺乏劳力的全部问题。三年前的禄村，在攒谷子时，外供给的劳力，据我的估计，竟占20%，而攒谷子还不是劳力最缺的时期。据说在挖田的工作中利用外村劳工最多时竟占2/3。这些外来劳工都得给付工资的。

在春尽的时候，手边没有钱的农民，就雇不起工。可是若只靠自有劳力来凑合，结果泥土不能挖够，秋收时就将大大地吃亏。我在禄村曾比较过两丘土质相同的田，其一因挖得不够，谷子长得又稀又弱，据说收成要比另一丘少一倍以上。于是为了避免这种损失，农民只能借钱了，不论利息多高，也得忍痛。这一来，高利贷便找着它活动的机会。

若是要举行农贷，清明到芒种正是最适当的时期。

二、贷款的对象

有人或者会提出目前农村比战前要繁荣得多，是否还需要外来资本的援助？而且农产品价格的提高，农村内已有游资发生，是否还应当把纸币送到农村里去？我也是主张农贷应十分慎重的人，但是并不认为农贷政策本身有问题，只是实行这政策时应当防止它的流弊。农贷的主要目的一方面是在增加农村生产力，一方面是在整理农村的金融机构，因之，推行春耕劳力贷款正是发展农贷的正当路线。

抗战以来，在农村中已经引起一种不良现象，就是财富的集中趋向。农产品价格的提高固然是事实，但是只有那些有余粮可以出售的农家才能占得这份利益，农村中有多少人家有余粮可以出售的呢？我们不妨在这里计算一下：一个人每年需要米350斤（若以士兵所发米计算，每年548斤），一工最好的田出米200斤，所以一个人得有两工田才能维持他的食粮，食粮只占一个人全部生活费用的40%，全部生活费用得有4工田来维持。一家平均以四个壮丁计算，则需田15工之上。但是在内地农村中有田15工以上有多少呢？以禄村为例，只占全村的34%。若是农村日用品的价格和米价的上涨率相同，则农村中大约只有1/3的人家是可以因米价上涨而多得一些储蓄的。这表明即使抗战以来农村比较繁荣的话，也不过是指这一部分的农民罢了——这一部分本是较富的农民，现在可以更富一些。

而另一方面，那些粮食不足自给的农家，在工资上涨率没有米价为快的情形下，很明显地是吃了亏，而这种自有农田不到15工的农家，在禄村就占全村的2/3，其中有一半根本是没有田的。这辈人的生活，除了因工作机会增加之外，并没有分享农村的繁荣，反而因之受到了损失。

还有一项应当提出来的，就是征兵的结果，更使那些无力逃役的贫农加上一笔损失。我们知道有不少因为家中壮丁被征而破落的事例，这说明抗战以来有一部分贫农的生活更见降低的现象。

农村中财富集中的趋势也就引起了农村的金融问题。农村中游资的增加无疑是目前的一个严重问题。可是正因为这笔游资握在少数富农的手中，使他们可以利用贫农的窘急而发挥他们榨取高利的威力。因之，在这个时候政府能用低利把款子放入贫农的阶层，不但可以使贫农得到必需的资本去雇用劳工，使这季农作不致因资本缺乏而减低它的产量，而且可以使富农手上的游资不成为榨取高利的工具，富农手上的游资既不能以高利投入贫农的农田上，它也比较容易流出农村来作其他正当的用途了。这时若有适当的方法也就不难把它吸收出来。这种农贷的作用其实并不是在增加农村货币的流通额，而是一种从富农手上的货币用低利转入贫农手上的办法。

三、动员农村劳力

但是问题是在这种春耕劳力贷款是否能刺激劳力供给？若是劳力的总量已经无法增加，则我们若送进一笔货币进去，固然一方面是可以转变劳力雇用的分配方式，但另一方面只是造成增加工资和农业成本的效果罢了。我们在这里得细细考察一下云南农村的劳力市场。

云南因地形的高低差别很大，所以在相距不过一两天路程的地方，气候便会不同，各地的农作日历可以有一个多月以上的参差。甲地惊蛰播种，而乙地可能迟到清明。因之甲地的农作可以比乙地早一个月。当甲地农忙时，乙地还在闲着；乙地开始农忙时，甲地却已经忙过了。即在一个地方，因水的供给大都依靠高地的泉源，所以同用一条沟水的田，不能不依地势，先后灌田，他们在农作上因之也有先后。农作日历的参差不齐，使地域间的劳工可以流动，互相济急，这本是云南农村的普遍现象。劳工地域间的流动使劳力供给量具有很大的伸缩性：若是甲地需要增加，附近区域流入的劳工数量也可以增加。

春耕劳力贷款固然可以使工资上涨，这种上涨对于出卖劳力的贫农说是有利的，但上涨的程度却有个合理的限制。因为上涨的工资刺激着一般本来闲着的农民，使他们可以走到比较远的地方去受雇。劳力供给上既有增加，工资也就平稳了。春耕劳力贷款决不是膨胀农村里的通货，因为它具有刺激劳力供给的能力。实际上这是在加紧动员农村劳力，增加生产；减低农民的闲暇，添增他们的收入。

四、贷款的方法

农贷的危险是发生在贷款会走入富农的手上，增加他们囤积和剥削的能力，或是走入贫农的手上而成为一笔救济金，并不能达到生产的目的。所以在农贷的技术上是应当十分慎重的，技术上的疏忽可以使有益的事反而成为有害的事。因之，若是要举办劳力贷款时，最理想的方法是由农贷机关发给劳动券，该项劳动券可以由雇主交给佣工，佣工向农贷机关领款。而且规定发生效力的期限，使雇主不能把这笔贷款充作别用，甚至抵押出去。这样不但可以免除增加农村货币的流动量，而且可以保证这种贷款的用途。

每家贷款的数量也可以有个合理的规定。我们知道每工田在这时期中需要多少劳力，减去这家自有劳力的数目，须雇用多少人工。根据每家经营农田的面积，我们就可以决定贷予款项的数目了。

我相信这种农贷比较其他种类，在技术上容易管理，而且不致发生流弊。希望农贷当局能对于这种建议加以考虑。清明虽已过时，但是还有许多地方现在刚在播谷。及时举办，还来得及造福农民，使我们对于今年丰盈的秋收多一分把握。

1946 年 7 月

土地里长出来的文化

要明白中国的传统文化,就得到乡下去看看那些大地的儿女们是怎样生活的。文化本来就是人群的生活方式,在什么环境里得到的生活,就会形成什么方式,决定了这人群文化的性质。中国人的生活是靠土地,传统的中国文化是土地里长出来的。

知足常乐与贪得无厌

"知足常乐"是中国传统文化的基本精神。这和现代资本主义文化里的精神——"贪得无厌"刚刚相反。知足常乐是在克制一己的欲望来迁就外在的有限资源;贪得无厌是在不断利用自然的过程中获得满足。这两种精神,两种人与物的关系,发生在两个不同的环境里。从土地里生长出来的是知足常乐。

种田的人明白土地能供给人的出产是有限度的。一块土地上,尽管你加多少肥料,用多少人工,到了一个程度,出产是不会继续增加的(即经济学上的土地报酬递减率)。向土地求生活的人,假若他要不断地提高收入,增加享受,他只有一个法子,那就是不断地增加耕地面积。有荒地时,固然可以开垦,但是荒地是要开尽的,而且有很多的地太贫瘠,不值得开垦。人口一代一代地增加，土地还是这一点。如果大家还是打算增加享受，贪得无厌，他们还是想扩充耕地，那只有兼并了。把旁人赶走，夺取他们的土地；但争夺之上建筑不起安定的社会秩序。如人们还得和平地活下去，在这土地生产力的封锁线下，只有在欲望方面下克己工夫了。知足常乐不但成了个道德标准，也是个处世要诀。因为在人口拥挤的土地上谋生活，若不知足，立刻会侵犯别人的生存，引起反抗，受到打击，不但烦恼多事，甚而会连生命都保不住。

科学冲破了土地的经济封锁

西洋在农业的中古时代何尝不如此？《圣经》上的教训是要人"积财宝在天上""富人进天堂比骆驼穿过针眼还困难"。勤俭是这时代普遍的美德，是生存的保障。但是科学冲破了土地的经济封锁，情形完全改变了。蒸汽力、电力、内燃力，一直到原子力，一一地发明了利用的方法，使人实在看不到了在经济上人类还会有不可发展的限界。这是人类的大解放。机会，机会，到处有机会，只要人肯去开发。在这机会丰富的世界里，妒忌成为不必需了。种田的怕别人发迹，因为别人发了迹会来兼并他的土地。在现代工业里，各门各业是互相提携，互相促成的。铁矿开得好，铁器制造业跟着有办法；铁制的机器发达，其他制造业也得到繁荣。这时代，自然已不像土地一般吝啬，它把人的欲望解放了。享受、舒适，甚至浪费、挥霍，都不成为贬责的对象；相反的，生产力的提高必须和消费量的提高相配合。二者之间有一点龃龉，整个经济机构会脱节麻痹。于是以前所看不见的"广告"也成了经济活动的重要部门。广告是在刺激欲望，联结生产和消费，甚至是提倡挥霍，赞美享受。回想起在乡下被人贱视的"卖膏药"的走江湖，真不免为他们抱屈了。同是广告，而在人们眼中的价值竟相差得这样远。时代的距离！

中世纪：从权力去得到财富

知足安分是传统的美德，但是即在农业社会里也并不能完全应付人类的经济问题。知足有个生理上的限度。饥饿袭来时，很少人能用克己工夫来解决的。有限的土地上，人口不断地增加，每个人分得到的土地面积，一代小一代，总有一天他们会碰着这被生理决定的饥饿线。土地既已尽了它的力，挤也挤不出更多的粮食来。喂不饱的人，不能不自私一点，为自己的胃打算要紧。贫乏的物资下，为了生存，掠夺和抢劫，成了唯一的出路。掠夺和抢劫要力量，这力量却因为无法用来向土地去争物资，只有用来去剥削别人了。这是人类的悲剧，在这悲剧里不事生产的力量发生了生存和享受的决定作用。有了匪徒，保镖也来了，这样把剥削的特性注入了权力。窃钩者诛，窃国者侯。合法非法，原是一套。暴力也好，权力也好，都成了非生产力量获取别人生产结果的凭借。"从权力到财富"——那是桑巴特给中世纪经济的公式。

现代：从财富去争取权力

贪污是这时代的经常官务。被剥削的人民恨官吏，但是他们并不恨贪污，恨的是为什么别人有此机会而自己没有。他们所企求的是有一天可以"取而代之"。在这种文化里谁诅咒过贪污本身？草台戏开场是"跳加官"，接着是"抬元宝"，连城隍爷都喜欢这种连结。权力和财富是不能分的，这是土地封锁线内的逻辑。

官吏变成公仆，衙门变成政府，是中古变成现代，农业变成工业的契机。西洋的历史写得很明白，工业开了一条从生产事业积累财富的大道，形成了一个拥有财力的资产阶级。这个阶级是现代化的前锋，他们拿钱出来逐步赎回握在权力阶级手里的特权。他们的口号："没有投票，不付租税。"这样财富控制了权力，产生了现代政治。

自土中拔出　建立新的文化

中国一身还是埋在土地里，只透出了一双眼睛和一张嘴。你看国家的收入还不是靠田赋？民间的收入还不是靠农产？即使有人不直接拖泥带水地下田劳作，但有多少人不直接或间接靠土地生活？我们还在土地的封锁线内徘徊。

眼睛是透出了地面，看见了人生是可以享受的；眼红了。他觉得知足常乐是多可笑和土气？他露在地面上的嘴学会了现代社会的口味和名词。口味是摩登的，名词是时髦的。可是从肩到脚却还埋在土里！

若是我说"把头也埋下去罢"，这是不可能的。可是生活和文化是一套一套的，生活在土里，文化就该土气。土气的文化确是令人不顺眼，但是你得全身从土里拔出来啊。现在这种半身入土的情形是会拖死人的。享受、浪费、挥霍视为应当了，而自己并不能生产给自己享受、浪费、挥霍的物资。于是"从权力去得到财富"的需要更加重了。传统文化中对贪污既没有道德的制裁，于是在享受的引诱下，升官发财怎会不变本加厉？从这官僚机构集中得来的财富，无底地向物资的来源运送。这个贫血的国家哪里还有资本去打破土地的封锁线，建立现代工业呢？齐肩的躯体深深地陷在土里，拔出来的希望也愈来愈少。

自拔，新文化的建立，似乎是件困难的事；但是除了自拔，只有死亡。我们现在正在向死亡的路上跑，那是事实。

1946 年 6 月 20 日于昆明

第二编
乡村与工业

中国乡村工业[1]

  1939年的暑假,之毅和我一同到禄村去做调查工作。我们睡在一间房里,晚上,隔着两层蚊帐,上下纵横地谈起来。年轻人总是善于做梦的。有一次他突然从床上坐起来,撩开了帐子,点了一支烟,很兴奋地和我说:"我想到一个风景优美,与世隔绝的小天地里去住上一年。一家一家都混熟了。你不要来管我,好像忘了我一般。可是我有一天忽然回来了,写好了一本书。"这本是之毅的性格,默默的,装得好像很平庸,可是他在预备,在干,无声无息的,等待有那么一天,叫人对他刮目相视。床头的梦语,谁也不当正经话,说完也就过了。可是,隔不上几天,他要我一同去看张大舅,听他讲绿叶江的神话。似乎是在江的尽头,有一个桃花源似的去处。红红的山岩,像是给天火烧过。大江就在这山坳里滚滚地流,两岸长着几十里不断的翠竹,丛丛密密,把天都遮住了。就在这地方,有着无数的纸坊,家家都造纸。张大舅讲得出了神,"我和你们一同去,我认得这地方。你们调查好了,开个大工厂,我来帮你们办事"。张大舅的口才把我们都说动了。隔不上两个月,之毅和我两匹马就在高山险峰上盘旋着向这动人的易村出发了。

---

[1] 本文是作者为张之毅著《易村手工业》所作的序。

易村对于我们的引诱，当然不止是红的山、绿的竹。更具有魅力的是它所代表的那种农村经济的结构。在我们研究计划中，早就写下了要调查一个以手工业为基础的内地农村。一方面可以和太湖附近有手工业的江村做一比较，一方面可以和以农业为主的禄村做一比较。从各方面打听下来，易村正是我们理想的研究对象。因之，我们不辞劳苦地走访这个村子。实在的易村，并不和传说的易村那样家家户户造纸。可是，我们住定了一看，发现它比我们所预期的更有意思，因为它不但有造土纸的作坊工业，还有织篾器的家庭手工业，正可做一个比较研究。

我们不久就离开了易村，之毅准备了一下，单身匹马一个人再去。他就在这外人罕至的小山坳里默默地进行他的工作。易村的工作环境，实在比我们所有的工作地方都困苦。不但我们曾好几天除了花生外，没有任何其他可以下饭的东西，而且人地生疏，没有半点捷径。一切都得硬硬地打入这个陌生的社区中去。这自是一件极不容易的事。之毅初次加入我们的队伍，就派着这个苦差。他离开我时，我不免为他担心。那年年底，之毅饱受风尘地回来了，没有说半句怨言。他和我住在一起，一行一行地写下了这份报告。禄村小楼上的一句梦话，居然成了事实，至少也可算是我们这几年艰苦生活中的一点小小的安慰。

在这份报告中，之毅很仔细地解剖了易村的经济结构。更在整个结构中，点明乡村工业所占的位置。他好像是在显微镜下对一个标本做了一番极周到的观察，并且一一为我们描画了下来。可是我们的目的，却并不是如张大舅所说的一般，调查了可以去开一所造纸厂，我们对于易村本身可说并没有特别的兴趣。我们所发生兴趣的，还是乡村工业的本身，易村只是我们研究这个问题时的一个标本罢了。我读完了这本报告，很想借这个机会，根据之毅研究的结果，对于中国乡村工业问题说几句话，用以指明之毅这次研究对于我们了解中国乡村工业上所有的贡献。

一、工业和农业的界线

我常觉得一般人把工业的范围看得太狭，好像一定要有厂房，有机器，有大烟囱，才算是有工业。西洋现代工业固然是最新的工业，但不是工业的全部。把工业的范围看得太狭，很容易使我们抹杀了建国过程中一个重要的节目，就是怎样使我们原有的工业蜕变成现代工业。要我们能对付这个问题，自得先明了我们原有工业的性质。

本来农业和工业的区别不是容易用一条清清楚楚的界线来划分的。理论上说来，农业是只限于在土地上培植作物的活动。至于把作物的自然形态改变成可以消费的物品，就得算作工业的活动。可是培植和制作，在事实上却不易严格区别的。比如有一次我们在田里看人家掼谷子，曾问一位朋友，"这算是农业活动么？"他坚决地说："那自然是，收获不算作农业算什么？"可是我问他，"碾谷子呢？"他踌躇了一下；"必要时，算作工业活动也可以。"我不很明白掼谷和碾谷在性质上有多大分别。为什么把谷粒和稻穗分离的工作算是农业；而把米粒和糠秕分离的工作，就可以算作工业。本来，没有人会对这个分别看得这样严重，因为农业和工业其实并不是对立的两回事，而是相连的两个段落。农业靠土地的生产力给我们植物性的原料，工业是把这原料制造成

197

可以消费的物品。

这样说来,我们可以说没有一个地方的人民是可以单靠农业而生活的了。至少,自从人们不能专以树上的鲜果、地上的菜蔬直接充饥以来,人们的生活多少得靠一部分工业来维持。田里的谷子成熟了,得攒下来,碾成米。米还得煮成饭才能吃。麦子得磨成粉,烤成面包。棉花得收集了,把纤维整理,纺成纱,织成布,裁了,缝了,才可以成为衣服。这些基本工业和日常生活关系太深,所以时常就在出产原料的农家经营的。这种农夫和工人不分的情形,是自给经济的特色。每一个自给单位,家族、村落或是庄园,必须经营着一些基本工业,不论如何简单,用来满足他们生活上的需要。

中国农家在消费上具有很高的自给性。据我们在云南乡村中调查的结果,农家消费中的自给部分普通要占总数的70%左右。当然自给的农产品较多,不自给的部分大多是由都市工业所供给的日用品,但是衣食住各项基本用品中,自制的还是很多。

以我们曾调查过的禄村来说。它的经济是以农业为主,在村子里除了四家外,全是耕田的。他们每家所做的工作也差不多。以特殊工艺作副业的只占全村户数的10%。普通人家并不是不需要木器、竹器、陶器和棉织物,他们除了直接到村外去购买外,大部分是靠自己来制作的。我们邻居姓刘的那位朋友,家里的厨房和马槽是自己动手盖的;屋里的草垫、竹筐是自己编的;身上的衣服,是太太缝的。这种不求人的自给经济,把很多工业活动普遍地分散到每个农家。中国并不是没有工业,只是工业太分散,每个农民多少同时是个工人。

农家不但因为求生活的自给多少都做一些工业活动,而且他们所不自给的消费品，也大都是从别的农家中买来的。都市工业的不发达，使我们种种用品，好像衣着、陶器、木器等等都在乡村中生产。凡是有特殊原料的乡村，总是附带着有制造该种原料的乡村工业。靠河边有竹林的地方，有造纸和织篾器的工业；有陶土的地方，就有瓷器的工业；宜于植桑养蚕的地方，有缫丝、织绸的工业。这种地域性专门工业的发展，并不一定引起工业和农业的分手，这类工业依旧分散在多数的农家。在家庭经济上，农业和工业互相依赖的程度反而更形密切。中国的传统工业，就是这样分散在乡村中。我们不能说中国没有工业。中国原有工业普遍地和广大的和农民发生密切的关系。

二、工业帮着农业来养活庞大的乡村人口

中国乡村中工业的发达并不是偶然的。在农村经济中工业是必要的部分，原因是在中国农业并不能单独养活乡村中的人口。之毅在本书中说得很清楚。在这个分析中，"至少我们可以明了乡村工业的一个特性，就是它是用来帮助农业维持我们庞大的乡村人口的。这在易村是十分显然的，若是没有手工业，易村就不易有这样多的人活着。"这是在显微镜下检查易村这标本的结论。这结论却很能适用于其他有手工业的乡村。

人多地少是中国乡村的普遍现象。乡村人口密度太高，农田分割得十分细碎。依普通的估计，每家平均所有土地已不到30华亩。在土质肥沃的地方，各人所能分得的地更少。多年前翁文灏先生曾说：中原区每人得6亩，扬子区每人得4亩7分，丘陵区

及东南沿海区每人得11亩,四川盆地区每人得6亩半。若专就耕种的土地说,他曾引Buck的估计说:每个人可以分得耕地的数目是直隶4亩、江苏2亩半、广东1亩半,所以平均每个人大约只得3亩田地。他接着又说,这3亩田地若种麦子,每亩只出6斗,3亩共有1石8斗,如何能使一个人免于饥饿。[①] 在种稻的区域中,人口更密,每人可分得土地更少,平均不过2亩左右。最好的水田,每亩产米3石,而每个人每年要吃2石半。虽则从字面上看,种2亩水田的农夫,应当还有些剩余来作别项费用。但是农民中,尤其是水稻区,有80%左右是佃户。他们得贡献一半以上的产量给住在市镇上、时常不事生产的地主,每人所余也只够一饱了。我在江村调查时,当地人民异口同声地说:这地方的田要是丰收,也不过给人一些饭米罢了。这句话似乎是很确当的。

饭米固然是日常所必需的,但是单单吃饱并不是健全的生活。我们还要穿,还要住,病了要医药。人死了要埋葬,过时过节还得烧一些纸钱。这些费用在江村可以说其中有80%是在农业外筹来的。依之毅的调查,易村的情形也相似,全村只有11家单靠农田上的收入,在食用外还有剩余,其余42家却有亏空。估计全村食用,单靠农田上的供给,每年尚差谷子470石左右。这笔账就得以工业来填补了。

人多地少,农业不能维持生活而得求助于工业的,不只是江村和易村。广西的宾阳又是一例:"宾阳乃广西省著名之手工艺区……该地因人稠地稀,土地生产力远不足以供养全县之人口,故人民除种田外,多从事一种手工艺,以为副业。往往一村之内,全

[①] 翁文灏:《中国人口分布与土地利用》,《独立评论》,第314号。

村居民均赖此为生，该村即以此种小工艺而著闻于当地。"[1]调查山西农村的李有义先生也说："上郭村的农民在耕田之外，都有一两种副业。特别是小农，他常要靠副业的收入补耕田收入的不足……这种主要的副业是纺织。"[2]农民因生活的压迫，不能不乞助于工业，而乡村工业却帮助了农业来维持中国这样庞大的乡村人口。

可是乡村里为什么要维持这样庞大的人口呢？这可以从两方面来说，一是在都市工业没有发达的社区里，除了乡村，人民并没有更好的去处。农业固然养活不了这样多的人口，可是单靠工业也养活不了。之毅在织篾器的一章中已算给我们看：在这些穷苦的农民，不论耕田或是织篾器，所得的其实都不过是一些糊口的工资，在劳动报酬十分低落的情形下，他们没有出卖劳力的机会时固然要死，即有出卖的机会，也只能免于一死罢了。加以市场狭小，运输困难，手工业的利益不能高，出品不能多。他们不能离开土地，单独靠工业谋生。

另一方面是农业在现有的技术下，非拖住大批人口在乡村中不成。我在《禄村农田》里已分析过农业里的劳动是有季候性的。农田上的工作受植物生长的限制，每节农作都有很紧促的期限，早不得，迟亦不得。比如插秧，从立夏到芒种这一段时期最适宜，过了夏至，在禄村就不能插了。在这30天到40天之间，这节农作都得结束。人少了就忙不过来。所以劳力得老是养着以备急需时候之用。紧急的时候一过就闲了。所以乡村人口不能太大地减低，因之乡村中永有这种矛盾的存在：一方面要拖住大批的人口，

---

[1] 千家驹、韩德章、吴半农：《广西省经济概况》，第54页。
[2] 李有义：《山西上郭村的经济组织》，燕京大学硕士论文，未出版。

一方面又不能在农业里利用他们所有的劳力,一方面又不能以农业里的收入来养活他们。

之毅在第三章里把农业里劳力过剩的情形,分析得很明白,所以他把易村织篾器的工业称作:"在农闲基础上用来解决生计困难的工业。"这是个十分得当的定义。这表明乡村工业不是一个单独的问题,而是密切关联着农业技术和人民生计的复杂问题的一环。

三、乡村工业的两种形式

在农闲基础上用来解决生计困难的工业,固然是中国乡村工业的一种基本形式,但是在乡村中的工业,却并不止于这一种形式。之毅在本书中最重要的贡献,也许是在他利用易村的材料充分说明了乡村工业的另一种形式,那就是他所称的作坊工业。这种形式,以我国人说,在以前是常常忽略的,虽则一经之毅说明,我立刻想到母亲说到她幼年生活时,常常提起的油坊和米行来。这实是我们传统乡村工业中的一个重要形式。

织篾器所代表的家庭手工业,是发生在人多地少的乡村中,它是利用过剩的劳力;而造土纸所代表的作坊工业,是发生在土地贫瘠的乡村中,它是利用过剩的资本。之毅曾为此详细分析易村土地吸收资本的能力。易村农业本是先天不足。红页岩的冲积地已够贫乏,加上了肥料的缺乏,生产力自然更难增加,在这种情形下,所谓投资,其实是等于多加劳力。易村农业里所用劳力,实在已经极多,每单位土地上所用劳力总数已超过禄村;和 Buck

的估计相比，相差更多。① 若是在易村土地再要加工，所增加的产额，已不够恢复所费劳力的消耗。这种土地实在已经到了经济学上所谓耕种的边际了。

易村土地虽然贫瘠，可是因为土地权分配得不平均，一辈拥有较大农场的人家，还是能累积资金，这笔资金既然不容易吸收到土地里去，于是逼着他们去寻求利用这笔资金的门路，这样发生了造纸的作坊工业。

农业里所累积下的资金，变作乡村工业的资本，在和都市靠近的乡村中即不易发达。以江村为例，全村大部是佃户，因有田较多的地主已经全数迁入市镇。乡村的居民，每年要在地租上输出大部分资金到市镇上去。因之，乡村本身并没有剩余的大宗资本来本乡发展工业。作坊工业是发生在市镇中。更因大都会的兴起和洋货的畅销，市镇上的作坊，也入于式微的趋势。可是，内地的情形则不同，乡村离市镇和都会太远。交通不便，洋货的势力较弱，所以像易村这种只有50多户的小村子中，还能保有9个土纸作坊，固定资本竟超过1.8万元（以1939年市价折合），这很可说是内地乡村的特色。

织篾器所代表的那种家庭手工业并不能吸收资本。它的特点，就在不需要值钱的设备。所以之毅比较这两种形式的乡村工业时说："织篾器不需要很大的资本。一把砍刀值不了几块钱，而且可以用上十几年也不坏。竹料自己家里就可以长，所需不多，即使要向人买也不过几块钱。几天之内就可以把篾器织好，卖出去。

---

① Hsiao tung Fei, Agricultural Labor in a Yunnan Village, *Nan Kai Social and Economic Quarterly*, Vol. XII, Nos.1-2, p.151, Footnote 5.

所以我说织篾器这种工业中主要的成本是劳力。作坊工业不同。它需要相当的设备，所需资本也相当大。所谓作坊工业，我是指那种有一专门工作场所的工业。织篾器只要一方空场，下雨时在卧室里、在厨房里都可以工作。而造土纸就得有个专门为原料加工的池塘和碾房，专门舀纸的木棚，和专门烤纸的炕房。这些有专门设备的作坊工业，资本才成了一个重要的生产要素。"

作坊工业利用较进步的技术，利用人力以外的动力，大批地购进原料，更大批地生产商品，使它可以得到经营的利益。易村的土纸坊，投资的利息高至6分，比农业利息高上五倍。可是作坊工业既需资本，没有资本的贫民也就没有沾光的机会。得到这种高利的是工具的所有者，而不是生产劳动者。这是和家庭手工业的一个重要分别，也可以说是资本主义经济的起点。可是作坊工业在传统的运输和贸易机构中并不能一帆风顺地发展。它和农业的联系也很深，因为所用的原料常是当地的产物。这些产物因土地的限制不能尽量地扩充，因之也限制了这类工业扩充的可能性。太湖流域的土丝行、菜油行、轧米行都受着原料的限制不能发展成大工业。若是作坊工业可以算是我们传统经济中资本主义的萌芽，则这萌芽在运输困难和市场狭小的阻碍下被遏制了。易村的土纸作坊充分地显示了中国传统资本主义所以不能发达的原因。

作坊工业在乡村中发达起来，成了一个累积资金的机构。这笔资金既不能在工业里反复地再生产，最后依旧得向土地里钻。之毅在末章里说明了这两种工业对于农民生活上影响的差别。家庭手工业是救济他们的力量，使他们不致有劳力没处出卖的苦衷。但是作坊工业却刚刚相反。它成了一只攫取土地权的魔手，向着贫农伸去，这样促成了乡村中贫富的对立。

四、都市工业和乡村工业

易村是一个内地乡村。所谓内地不单是指它地理的位置,也指它经济的处境。内地是表示和现代工商业接触较浅的地方,可是现代工商业的势力一日千里地向内地侵入,内地的范围日渐缩小。当百年前,沿海诸省也属内地,可是到现在,西南诸省也快要抛脱内地的称号了。

内地经济基本上代表着和西洋接触前,我们中国传统经济的一般方式。沿海诸省近百年来所遭遇的变故,也正是内地诸省不久将来很可能的命运。所以在此,我们不妨转到沿海诸省乡村去看一看在那些地方乡村工业所发生的问题。

沿海诸省乡村工业的处境,我在《江村经济》中已经叙述过。简单地说来,就是都市工业的发达促成乡村工业的崩溃。从世界经济史上看,工业中心都市的兴起,是工业革命后的产物。工业从乡村集中到都市来,主要的原因,是工业所用动力的改变。利用体力来生产的手工业,集中到都市中去,是没有多大利益的。在人口集中的地方,地价高,生活费用高,生产成本因之也高。原料运输费用既大,工场管理上也多麻烦。集中的工场所以会发生,推究其源,是出于蒸汽力代替体力的结果。利用蒸汽力来做工业的动力,限制了工作场所的面积。我们要记得每一个轮子的转动,在蒸汽动力下,都不能脱离和动力机直接或间接相连的皮带。这根皮带决定了机器的位置和可能的距离。在手工业中是工具来就人力;在机器工业利用蒸汽动力的时代,是人力来就工具。因之,动力的改变,产生了都市,集中了劳工,把工业和农业的地缘拆散，工业脱离了乡村独立了起来。

都市工业和乡村工业在这个时代是大规模机器生产和小规模手工生产的分别。我在这里不必再去分析为什么大规模机器生产因成本低、技术精、出品良，把小规模手工生产压下去的原因。这已是普通的常识，也是可以目击的事实。当然，我并不是说一切手工业都立脚不住。我们所需要的用品中有些并不是机器所能做的。表现个性的艺术品就是一个例子。可是机器本身的日趋精巧，不能做的东西为数已日趋减少。手工业所守得住的壁垒实在是已经很可怜了。我们只要想一想：大规模的食品和服装工厂的发达，使那些和个人癖好密切相关的用品，也已经有趋于标准化的危险了。

我们现在所要讨论的问题，若是在机器工业和手工业间做一选择，或是在比较大规模生产和小规模生产的利弊，我想很少人能站在乡村工业方面说半句硬话。大规模的机器生产固然有它的缺点，可是这些缺点并不足以作为维持小规模手工业生产的理由。我们现在所要注意的是都市工业兴起后对于乡村经济的影响。这些影响若是有害于民生的，我们得用什么方法来加以补救，这是第一层。乡村工业本身是否必须以手工业为基础？我们能不能改变乡村工业的性质使它可以和都市工业并存？这是第二层。

从乡村工业到都市工业是世界经济史上的普遍现象。可是在中国却另外还有一种新的意义。因为中国本国的都市工业，在西洋先进工业的压力下无法发展。我们关税不能自主，领海及内河航行权已送给外国，加上了历年来厘金特税的缚束，国外输入的工业品在市场上到处占着优势。只要看历年洋货进口量的增加，1931 年比 1911 年增加三倍，和入超的提高，1931 年比 1911 年提高六倍，就能知道我们国家经济处境的危险。

国际贸易上的劣势有两方面是和我们乡村工业有关的。一方面是我们以前可以自给的日用品改用了洋货。比如，我们以前的布是由自己纺的纱自己织成的。可是到了清末光绪年间，机纺洋纱已开始代替了土纺的棉纱。接着手工业的织布机输入，促进了织布工业的发展，成为一种重要的乡村工业。河北高阳一带曾是华北织布业中心，在欧战期间，外国布匹入口减少，曾有一度兴盛的时期，可是"欧战停止后，外国棉布，又复畅进，夺去了高阳布一部分的销路"。①

另一方面是手工输出品的下跌，我们对外输出的货物，除了农业原料外，以手工业品为主。但是手工业品质不易改良，所以不易和国外机器出品相竞争。我们的输出，也因之日形跌落。以茶叶说，1911年输出148万担，到1931年只剩了65万担；以丝说，民国十九年比十七年减少了20%，1934年竟不到1920年的1/5。

在这些简单数字的背后，却包含着无数可悲可痛的故事。我已经说过农业和工业在乡村中的联系，是人的生活把它们结住的。工业固然可以撒手入城，甚至出国，可是一般农民的生活却怎样呢？若是都市的工业是在国内发展的，情形也许可以不同一些，因为新兴都市可以调剂乡村的经济需要。在中国不幸的是都市和乡村之间横着一道国界。整个的大趋势是中国经济的彻底农业化。我在上文业已指明农业中国等于是个饥饿中国。把工业集中到了国外，或外资统治下的"孤岛"上，是剥夺我们广大民众的生活凭借。手工业衰落的过程怎能不成为我们民族的一段伤心史。

---

① 吴知：《乡村织布工业的一个研究》，第17页。

我在江村就目睹这段伤心史的表现，这里用不着重述。我们见到农家因为收入的减少，不能不举债度日，在高利贷的活动下，土地权整批地向外流，全村差不多成了一个佃户的集团。土地问题日趋严重，最后竟引成了一个政治性的争斗。我虽不敢说，在抗战前乡村经济的崩溃全是由于手工业的衰落，但是乡村工业的破坏，农民部分的失业，自然是乡村不安和政治扰乱的一个原因。国外工业利用其政治上的特权，尽量做经济上的侵略，而在手工业衰落的渡船上，转变成国内政治的不安。

在抗战之前，政府对于这个局面所持政策，不外镇压叛乱和救济农民两项。这两项政策即使努力做去，也解决不了问题的症结。问题的症结是在国家工业没有办法。要有办法，非先抵住外国工业的势力不成。抗战军兴，整个局面才算改观。

五、乡村工业的复兴和前途

抗战把我们所有在沿海的一些小小的都市工业根本就破坏了。同时政府着手限制进口货物，很多本来仰给于外国的日用品不能大量地输入。又因外汇上涨，洋货价格飞跳，想买的也买不起，于是日用品的供给不能不自谋解决。后方都市在敌机轰炸之下，不易建立起来，即是大规模的工厂，也都向乡村中求隐蔽。而且在国防需要下，政府能力所能维持的工业，大都偏于军需性质。从沿海迁入的和从国外购得的机器，为数既少，自不能不大部用来充实国防工业。日用品的制造，只能留给乡村工业了。这样，乡村工业顿时脱离了洋货和机器产品的竞争，走上了繁荣之路。我固然没有统计材料可以用来表示后方乡村工业发展的实况，但凭我们日常的观察，在大都市附近的乡村中，到处可以听到各种手工机器的声音。而且经营这些工业的，没有不是谋得大大的利益。

在抗战期间，农业和工业配合的需要益见显著。征兵的结果，在乡村中吸去了大批的劳力。而粮食问题的严重，又使我们不能让农业衰落。同时，新工业激速的发展，工厂里莫不感觉到劳工缺乏之苦。后方人力有限，如何合理地分配到农业和工业里去，成了一个急迫的问题。这提醒了农业和工业共用同一劳力供给的需要。我在上文中已说过农业所要的劳力，是季候性。工业固然没有季候性，但是在小型的工厂中，即使在农忙时停一两个月工也不致有重大的损失。

抗战转变了乡村的处境，不但挽回了一落千丈的衰势，而且因战时的特殊局面，工业不能不疏散。又为了要兼顾农工双方的生产，要尽量利用后方的人力，不能不提倡农民来兼营工业。可是抗战结束之后，乡村工业还有它的前途么？

抗战胜利结束后，在短期间农业技术不会有重要的改变，换言之，战后和战前一般，农业依旧需要季候性的劳力供给，乡村中不能不有大量人口用以应付短期的农忙。乡村人口虽或可以因都市工业的兴起而略见减少，但并不易在人地比率上有重要的修改。每家所分得的土地还是很少，农业单独依旧不能维持这庞大的乡村人口。于是，我们必须考虑：假使乡村工业的效率的确无法追上都市工业，从工业本身着想，都市工业较为合宜，我们是否值得以降低广大乡村里农民的生活程度，来换取我们的新工业？

从事实上说，中国现代工业的发展，因资本和资源的限制，也决不会太快的。而且受了这次抗战的教训，我们今后工业建设自应从重工业下手，轻工业的建立在时间上很可能要比重工业慢一个时期。因之，在这个时期中，抗战中所造成的形势会继续维持，而且因为安全有了保障，小型机器可以由本国工厂中自行制造后，乡村工业可以更为发达。

有人可以为将来的乡村工业发愁。假定大规模生产对小规模生产在经济上占绝对优势，则将来我们大规模的轻工业，若有一天发达起来，小规模的乡村工业不是又要重演战前的悲剧了么？因之，我们对于这假定还得推考一下。

大规模生产之所以经济，最重要的是在动力和机器的利用。我在上文中已说过，工业集中的原因，得推源到蒸汽动力的应用。自从电力和内燃机的采用成为工业的动力后，大规模的集中工场，就不一定占有特殊的便宜了。单位较小的制造机，用电力来推动的，就不必要挤在一个工场中了。这样造成了工业由集中而分散的新趋势。

我并不是说一切工业都能分散，工业中确有不可以分散的。可是也确有一部分工业，只要分散的工场在运输上和经营上有配合的系统，它在技术上就不致绝对地不能和大规模的集中工场相抗衡。这样，我们的新工业并不一定全部都要集中在都市中了。若是留着一切可能留在乡村中的，设法限制不必需的集中，则我们的都市工业和乡村工业不致有尖锐的冲突了。

这样说来，乡村工业是可以有前途的，可是有前途的乡村工业，却决不是战前那种纯粹以体力做动力的生产方式，也决不是每家或每个作坊各自为政的生产方法。除非乡村工业在技术上和在组织上变了质，它才能存在，才能立足在战后的新世界里。

六、乡村工业的变质

乡村工业在技术上需要改良，那是无可避免的。乡村工业的变质第一步是在引用机器，使乡村工业并不完全等于手工生产。可是怎样去改良乡村工业的技术，怎样引用机器，怎样使它依旧适合于在乡村中经营，依旧能和农业相配合，那却是值得提出来讨论的问题。关于这问题，韩德章先生曾发表过一篇重要的文章，[①] 我在这里不妨把他的意思择要介绍一下：

在一件工业品的制造过程中，有些部分可以由手工来做，有些部分则最好用机器来做。若是我们能把那些不一定要机器做的保留在农家，而把需机器做的集中到小型工厂里去，则出品的质地可以不因部分的手工制造而不易改良。韩先生曾举例说："以制糖而论，旧法榨糖，蔗汁混入杂质颇多。煮糖之际，一部分蔗糖经高温而转化，以致减少结晶糖的出量，且旧法制造白糖，只凭重力滤去糖蜜，耗费时日，仍难获纯净的产品。倘使改用机器榨蔗，用压滤机除去杂质，用真空釜浓缩蔗汁，用离心力分蜜机去除糖蜜，则上述诸困难迎刃而解。这样新式作业一样可以用小规模的设备在农村生产。战前浙江金华蔗糖合作社的联合社，曾建议筹设小规模机器制糖工厂，其全副机器设备，均可采用国产，且代价不过数千元，轻而易举。同时这种小规模的机器制糖设备还有一种长处，就是每种工具均能单独使用，可以随时同手工作业配合。如用土榨榨得蔗汁，亦可以用真空釜浓缩，人工煮制的

---

① 韩德章：《战时农村工业的新动向》，《今日评论》，第4卷第17期。

带蜜糖,亦可用离心力分蜜机去除糖蜜。人工不足的作业,可用机器代替,节余的人工,仍可从事其他不必需机器的工作,因此在这样的糖厂里,可以用小规模的设备,完成大规模的作业,可称一举两得。战时农村手工业的局部利用机器,已有显著的效果,如四川铜梁实验制纸工厂,采用机器打浆,手工抄纸,成绩斐然可观。因为在制纸工程中,用手工打浆,人工最费,而机器抄纸设备最昂。今以机器打浆,手工抄纸,则截长补短,恰到好处。由此类推。烧瓷程序中之舂泥部分,织帆布或麻袋程序中之打麻部分,亦可以设法利用机器,而以手工完成其余不费人力的部分。战时生产资金筹措不易,生产工具输入困难,农村工业所含有的手工生产并不一定需要全部用机器代替,只要取占人工或人工不能达到良好效能的部分应用机器及动力,已可认为满意。"

把比较要精制的部分交给机器生产,则手工业不一定要完成整个生产过程,出产消费品。它可以就农产加工,以供各种新工业原料之用。"如制造油漆、油墨、洋烛、假漆、滑润油、漆布、肥皂所需之植物油料,制炼精糖所需之土糖,制酒精所需之糖蜜(制土糖之副产),制调味粉所需之面筋,制蚊香所需之除虫菊粉等等,都可以用农村手工业的方式先行农产加工,再供新式工业原料之用。类此的例证很多,不必一一列举。"

"反过来看,在农村里织布、织袜、织毛线衣,以及制造熟皮器、漆器、金属器、抽纱、挑花、丝绣、毛毯、地毯、人造果汁、混成酒等等,都是以新式工业所生产的半制造品为原料,施以加工,而制成可供直接消费的制造品。可知若干农村工业借着新式工业的树立而存在。如能利用二者之特性,取得密切的联系,平衡发展,则吾国工业化的推动,必能加速。"

以上所说的是就制造过程中纵的分段,使那些不必需机器的部分留给手工业,借以利用乡村里多余的劳力。制造过程横的方面也有能分成各部门分别在小型工厂中进行的。韩先生曾举例说:"如同电话线所用的绝缘珠,室内电灯路所用电压的陶瓷器,在配合材料及制型方面都不需要十分严格规定,都可以在窑业的农村中生产。"有一次和韩先生讨论这问题时,他还举出日本的自行车制造,是把各部分零件分散到乡村家庭中,用简单的电力机器制造;然后到总厂去装配,因之价钱可以便宜。他还提起天津的小型铁工厂,时常担任军火零件的制造。这些例子说明若我们把制造过程拆断了,其中有不少部分是不需要大机器的,都可以分配到用电力推动的小型工厂或用体力的家庭工场中去制造,结果,以前乡村工业在技术上所受的限制就破除了。

在韩先生所提出乡村工业部分机器化的方案中,有一点特别值得我们注意的,就是在本书中之毅所分别的家庭手工业和作坊工业在技术上是可以联系成相辅的生产部分。在我们传统经济中,这两种乡村工业的方式,是可以说各不相关,而且有时是相冲突的。这种分立或冲突,使乡村社会中发生对立的两种阶级,也是我们乡村中各种社会问题的根源。韩先生所主张的联系,实在不止于技术上的配合,更重要的还是在组织上的统一。

乡村工业的变质,主要是在利用动力和机器,变了质的乡村工业,在它的结构中,生产工具的成本一定要加大,因之,决不是一个在生计压迫下的农民所能购备。他在新式乡村工业中所能得到的利益,还是限于保留于手工生产的部分。机器生产部分所获得的利益,统统会归到占有生产工具的富户手里。这种分配方式,正和本书中所描写的方式相同。因之,我们可以说,家庭手工业和作坊工业若单在技术上加以联系，对于乡村经济的贡献，是决不会太大的。反之，这种新式乡村工业的发展，反而会引起乡村社会中贫富的悬殊。之毅在本书中所描写的情形，正是给我们新式乡村工业的一个警告。

家庭手工业和作坊工业在组织上要谋联系，就得采取合作方式。作坊里生产工具的所有权，不使它集中在少数有资本的人手里，而分散到所有参加生产的农民手上。这一点正是现在工合运动的宗旨，已有充分的发挥，我在这里不多申说了。

用合作方式来组织的乡村工业，就可以避免如之毅在末章所说的，作坊工业成为集中土地权的魔手了。作坊工业成为集中土地权的魔手，是发生于两个原因：一是作坊工业有极限，工业里累积下的资金，因为在少数人手中，不能在消费中用去，因之又得向土地中投去；二是一般农民生计的压迫，他们不能不借钱来维持生活，以致入了那只金融的魔手。作坊工业若是在合作方式中组织起来，则在这工业中所得到的利益，可以分散到一辈需要钱用的农民手上，花在消费之中。他们生计既有了保障，也不必借钱了，这非但安定了工业，也安定了乡村里的土地问题。

云南大学社会学系研究室，
魁阁，古城，呈贡，云南。
1941年9月

人性和机器

——中国手工业的前途

一

讨论和设计中国战后经济建设的朋友们中间有不少心目中似乎只有"英美式还是苏联式"这一个简单的课题。这课题背后有一个极不合常识的假定，那就是中国好比一张白纸，要染什么颜色就是什么颜色。我们说这假定是不合常识，因为中国并不是一张白纸，是一件极简单而容易明白的事实。我们过去40年曾用了同样性质的课题来对付我们的政治建设，结果，内阁不像内阁，议会不像议会，委员制不像委员制；说是民主，使人脸红；说是独裁，似乎又不到家。其实中国人民对于权力，对于法律，对于人情等等都有根深蒂固的传统态度。若是不从传统中求了解，求批评，求改造，名目愈多，视听愈乱，步骤也愈不一致，结果似乎有一错皆错、全局不是的形势。经济建设何尝不是如此。在我们报纸杂志上新的名词不算少了，各国的情形介绍得够我们眼红。从好处看，不论英美、苏联，还是丹麦、瑞典都有值得我们羡慕的地方。若是我们心里存了在百货商店里采办年货时的心情去挑选，结果大概只有依各人的脾气和机会去决定他的取舍了。其实每一个国家的经济都有它的长处和短处，天下并不会有太合理想的事实。可是长处也好，短处也好，都有着历史的根蒂。我们并不是说，别国的长处不易学，而是说学得成学不成有一大部分还要看我们自己历史里所滋长出来的传统。若是心存抄袭的，结果必然是忽略了双方的历史背景，画虎成狗。因之，我们对目前讨论战后经济计划的朋友们，眼睛太向外看，不免觉得是个很危险的趋势了。

若是我们现在那种对于机器工业的好感发生在50年前，问题必然简单得多，原因是在那时西洋还没有人看明白机器文明的流弊，大多数人虽则已受到新工业兴起后生活解体的威胁，可是对于进步两字还没有怀疑。我们若要跟他们跑，若要追踪他们，他们也必然觉得很高兴。50年后的今日，情形却不完全相同了。第一，在机器文明里发生的现代西洋经济已分化成若干极有区别的形式，因而表现出应用机器来生产也可能有不同的社会方式。第二，50年前所传下来的西欧式经济已多少表现出了它的弱点和流弊，甚至有不少人觉得世界两次大规模的屠杀和多次大小的经济不景气都是和这种资本主义的经济有密切关系。从资本主义经济中所产生出来的社会主义本身不但有许多不同的派别，同时即以试验最有成绩的苏联说，也有许多人觉得以经济民主来牺牲政治民主是否值得还大成问题。无论所说、所论、所怀疑、所攻击的有没有理由，在我们看来，那些即使想全盘来西化中国经济的人，也不免有些惶惑。至少单说西化，单说现代化，甚至单说采用机器文明都没有明白的含义了。也因之，我们的心思，我们的笔墨大多转向这许多模型方面去,以致对于自身究竟是什么样子的问题反而搁置了起来。

若是我们再等50年才发生现在的问题,也许又容易得到解答了,因为西洋社会在这50年中非解决他们因引用机器来生产而发生的许多社会政治等问题不可。到目前很多机器文明的弱点已经逐渐明朗,这些弱点,一一都逐渐克服了,会产生一个比较可以持久的社会体系来。从这方面看去,社会主义其实就是对资本主义的一种修正。苏联、美国、英国在这次战后必然都得改组它们的经济。譬如美国的TVA,英国的贝佛瑞芝方案,都是向着同一方向的企图。我们若可以置身世外,等他们理出了一个头绪来之后,再依法炮制,也可以方便得多。

可是,我们是活在现在,不在50年前,不在50年后。我们是处在人类已有了、用了机器来生产,可是还没有找出怎样利用机器去增加他们幸福的时代。若是我们单看到机器生产力的庞大而觉得一到手就可以登龙上天,那是幼稚园里的天真;若是我们怕这东西一引用到我们生活中会出乱子而加以拒绝,那又是修道院里的自罔。机器这东西不接受不可,可是接受了我们问题可多了。我们先得准备着不怕烦恼的心理,训练我们肯观察、肯调适、肯思想的能力,还有一点更重要的是认清这是一个时代的责任。我们要在我们的环境中,包括地理和历史的双重限度中,去寻出一个方式使我们能利用西洋所发生的机器生产来增加我们生活中的幸福。我们的生活是主体,也只有我们自己有这问题、有这责任,也有这解决的能力。

我们说这一番引论目的是在使读者能明了我们为什么提出久已被人所遗弃和遗忘的手工业来要求重加检讨,而且进一步想替它在我们中国新工业的建设中找一个应有或相当重要的地位。

我们将要从下列几方面来讨论这问题：第一是我们战后经济建设中能不能不重视手工业？第二是机器工业在西洋社会表现了些什么弱点？这些弱点的根源在哪里？第三是手工业在什么部分有它不合于现代要求的弱点？又在什么部分有它可以填补现代机器工业不足的长处？第四是手工业在战后经济建设中应处什么地位？

二

我们并不愿意抽象地来比较手工业和机器工业的长短，更不愿意像有些学者认为手工业是必然会淘汰而根本不加以注意。我们重视手工业的原因是在手工业一直到现在是我们最大多数人民所倚以为生的职业。手工业的崩溃是中国百年来经济的致命伤。若是我们战后的经济建设的目的不是在装点门面，不是在为少数人谋发财的机会，而是在安定民生，主要的问题应当是：新工业的建设和手工业应该发生什么关系？是否会像以往一般促进手工业的加速崩溃；手工业崩溃不要紧，我们并没有理由去姑息它，可是新工业兴起是否能解决因手工业崩溃而引起大量人民的失业和贫困的现象？这是攸关民生的大问题，假若不详细探讨，大量失业的发生会使任何建设计划在没有完成之前中断的！

中国的手工业是农业经济中不能分的部分。中国是一个土地稀少、人口众多的国家。每一家人所能分得到的土地极少，不过在30华亩左右，甚至在土地比较肥沃的地带，一家人能有10多亩田已经算是小康之家了。在这样小的农场上即使克勤克俭，不让土地休闲，春秋两季的种植，结果也不过是使这家人有一口日常的食粮吃，其他的开销不能指望土地直接来供给，所以我们的农民并不能专靠农田生活的。五亩之宅必须植之以桑，而且还要自己养猪养鸡，修网捕鱼，入山打猎，这样在男耕女织的传统农工合作方式中才能得到过得去的生活。几千年来，在这种小农生产中，手工业已成了农家经济中不能或缺的副业了。

让我们加重地说中国几千年来并不是没有工业的国家。我们中国人民曾从手工业中获得我们生活上所需的各种制造品，在相当高的文化水准上并不感觉到严重的缺乏。现在大家口口声声说中国需要工业化，这并不是说，以前没有工业，现在才从西洋学来了工业；实在的意思是中国工业的技术需要改良，需要现代化罢了。要正名地说，应该说是中国工业的现代化，才比较正确。

从理论上说来，农业和工业是相辅相助的。都市的兴起，人口集中在都市里，增加农产品的需要，促进工业原料品的生产，都市的繁荣也就是农村的繁荣。这个理论本身没有可以反驳的地方，可是在中国却不完全合用，原因就是在中国农民并不是专业的农民，而是兼营手艺工人的农民。在都市工业兴起过程中，农民身份中应得的利益尚没有收到时，手艺工人身份中的打击却已经降临。农村手工业的崩溃使农家经济发生困难，因而过渡到农业经营本身：资本缺乏、肥料不足、生产降落、土地权外流。都市兴起虽没有直接打击农业，但从手工业的桥梁上，这打击终于降到农业本身。

我们充分承认现代机器工业在成本、在出品的质地上比手工业具有压倒的优势。机器所用的是无生能力，富有累积性和正确性。手工业用的是有生能力，限于一个人的，或若干人能加得起来的体力。这种能力不但不易累积,而且不易正确。机器生产因之超越了手艺生产。人工要和机器去竞争,真有如挑夫对飞机火车一般望尘莫及,若单就抽象的手工业和机器工业来讲,手工业确是处在不利到无法抬头的地位。

这样讲来,我们中国的经济已犯了一种绝症:农业本身养不活农村里的人口,而以往用来帮助农业来养活庞大农村人口的手工业,又因机器的发明而沦于不可救药的地位。手工业没有了希望,也就等于说中国农村经济没有了希望。中国大部分人民是在农村里住的,所以也是中国大部分人民的危机。

在这里似乎有两条路可走,一条是甘地要印度人走的,若是大家不穿洋布,土布不还是可以维持,农村手工业也就不致崩溃?甘地是从人性出发来解答东方的共同问题。我们自然同意这是可能的,但是用道德力来控制个人欲望,因而控制经济,至少需要有修养的人才能做得到。从一般人民说似乎是要求过甚。第二条路是吴景超先生等所提倡的以中国新工业来吸收农村人口,使农场面积扩大,使农民可以专靠农业谋生,使工业可以从农村里抽出来,然后加以机器化,达到现代水准。这自是比较合理,而且也许是最基本的出路。问题是都市工业能吸收人口的力量有多少,以美国农民的例子说,从80%的人口比例改到40%多曾费了60多年工夫。我们不敢希望中国工业扩张的速率可以比美国大,我们人口的数量开始就比美国多好几倍,我们的人口增加率可能在最近50年中超过美国。这许多条件放在一起,大概在这一世纪里不容易实现这条出路里所给我们的诺言。

这两条路若都觉得困难的话,我们只有承认手工业在战后经济计划中所占重要的地位了。我们要安定民生,绝不能抹杀手工业的存在。同时也不能让手工业自生自灭。它甚至将要成为经济计划中一个很缺乏弹性的项目,其他的项目应当和它取得调适。一方面我们得顾全传统工业的分散性质,一方面我们又得顾全它技术的落后。工业不能很快和全部地抽出于农村,同时又要使分散在农村里的工业在技术上逐渐现代化,脱离纯粹的手工和人力基础。这是我们战后初期的经济建设中一个极费考虑的问题。

三

我们主张把机器逐渐吸收到传统工业的社会机构中去,一方面使农村经济得到新的活力,另一方面使农村工业因机器及动力的应用而逐渐变质。这种主张固然是为了目前中国经济的现状而拟下最可能实现、亦最适应当时需要的对策。若迁就事实是这种主张的唯一理由,那只是一种暂时性的过渡手段罢了。我们觉得这种主张还有更深的理由,它不但是切实的设计而且是理想的设计。我们说过,在这时为中国谋经济建设的人心里一定要明白,西洋虽发明了机器,可是还没有发明利用机器来促进人类幸福的社会机构。我们千万不可在这方面妄自菲薄,觉得世界上只有英美式或苏联式的选择。社会机构不像机器可以过了洋不变质,它是一定要在人民生活的土中滋长出来。利用机器生产固然会影响社会机构的方式,但绝不会只限制于一种社会方式。目前利用机器生产的国家就有不同的社会方式可以作证。我们可以输入机器,可是也许绝不能输入社会方式,社会方式是要自己创造的,要在人民的习惯中生根,要能配合其他各种社会制度。我们主张在旧的传统工业的社会机构中去吸收西洋机器生产,目的就在创造一个非但切实,而且合乎理想的社会方式。

在这里我们得放开眼光看一看机器发明之后西洋社会所发生的各种变迁,在一百多年来,产生了多少重大的流弊,我们可以从人和机器的关系及由应用机器而发生人和人的关系两方面来看。

经济活动是人的活动,是人利用自然资源来满足生活的活动;一个正常的经济必然是要以人为主。人有他的尊严,人有他的目的。可是机器的利用发生一种反客为主的现象。从一个在机器上做工的人说,他的活动是在服侍机器。现代机器的发达,尤其在大规模的工厂中,劳工对于机器活动的目的已经不能明白,不必过问,甚至连机器活动的原理也可以不问,他只要按着所规定的动作去和机器配合就够了。这是机器文明中的一个极重要的发明:发明了生产活动,人和机器都在内,可以合理地配合起来,在最有效的方式中进行,人的活动可以规律化到和机器一般。这种把人的活动隶属到机器活动之下,是一个现代的观念,在这观念中曾创造了空前的效率。可是人毕竟是人,在一个人发现自身的活动没有了目的、成了另一个人或另一个东西的奴隶时,心理上必然会有衷心的反感。哈佛大学工业研究所费了十多年的时间发现了现代工业里的工人生理上易于疲乏和社会上易于发生不安的基本原因就在这种有意或无意的反感。

一个人的健全生活须有一个生活上各部门的配合。这配合靠一个综合各种活动的目的。在现代机器生产中,因为机器的庞大发展,自身有了一个生产的目的,根据这生产目的配合了机器和人的活动。为了求合理化,参加这活动的人把他们一部分的活动,在被雇的一段时间中,在整个生活中分割出来隶属于这个超出于他所关心及所了解的生产目的之下。当然，每个参加生产活动的劳工都有一个参加的目的，如养家，如得到较高生活等，但是这些个人的目的和生产活动的目的却不相符合的。从生产活动本身讲，缺乏了一个综合的目的；从每个人讲，生产活动成了达到另一目的的手段，对于手段本身缺乏了热忱和兴趣。于是为了生产目的去配合机器和人的活动起见，不能不用消极的动机，定下各种规则，甚至以工资的升降和失业的威胁，加诸劳工身上，使他们不能不出售和交付他们一部分的生活，从事于不感兴趣的任务之上。现代工业为了生产过程中活动的配合牺牲了参加这活动中每个人生活上的配合。这些人失去了生活的完整，不但影响到生产活动的效率，而且因而发生个人人格的失调和由这些人所组成的社会的波动和不安。人和机器之间并没有完善的调适。

研究现代资本主义的学者们业已指出这个制度中的基本精神并不是从人本观念上发生的。造成资本主义的固然出于生产力的膨胀，使人能在消费之余累积财富为再生产之用，可是若是生产的目的终究是在人的享受，则资本主义终必受限制。资本主义能无限发展是因为在生产过程中生产本身是目的；生产，再生产，使经济活动的动力脱离个人享受而入于财富的累积本身，使利益成为决定生产的枢纽，推其极，使生产工具控制了人。在资本主义中与其说生产工具是私有的，其实不如说生产工具是自有的，因为握有生产工具的私人并没有支配它的力量，它是向着累积的方向而活动的。人和机器的失调，人和机器的成为奴隶和主人的关系中才发生真正的资本主义。

机器不再是工具而是利用人力的主人，人才是机器的工具。在这种情形之中，人和人的关系也发生了失调。很多人认为现代工业中人和人的失调是表现在阶级冲突中，其实所谓劳资的冲突不过是人和机器的冲突。生产工具的所有者并不像中世纪的封主为了自身生产的享受来剥削农奴，他在劳工身上获到剩余价值并不消费在奢侈的私人享受中，而是被吸收在再生产的资本中（正统的资本家是一个为资本服务的忠仆，绝不是一个纨绔子弟）。在机器文明中所引起人和人的失调最严重的是在参加生产活动的各分子之间。

机器成了控制人类活动的主体时，因为机器活动的方便，移动了人的位置。当机器活动利用蒸汽的动力时，各部生产机的位置必须靠近发动机，于是服侍机器的人也必然集居在发动机的附近。这样在工业兴起过程中发生了百万人口以上的大都市，在表面上看来，那摩天高楼，那如梳的烟囱象征了现代文明的发达，但是从人和人的关系上看去，人类碰着了社会生活解体的危机。人是不能单独生活的，在单独生活中人会失去生活的意义。人之所以生活是为了别人，没有了对别人的责任，自己的生活意义跟着就会消失。这就是说个人人格的完整需要靠一个自己可以扩大所及的社区做支持。自从机器把人口反复筛动之后，它集合了许多痛痒不相关的人在一起工作。在他们之间只有工作活动上的联系，而没有道义上的关切。现代都市中住着的是一个个生无人疼、死无人哭的孤魂。在形式上尽管热闹，可是在每个人的心头有的是寂寞。他们可以有一个表面上复杂的共同秩序，可是并没有一个内心中契洽的共同目的。机器文明把社区生活的完整性销毁了。无怪法国的社会学泰斗李泊兰和涂尔干要称这种没有宗教、自杀率日高的都市生活作社会病态的例子了。

我们还没有害过现代文明的病症，在局外只看见他们飞机飞得快，坦克上的大炮射程远；我们可以羡慕伦敦片刻蝶恋圆场，纽约百乐大道的灯光明亮，可是我们应当问问这些"伟大"象征的背后生活着的人有什么感觉。那些正在梦想在 5 年 10 年之后可以赶上西洋工业生产的人，怎能了解为什么会有像威洛克这样不知趣的人来警告我们，要我们不要被这些西洋机器文明的外表迷了眼睛。威洛克这种警告引起了不少反驳的言论那是可以预测的。没有受过西洋机器文明苦处的人不会接受这些警告。可是既有这种警告，至少也该使我们定神想一想，机器文明也许并不会引领我们上天堂的罢。

四

我们指出机器在西洋对于个人对于社会有它的罪过，并不是想抹杀它的贡献：机器的贡献大家是熟知的，它把人民的生活程度提高了，它把国家的实力强化了。我们在这里不必多说。同时我们要声明的，我们尽管承认机器文明有它的流弊，我们并不必因噎废食根本不要机器。西洋人利用机器发生的弊病正可以给我们东方人一个借镜，使我们利用机器时可以及早防范。在这里让我们重复说一次：利用机器时可以有不同的社会方式，并不是一定要走西洋朋友所走过的旧路而一成不变的。

若从机器文明的弊病上去和传统手工业相对照，我们既可以发现机器文明之所短正是手工业之长。手工业中人和工具的关系是：人是主，工具是客，而且在主客之间充满着伙伴精神。再说得深刻一些，一个手艺工匠十分爱护他的工具，因为他明了只有从他的工具里可以充分发挥他的手艺,表现他的人格。这是人对于物最正确的态度。人和物不是对立的,不像现代文明中,人和机器一般地隐藏着恶感;人和物是相成的,人在物里完成他的生活。

在手工业里不但人和工具有着伙伴精神,而且人对于生产过程具有一种表演的态度。在生产过程中,一个工匠在完成他认为一件有意义的工作。也因之,一个工匠对于他的出品有期待,有满足。他可以在出品上刻着他自己的名字。出品的毁誉是自己的荣辱。这和一个现代工厂里的工人的心理很有差别。

或者有人说这些即使是手工业的长处,可是何以手工业竞争不过现代机器工业呢?手工业竞争不过机器工业固然是事实,但原因却不是在手艺工人所具的精神而是在他所用的工具。我们不应把工具不良所得的结果加到他所具的精神上去。从经济的基本目的上批判,手艺工人所具对于工具、对于工作以及对于出品的态度是正确的。这种经济活动中不但不摧残人性,而且完整了人格。即使我们因为机器工业的兴起,提高了生活程度而愿意接受它,我们也不妨因为丧失手工业时代所具的精神而惋惜。何况我们认为在利用机器来生产时并没有一定要销毁那种手艺精神的必然性呢?

因为在手工业中人没有屈服在机器之下,所以手艺的发达并没有破坏由于其他生活需要而形成的社区生活。它配合于家庭、邻里等关系之中,它又配合在其他的生产活动之中,使它成为支持完整生活的力量,而不是破坏其他生活活动的力量。我们在第二节中说明中国的手工业是完整农村经济的一个要素,农村里的人利用农闲来经营手工业,更用男女分工合作来共同组织家庭,利用家有原料来制造日用品。这一切都充分表现了手工业的成全性，它是迁就人性的。它是加强社会联系的力量。人不能是一个经济动物，更不是一个抽象的经济人。人和人的联系也不能专门是利害的结合，活动的配合。人是很复杂的，人的生活中固然不能没有经济活动，但是经济活动的目的是在成全人多方面生活的满足。若是为了客观财富的累积来牺牲人其他方面的要求，在我们看来是不合理和不合人性的悲剧。

手工业成全人性和社会。可是因为它用有生能力在技术上有限制，又因为技术上的限制以致不能和机器工业相竞争而开始崩溃。手工业崩溃的结果，使人类经济生活的过分发展障碍了个人人格和社区生活的完整。这是必然的定命的路线么？我们中国人也不能免于这个下落么？

五

若是手工业的前途是无可挽救的，我们放弃手工业又必然要接受集中都市的机器工业，则我们的问题是如何在现代工业中恢复人和机器以及在利用机器时人和人的正确关系。这就是一般西洋朋友们现在焦心思虑的问题。在他们机器工业已经出了毛病，所以只有对症下药地一步步加以修改。社会主义就是一部分的修改。他们要在被机器所拆散的个人间重新树起相互的责任来。美国 TVA 这种大计划是在想把机器所拆散的社区生活重新恢复起来，我们是否要先把传统经济精神破坏了之后再去设法恢复呢？还是在引用机器进入我们生产过程时就把传统精神保持住呢？

认为非先破坏，然后再恢复的人也并不是没有理由的，因为他们相信在那种手艺精神下机器是引用不进来的。要引用机器就必得大规模的集中在都市中。要解决农村问题先得把农工两业分开来。农工混在一个人身上，或混在一个社区里是两败俱伤。我们自然不否认工业中有许多种类是非大规模不成的，至少在技术许可的条件下，还不能想象一个分散在农村中的钢铁工业，可是我们却希望别人也同意我们说有许多种类工业，尤其是各种日用品的制造业，在技术上是很可能分散在小单位中经营的，纺织、制衣、造鞋、榨油、炼糖，这一类的制造工业在电力的应用中，不但可以分散，而且分散并不限制机器的利用。

在这些工业中，分散生产和集中生产哪种有利，并不是空洞可以讨论的，最好是要在当地加以计划。可是在原则上有理由可以使我们相信，分散生产决不会绝对地不及集中生产。因为即在西洋工业国家，最近也为了工作效率及成本起见逐渐采取分散的形式了。

新工业发展到现在既然已在形式上不一定需要集中，则我们在技术上已有了维持手工业的精神和社会方式而改进技术的可能了。在这可能性之下，我们愿意为中国经济建设思考的朋友们能转过眼来看看中国经济的传统形态，而发现分散工业在广大农村中，使我们一大部分可以分散的工业和农村配合来维持大多数人民的生活，是一条比较最切实的出路，而且这条出路里可以避免西洋机器文明所引起对于个人和社会的不良影响。这最切实的出路也是一条合于理想的出路，因为在这种方式中所组织出来的经济是合于人性的，是促进人类幸福的，是可以实现机器的真正功效的经济。

建设中国的新经济本是一件复杂的工作。单靠大工厂的树立不够，单靠农村工业的复兴也不会够，可是因为现在一般舆论太忽略农村手工业，所以我们愿意提出这个意见。我们深切希望大家不要一口咬定说手工业是绝对没有出路，随之而兴的必然是都市的大工业。也许最切实同时最合宜的出路却是一个调和的方式，维持多数小工业在农村里，只在农村里容不下的工业才在都市中发展起来。至于如何可以在小工业里输入现代技术，那是要很多有技术知识的人耐心去研究的。我们农村经济的安定就得靠这一种人才，这种人得像传教士一般肯耐苦肯不求名利地把新技术传入农村，向农村输血，农村的繁荣才是中国的繁荣，也是中国政治局面安定的最有效的保证。

1946 年 3 月 25 日

关于"乡土工业"和"绅权"

安平兄：

谢谢你来信要我写一篇有关城乡关系的论文给《观察》，因为你告诉我，近来有些读者对我以往发表的言论有很多疑问。我最近在《中国建设》发表了一封给姜庆湘先生的信，曾答复过一些问题，《观察》能给我一个机会再补充若干意见，我是十分感激的。让我先说，我对于这问题是极有兴趣的，这一年来，我在《观察》和《大公报》写过若干有关的短篇，目的就在引起读者的讨论，一切的批评，即使带一点误会或攻击，都愿意虚心地接受，因为最知道自己思想没有成熟和见闻不够周到的应当是我自己。当然我也希望批判者能多偏重于问题本身。

我认为城乡在经济上及政治上都有相成相克的两方面，在历史的演变中，双方的分量常有轻重的变化。各人因为见闻难能周全，所做估计也因之可能有偏重之处。我希望的就在多让多种看法尽量发表，然后共同来做一篇综合的总结，结果我想必然能更完全些。这是我给姜庆湘先生的信上已提到过的。

我在已发表过的文章中曾提出下面的看法，究竟对不对，很愿意读者给我指教的。

在传统经济中，中国的城乡关系不尽是工农的关系。在乡间有很多发达的乡土工业，乡民的日用品大部是自给。因之我曾要知道在经济上乡村在哪些方面依赖都市的供给？如果出多入少，则我们可以说城乡和乡村主要的经济关系不在货物的交换上，而在根据于地租的片面供奉上。

我和这里的朋友们也讨论过这问题。后来我们觉得应当把传统工业分成三大部分：一是皇家独占的工业；二是供给有闲的地主官僚享用，以及小市民间互相交换的市镇工业；三是乡民在家庭及作场中所经营的乡土工业。皇家独占性的工业由来已久，盐铁、军备、货币以及重大的工程，大体上说一直是由皇家包办的。皇家可以用奴隶、囚徒以及民间征来的劳力经营这些工业，或是由大商承办，普通人民很少有机会染指。也许这就是中国工业不易发达的一个重要因素。最近王亚南先生在《时与文》上提到过这意见，很和此间朋友的看法相合。皇家工业和乡村的关系，又可从两方面看。在原料和劳力方面如果有须取给于乡村的时候，是征发来的，即使名义上给与报酬，经过官僚之手，也就很可能化为乌有。另一方面，我们可以问：皇家工业的出品有多少进入乡村的呢？大部分的皇家工业是为政府所需的消费而设立的，如军备和货币；也有专门制造各种宫廷的奢侈品；无论哪一种人民都是没有份的。进入乡村的是盐铁等必需品。在专卖制度下，这类东西有类于赋税性质，是国库的收入。在经济上看，皇家工业和乡村的关系可以说是片面的。

这种工业究竟占中国传统城市工业中多少部分？这问题是值得我们研究的。鞠清远的《唐宋官私工业》一书中曾说过，在唐代从事于官工业的人数"已约占全户口之1/20"。这说法有多少正确性，我无法知道。但是因为皇家所需的器材和货物大部由官工业自行制造的缘故，数目上不能太少。

其次值得我们注意的是城市居民所需日用品的来源和市镇工业品的市场。在闭关时代，城市里所用的工业品（加过工的制造品）有多少是从乡村里来的？反过来问，市镇工业的制造品有多少是用来供给乡村人民的消费的？这些问题其实是我们所要讨论的城乡经济关系的关键。

市镇本是工业的据点。我以前曾说过中国工业主要是乡土工业，经朋友们批评之后，我觉得这句话是有毛病的。我说那句话时，心目中并没有顾到市民群的消费，只就乡村说，乡民所用工商品曾有过高度自给的情形。我忽视了市镇工业，那确是应当矫正的。乡村供给市镇的大部是原料和半制造品，粮食、纱布、蔬菜、丝绸等等；市镇同时吸收皇家工业盐铁等原料，而自行制造各种消费品，所以在市镇中有着专门从事制造业的工匠。

市镇的工匠可以分出两种性质，一种是出卖技术的，一种是出卖制造品的。同一工匠也可以兼有两种性质。市镇里的大户人家，就是在二三十年前还是如此，自己预备了原料，雇工匠到自己家里制造所需的日用品：裁缝在家里缝衣，木匠在家里制造器具（尤其是嫁妆之类大批的木器），甚至过年时的年糕也请了师傅在家里蒸的，工资依时间计算，一个工匠常有一定的长期雇主，世代相承。这些工匠无须自办作坊，无需资本。这种方式也可以说是封建性的。

有足够资本的工匠可以同时经营作坊，替雇主制造定货，原料时常是由雇主自备，按件付工资。在目前很多裁缝铺还是这种性质，以上两种方式的城镇工业都是靠市民支持的，虽则工匠们也偶尔下乡，大的如造屋的工匠，小的像剃头、修理农具等工匠则按村巡行，零星找雇主。这种以技术去服务乡民的工匠在数量上是不多的。

还有一种是出卖制造品的工匠,在铁匠铺里常有挂着很多农具,等待买客的光顾。光顾的买客包括市民和乡民。也有小商人买了之后,挑了去乡村或在市集上转售给乡民。城里工农间交换偏重在这一类的小工业里。

我们对于传统市镇的研究做得很少,因之,我手边找不到关于这几种不同性质的工匠数量上的比例。我们正在计划做这项研究工作,有了结果,另做报告。现在我只能依我的印象说。在靠近大都会的市镇上,商业势力已显著地压倒了工业,那是因为上面所说的第一二类的工匠正在日渐减少中。市民的消费品已大部由外洋的和大都会的工业所供给,不再个别雇佣工匠在家里制造了。另一方面,乡民因为经过了长期的经济衰落,固然无力购买大都会和外洋的工业品,生活程度降落的过程中,也萎缩了向市镇的购买力。城乡交换经济因之也如游丝一般若继若续,加强了目前片面的经济关系,所谓片面的经济关系就是出多入少。在出的一方面的确在增加,地租没有减,征实加重了赋税,而且额外的附加、摊派、强购,以至劫夺,乡间的生产品源源外流,所谓城乡对立是从这现象来说的。

城乡片面的关系,在传统结构中已伏了根,但是因为乡村生产力较现在为高(乡间原有乡土工业一项的生产事业现在业已大为衰落),而且以往城市取给于乡村的程度较现在为低,所以还能维持一个不利于乡村的平衡(这平衡一旦倾侧,就发生农民反抗,在历史上过了一些时间就发生一阵),现在由于内外的种种因素,一面打击了乡村的生产力,一面又加重乡村的担负,使这片面关系更为暴露了。

讨论城乡关系的还可以注意到经济以外的其他方面。我曾就基层行政僵化为题提出了政治上的危险局面。这几篇文章曾引起过若干朋友的误会，甚至有说我在提倡绅权，而且被指为荒谬理论的。我承认这几篇文章中可能有引起这些误会的缺点，尤其在《再论双轨政治》中我为了要说明知识分子下乡服务的重要，所以提到我在英国乡间看到的情形，而说如果这些人也能包括在绅士一流人物中，则我确对他们寄托着希望。现在有些读者看文章时对于许多假设词不太注意，不但断章、甚至断句去念，加上印刷上也有缺点，引起误会是很难避免的。

我觉得要分析传统的政治结构应当注意皇权、绅权、帮权和民权四者之间错综复杂的关系。我所谓"权"是指实际的政治势力。在这四者之间民权是最不发达，吴晗先生和我讨论这问题时，曾表示怀疑"民权"在传统政治结构中是否存在。他的意思是前三者交横错综地统治着基层的人民，人民是被统治的，所以说不上"民权"。我认为在基层上有着一层自治的地方公务，这些公务固然是绅权发挥的领域，但是守望相助、疾病相扶，有关人民本身利益的事务中，还留着人民自助的组织，这组织的规模很小且很脆弱的，但并不说完全没有。

在这里若干朋友的讨论中认为最成问题的是绅权的性质。因为这种政治势力相当特殊，所以我曾特别注意它，想把它的性质弄清楚，分析这现象和提倡或维持这现象绝不是一回事。这点我本来不用说，因为近来有人这样指斥我，所以不能不把这简单的道理在这里提上一笔。

对于绅权有两种看法：一是绅权乃皇权的延长，它是帮助皇权统治人民的，在这任务上得到了皇权的纵容。绅和官是一体。

关于"乡土工业"和"绅权"

另外一种看法是绅权和皇权来源不同，绅权是社会经济的产物，握有传统的势力。而皇权却是靠武力获来的，建立在武力上，它和绅权有冲突的地方。在中国历史上，这两项势力常常发生争执，因之也时有消长。在一个时间譬如六朝门第制度坚强时，皇权固然可以用武力夺来，但支配社会标准的势力却握在皇帝所无可奈何的绅权手上。门第制度被科举所代替后，皇权控制了绅权，而且皇权的专制性也因之加强，于是绅权退居消极的守势。绅权利用官僚机构软禁皇权，自求逃避专制权力的压迫。这种情形我在《论绅士》一文中已说过。

从绅权对皇权的冲突上看，它可以作为皇权专制铁腕深入民间的缓冲力量。再从绅权发生的根源上是地主和知识阶级的事实上看，它为了自身的利益有着开发和保护地方社会的兴趣。所以我曾说除了它从土地制度中剥削农民之外，它可以为地方做事的，因为在人民的立场看去，还有着随时可以来要钱要命的皇权和帮权。我这样说并没有忽视绅士本身的容易腐化，成为土豪劣绅、鱼肉乡民的土皇帝。

还有一点又容易引起误会的，事实也已经引起误会的，是我所说的双轨政治。我认为一个健全而可以持久的政治必须有自上而下和自下而上的双轨。宪法和民主都是在加强自下而上的那条轨道。宪法是对政治权力的限制，民主是使政权对选民负责。这一层意思应当是很清楚的。发生误会的是在我用这些概念来分析传统政治机构。我首先承认中国传统中没有宪法和民主，那就是说没有合法的自下而上的政治轨道。但是这样不是说只存自上而下的单轨了么？又不然，因为我认为在传统政治中却另有一种防止皇权横行无阻的机构。于是我提出了两道防线的说法。一道是无为政治，使皇权有权而无能，一道是绅权的缓冲。在限制皇权，使民间的愿望能自下上达的作用上，绅权有它的重要性。可是我也曾立刻跟着说这条无形轨道不但不普遍，而且不常是有效的。当这轨道淤塞了，皇权的专制势力立刻侵入民间，引起人民的反抗。我想从各种政治势力的交互作用去说明这个动态的现象。我承认这是个相当复杂的现象，我个人才学有限，只能捉摸着一些，可能有瞎子摸象之嫌。但是我仍愿提出来供给研究城乡关系的朋友们参考的，那是因为讨论到城乡的政治关系时这个现象是无法忽视的。

我关于经济和政治这两方做了如上所简述的分析之后，也曾想贡献一些改善的意见。在这方面我只能从制度上及原则立论，至于改善的方法则是另一问题。在政治上，我认为传统的机构已经不合当前的客观环境（这点我是一再说明的，无奈有人说了我留恋过去惯做梦呓之后，读者不看原文，跟着乱骂了）。我曾强调说无为政治是做不通了，因为现代社会必须有能的政府，中央集权并不就是专制（曾举英国当前的政府为例），只要这集权政府向人民负责。负责并不是拍胸脯，而是由民意决定它的去就。换一句话，自上而下的政治轨道得讲究效率，而同时更重要的是必须确立自下而上的有形轨道，那就是代议制。皇权变质而成负责的民选中央政权，绅权变质而成民间的负责立法代表，官僚变质而成有效率的文官制度中的公务员，帮权（我还没有详细分析过的一个政治势力）变质而成工商业社会的公会和职业团体，而把整个政治机构安定在底层的民权基础上。我所谓"变质"并非改穿洋装，而是从传统封建性质变成现代民主性质。我这样说明了，希望有许多曾误会我的读者不致再认为我是在提倡绅权了。这样变质，在政治上城乡不再是统治关系，而成为组合关系了。

在经济方面，我在给姜庆湘先生的一信已有过一些说明。我认为在乡村中复兴工业是很重要的。但是所建立的并不是落后的家庭手工业。关于乡土工业的内容，我最近又写了三篇《申论乡土工业》，将在《大公报》发表，希望读者能明白我所谓乡土工业，在技术、组织、经营各方面是怎样的。

要改变乡土工业的技术，最重要的是乡村电气化，英美苏都在努力向这方面做去，因为这是最基本的，动力改变之后，工业的规模和组织方能谈得到改善。在这里我不再赘述了。

还有一点要说明的是，我主张复兴乡土工业并不包含取消都市工业的意思，二者并不相冲突的。有许多重工业和重大的制造业是不能够分散的，那些不妨留在工业中心去经营。我只主张把可以分散乡间的工业尽量分散。

城乡对立是病态，它们本是相辅相助的经济配合体。我们最后的目标是重建城乡的有机循环，互相有利的配合。我极愿意继续在这问题上多做思考，但是同时也极盼望读者能够多给我批评。

1948年3月10日

小康经济

——敬答吴景超先生对《人性和机器》的批评

前两年的冬天,在昆明青云街的小茶馆里和袁方先生闲谈,他说要到成都去开手工业讨论会,我们接着说了很多关于中国手工业的话。后来张之毅、张乐群两位先生又参加了我们的谈话,说完了派着我把这番话写下来,由袁先生带到成都去,算是我们共同的意见,在那里的讨论会中宣读。后来这篇文章印成了《时代评论》的小册,我加上了一个题目:《人性和机器》。抗战胜利了,这小册又在生活书店印了一次,所以颇有流传。

事隔两年,我回到北平整理旧书时,吴景超先生在旁边,因为我们在这小册里提到吴先生工业化的主张,所以把它借给了吴先生,不久吴先生在《经济评论》第1卷第20期上发表了一篇《中国手工业的前途》,同时口头约我作文答复。因为疏懒,一直拖着没有写。在昆明时,汤德明先生也曾写过一篇很长的批评在报纸上发表过,后来听说在《理论与现实》上又重刊了一次,我也没有答,总好像欠了一笔债似的。不久以前社会学会开年会,同人们要吴先生和我口头上讨论一次,承蒙大家注意这问题,很热烈地有一番辩论。后来我又在《手工艺》刊物上读到了一篇为我抱不平的文章。愈积我想说的话愈多,虽则关于这问题的意见还是没有出我所写的那本小册，在这小册以前为张之毅先生的《易村手工业》（商务印书馆）的序（后来重印在我的《内地的农村》里）。在这里再度把这些泛泛无甚高见的论调提出来说说，也许并不是多余的，因为在这里的确有几个有关中国经济建设的基本问题，值得多加讨论，虽则我很明白现在谈建设似乎还是不切实际的纸上文章，但是迟早我们还得碰着这些问题的——是为引。

两种看法的相同和相异处

对于中国今后建设工业可以、同时亦应该采取的方针，尤其有关乡村工业应该在全部计划中占什么地位和应该是什么性质等问题上，吴景超先生的看法和我们以往已经发表的看法有相当的出入，因之曾引起了吴先生对于《人性和机器》一书的批评。但是看法虽则有出入，在很多基本出发点上，我觉得我们是相同的。为避免我们的讨论流入枝节问题上去，不妨把我们的基本相同点先择要一提：

一、我们都不满意于当前的经济现状，而且都认为改善的方针必须以提高人民生活程度为目的。

二、"如想提高人民的生活程度，决不可忽略生产方法的改良。"

三、当我们眼望着将来时，都愿意"使现在的小村庄都可以转变而为一种工农混合的新社区"。

吴先生的看法和我们有出入的地方可归成下列几点：

一、我们不愿意在生产方法改良过程中忽略了乡村手工业的地位，而吴先生则认为"手工业一定是逐渐衰微而终于消灭"。所以"当机立断""手工业在中国是没有前途的"。

二、我们认为"生产方法"不但包括"技术"而且包括社会方式。我们亦认为"利用机器时可以有不同的社会方式，并不是一定要走西洋（英美）所走过的旧路一成不变的"，因为在西洋的机器文明中"人和机器之间并没有完善的调适"，所以"我们的问题是如何在现代工业中恢复人和机器以及在利用机器时人和人的正确关系"？吴先生虽则没有对西洋（英美）资本主义的社会方式说过什么话，但是对于"近代文明"则认为是有趣而且享受丰富。"近代文明"和"机器工业"都是都市产生的。而都市是自由的园地，"你可以对于自己的生活，照着自己的爱好去安排，而不受固有的物质环境及风俗传统所束缚"。吴先生所理想的就是现代美国的都市生活。他的希望是怎样使中国也变成像现在的美国一般。

三、在我们考虑怎样建立人和机器的健全关系中，我们在传统手工业中看到若干值得保留和发挥的要素，这些要素在我们看来是可以和利用机器并行不悖。这要素就是"手艺精神"。我们认为在乡村工业的形式中机器生产和手艺精神是配合得拢的。吴先生也主张分散工业。可是他这样主张是出于不得已，怕原子弹的破坏，所以工业不得不逃避下乡。他接下去觉得这不得已的办法也有好处，因为可以使农村都市化。这样，"近代文明也连带下乡，也带给在乡村中的人民一种更有趣的生活，更丰富的享受"。

同异之点交代清楚，我可以接下去一说为什么我们并不能完全同意于吴先生的看法了。

问题是怎样在当前复兴工业

我们在《人性和机器》里第二节开头就说:"我们并不愿意抽象地来比较手工业和机器工业的长短。"所谓"抽象"就是脱离了具体的社会背景的意思。我在社会学年会讨论时曾说:"如果原子能征服了月球,吴先生和我一同去设计一个建设方案,我相信我们不会有什么不同的意见的;每个人所想象的天堂离不了树上长满葡萄、河里流着牛乳那一套。可是我们现在要应付的是吴先生描写在《劫后灾黎》一书里的中国。"

当吴先生眼睛看到这具体的中国,心里想着美国的"近代文明"时,他说了:"我们可以断言,在最近两三代,我们即使朝野一心,努力于工业化……决不能达到美国的生活水准。"又说:"在两三代之内想赶上英美等国家,大约是不可能的。"(见《工业化过程中的资本与人口》,《观察》第3卷第3期)这等于说要在两三代里中国工业做到美国的机器化大约是不可能的了。吴先生一方面说手工业终必消灭,另一方面又说机器化不可能,在两三代内中国岂不是会成工业真空了么?吴先生可以不讨论这两三代内的事,轻轻地用"逐渐衰微"四字一笔勾销,而我们所关心的却不是两三代之后的事。我们早说:"若是我们再等50年才发生现在的问题,也许又容易得到解答了……可是,我们是活在现在,不在50年前,不在50年后。"

我们并不否认手工业"逐渐衰微"的事实,我们说过:"手工业的崩溃是中国百年来经济的致命伤……手工业崩溃不要紧,我们并没有理由去姑息它,可是新工业兴起是否能解决因手工业崩溃而引起大量人民的失业和贫困的现象?"因为"手工业一直到现在是我们最大多数人民所倚以为生的职业"。

关于最后的一点,吴先生要我们放心:"机器工业的出现,并不产生失业问题。"他用西洋的历史做保证,更从经济理论上说明机器工业是造业的,不是消灭职业的。

吴先生给我们信证是不够的,因为我们是在中国,是两三代之内的中国。这个中国一方面大量销售,或承受救济的舶来机器制造品,而自己是没有大规模的机器工业的国家;另一方面所有那一点集中在少数都市里的机器工业所得到的收入并不一定投资在中国的。关于第二点吴先生也许可以说过这是特殊情形:资金外流虽则中国几十年常见之事,而且于今为甚,但是今后可以改变。但是吴先生却自己承认兴立大规模的机器工业很难不借外资。既借外资就不能限制由于外资所得利益不外流。这种机器工业在所在国造业力量是否可以赶得上被机器所代替的失业速度?这是问题的第一层。如果再加上第一方面所引起的失业,我相信即使乐观的看法也不易被把国界除外的理论保证所说服的。何况吴先生所用的理论是根据"竞争的经济社会",这个根据在现在实际世界上还有多少存在,更是一个值得考虑的问题。

当然,这个问题的讨论,现在来讲未免太早,吴先生所给我们的保证是以中国能有大规模的机器工业为前提的,当在两三代之后才能实现。我们所发愁的是过去几十年来和现在还是继续发生的"手工业的崩溃"所引起的失业现象。这现象我们虽则拿不出统计来,但是吴先生大概也不会否认是事实吧。即使我们找不到像西洋一般有"失业工人",但是我们确知在农村中有着更多的闲手:停了布机的媳妇们,靠着扁担没有人雇的街头挑夫——都应当算作"失业"的,甚至"失业"项下还得包括找不到工作去当兵的人。

吴先生退了一步说:"假如机器工业真能造成大规模的失业,那么无论把它设立在什么地方,失业是终不可免的。"这话在理论上说又是颠扑不破的。可是吴先生并没有考虑到实有的社会圜局。让我先举一个例子:停了布机的媳妇们,依吴先生的说法本来可以进城去"转业"的,城里更自由,更有趣。但是在非到不得已时,很少乡下媳妇们会听吴先生的理论指导。这倒并不是她们不懂这理论,不会打算,而是她们并不只是单纯的"经济人"。她们到城里去了,留下孩子在家不放心;在田里做工的丈夫也得有人烧饭给他吃。这一套"媳妇"的责任并不能使她追求"自由"。如果她可以不必离家,依旧能找得到事做时,她是可以"转业"的,那就是把小型工厂开到乡下去可以减少失业的一个例子。

我们的问题是比较现实而具体的,中国乡村里以往有分散而普遍的手工业,后来因为竞争不过都市里,尤其是西洋都市里的机器工业,以致这些手工业无法或不易维持——这是事实。这事实引起了现在在乡村里住的人生产的机会减少了(或说失业),因之收入也减少了(或说贫困)。我们面临这现状怎么办?怎样去增加他们的生产机会?怎样去提高他们的收入?怎样去增进他们的生活程度?

吴先生可以说这和他所提理论毫不冲突,因为目前我们看到的失业现象是出于生产缩紧,如果我们有了大规模的机器工业,失业现象就没有了。我们不应因为机器工业发生之后在中国发生失业现象而恨起机器工业来,其实只有机器工业才能解决这大家不满意的情形。造成失业的是"工业衰落",应付的对策是"扩大工业"。

这正是我们在《人性和机器》以及《易村手工业》序里一再申说的要点："让我们加重地说,中国几千年来并不是没有工业的国家。""整个的大趋势是中国经济的彻底农业化。""农业中国等于是个饥饿中国。把工业集中到了国外,或外资经济下的'孤岛'上,是剥夺我们广大民众的生活凭借"——我们的问题是怎样重建中国人民赖以为生的工业。

关于乡村工业的概念

这样说来,我们和吴先生的看法应当相同了,却又不然。不同的原因是吴先生看得远,我们看得近;吴先生心肠硬,我们心肠软;吴先生要根本解决,我们却在想过渡办法;吴先生一说起"改良生产方式"立刻想"以机械来代替古老的筋肉",我们却想慢慢以机械代替工人。我们曾说："一方面我们得顾全传统工业的分散性质,一方面我们又得顾全它技术的落后。工业不能很快和全部地抽出于农村,同时又要使分散在农村里的工业,技术上逐渐现代化,脱离纯粹的手工和人力基础。这是我们战后初期的经济建设中一个极费考虑的问题。"

我们提出这要费考虑的问题是因为要迁就现实。吴先生因之说我们对手工业"留恋",对于机器工业"厌恶"。我记得好像汤德明先生对我们也有类似的批评,甚至称我们这种是乌托邦式的空想,加上略带轻蔑性的"费孝通的王国"的按语。在我们自己看来倒是我们太缺乏了"空想"的能力,也太缺乏了对任何社会方式及技术本身的留恋和厌恶之感。我们是极平庸地想从最可能实行的有效方式中去提高最大多数人民的生活程度罢了。

如果吴先生能指示我们比我们这种平庸的过渡办法更有效的捷径，我们绝不"留恋"于我们所想到的逐渐把机器吸收到乡村里去的办法。我们毫无成见，但是我们也得说，我们并不能满足于两三代之后才兑现的诺言，也不能满足历史逻辑自会决定我们前途的定命论。

其实吴先生也同意，至少在过渡时期，我们所建议的逐渐把机器吸收到乡村里去的办法，但是却在名称上却不愿用这讨厌的"手工业"三字去形容这部分机器化了的乡村工业。他曾说我们显然把农村工业和农村手工业两个概念混为一谈。他下着明白的定义说："如果用的是有生能力就是手工业，如用的是无生能力就是机器工业。"他又说："农村的工业可以是手工业，也可以是机器工业。"其实吴先生所同意我们的那种乡村工业，既不是手工业也不是机器工业，而是二者的混合形式，同时用有生能力和无生能力的。称它乡村手工业如嫌亏待了它，称它乡村机器工业也未免过分抬举了它，所以我们常用二者的通称"乡村工业"。乡村工业并非不是手工业即是机器工业，常常可以既是手工业又是机器工业。如果我们想为自己辩护时，正可以说，这并非概念上的混淆，而是事实上的复杂。

更有进者，吴先生只从"动力"一项要素来辨别手工业和机器工业，可是这两种形式的工业的区别并不只限于"动力"要素。就字论字，手工和机器都是指制造时所用的设备或工具（双手可说是生物机体上天生的工具）。推动手工的是有生能力，推动机器的是无生能力。动力的性质其实并不包括这两个字的本身。显然地，手摇机也可说是"机器"，而动力是有生能力。

我这样说并非主张"望文生义"，或是有意吹毛求疵，而是想说明这两种形式的工业如果要加以严密的定义时，似乎不应只限于动力一个要素。依普遍的文化论说，这是两种制度，包括物质基础、社会组织形态。惟有从这三方面同时去说明方能算有了完整的概念。

利用机器的社会方式

这种看法使我们注意到"手工业"所包括的我们所谓"手艺精神"，因而我们在讨论"中国手工业前途"时提出了人性和机器的基本问题来了。

吴先生并没有考虑到我们对于现代资本主义中人和机器及由利用机器而发生人和人的关系的分析。他把我们对于现代文明中的一部分社会制度的批评看成我们对于整个现代文明的批评，因而把"甚至于与他最亲密的妻子都是别人替他安排"的传统文化来和"可以选择自己的妻子"的现代文明相比较，结论自然"在都市中住惯的人都不愿再回到乡村中去，连费先生等都包括在内"——这种批评我们认为不公允的。

我们的看法在《人性和机器》中曾简单地说明。吴先生既引用了我们一段结论，我们似乎不能不把发生这段结论的意见不避冗长之嫌引用在这里：

> 经济活动是人的活动，是人利用自然资源来满足生活的

活动；一个正常的经济必然是要以人为主。人有他的尊严，人有他的目的。可是机器的利用发生一种反客为主的现象。从一个在机器上做工的人说，他的活动是在服侍机器。现代机器的发达，尤其在大规模的工业中，劳工对于机器活动的目的已经不能明白，不必过问，甚至连机器活动的原理也可以不问，他只要按着所规定的动作去和机器配合就够了。这是机器文明中的一个极重要的发明：发明了生产活动，人和机器在内，可以合理地配合起来，在最有效的方式中进行，人的活动可以规律化得同机器一般。这种把人的活动隶属到机器活动之下，是一个现代的观念，在这观念中曾创造了空前的效率。可是人毕竟是人，在一个人发现自身的活动没有了目的，成了另一个人或另一个东西的奴隶时，心理上必然会有衷心的反感。哈佛大学工业研究所费了十多年的时间发现了现代工业里的工人生理上易于疲乏和社会上易于发生不安的基本原因就在这种有意或无意的反感。

一个人的健全生活必须有一个生活上各部门的配合。这配合靠一个综合各种活动的目的。在现代机器生产中，因为机器的庞大发展，自身有了一个生产的目的，根据这生产目的配合了机器和人的活动。为了求合理化，参加这种活动的人把他们一部分的活动在被雇的一段时间中，在整个生活中割出来隶属于这个超出于他所关心及所了解的生产目的之下。当然，每个参加生产活动的劳工都有一个参加的目的，如养家，如得到较高生活等，但是这些个人的目的和生产活动的目的却不相符合的。从生产活动本身讲，缺乏了一个综合的目的，从每个人讲，生产活动成了达到另一目的的手段，对于手段本身缺乏了热忱和兴趣。于是为了生产目的去配合各机器和人的活动起见，不能不用消极的动机定下各种规则，甚至以工资的升降和失业的威胁加诸于劳工身上，使他们不能不出售和交付他们一部分的生活，从事于不感兴趣的任务之上。现代工业为了生产过程中活动的配合牺牲了参加这活动中每个人生活上的配合。这些人失去了生活的完整，不但影响到生产活动的效率，而且因而发生个人人格的失调，和由这些人所组成的社会波动和不安。人和机器之间并没有完善的调适。

研究现代资本主义的学者们业已指出这个制度中的基本精神并不是从人本观念上发生的。造成资本主义的固然出于生产力的膨胀，使人能在消费之余累积财富为再生产之用。可是若是生产的目的终究是在人的享受，则资本主义终必受限制。资本主义的能无限发展因为在生产过程中生产本是目的；生产，再生产，使经济活动力脱离个人享受而入余财富的累积本身，使利益成为决定生产的枢纽，推其极，使生产工具控制了人。

另外我在《初访美国》的第六章《机器和疲乏》和为史国衡《昆厂劳工》所写的后记中，对这层意见都有发挥。在这里我愿意再说一遍，在欧美工业先进国家所采取利用机器生产的那种资本主义社会方式只是许多可能方式中的一种。资本主义社会方式从历史上说是和机器工业同时发生，而且曾有密切关系。没有机器发生，生产能力不能膨胀，资本不易累积，不易再生产，生产工具不易脱离所有者；没有资本主义，机器工业不易因资本不断用于生产而获得迅速发展。所以从历史上说二者是相配合的。但是历史上的相配合并不是说二者不可分。社会主义的出现就是利用机器来生产的另一种社会方式。因之我们对于在资本主义中机器所引起人格及社会的失调的批评并不是对机器本身的批评。我们并不是认为机器脱离了相配的社会方式有任何作用的。因之有若干朋友认为我们"反对机器生产",那是出于误解我们的意见。

还有一点和吴先生及若干朋友不相同的是在:我们认为任何一个国家所能采取的社会制度必然受该国文化和社会处境所影响,所以我们认为我们的课题并不是"英美式呢,还是苏联式呢?"而是以增加人民生活程度为目的。熟察我们自己的历史背景及社会情况,设计一个能利用机器生产的中国式的社会方式。

我们在设计时,欧美各种国家的经验是我们参考的材料。我们得取长去短地得到最适合于我们自己的方式。我对于资本主义社会方式中机器和人的关系的批评是从这个观点上发生的。至于我们批评得对不对那是应当提出来讨论的,但是如果有因为我们对欧美经济方式不满意而就认为我们"留恋于过去,不愿求进步",那是我们不愿意接受的。

平庸的理想

吴先生同意我们乡村工业变质逐渐应用机器的主张。可是同一主张背后的理由却不同的。他说:"如果我们能将工业的位置做一有计划的分配,则在原子时代,设立工业于乡村,是有国防的理由的……原子弹对于都市的破坏之大使我们深切地认识,把工业集中于少数都市,从国防的观点看去,实在是很不安全的。

"另外我们还有一个理由,就是机器工业到了农村之后,可以使农村变质，使农村成为一个更适宜于人类居住的社区。"

我们的理由是从民生的观点上着眼的。我们认为我国人多地少的小农经济中农业并不能单独养活这挤在土地上庞大的人口。我们并没有有效的办法可以减少人口到"汉唐时代"，从4万万5000万的数目降到3000万。吴先生说："使其退回到3000万人，不是短时期内所能做到的事。"这话我们觉得太轻了一些，除非利用原子弹，这是件近于不可能的事。即使我们能积极在可能范围内节制人口，能求其不涨得太快，已不是一件短时期内所能做到的事。所以一个现实的经济计划不能不以"人多地少"为不易变的前提。

在传统经济中我们是在乡村工业来补农业的不足。这个农工互相补助的方式是小农经济的安全瓣。乡村工业的衰落，不但是中国工业的缩紧，而且是中国目前土地问题日渐严重的一个重要原因。我们主张恢复传统的方式，因为我们实在想不出其他能适应于这在短时期内无法改变的小农经济。

我用《小康经济》来做本文的题目，在这里可以提出一个注释了。吴先生所理想的是个像美国一样富的中国。理想固然不妨陈义稍高，但是以这理想标准来看中国现实，不免会发生"失败主义"！我觉得吴先生那篇《工业化过程中的资本与人口》不免给人这种印象。在那篇十分重要的文章里，吴先生很明白告诉了我们，至少依我们读来，这个理想是不可能在两三代之内达到的。所以我们不妨"当机立断"抛开这个"美梦"回到我们东方标准来，追求一个"小康"的水准。

小康水准可以用孟子的话来说明：

> 五亩之宅，树之以桑，五十者可以衣帛矣。鸡豚狗彘之

畜，无失其时，七十者可以食肉矣。百亩之田，勿夺其时，数口之家，可以无饥矣。谨庠序之教，申之以孝悌之义，颁白者不负戴于道路矣。七十者衣帛食肉，黎民不饥不寒。

说来似乎标准低极了，但是人口这样多，资源这样小的国家，如果学美国一般地浪费挥霍，必然会发生争夺民食民衣的"豪门巨阀"。把标准定得低到了"七十者衣帛食肉，黎民不饥不寒"的境界，要实现在"劫后灾黎"的中国已够我们努力的了。

标准和理想放低了些，我们的计划也可以现实了些。我们所主张就地推广小型工业到乡村里去所可以实现在民生上的决不是美国式的生活，而是东方的小康生活。

即是想做到这小康生活，我们觉得还是不容易，因为我们原有的乡村工业太落后，不能和现代工业竞争，所以我们不能让现有乡村工业自己去挣扎，而必须有计划地把现代技术、组织、精神输入乡村。接着我们曾说：

至于如何可以在小工业输入现代技术，那是要很多有技术知识的人耐心去研究的。我们农村经济的安定就得靠这一种人才，这种人得像传教士一般肯耐苦肯不求名利地把新技术传入农村，向农村输血。

手艺精神的再生

最后，我们还得提到另一个理由就是在这种小康经济中我们可能发挥一种健全的人和机器及利用机器所发生人和人的关系。

这是我们从手工业中所见到的手艺精神。我们曾解释这精神说：

手工业中人和工具的关系是：人是主，工具是客。而且在主客之间充满着伙伴精神。再说得深刻一些，一个手艺工匠十分爱护他的工具，因为他明了只有从他的工具里可以充分发挥他的手艺，表现他的人格。这是人对于物最正确的态度。人和物是相成的，人在物里完成他的生活。

在手工业里不但人和工具有着伙伴精神，而且对于生产过程具有一种表演的态度，在生产过程中，一个工匠在完成他认为一件有意义的工作。也因此一个工匠对于他的出品有期待，有满足。他可以在出品上刻着他自己的名字。出品的毁誉是自己的荣辱。这和一个现代工业里的工人的心理很有差别。

在人和人的关系里，现代西洋的机器工业因为集中在都市里，所以把人口从他们原有的社会团体中拆散了出来，重新依了机器及厂房的区位需要加以聚拢在一起。人自然不能没有社会生活的，在这些人中产生了组合，可是这些组合却缺乏历史性的契洽，只是为了片面地依着某一种兴趣而聚拢来的，因之表现出高度的不稳定。吴先生认为这是"自由"。"自由是都市的特色。你可以在都市中，选择自己的职业，选择自己的妻子，选择自己的邻居，选择自己的朋友。你可以对于自己的生活，照着自己的爱好去安排，而不受固有的物质环境及风俗传统所束缚。"

在现代欧美都市中的人是否都有吴先生所说的"自由"还是一个值得考究的问题。吴先生把风俗传统视作束缚也是笼统的说法。我们认为自由和束缚本身并没有意义。文化本身也可以说是束缚；并不能因为语言束缚了我们表达情意的方式，而要求放弃语言；相反的，我们在语言束缚中才有传达的自由。自由在完成我们生活目的时才有它的意义。吴先生所赞美的"都市自由"有些正是 Le Play 和 Durkheim 等社会学家认为是社会解组的现象，因为这些所谓"自由"就是"离婚""犯罪""贫穷""失业""自杀"的原因。

我们这样说并不是想为乡村里所有任何风俗和传统的内容辩护；这些是随着处境而变迁的，但是我们却愿意说没有风俗没有传统的社会，如果有这种社会的话，也不是我们的理想社会。

我们知道究竟哪一种生活才能令人满意的问题是无法讨论的。在这里我们只想说明，在《人性和机器》中我们主张把经济活动成为完整社区生活的力量，而不使它成为相反的破坏力量，是从一种社会价值的认定上发生的。这个认定似乎是我们和吴先生的看法最基本的相异之点；说到这一点，我们想我们所要说明和吴先生的看法为什么不完全相同的话也可以结束了。

1947 年 10 月 29 日于清华园

第三编
乡土重建及城乡关系

乡土重建

中国社会变迁中的文化结症

任何对于中国问题的讨论总难免流于空泛和偏执。空泛，因为中国具有这样长的历史和这样广的幅员，一切归纳出来的结论都有例外，都需要加以限度；偏执，因为当前的中国正在变迁的中程，部分的和片面的观察都不易得到应有的分寸。因之，我在开讲之始愿意很明白地交代清楚，我并不想讨论本题所包括的全部，我只想贡献一种见解，希望能帮助我们了解中国社会变迁的方向。我在这次演讲中，并不能把社会各方面，好像经济、政治、宗教、教育等等的变迁情形，一一枚举，只愿分析在这些方面所共具的基本问题，也可说是文化的问题。所谓文化，我是指一个团体为了位育处境所制下的一套生活方式。我说一"套"，因为文化只指一个团体中在时间和空间上有相当一致性的个人行为。这是成"套"的。成套的原因是在：团体中个人行为的一致性是出于他们接受相同的价值观念。人类行为是被所接受的价值观念所推动的。在任何处境中，个人可能采取的行为很多，但是他所属的团体却准备下一套是非的标准、价值的观念，限制了个人行为上的选择。大体上说，人类行为是被团体文化所决定的。在同一文化中育成的个人，在行为上有着一致。

讲到这里，我应该特别提出位育这个字。一个团体的生活方式是这团体对它处境的位育（在孔庙的大成殿前有一个匾写着"中和位育"。潘光旦先生就用这儒家的中心思想的"位育"两字翻译英文的 adaptation，普通也翻作"适应"。意思是指人和自然的相互迁就以达到生活的目的）。位育是手段，生活是目的，文化是位育的设备和工具。文化中的价值体系也应当作这样看法。当然在任何文化中有些价值观念是出于人类集体生活的基础上，只要人类社会存在一日，这些价值观念的效用也存在一日。但是在任何文化中也必然有一些价值观念是用来位育暂时性的处境的。处境有变，这些价值也会失其效用。我们若要了解一个在变迁中的社会，对于第二类的价值观念必然更有兴趣。因之，我在这次演讲中将要偏重于这方面，去分析那些失"时宜"的传统观念。

我这里所说的"处境"其实可以代以常用的"环境"一词。但是我嫌环境一词太偏重地理性的人生舞台，地理的变动固然常常引起新的位育方式，新的文化；但是在中国近百年来，地理变动的要素并不重要。中国现代的社会变迁，重要的还是被社会的和技术的要素所引起的。社会的要素是指人和人的关系，技术的要素是指人和自然关系中人的一方面。处境一词似乎可以包括这意思。

对于变迁的概念，我也想做一注脚。变迁是一个替易或发展的过程，从一种状态变成另一种状态。若要描写这过程，最方便的是比较这两种状态的差别。但这是须在后起的局面多少已成形的时候才能有此方便。中国社会变成什么样子，现在还没有人敢说。所以我只能先说明传统的方式。传统的方式不但有记载可按,而且有现实的生活可查;关于新兴的方式则除了可以观察者外,只能参考所采取新的要素在其他社会里所引起的变迁了。我并不愿承认中国从西洋传入了新工具必然会变成和西洋社会相同的生活方式。我不过是借镜西洋指出这可能的趋向。

中国社会变迁的过程最简单的说法是农业文化和工业文化的替易。这个说法固然需要更精细的解释,不能单从字面上做文章,但是大体上指出了中国是在逐渐脱离原有位育于农业处境的生活方式,进入自从工业革命之后在西洋所发生的那一种方式。让我从这一句笼统的说法做出发点,进而说明农业处境的特性和在这处境里所发生的价值观念和社会结构。

中国传统处境的特性之一是"匮乏经济"(economy of scarcity),正和工业处境的"丰裕经济"(economy of abundance)相对照。我所说的匮乏和丰裕,并不单指生活程度的高下,而是偏重于经济结构的本质。匮乏经济不但是生活程度低,而且没有发展的机会,物质基础被限制了;丰裕是指不住的累积和扩展,机会多,事业众(我在《初访美国》中有较长的说明)。在这两种经济中所养成的基本态度是不同的,价值体系是不同的。在匮乏经济中主要的态度是"知足",知足是欲望的自限。在丰裕经济中所维持的精神是"无餍求得"。关于西洋资本主义的发展和"无餍求得"精神的关系,已经由今天的主席 Tawney 教授分析过,我不必在这里详述。我在这里想用同样方法来分析的是匮乏经济和知足观念的关系。

传统匮乏经济的形成有着许多条件。首先,中国是个农业国家。中国人民的生活多少是直接用人力取给于土地的。土地经济中的报酬递减原则限制了中国资源的供给。其次，我们可耕地的面积受着地理的限制。北方有着戈壁的沙漠，而且日渐南移，黄沙覆盖了农业发祥地的黄河平原。西方有着高山。东方和南方是海洋，农夫们缺乏航海的冒险性。中华腹地，年复一年地滋长着人口，可耕的可说都耕了。悠久的历史固然是我们的骄傲，但这骄傲并不该迷眩了我们为此所担负的代价。这个旧世界是一个匮乏的世界，多的是人，少的是资源。

马尔萨斯的人口论似乎最适合于中国的情势了。但是我却常觉得并不够解释为什么中国人口会这样多，使他们生活程度不能不降得这样低。人究竟不是普通的动物，依着生物原性去增加他们后裔的。中国人口的庞大实在是农业经济所造成的，在利用人力和简单的工具去经营农业的时代，这也许是不能避免的现象。农作活动是富于季候性的。在农忙时节，很短的时间中，必须做完某项工作，不能提早，也不能延迟。若是要保证在农忙时节不缺乏劳力，在每一个区域之内，必须储备着大量人口。农忙一过，农田上用不着这些劳力了，但是这批人口还得养着。生产是季候性的，消费却是终年的事。农田不但得报酬所费的劳力本身，而且还要担负培养和储备这些劳力的费用。农业和工业性质的不同也分出了担负的轻重，表现出来的是人多资源少的现象。

土地所需劳力的分量是跟着农业技术而改变的。若是农业中工具改进，或是应用其他动力，所需维持的人口也可减低。但是，在这里我们却碰着了一种恶性循环。农业里所应用人力的成分愈高，农闲时失业的劳力也愈多。这些劳工自然不能饿了肚子等农忙，他们必须寻找利用多余劳力的机会。人多事少，使劳力的价值降低。劳力便宜，节省劳力的工具不必发生，即使发生了也经不起人力的竞争，不值得应用。不进步的技术限制了技术的进步，结果是技术的停顿。技术停顿和匮乏经济互为因果，一直维持了几千年的中国的社会。

我承认物质生活的享受总是人生的一种引诱。但是我们应当问的，在一个资源有限的匮乏经济中这种引诱会引起什么结果？在村子里，每一方田上都有着靠它生活的人。若是有一个人要扩张他的农田，势非把别人赶走不成。一人的物质享受必然是其他人生活的痛苦。路上的冻死骨未始不就是朱门酒肉臭的结果。人不向自然去争取享受，而在有限的供给中求一己的富裕，结果不免于人相争食。这并不是东方的特色，而是人类社会的基本原则。桑巴克曾说，在资本主义以前的社会通性是"从权力得到财富"。在中国历史上固然不缺乏刘邦、朱元璋之类的人物，但是每个人若都像项王一般，存着"取而代之"的心思，这个社会显然是难于安定了。没有机会的匮乏经济中是担当不起这一种英雄气概的。刘邦、朱元璋究竟是亿万人中的幸运儿，不足为训；历史上读不到的是屈死篱下的好汉。尊荣享受所给的对象是个人，幻灭是社会的混乱。这史实，这教训，这领悟，凝成一种态度，知足安分；一代又一代，知足安分的得到了生存和平安，谁能否认这不是处世要诀？

我这种分析并不想把价值观念只视作客观经济处境的心理反映。观念是文化中不能分的一部分；是一种帮助社会位育处境的力量。在资源有限的匮乏经济里有不知足不安分的人，而且对于物质享受的爱好，本是人性之常，但是这种精神并不能使人在这处境中获得满足，于是有知足安分的观念发生了。这观念把人安定在这种处境里。我并不是在批评这种观念，我不过想了解这观念。

从这个角度里去看传统的儒家思想，可以帮助我们对它的领会。我常觉得我们这位"万世师表"所企图的是在规划出一个社会结构，在这结构中有着各种身份（君臣父子之类），每个人在某种身份中应当怎样想，怎样做。社会结构本是人造的，人造的东西都可以是一种艺术。社会也可以是一种艺术。身份安排定当，大家安分地生活下去，人生的兴趣就在其中——"吾兴点也"。这正是像英国的国术足球。球员们从不感觉到球场应当要加宽一些，球得加重一些，或是增加几个球员。他们是安"分"的。他们更不会坚持一套规则只许自己用手，不许人家用手，自己门上装个铁网，人家门前不许守卫。这样做不成玩球了。人生的鹄的若在"游于艺"的话，我们似乎必须有一套社会结构。这结构的创立固然需要合于艺术的原则，大同之境，而人也必需要安分的精神。这精神就是"礼"，我很想翻译成英国人民所熟习的sportsmanship。Sportsmanship是承认自己所处的地位，自动地服从于这地位的应有的行为，也就是"克己"。在北平街上，有些门上还可以看到"知足常乐"四字。快乐是人生的至境，知足是达到这境界的手段。

我并不知道在传统社会中的中国人是否快乐；但是知足的态度却使他并不能欣赏进步的价值，尤其是一种不说明目的地的"进步"。孔子对于生产技术是不发生兴趣的，他是一个在农业社会里不懂农事的人。他的门徒中比较更极端一些的像孟子，劳力的被视作小人了。当时和儒家不太和合的庄子，在限制欲望、知足这一点上是表示赞同的，以"有限"去追求"无限"，怎么会不是件无聊而且危险的事呢？唯一对于技术有兴趣的墨家，在中国思想上所占的地位远不如儒家，这也可以说明在一个劳力充斥的农业处境中去讲节省劳力的技术，是件劳而无功的事。我在这里并不能对中国传统思想多做介绍，我所想的是指出知足、安分、克己这一套价值观念是和传统的匮乏经济相配合的，共同维持着这个技术停顿、社会静止的局面。

在这里我想对儒家偏重身份的观念再下一些注释。儒家的注重伦常，有它的社会背景，中国传统社会结构的基础是亲属关系。亲属关系供给了显明的社会身份的基图，夫妇、父子间的分工合作是人类生存和绵续的基本功能所必需的。这些身份比了其他社会团体中的身份容易安排，容易规律。而且以婚姻和生育所结成的关系，一表三千里，从家庭这个起点，可以扩张成一个很大的范围。而且在亲属扩展的过程中，又有性别、年龄、辈分等清楚的原则去规定各人相对的行为和态度。在儒家的社会结构中，亲属也总是一个主要的纲目，甚至可以说是一切社会关系的模范。

以亲属关系做结构的纲目是同儒家以礼做社会活动的规模相配合的。礼，依我以上的注释，是依赖着相关各人自动地承认自己的地位，并不是法。法是社会加之于各人使他们遵守的轨道。自动的合作，必须养成于亲密、习惯、熟悉的日常共处中。"学而时习之"的习字，是养成礼的过程。足球的指导员一定明白球员的合作必须经过朝夕的练习。从这个意义上说，礼也很近于哈佛大学 Mayo 教授所谓 social skill，直译是"社会技术"，意译是"洒扫应对"。用普遍社会学的名词来说：积极的和自动的合作需要高度的契洽，契洽是指行为前提的不谋而合，充分的会意；这却需要有相同的经验，长期的共处，使各人的想法、做法都能心领神会。换一句话说，人和人之间的亲密合作，不能是临时约定，而需要历史养成。亲属在这方面说正是人和人的历史关系，家庭又正是养成亲密合作的场合。在家庭和亲属关系里,"社会技术"最易陶养,以礼来规范生活的社会也最易实现。儒家想创造一个礼尚往来的理想社会结构,中国原有的亲属组织也就成这结构的底子了。

也许我们可以问这种把社会身份规定住了的结构不是一种保守主义么?从人类文化的物质基础上说也许是这样。但是我觉得儒家并不是反对物质的享受,孔子至少承认富人也可以为善,虽则和穷人为善的方法不完全相同。他对于贫富、财货并不关心,他所关心的是人和人的相处,并不在人对自然的利用。我们若要为儒家辩护,可以说不论人对自然的利用到什么程度,人和人相处相得还是和人生直接有关的问题。对于这问题,人类还得不住地用工夫,求善道。因之,儒家可以有理由对物质享受之道不加关心。不关心并不是疾视,"你去问别人好了"。若是我们从人和人的关系上去看,儒家并不是保守的,而是有理想的,有理想的就不能对现实满意。孔子的栖栖遑遑,坐不暖席,为的是他有理想。社会结构的标准是完整,是大同。这个概念和法国社会学家的前驱 Le Play 和 Durkheim 很相近。大同或是社会完整,很不易加以简单的定义,若是必须要说的话,我认为这是一种社会组织的程度,在这程度上个人觉得和团体相合,而且在做这整体的一部分时,个人从团体中获得他生活需要的高度满足。Durkheim 在他的《自杀论》里反面地说明了不完整社会的形态。在他之前 Le Play 已有 6 册巨著分析工业初期欧洲社会的解组。这两位大师对于英国人类学的影响之深早已显著,但是他们对于现代社会的批判却并没有引起海峡对岸的回响。可是,远隔大西洋的美国,这基本概念,社会完整,却被许多研究工业组织的学者们所重视了,可惜的是数十年中，人类已经受到两次大战的打击了。回念我们被视为古旧的中华文化，几千年来这问题久已成为思想家的主题。东西相隔，我们的传统竟迄今没有人能应用来解释当前人类文化的危机。人类进步似乎已不应单限于人对自然利用的范围，应当及早扩张到人和人共同相处的道理上去了。

我对中国传统秩序已说了不少的话，可是我还只能粗枝大叶地提出一些问题罢了。我这篇话只想说明中国传统价值观念是和传统社会的性质相配合的，而且互相发生作用的。希望并没有引起一种误会，认为我是主张回返传统或是盲目于饥饿的群众。即使我承认传统社会曾经给予若干人生活的幸福或乐趣，我也决不愿意对这传统有丝毫的留恋。不论是好是坏，这传统的局面是已经走了，去了。最主要的理由是处境已变。在一个已经工业化了的西洋的旁边，决没有保持匮乏经济在东方的可能。适应于匮乏经济的一套生活方式，维持这套生活方式的价值体系是不能再帮助我们生存在这个新的处境里了。"悠然见南山"的情境尽管高，尽管可以娱人性灵，但是逼人而来的新处境里已找不到无邪的东篱了。我不反对我们能置身当年情境欣赏传统的幽美，但这欣赏并不应挡住我们正视现实：这一个利用自然动力、机器和庞大组织的生产方法；这人口汇集、车如流水的都市；这财富累积、无餍求得的社会；这疾如流星、四通八达的交通；这已经发现了利用原子能的新世界——回到我最初的命题，这自从工业革命之后在西洋所发生的那一套生活方式，这是一个丰裕的经济。

我并不觉得自己配谈西洋文化，我缺乏分析这新处境所需的知识，但是从别人的著作中看去，似乎工业革命曾在欧洲社会引起过一个很重要的转变；在西洋人民的生活中已有一套新的原则在活动，在若干方面正和我在上面所指出的那种生活方式刚刚相反。当然，我并不是说东方和西方事事相左，我们的白天是你们的黑夜；你们的白天是我们的黑夜。人类文化有着基本的相同点，但是今天我是在讨论变迁，变迁是出自相异。

若是匮乏经济和丰裕经济只是财富多寡之别，东方和西方正可以相邻而处，各不相扰。贫而无谄，富而好施，还是可以往来无阻。但是这两种经济的不同却有甚于此。匮乏经济是封闭的、静止的经济，而丰裕经济却是扩展的、动的经济。工业革命之后的西洋，代表着一个扩展的过程，一个无孔不入的进取性的力量。甘地想从个人意志上立下一道匮乏经济的最后防线，显然是劳而无功。这世界已因交通的发达而形成不可分割的一体，在这一体之内，手艺和机器相竞争，人力和自动力相竞争，结果匮乏经济欲退无地，本已薄弱的财富，因手工业的崩溃、生产力的减少，而益趋贫弱。在这方面说，确是一个弱肉强食的场合。尽管你可以瞧不起锦衣玉食，但是当饥寒交迫的时候，谁也不能不承认生活确是有一道物质基础的。当经济的竞争把人推到不能不承认物质生活的重要时，怎能不憬然醒悟最初不重视物质生活的失策了。

即在东西接触之初，西学的实用是早经公认的了，我们可以很简单地说，直接使东方受到患难的是西方的武器和生产技术。这就是"西学为用"的用的方面。在学习和接受西学之用的方面时，我们逐渐发现了用和体是相关联的，是一套文化。技术是人利用自然的方法，重视技术，发展技术是出自一种人对自然的新关系。匮乏经济因为资源有限，所以在位育的方式上是修己以顺天，控制自己的欲望以应付有限的资源；在丰裕经济中则相反，是修天以顺己，控制自然来应付自己的欲望。这种对自然的要求控制使人们对它要求了解，于是有了科学。西学确是重于人和自然的关系，根本上脱不了利用厚生之道，是重"用"的。但是这偏重的背后却有一种新的看法，这看法规定着人在宇宙里的地位，是出于西洋宗教的基源。这一点，今天的主席 Tawney 先生已经分析过，不必重述。我想指出的是在基督教传统中所孕育的那种无餍求得的现代精神，只有在一个丰裕经济中才能充分发挥，成为领导一个时代的基本力量。我在论匮乏经济时曾指出一种循环：劳力愈多，技术愈不发达，技术愈不发达，劳力也愈多；在丰裕经济中也有一种循环：科学愈发达，技术愈进步，技术愈进步，科学也愈发达。到现在至少已有一部分人感觉到，科学发达得太快，技术进步得太快，人类已不知怎样去利用已有的科学和技术来得到和平的生活了。这两种循环比较起来，前者已造成人类的贫穷，后者已造成了人类的不安全，都可以说是恶性的。

中国传统文化中不发生科学，决不是中国人心思不灵，手脚不巧，而是中国的匮乏经济和儒家的知足教条配上了，使我们不去注重人和自然间的问题，而去注重人和人间的位育问题了。我不敢说在人事上中国传统文化是否有很大的造就，但是在科学上没有发达，那是无法否认的。一直到现在我还是不敢说中国的科学已有基础。我怀疑在中国经济得到解放之前科学在中国是会入土滋长的。我们要知道过去 100 年东西的接触，并没有造下中国能在本土发达科学的处境。这远东的大国至今不过是西洋工业的市场，本身并不是一个工业的基地。我似乎觉得工业化和科学化是相配的，分不开的。日本工业发达之后，科学上的成就并无逊于西洋，是一个很好的证据。中国经了 100 多年，在接受西洋文化上还没有显著的成效，在我看来，是在我们匮乏经济的恶性循环并没有打破，非但没有在经济上得到解放，反而因为和现代工业国家接触之后，更形穷困。在这生产力日降，生活程度日落的处境中，绝不会有"现代化"的希望的。

在接受西洋生产技术的过程中，还有一种困难，我愿意在这里加重地提到，那就是利用现代技术的社会组织。在西洋，因为现代技术的需要产生了集中的工厂。工厂在中国都市里也发生了，机器也装上了，工人也招来了。虽则在规模上比不了西洋，但是这新的生产组织至少也传入了中国。中国乡土工业的崩溃使很多农民不能不背井离乡地到都市里来找工做。工厂里要工人，决不会缺乏。可是招得工人却并不等于说这批工人都能在新秩序里得到生活的满足。有效的工作，成为这新秩序的安定力量。依我们在战时内地工厂里实地研究的结果说，事实上并不如此（可参考史国衡著《昆厂劳工》）。我们认为在中国现代的工厂里，扩大一些，现代的都市里，正表示着一种社会解组的过程，原因是现代工厂的组织还没有发达到完整的程度。

我在上面已说过社会完整的意思。在完整的社会里社会所要个人做的事，养孩子，从事生产，甚至当兵打仗，个人会认真地觉得是自己的事。这就是我所谓"个人觉得和团体相合"的意思，要使人对于社会身份里的活动不感觉到是一种责任，而是一种享受——孔子所谓"不如好之者"的境界——至少要先使人对于他所做活动和自己生活的关系有认识；活动、生活、社会三者要能结合得起来。这里，在我看来，必须要一个完整的人格，就是个人的一举一动都得在一个意义之下关联起来，这意义又必须要合于社会所要求于他的任务。现代技术的发达在社会组织的本身引入了一个"超人"的标准，那就是最小成本最大收获的经济律。

在这标准之下，再加上了机械活动的配合律，串成一套生产活动，支配这活动的最终目的并不是参加活动者的个人目的，甚至并非社会的目的，而是为生产而生产，为效率而效率的超于人的目的。资本主义的不断累积，是出于积财富于天上的动机。

在这种活动体系中，一个工人实在不易了解在这体系中他个人活动的意义何在，除了从这活动中所得到的报酬。他们能吸收到个人生活体系中去的只是这报酬，并不是活动的本身。他们对于活动本身并不发生兴趣，没有乐趣，更谈不到"好之"的境界。于是在现代工业里的劳工最主要的要求是，少做工，多得报酬，这还是欧美劳工运动的基本目标。在社会学的观点上看，是社会解组的现象，因为这里充分表现了社会缺乏完整。Le Play 和 Durkheim 很早地见到这个趋势，感觉到人类社会的危机。

西洋这社会解组的趋势并没有很快地走上危机，因为现代技术虽则一方面打破了社会的完整性，但是另一方面却增进了一般人民的物质享受。而且他们有充分的时间，逐步地用"法"把社会关系维持下去。基督教和罗马法本是西洋文化的两大遗产，和现代技术结合，造成了个人资本主义的一种文化。在中国，现代技术并没有带来物质生活的提高，相反地，在国际的工业竞争中，中国沦入了更穷困的地步。现代技术所具破坏社会完整的力量却已在中国社会中开始发生效果。未得其利，先蒙其弊，使中国的人民对传统已失信任，对西洋的新秩序又难于接受，进入歧途。

在歧途上的中国正接受着一个严重的试验。我当然希望欧美的文化既已发生了现代技术，能百尺竿头，再进一步，创造出一个和现代技术能配合的完整的社会结构。这可以使在技术上后进的东方减轻一些担负。但是我不能不怀疑现在这种结构已经存在，虽则我愿意承认社会主义在英国的出现确表示着对这方向的迈进。以往只在技术上求发明，而忽略各社会组织上求进步和配合，不能不说是人类历史上的憾事。我们的传统，固然使我们在近百年来迎合不上世界的新处境，使无数的人民蒙受穷困的灾难，但是虽苦了自己，还没有贻害别人。忽略技术的结果似乎没有忽略社会结构的弊病为大。若是西方经过了这两次大战而不觉悟到非注意到人和人的关系时，我想也许我们几千年来在这方面的研讨和经验，未始没有足以用来参考的地方。在这里我记起 Radcliffe-Brown 教授的话，他发挥了社会人类学的理论之后，在中国的一次旅行中，发现了荀子的著作里有着不少和他相同的见解。在欧洲曾有过一次文艺复兴，为这现代文化开了一扇大门，我不敢否认世界文化史中可能再有一次文艺复兴。这一次文艺复兴也许将以人事科学为主题，中国和其他东方国家传统可能成为复兴的底子。我不必在这方面多做猜测，在我们中国立场上讲，我们只有承认现在有的弱点，积极地接受西洋文化的成就，但是我们也应当明了怎样去利用现代技术和怎样同时能建立一个和现代技术相配的社会结构是两个不能分的问题。若是我们还想骄傲自己历史地位，只有在这当前人类共同的课题上表现出我们的贡献来。

中国社会变迁，是世界的文化问题。若是东方的穷困会成为西方社会解体的促进因素，则我们共同的前途是十分暗淡的。我愿意在结束我这次演讲之前，能再度表达我对欧美文化的希望，能在这次巨大的惨剧之后，对他们文化基础做一个深切的研讨，让我们东西两大文化共同来擘画一个完整的世界社会。

1947 年 1 月 30 日在伦敦经济政治学院学术演讲稿

乡村·市镇·都会

相成相克的两种看法

对于中国乡村和都市的关系有相成和相克的两种看法：

从理论上说，乡村和都市本是相关的一体。乡村是农产品的生产基地，它所出产的并不能全部自消，剩余下来的若堆积在已没有需要的乡下也就失去了经济价值。都市刚和乡村不同。住在都市里的人并不从事农业，所以他们所需要的粮食必须靠乡村的供给，因之，都市成了粮食的大市场。市场愈大，粮食的价值也愈高，乡村里人得利也愈多。都市是工业的中心，工业需要原料，工业原料有一部分是农产品，大豆、桐油、棉花、烟草，就是很好的例子。这些工业原料比了粮食有时经济利益较大，所以被称作经济作物。都市里工业发达可以使乡村能因地制宜，发展这类经济作物。另一方面说，都市里的工业制造品除了供给市民外，很大的一部分是输入乡村的。都市就用工业制造品去换取乡村里的粮食和工业原料。乡市之间的商业愈繁荣，双方居民的生活程度也愈高。这种看法没有人能否认。如果想提高中国人民生活程度，这个乡市相成论是十分重要的。中国最大多数的人民是住在乡村里从事农业的，要使他们的收入增加，只有扩充和疏通乡市的往来，极力从发展都市入手去安定和扩大农业品的市场，乡村才有繁荣的希望。

但是从过去历史看，中国都市的发达似乎并没有促进乡村的繁荣。相反地，都市兴起和乡村衰落在近百年来像是一件事的两面。在抗战初年，重要都市被敌人占领之后，乡市往来被封锁了，后方的乡村的确有一度的（即使不说繁荣）喘息。这现象也反证了都市和乡村实在害多利少。这个看法若是正确的，为乡下人着想，乡市的通路愈是淤塞，愈是封锁，反而愈好。

这两种看法其实都是正确的，前者说明了正常经济结构中应有的现象，后者说明了中国当前经济畸形发展的事实。让我先分析一下为什么在中国应当是相成的经济配偶会弄得反目相克的呢？

传统市镇并非生产基地

第一我们应当了解的是乡市的差别在中国并不是农工的差别。在传统经济中，我们的基本工业是分散的，在数量上讲，大部分是在乡村中，小农制和乡村工业在中国经济中的配合有极长的历史。孟子已经劝过人家在田园四周种些桑树，意思是农业本身并养不活农场极小的人家，唯一的求生方法是兼职，农闲的时候做些手工业。基本工业分散的结果，乡市之间并不成为农工的分工了。乡村是传统中国的农工并重的生产基地，它们在日常生活中保持着高度的自给。惯于降低生活来应付灾荒的乡下老百姓，除了盐，很可以安于自给自足的经济，虽则这种自给自足的经济必然是匮乏的。

在乡村里生产者之间，各人所生产的东西可能并不完全相同，于是需要交换。这种贸易在大部分的中国到现在还是在日中为市式的"街""集"等临时集合的摊子上进行的。街集之类的贸易场合里甚至还有直接以货易货的方式，即是以货币作媒介的，货币也常只是价值的筹码；带着货物上街的人，还是带了其他货物回家的。乡村里很大部分的贸易活动就到这类街集为止。

在比较富庶的地方，这类街集集合的时间可以频繁些，频繁到每天都有，更在这些集合的场所设立了为憩息之用的茶馆，为收货贩运者贮货的小仓库——成了一个永久性的小市镇。我愿意相信这类从乡村贸易需要里产生的小市镇在中国各处都有，但是中国很多较大的市镇却并不都是这样兴起的。

中国人口的繁殖，使乡间的劳力过剩。过剩的劳力在只有农业和小规模的家庭手工业的传统经济中并不能离开乡村，他们尽力地以降低生活程度为手段向别人争取工作机会。劳力成本的降落，使一部分稍有一些土地的人付出很低的代价就可以得到脱离劳作的机会了。他们出租了土地，自己就离乡住入较为完全的城里去。在乡间做个小小富翁并不是件太安心的事，那是我们中国人的普通经验，用不着我来举例作证的。那些地主们在他们住宅周围筑个城墙，可以保卫。他们有资本可以开典当铺，可以在谷贱时收谷，谷贵时卖谷，可以放高利贷，可以等乡间的自耕农来押田借谷，过一个时候贱价收买。Tawney 教授曾说：那些离地地主和佃户的关系其实是金融性质的。我想我们很可说，这类市镇所具的金融性质确在商业性质之上，至于工业实在说不上。在这类市镇中，固然有兼做大户人家门房的裁缝铺，有满储红漆嫁奁的木匠铺，有卖膏丸补药的药材铺，有技术精良专做首饰的银匠铺——这些只是附靠着地主们的艺匠，与欧洲中古封主堡垒里那些艺匠的性质相同。

这些市镇并不是生产基地，他们并没有多少出产可以去和乡村里的生产者交换贸易。他们需要粮食，需要劳役，可是他们并不必以出产去交换，他们有地租、利息等可以征收。乡村对于这些市镇实在说不上什么经济上的互助，只是一项担负而已。

乡村靠不上都会

自从和西洋发生了密切的经济关系以来，在我们国土上又发生了一种和市镇不同的工商业社区，我们可称它作都会，以通商口岸作主体，包括其他以推销和生产现代商品为主的通都大邑。这种都会确是个生产中心。但是它们和乡村的关系却并不是像我们在上节所提到的理论那样简单。我已说过中国传统经济中曾有很发达的手工业，技术上当然很差，出品也不漂亮，但是却是乡下老百姓的收入来源。现代都会一方面把大批洋货运了进来，一方面又用机器制造日用品。结果是乡村里的手工业遭殃了。现在到乡村里去看，已经没有多少人家自己纺纱织布了。都会兴起把乡村里一项重要的收入夺走了。如果乡村里农业因之繁荣了，手工业的崩溃并没有什么关系。可惜的是农业并没有因都会兴起而繁荣起来。都会里确是需要粮食。需要增加，粮食价格不是也可以提高了么？不然。中国的现代交通只沟通了几个都会，并不深入乡村。这种特殊的、有人说这是专门为了推销洋货而设计的交通系统，的确会发生向海外运粮食比了向国内产粮食的乡村中去购买和运输为便宜的事情。而且，在都会和乡村之间还隔着一个市镇。

西洋货实际上运到乡村里的并不多。牙刷、牙膏之类当然用不着，就是布疋还是以洋纱土织的居多。乡下老百姓决不是和外汇发生直接关系的人。中间有市镇挡着。市镇上这些不事生产的地主们，在享乐一道上是素有训练的。他们知道洋货的长处。他们把从乡村里搜来的农产品送入都会，换得了洋货自己消费了。

乡下的生产者并没有看到洋货的影子,看到了也买不起。乡村里的老百姓本来靠手工业贴补的,现在这项收入没有了,生活自然更贫穷了。他们不能不早日出售农产物,不能不借债,不能不当东西,结果不能不卖地。从与日俱增的地租、利息——且不提因政治而引起的摊派、捐税、敲诈——使他们每年留在乡村里自己消费的产物一天减少一天,大批无偿地向市镇里输送。在市镇里过一道手,送入都会。市镇里的地主的享受增加了,但是乡村的血液却渐形枯竭。

这个分析,说明了在中国的过去和现在,乡村和都市（包括传统的市镇和现代的都会）是相克的。如果我们不能改变这个局面,将来也还是这样。所谓相克,也只是依一方面而说,就是都市克乡村,乡村则在供奉都市。在这情形下,乡村没有了都市是件幸事,都市却绝不能没有乡村。我们若了解这一点,我们才能明白为什么在抗战时期,后方乡村有过一度喘息的机会,为什么工合运动可以很快地发展。我们也才能明白为什么很多地方的老百姓并不因目前军事把乡村和都市隔断而发慌。这是乡村里的老百姓所求之不得的。乡村和都市一隔断,受打击的是都市。以往近百年来,都市并没有成为一个自立的生产基地,主要的是洋货的经纪站。洋货固然没有大量地流入乡村,但是用来换取洋货的土产却几乎全部靠乡村供奉的。供奉的来源一断,除了不受偿的救济品和借来的东西外,洋货是进不来了。现在我们似乎已碰着了这个僵局。

都市破产乡村原始化的悲剧

自从现代交通纵贯南北的路线打通了由自然地形所划分的三

大流域之后，南北朝的局面在今后历史上已不易有出现的机会。可是这都市和乡村间近百年来所累积的矛盾却终于暴露了一种新的裂痕，点线和面脱离了政治和经济的联系。在短期看，乡村离开都市可以避免农产品的大量外流，使乡下老百姓在粮食上不致匮乏以致饥荒。这本是一种消极性的反应，因为乡村一离开都市，它们必须更向自给自足的标准走。自给自足得到的固然是安全，但是代价是生活程度更没有提高的可能。回复到原始的简陋生活，自然不是解决中国经济问题的上策。可是我们也必须承认，乡村的宁愿抛离都市，老百姓宁愿生活简陋，原因是都市在过去一个世纪里太对不起了乡村。先夺去了他们收入来源的手工业，他们穷困了，更乘人之急，用高利贷去骗出他们的土地，最后他们还剩些什么可以生活的呢？乡村若决心脱离都市，对它们短期间并不会有比以往更苦的遭遇；但是都市却不能没有乡村。所以问题是发生在都市里。

都会工商业的基础并不直接建筑在乡村生产者的购买力上，现代货物的市场是都市里的居民。这些人的购买力很大部分倚赖于乡村的供奉。乡村的脱离都市最先是威胁了直接靠供奉的市镇里的地主们，接下去影响了整个都市的畸形经济。为了都市经济的持续，不能不利用一切可能的力量去打开乡村的封锁了。愈打，累积下来的乡市矛盾暴露得更清楚，合拢机会也更少。

中国的经济决不能久长停在都市破产乡村原始化的状态中；尤其是在这正在复兴中的世界上，我们的向后转，可能在很短时间里造成经济的陷落，沉没在痛苦的海底。怎样能使乡市合拢呢？方向是很清楚的，那就是做到我在本文开始时所说的一段理论，乡村和都市在统一生产的机构中分工合作。要达到这目标，在都市方面的问题是怎样能成为一个生产基地，不必继续不断地向乡村吸血。在乡村方面的问题，是怎样能逐渐放弃手工业的需要，而由农业的路线上谋取繁荣的经济。这些问题固然是相关的，但是如果要分缓急先后，在我看来，应该是从都市下手。在都市方面，最急的也许是怎样把传统的市镇变质，从消费集团成为生产社区，使市镇的居民能在地租和利息之外找到更合理、更稳定的收入。这样才容易使他们放弃那些传统的收入。这些市民应当觉悟，世界已经改变，依赖特权的收入终究是不可靠的，等人家来逼你放弃，还不如先找到其他合理的收入，自动放弃来得便宜。中国是否可以像英国一般不必革命而得到社会进步，主要的决定因素就在这种人有没有决心。

乡村和都市应当是相成的，但是我们的历史不幸走上了使两者相克的道路，最后竟至表现了分裂。这是历史的悲剧。我们决不能让这悲剧再演下去。这是一切经济建设首先要解决的前提。

1947年4月20日于清华新林院

论城·市·镇

我觉得，我们对于城乡关系问题的讨论，已经到了对这有关的双方——城和乡——的性质在概念上应当做更进一步加以详细检讨的时候了。记得我最初写《乡村·市镇·都会》的那篇短文中，就已感觉到应当把我们通常归入"城"的一类的社区，加以分别成"市镇"和"都会"两种形式，我那时的看法多少带了一点历史的观点，就是把没有受到现代工业影响的"城"和由于现代工业的发生而出现的"城"分开来说，前者称之作"市镇"，后者称之作"都会"。半年多以来，参考了许多朋友们的讨论，我已觉得这种分类还不够；不够的意思是说，依这分类，每个形式中还有值得再加以分类的"次形"。换一句话说，在原来所分出的形式中，还包括若干在某些方面性质相异的社区。当我们讨论时，如果不在概念上有清楚的规定，很容易因为用同一名词指着不同对象而发生混淆。我在本文中，想对于"城"这一类社区加以分析，希望能有助于今后的讨论。

人口与城乡

怎样的社区才能算是一个"城"？这问题是很不容易确切回答的。美国人口局规定2500人以上集居的社区称之为"城"（city），以别于乡。凡是居民超过10万人，其中至少要有5万人住在"市区"，近郊的区域的密度每方里150人以上的社区，称作"都会"（metropolitan district）。若干社会学家对于这类规定并不同意，但又没有一致的看法。譬如，Mark Jefferson认为人口密度须每方里在1万人以上才能构成城市，而Walter F. Willcox却认为1000人已足。无论他们所规定的数目多大出入，有一点是相同的，就是根据人口密度区别"城"和"乡"。

究竟人口密度要高到什么程度才算是够得上构成城市社区的资格？依我看来，这里并没有一个绝对的标准，譬如中国有很多省区的平均人口密度已超过每方里500以上的（山东615；浙江657；江苏896），这些省区里有些地方据说每方里人口可以达到

6000的，成都平原平均密度就在2000以上。如果依Willcox的说法，这些都可称作城市社区了。这种说法显然和常识不合。如果各地的标准不必一律，问题也就发生了，"怎样去决定每个地方的标准呢"？这问题也说明，单以人口密度一项来看是不能用来区别城乡了。

从人口角度去区别城乡，其实并不只是一个数量和密度的问题，而是分布的问题。这是说，人类经济生活发展到某一程度，一个区域里会发生若干人口密集的中心地点，像一个细胞中发生了核心。一个区域的核心就是"城"，核心的外围人口密度较低的地带是"乡"。如果我们对照着核心和外围来看，数量和密度上确有显著的差别，但是差别的程度却依人口集中的程度而决定，并没有一定的标准。因之我们要讨论城乡的区别就得先分析人口为什么会发生集中的形态。

在自给经济中，不论是采集、渔猎、游牧或是农业，每个生活单位可以孤立地存在时，一个区域里散布着类似的集团，并不需要有细胞核心形的中心地点。各个生活单位是一个简单的细胞，并不和他单位合组成一个共同的细胞。它们尽可以鸡犬相闻而不相往来。

单以农业的区域来说，如果没有其他的原因，纯从耕种技术上的需要，每个农家最好是住在他所经营的土地上。这样他们可以免于运输和往来的跋涉，而且易于看守他的田地——这是散居式的社区。美国的农家大多还是散居式的，和我们聚居的村落不同（但在四川，因为地形和历史的原因，还可以看到散居的形式）。经济上充分自给的农家聚居在一个地点构成村落，并不是出于耕种技术上经济的需要，而是出于社会的需要，主要的是亲属的联系和安全的保卫。在一个兄弟平均继承土地的社会中，一个农家经了几代就可以长成一个小小的同姓村落。如果这地方的四围还有可以开垦的土地，这种村落也可以继续长大。亲属的联系使他们在一块儿居住。土地和居住地点距离增长，在经济上说是不利的。但是集居却在自卫上有其利益。农业的人民是很容易受到侵略的，除非在安全上有着保障，不必自卫，妇孺老幼加上存贮的农产最好是集中在一个容易保卫的地点，周围加上一些防御工程，成为一个"村落"。

在我们各地乡村的建筑上很可以看得出自卫的性质。在山区不易有较大村落的地方，分散的农家常常建筑近于堡垒式的住宅，至少向外是没有窗的。在较大的村落里也有在中心区筑了围墙，在必要时居民可以撤退到这围墙之内去，每家的农产品在必要时也可以集中到这类堡垒里去。在安全较为可靠的江南乡村中，人数多，河道可以封锁的情形下，房屋的建筑式也改变了，每家并没有个别的围墙，窗门可以开向通路。

这一类多少是自给的生活单位的聚居，不论人数有多少，在性质上并不能构成我们普通所谓"城"。"城"的形成必须是功能上的区位分化，那就是说，有一个赋予某种特殊社区功能的中心区。换句话说，为了功能分化而发生的集中形式。

衙门围墙式的城

说到这里，我想把以上统称的"城"字予以较狭的定义了。我想把这字用来指一个区域的政治中心。"城"字本意是指包围在一个社区的防御工事，也即是城墙。如我上面所说的，实际上这类防御工事可以有大有小，小到一家、一村，但是我们称作"城"的却又常限于一种较大规模的防御工事，它所保卫的是一区域的政治中心。城墙的工程浩大，费用繁重，不是被包围在内的人民所能担负的，它须是一个较大区域中人民共同的事业。除了凭借政治力量，为了政治的目的，这种城墙是建筑不起来的。

"城"墙是统治者的保卫工具，在一个倚靠武力来统治的政治体系中，"城"是权力的象征，是权力的必需品。因之，"城"的地点也是依政治和军事的需要而决定的。在皇权代表的驻扎地点必然要有一个保卫的"城"。有时几个县的政府合住在一个城里，所以城墙其实是衙门的围墙。在云南，我们可以看得很清楚，县城的形势是：一半在居高临下的山丘上，一半在平地里，这是易于防守的形势。在没有山丘可以筑城的地方，沿城要掘一道环城的水道，也就是所谓"池"。城池是连成一个名词的。这条水沟也称隍，"城隍老爷"也是政治权力的象征。在城内，都有一些可以种植的田地，就是像北平、南京、苏州等一类大城，也有它的农业区。这些田地被围在城里，可以供给居民必要的菜蔬和其他不易贮藏的农产品。不但在历史上我们常读到长期守城待援的事例，就是在我们自有的经验中，城门也有时会阻碍经常的出入，那时城里的田园的重要性就显著了。最理想的"城"是一个能自足的堡垒。

这种城区在人口上并不一定比村落为多为密。在云南有许多县城，譬如呈贡，在人数上较附近的村子为小。但是这种有着较坚固防御工事设备的城区有它吸引人口的力量。许多脱离劳作不必经常在乡村里居住的拥有较易注目的财富、而且继续和农民维持剥削关系的地主们，在乡村里住着并不安全。他们就被吸收到这类"城"里去了。从积极方面说，他们要维持剥削关系必须凭借政治势力，必要时得动用政府的武力，靠近政治中心居住可以使他们和政府的关系拉得紧些。地主们集居到这类城里来了之后，增添了这类社区的经济特色。他们在四乡带来了财富，而且经常地依靠地租，吸收着四乡的农产品。这笔财富一部分是被地主们所消费了，一部分被利用来成为继续引吸四乡财富的金融力量。

为了地主消费的需要，在城里或城的附近发生了手工业的区域。他们从事于各种日用品的生产，供给地主们的消耗。地主集中的数目多，财富集中的力量雄厚，这类手工业也愈发达，手艺也愈精细，种类也愈多。成都、苏州、杭州、扬州等可以作这类"城"的最发达的形式。为了各个城里货物的流通，以及各地比较珍贵的土产的收集，在这种城里商业也发达了起来。这种城的经济基础是建筑在大量不从事生产的消费者身上，消费的力量是从土地的剥削关系里收吸来的。

地主们除了从地租获得他的收入之外还利用他的资本作高利贷、典当、米行等一类金融性质的活动来增加对乡村的吸血。我在云南一个县城里调查高利贷活动的情形时，有一位熟习这情形的朋友告诉我："城里这些人全是放债的。"这句话并非完全系事实，只是指放债的人很多的意思。典当是高利贷的一种方式。米行在性质上也富于金融性质，在谷贱时向乡间收米，米贵再卖给乡间；但是也有一部分是卖给城里的工人，以及运往其他地方去的，是一种商业。而且乡间出卖的是谷子，到了城里才碾成米。碾米的工作，有时用水力，现在已大多用柴油机和电机，是最基本的农产品加工的作坊工业。因之，在这类城里也有这类作坊工业。

不论附属于"城"的工商业怎样发达，在以地主为主要居民的社区里，它的特性还是在消费上。这些人口之所以聚集的基本原因是在依靠政治以获得安全的事实上。

贸易里发达出来的市和镇

乡村里农家经济自给性固然高，但并不是完全的，他们自身需要交换，而且有若干消费品依赖于外来的供给，这里发生了乡村里的商业活动，在这活动上另外发生了一种使人口聚集的力量。这种力量所形成较密集的社区我们可以称之为"市"，用以和"城"相分别。

在中国内地还通行着临时性的市集，各地方的名称不同：街、墟、集、市——但都是指以生产者之间相互交换为基础的场合。生产者并不需要天天做买卖，所以这类市集常是隔几天才有一次，在云南普通是6天一街。赶街的那一天，各村的乡民提着他们要出卖的东西上街，再用卖得的钱去买他们所要的东西。街子有大小（依交通方便和附近人口的数目而定），大的可以有几万人，昆明附近的龙街、狗街、羊街等都是这种大街子。在高地望下去，像个人海，挤得真是摩肩接踵。但是这种热闹场面并不是长久的，一到太阳偏西，一个个又赶着回家；黄昏时节，只剩下一片荒场。

街子式的市集并不构成一个经常的社区，它不过是临时性的集合，本身只是一个地点，依着交通的方便而定。为了要容得下大量的人数，所以这地点必须有一个广场。但是商业活动逐渐发达，市集的集合逐渐频繁，在附近发生了囤积货物的栈房。居民需要外来货物的程度提高了，贩运商人不必挑了货担按着不同市集循环找卖客，商店也产生了。从商业的基础长成的永久性的社区，我们不妨称之作"镇"。

在太湖流域，水道交通比较陆路交通方便，镇也特别宜于发达。在我所调查过的江村，有着一种代理村子里农家卖买的航船。一个航船大概要服务100家人家。每天一早从村子里驶向镇里，下午回村。我所观察过的镇经常有几百个航船为几万农家办货。镇里的商店和个别的航船维持着经常的供应关系。这样大的一个消费区域才能养得起一个以商业为基础的镇。这种镇在内地是极少见的。

市镇和城不但在概念上可以分开，事实上也是常常分开的。在云南这种情形可以看得很清楚。昆明这个大城的附近就围绕着六七个很大的街子。当然昆明城里的商业也很发达，但是这不是乡民所倚赖的市场。正义路上的百货公司和金店，晓东街的美货铺面，甚至金碧路上的广货和越货店——它们的顾客是昆明的居民以及各县城里来采办的商贩，不是四乡的农民。农民的商业不在昆明，而在昆明附近的街子上。

更清楚的是在居民不多的县城里。以昆明南的呈贡说，县城里虽有一条街，但是市集却不在城里，而在离城约15分钟的龙街。县城和市集遥遥相望，并不并合在一起。那是因为这两种社区的性质是不同的：前者是以政治及安全为目的，所以地点的选择是以易守难攻为主要考虑之点；而后者是以商业为目的，地点必须是在交通要道，四围农村最容易达到的中心。以太湖流域的情形说，我的故乡吴江县的县城在商业上远不及县境里的镇，好像震泽、同里都比吴江县城为发达。在清代，震泽和吴江分县的时候，两个县政府却一起挤在这荒凉的县城里，不利用经济繁荣的镇作政治中心，也表现出"城"和"镇"在性质上的分化。

城和镇在表面上有着许多相似之处，那因为镇也是地主们蚁集之所。在经济中心里住着，地主们可以有机会利用他的资本做商业的活动。但在传统社会地位来说，镇里的商人地主没有城里的官僚地主为优越。这种传统逐渐消失之后，镇的地位事实已有超过了县城的。镇上经济的繁荣，商店的发达，同样要一批手工业的匠人来服役，因之在这方面很类似于城。

本文中想特别提出城和镇的两个概念来，目的是想指出这两种性质上不完全相同的社区，它们和乡村的关系也有差别。这里所指的城，那种以官僚地主为基础的社区，对于乡村偏重于统治和剥削的关系；而那种我称作镇的社区，因为是偏重于乡村间的商业中心，在经济上是有助于乡村的。

最后让我补一笔，在很多事例中，城镇可能是合一的，我在本文中，因为注重于社区的分类，所以着眼于比较单纯的事例，两种形式的混合是不免的，但是为了分析的方便，我们在概念上最好能分开来。

如果我们要分析现实的社区，还得增加一个概念就是"都会"。我在本文里不能对这一个概念多加说明，只能简单地说，它是以现代工商业为基础的人口密集的社区。但是中国的都会性质上也不能完全和西洋的都会相比，因为它主要的经济基础是殖民地性质的。它可以说是西洋都会的附庸。关于这一方面，我想留到以后再分析了。

不是崩溃而是瘫痪

崩溃之谜

"中国似乎是一切原则的例外"——的确,中国在现代西洋人,或是熟习西洋观念的人,看来多少是个谜。譬如说目前的经济,已经有过不少人预测说,总崩溃就在眼前了;可是一关一关,似乎还是在拖,而且也好像还是拖得过去。这样很使不少人觉得拖是一个万应灵丹了。拖拖也许会拖得出头,正如抗战一般,拖到胜利;经济的困难是不是也可能拖到繁荣呢?

要中国的经济豁然崩溃我想是不太可能,但是拖却拖不出繁荣倒是一定。小农经济不会崩溃只会瘫痪。瘫痪是慢性的,逐渐加深的。慢性和逐渐加深的病并不是轻症。医生和病人都最怕这种深入每个细胞的瘫痪。在病人说,急性的病,就是不治,痛苦也受得少;瘫痪才是活受罪。在医生说,急病一定求治得早,开刀上药还来得及,慢性的瘫痪要使病人了解非求医不成时,大概已深入膏肓,不能治了。

在工业化的现代经济里,如果出起毛病来,常常是成为头条新闻的,干脆、明白,每个人都看得到,因为没有人能不受影响。崩溃、危机等字都是用来形容现代化的经济现象的。譬如英国去冬的煤荒,星期二动力部长在阁议里还在盼望可以安渡难关,星期五宣布紧急方案,星期一半个英国停电停工,星期三全国停电停工——真像是闪电式的。这叫作"危机"。

美国1929年的不景气也是有一点迅雷不及掩耳,3月里胡佛上台时，"有史以来没有比现在更繁荣了"。10月21日，证券市场有一点小风波，三天之内，风暴掀天，一百二百万的股票转了手，到29日，一星期又一天，证券市场崩溃了，持券人损失了15亿美元。

有人以为中国年来物价一跳一跳，总会跳到"豁然崩溃"的程度，可是这似乎早应降临的不幸，总是被拖了下去。我不敢预言在若干都市里不会有些类似闪电式的大事件发生，但是以整个中国的经济说，却显然在沿着另一种公式进行，是日渐瘫痪，一直到溃烂不治。

现代工业国家会有惊人的危机发生是因为它们的经济是一个密切相关的分工体系，牵一脉动全身的。像一部机器，即使是一个小零件损坏了一些，全部机器就会停下来。正因为这样，它们的经济危机并不是每一部门的败坏，而常是某一部门受到阻碍，或是活动周转不灵。它们只要把零件修好了，或是阻碍活动的因素矫正了，全部机构又可以上轨道照常运行。危机之后可以接着复兴，甚至可以繁荣。现代经济的危机不过是生产的停顿，并不是指生产能力的败坏。依我上面譬喻说是急性病，身体的元气是没有伤的，如果治得快，复原也快。

我们没有这种危机，有的是每个细胞的逐渐在瘫痪。病害得重得多，是沉疴不是险症。

小农经济的坚韧

中国经济的基本结构是一个个并存排列在无数村子里的独立小农。在小农之间很少分工。大家种同样的作物，大家从他自己的土地上得到各人生活上基本需要的粮食。邻舍如果病了，不能耕种，并不会使自己的生产活动受到阻碍。说得刻薄一点，这正是一个帮工得些外快的机会，至少也可以卖个人情。

我们的农业还没有进步到大量种植商品作物的程度。美国大部分农民并不是种植供给自家消费的作物的。他们种了东西，预备出卖。麦子、烟草等等自己不用，所吃的面包和香烟还得向店里买。这种农业才是整个分工的经济中的一部门，所以会发生农产卖不出去，用来当燃料等事。这种农民才会遭遇经济危机。

商品作物在中国农业中只占很小的部分。大多数的农民是为了自家的消费而生产的。从佃户说，他得缴纳一部分农产品给地主，这是供奉，不是商品。农家的经济是尽力求自给。当然，农家并不是样样东西都靠自己的，他们可以买些香烟、耳环之类，而且以现在情形说，布疋也大多是购买的了。因之，他们总得出卖一部分农产才能购买这些东西。但是这和现代经济的互相倚赖性是不同的。第一，这些农民现在所倚靠都市供给的并不是他们生活上不能长期缺乏的物品。在抗战年头，我们自己都经验到两三年不买衣料还是可以过得过的。第二，这些物品的缺乏更不会影响到农业生产。农业上的工具，不但简单，而且都是可以长久使用的。所以我虽不说中国农家全是自给，但是我却认为他们在相当长的时期内是可以自给的。

在这种小小的生产细胞中，不但消费可以自给，生产要素也是高度的自给。劳力是靠自己下田，必要时和别人换换工。劳力的自给更加强了农业经济的韧性。如果一块土地是雇工来耕种的，这块土地上的出产必须高过所付的工资；而工资的决定又要看在这地方其他受雇机会中能得的数目；低过这数目，工人会到别的部内去卖工，不到农田上来了。因之，工资可以规定一块地是否值得耕植，所谓土地利用的边际。但是在劳力自给的农家，他们并没有工资这问题。"反正也没有其他用处"的劳力，无论怎样，只有在田里讨生活。土地不好，收成坏，并不能发生"不值得耕"的边际。他们是以生活程度来迁就现实的。生活程度是个别的，是大有伸缩性的。农业生产直接和这一直可以降到死亡的生活程度一沟通，除了死亡的威胁似乎很少可能使农民自动放弃耕作，于是农业生产停顿也成了不太容易发生的事了。

天灾和逃荒

这种小农经济里会不会生产停顿的呢？——会的。什么时候会停顿呢？——遭到了灾。我们说话时"灾"字之下常连着个"荒"字。荒是指农业生产的停顿，灾是指土地无法耕种的情形。成灾的原因最普通的是自然的变化，所谓天灾。农作物的生理决定了它能生长的环境。大旱大水，可以成灾。除了人想收获农作物的果实外，还有其他动物也在觊觎，蝗虫螟虫等等无不是与人争收的，在人看来也是灾。

灾是农业的威胁，对此除了祈祷烧香、立庙供奉之外，农民们并没有积极控制的方法。所幸这些出于自然原因的灾并不常常不留余粒的。灾有轻重。虽则中国农民从来就没有和灾分过手，七八成的收成已经说丰年，标准很低；但是事实上太重的灾也只限于较小的区域，并不常在广大的平面上赤地千里的。一个区域里的农民成灾到不能以降低生活程度的手段来应付时，实在没有粮食时，传统的办法是"逃荒"。像我这种在太湖流域里长大的孩子，绝不会忘记一年一度甚至几度的"难民到了"的恐怖。这就是所谓"就食江南"。运粮食到灾区去救济显然不是老办法，因为这是需要比较廉洁和有效的行政机构，大概这是我们向来所不常有的。逃荒很可能是我们人口移动的经常原因。汉丁顿氏论中国民族性时特别重视这个现象。慷慨的、有同情心的人不容易不顾一切地就道，结果是被淘汰了。身体弱的、不容易适应别地水土的人在路上死了。留下的是代表着我们民族性的一辈肯低头、自私、不康健却也不容易死的难民们。

从经济的角度去看逃荒，这是些微有一些像现代经济危机般会蔓延的。这蔓延并不是有机性的，而是机械性的。灾区里的难民拥到了附近比较好的地方，如果这地方所有的粮食只够自己吃的，经这批难民来一挤，也变成不够吃的灾区了，于是只有加入难民团体一起出外就食了。这些难民一方面是边走、边死，另一方面是边走、边增；一直要到有余粮可以挡住他们前进的地方才停得下来。淮河流域的难民，逃荒可以一直逃到太湖流域，而且依我童时的记忆说，这是每年必有的现象。

在自己粮食不够敷余的地方逢着逃荒的到来，冲突是可能发生的。如果灾区大，难民众，这个行列不能不借武力来获得救济时，也就成了我们历史上常见的各种各式的所谓"寇"和"贼"了，但是也有不少是从这些贱称中蜕变成为"王"为"帝"的——这是我们小农经济中相当于现代工业经济中危机的现象。

排斥了救济的瘫痪

在救济事业的发达下，上述那种逃荒的现象可不致大规模的发生了。去年湘桂的灾荒情形相当严重，如果不是发生在去年，很可能会引起历史性的混乱，但是去年正有着经常的救济机关，而且这机关又拥有雄伟的资力，足以在短期间把外洋面粉投入灾区，至少把灾区封住没有蔓延开来。

天灾还是容易看得到的病症，所以救济工作还能及时办到。现在我们所患的病，却比灾荒更深入。这是人造的灾荒，普遍地和继续地在把劳力和土地隔开，把劳力和农时隔开，结果是土地的荒废。土地荒废就等于农业停顿。

农民可以黏紧在土地上，以降低生活程度为手段去开垦不太有利的土地，还是以能免于一死为条件的。我充分承认在中国人命确已如草芥，但是求生的努力还是一切活动的动力。如果这一点都不能给他们，他们并没有理由真的爱土如命，还是不肯放弃土地，不让土地荒废的。

现在差不多已到了这地步。多年战争的结果，本来可以增加国民收入的种种作业一项一项地关闭了。工业停了，渔业不成了，唯一还能继续生产的只有我们这片土地了。于是大家的生活都得倚靠这土地了。不但如此，一切的费用包括大规模在消耗中的弹药，大批向外洋输送中的钱财，最后都得要这片土地来担负。公务员和军人感觉物价高了，还可以向政府要求加薪，要求配给粮食；可是政府哪里来粮食，还不是向这片土地要？通货膨胀了，物价高，公务员和军人生活苦，而这苦很快地摊派一大部分到农民身上去了。本来可以维持耕种者生活的土地，加上了这摊派，根本没有维持耕种者生活的能力了。在这里发生了一个很奇怪的现象，就是不耕种的人反而可以有粮食吃，耕种的人却没有饭吃了。到了这时候，人要求生的话，只有放弃土地了，在前年年底，我们在云南乡下已看见农民把田契贴在门上全家离乡的事件。事隔一年半，这已是到处都在发生的现象了。报章杂志上关于乡村的通信，很少不记载着这类情形。把巨大的战争担负压到土地上去，必然会把人和土地挤开来的。

中国的耕地本来已经有很大的部分是不能给人温饱以上的报酬的，换一句话说，土地利用的边际实在已经太低；所以一遇着较重的征税，立刻承当不起。比较好的土地是否还能维持耕种呢？并不。在抗战初年后方乡村中壮丁不是被征，也已经逃亡，这是征兵的结果。抗战结束后，征兵的区域更广了，政令所到的地方，人口逃亡的情形是不免的。这还只是减少劳力而已。更重要自然是直接受到战事的地方。粮食和劳力愈不易得，为了充实自己，削弱敌人，凡是两军争夺的区域，粮食和劳力的争为己用也成了军略上必须的要着。粮食的真空地带，人是住不下的，人走了土地也就不会再出粮食了。

更使情形严重的是农业富于季节性。在任何时候，给战争破坏过的地方，虽则破坏的本身可能只有短期，但必须等到一季之后才能再行种植。这样，使战争所到之处不但当时遭殃，而且要长期停顿在不生产的状态中。

这是我所谓经济瘫痪的意义。静悄悄地，荒芜的土地跟着战区的扩大而推广。一家一家的小农离开了生产事业。他们吃还是要吃的，性质上和逃荒并无不同，可是这些应该急速予以救济的人造灾民，却并不加以救济，反而因为他们不纳粮，不应征，加以迫害。这些人成了战争的对象，也成了战争的主力，战争因之更扩大，在这公式下，一直可以蔓延开去。中国经济中生产细胞逐一破坏，形成瘫痪。

瘫痪是慢性的崩溃，可是并不使经济结构突然受阻，在还有可以生产的细胞时，还是可以维持着半身不遂的局面，这就是拖。拖并不会拖出希望来的，每增加一个失去生产效能的细胞，也必加重一分生产细胞的担负和缩短一分生产细胞的寿命。瘫痪是排除救济的灾荒，因为这是人为的灾荒，自然不能盼望制造灾荒的人自己去予以救济。在本质上原是和经济崩溃和灾荒相类的，但是在打算挽救这一点上却远没有这二者的简单。

这沉疴是愈拖愈深了。眼看一个一个细胞在破坏，眼看生产部门，一门一门在封闭，而大家还是在拖，一直要拖到没有了健全的、生产的细胞为止，那时候：即使有机会改弦易辙，想走上建设的路上，每一个零件都已经腐败了的机器是用不成了的。瘫痪是在腐蚀生产的能力，比了生产停顿的经济崩溃严重得多。

1947 年 5 月 22 日于清华新林院

基层行政的僵化

题前的话

自从政治效率问题被视作了中国是否还能得到国际尊重的关键后，朝野在不愉快的心情下对此似乎已有相当警惕。不论任何性质的政府，也不论政府有任何政策，如果让贪污和无能腐蚀了行政效率，一切都是落空的，国事只有日趋恶化，这一点已没有人否认。因之，不论各人政见怎样不同，提高行政效率必是大家的共同愿望；因之，我相信，在这共同愿望下大家应该有推诚讨论的雅量和热忱。这是我这篇短论的基本假定。

目前对于社会上普遍的贪污无能的现象有两种看法。一部分人认为这是"人心不古，道德堕落"的结果。他们把这罪恶归咎于若干豪门，希望有几个当代的"包龙图"那种铁面无私、明察秋毫的传奇人物出现，只要把这些"老虎"开了刀，或是退求其次也得杀几只鸡给猴子看看，吏治就会澄清，行政效率立刻会提高。这自是大快人心之事，在心理上可以一新耳目振作起来。且不论传奇人物是否真有出现可能，即是出现了，偶然地斩了几个头，是否会像野火般烧过了，春风来时，更成了荒草的一片沃土？

另外一种看法，多少是想开脱个人和政府的责任，认为贪污无能是中国由来已久的暗疾，这是个文化和社会问题。他们可以举出事实来证明这看法：哪家老妈子买菜不虚报账目？哪场草台戏开场不是以抬元宝接在跳加官的后面？把责任推给了祖宗，就好像可以自己洗手，咎不在我，要改良也得慢慢来了。我们刚因不愉快的公开指摘，不能再讳隐暗疾，却又以老病无医来自宥，这是可怕的。

我同意说这是社会文化问题，但并不包含和个人无关的意思，只是说这不是一两人觉悟或悔改就可以了事的；正因为这是有关很多人，和控制这许多人行为的社会习尚的事，所以保管和执行社会权力的政府责任更大。同时正因为这是积疾，不能头痛医头，脚痛医脚，必须及早求七年之艾，立刻应当着手治疗，耽搁不得。

如果政府里的负责人真挚地觉悟这有关国家生存的严重暗疾是一个社会和文化问题，他们就应当明白，一两道命令决难见效，必须准备痛下决心在社会和文化各方面力求适当的改革。从何改革起呢？于是必须有确切的诊断。因之，初步必需的工作是充分的和虚心的检讨，开放舆论，让社会各方面对这问题能有无所顾忌地发表意见的机会。我着重无所顾忌四字，因为这些意见必然会令人听来不太愉快的。良药难得是不太苦口的。这类严重的问题如果在英国发生，他们国会一定要组织皇家委员会进行多方面的考察和研讨，征集民间的意见，提出报告。在英国这类报告是有名的，而且是有力的。我不敢希望我们能做到这程度，但是总希望能在民间有一个富于建设性的检讨运动。这是我写这篇短论的基本希望。

行政效率的低落，贪污无能，原因很复杂，但并不是无从了解的原因所造成的。因为原因众多所以决不是三字口诀所能表达。我在这短论里只能从一个角落里去分析这问题的一方面。我想提出来讨论的是地方基层行政，这是普通不太注意但是和老百姓生活最密切的一层。我所根据的事实是我和几位同事直接在云南乡村观察所得的。我虽则相信中国各地情形不完全相同，但是在这里想分析的若干原则问题，据我询问所及的，却也相当普遍。如果我在以下所说的不合于某些地方的实情，我极愿意知道，而且愿意修改我这里的结论。

传统皇权的无为主义

中央集权的行政制度在中国已有极长的历史。自从秦始皇废封建、置郡县以后，地方官吏在原则上都是由中央遣放的。而且在传统规律中曾有当地人避免做当地官吏的惯例。从表面上看来中国以往的政治只有自上而下的一个方向，人民似乎完全是被动的，地方的意见是不考虑的。事实上果真如是的话，中国的政治也成了最专制的方式，除非中国人是天生的奴才，这样幅员辽阔的王国，非有比罗马强上多少倍的军队和交通体系，这种统治不太可能维持。不论任何统治如果要加以维持，即使得不到人民积极的拥护，也必须得到人民消极的容忍。换句话说，政治绝不能只在自上而下的单轨上运行。人民的意见是不论任何性质的政治所不能不加以考虑的，这是自下而上的轨道。在一个健全的、能持久的政治必须是上通下达、来往自如的双轨形式。这在现代民主政治中看得很清楚，其实即是在所谓专制政治的实际运行中也是如此的。如果这双轨中有一道淤塞了，就会发生桀纣之类的暴君。专制政治容易发生桀纣，那是因为自下而上的轨道是容易淤塞的缘故。可是专制政治下也并不完全是桀纣，这也说明了这条轨道并不是永远淤塞的。

中国以往的专制政治中有着两道防线，使可能成为暴君的皇帝不致成为暴君。第一道防线是政治哲学里的无为主义。这是从经验里累积出来的道理。中国历史上并不是没有主张过甚至试验过用政治权力来为国家社会多做些事的。商鞅变法，增加了政府所做的事情，也可以说实现了政治的能力，结果国富民强，打下了秦国统一天下的基础，但是商鞅在传统的批评下是被诅咒的，他个人的不得善终被视作天道不爽的报应。王莽、王安石又是我们熟习的史例。他们违背政治上的无为主义，结果都失败了。为什么呢？同情他们的人惋惜当时"反动势力"的阻梗，其实忘了这几位想把政治的权变成能的人物，都忽略了在法律范围不住皇帝的专制政治下，政府的有为只是在自上而下的单轨上开快车。政府所做的事是否能为人民所接受无从知道，而且即使有一些政策是人民所拥护的，但是人民并没有保证每一个政策都是合于他们意思的。单轨上的火车开快了,一旦开出了民意之外,遭殃的还是人民。天下没有人能信任无法控制的野马,是有理由的。西洋的政治史是加强对权力的控制,使它逐渐向民意负责,那就是宪法;中国的政治史是软禁权力,使它不出乱子,以政治的无为主义来代替宪法。这是我所谓防止专制政治发生暴君的第一道防线。

现在我们可以认为这种无为主义的不彻底,要不得,这是因为现代生活中我们必须动用政治权力才能完成许多有关人民福利之事的缘故。在乡土性的地方自足的经济时代,这超于地方性的权力没有积极加以动用的需要。这不但在中国如此,在西洋也如此。宪法是现代的产物,在现代之前,西洋的政权是受着神权的牢笼。就是在现代工业发达之前所成立的美国宪法,主要的哲学还是"最少管事的政府是最好的政府"的无为主义。也许因为我们儒家的思想在统治阶级中支配力量太大,所以我们在过去不必在制度上去作有形的牢笼来软禁政权,以致到现在还没有宪法的传统。

由下而上的政治轨道

在这篇短论里我想着重的倒不是第一道防线,而是第二道防线。我们以往的政治一方面在精神上牢笼了政权,另一方面又在行政机构的范围上加以极严重的限制,那是把集权的中央悬空起来,不使它进入人民日常有关的地方公益范围之中。中央所派遣的官员到知县为止,不再下去了。自上向下的单轨只筑到县衙门就停了,并不到每家人家大门前或大门之内的。普通讲中国行政机构的人很少注意到从县衙门到每家大门之间的一段情形，其实这一段是最有趣的，同时也最重要的，因为这是中国传统中央集权的专制体制和地方自治的民主体制打交涉的关键，如果不弄明白这个关键，中国传统政治是无法理解的。

这关键得从两面说起，一面是衙门，一面是民间。先从衙门说：我说中央所派的官员到县为止，因为在过去县以下并不承认任何行政单位。知县是父母官，是亲民之官，是直接和人民发生关系的皇权的代表。事实上，知县老爷是青天，高得望不见的；衙门是禁地，没有普通老百姓可以自由出入的。所以在父母之官和子民之间有着往来接头的人物。在衙门里是皂隶、公人、班头、差人之类的胥吏。这种人是直接代表统治者和人民接触的，但是这种人的社会地位却特别低，不但在社会上受人奚落，甚至被统治者所轻视，可以和贱民一般剥夺若干公权。这一点是很值得注意的，因为这是最容易滥用权力的地位，如果在社会地位上不用特殊的压力打击他们的自尊心，这些人可以比犬狼还凶猛。当这种职司的人在社会地位上爬不起来时，他即使滥用权力，并不能借此擢升，因之他们的贪婪有了个事实上的限制。

在无为主义政治中当地方官是近于闲差，我们可以在历史上看到很多在这职务下游山玩水、发展文艺才能的例子。他们的任务不过于收税和收粮，处理民间诉讼。对于后者，清高的自求无讼，贪污的虽则可以行贿，但是一旦行贿，讼诉也自会减少，反正要花钱，何必去打官司呢？差人的任务也因之只限于传达命令，大多是要地方出钱出人的命令。

如果县政府的命令直接发到各家人家去的，那才真是以县为基层的行政体系了。事实上并不然，县政府的命令是发到地方的自治单位的，在乡村里被称为"公家"那一类的组织。我称这类组织作为自治单位是因为这是一地方社区里人民因为公共的需要而自动组织成的团体。公共的需要是指水利、自卫、调解、互助、娱乐、宗教等。这些是地方的公务，在中国的传统（依旧活着的传统）里是并非政府的事务，而是由人民自理的。在这些公务外还有一个重要任务就是应付衙门。

我把应付衙门这任务和其他地方公务分开来说是有原因的。在自治组织里负责的，那些被称为管事和董事等地方领袖并不出面和衙门有政务上的往来。这件事却另外由一种人担任，被称为乡约等一类地方代表。在传统政治里表面上并不承认有自下而上的政治轨道。君要臣死，不得不死。违抗命令就是罪名。但是自上而下的命令谁也不敢保证一定是人民乐于或有力接受的。所以事实上一定要敷下双轨。衙门里差人到地方上来把命令传给乡约。乡约是个苦差，大多是由人民轮流担任的，他并没有权势，只是充当自上而下的那道轨道的终点。他接到了衙门里的公事，就得去请示自治组织里的管事，管事如果认为不能接受的话就退回去。命令是违抗了，这乡约就被差人送入衙门，打屁股，甚至押了起来。这样，专制皇权的面子是顾全了。另一方面，自下而上的政治活动也开始了。地方的管事用他绅士的地位去和地方官以私人的关系开始接头了。如果接头的结果达不到协议，地方的管事由自己或委托亲戚朋友，再往上行动，到地方官上司那里去打交涉，协议达到了，命令自动修改，乡约也就回乡。

在这种机构中，管事决不能在公务上和差人接头，因为如果自治团体成了行政机构里的一级，自下而上的轨道就被淤塞了。管事必须有社会地位，可以出入衙门，直接和有权修改命令的官员协商。这是中国社会中的绅士（参考拙作《论绅士》）。

在这简单的叙述中我希望能说明几点：一、中国传统政治结构是有着中央集权和地方自治的两层。二、中央所做的事是极有限的，地方上的公益不受中央的干涉，由自治团体管理。三、表面上，我们只看见自上而下的政治轨道执行政府命令，但是事实上，一到政令和人民接触时，在差人和乡约的特殊机构中，转入了自下而上的政治轨道，这轨道并不在政府之内，但是其效力却很大的，就是中国政治中极重要的人物——绅士。绅士可以从一切社会关系——亲戚、同乡、同年等等，把压力透到上层，一直可以到皇帝本人。四、自治团体是由当地人民具体需要中发生的，而且享受着地方人民所授予的权力，不受中央干涉。于是人民对于"天高皇帝远"的中央权力极少接触，履行了有限的义务后，可以鼓腹而歌，帝力于我何有哉！

自治单位完整性的破坏

在上述那种行政机构中，无能不是个恶名，贪污也有个限度，行政效率根本不发生问题。和人民直接有关的公务，有着地方自治团体负责，而地方自治团体是人民自己经营的具体有关生活和生存的事的，所以效率是不能低的。在云南呈贡化城的人民如果娶了亲不生孩子每年都要受公家的罚，甚至于打屁股。宗教的、习俗的制裁力支持着这些自治团体的公务。皇帝无为而能天下治的原因是有着无数这类团体遍地地勤修民政，集权的中央可以有权无能，坐享其成。

可是乡土性的地方自足时代是过去了。超过于地方性的公务日渐复杂，要维持这有权无能的中央是不合时宜了，这一点任何人都应该承认的。事实的需要使中央的任务日益扩大。这扩大并不引起制度上的困难，因为中国的传统本是中央集权的，甚至可以说，在法律上中央的权力可以大到无限。于是防止权力被滥用的第一道防线溃决了。无为主义的防线的溃决我们不必加以惋惜，这本是消极的办法，不适用于现代社会。我在本文中想提出来检讨的是第二道防线，在专制和集权名义所容忍着的高度地方自治。保甲制度的推行把这防线也冲破了。

保甲制度是把自上而下的政治轨道筑到每家的门前，最近要实行的警管制更把这轨道延长到了门内。保甲制度有它推行的原因，自上而下的轨道半途停下来，像传统的形态，对于政令的执行是不易彻底的。为了要在这单轨上开快车，轨道是延长了。保甲制度本来是有意成为基层的自治单位，从这起点筑起一条公开的自下而上的轨道，实现现代的民主政体。如果能贯彻这目的自然是好的。设计这制度的人却忽略了一点，政治是生活的一部分，政治单位必须根据生活单位。生活上互相依赖的单位的性质和范围却受着很多自然的、历史的和社会的条件所决定。我们绝不能硬派一个人进入一个家庭来凑足一定的数目。同样的地方团体有它的完整性。保甲却是以数目来规定的，而且力求一律化的。把这保甲原则压上原有的地方自治单位，未免会发生格格不相入的情形了。原来是一个单位的被分割了，原来是分别的单位被合并了，甚至东凑西拼，支离碎割，表面上的一律，造成实际上的混乱。

生活是不能在混乱中继续下去的，于是在乡村中常看到重叠的两套。一套是官方，一套是民方。如果官方那一套只是官样文章，那倒也罢了；事实上这一套却是有着中央权力的支持，民方那一套却是不合法的。于是官民两套在基层社会开始纠缠。

政治双轨的拆除

问题的严重以致僵化是发生在保甲的人选上。保甲是执行上级机关命令的行政机构，同时却是合法的地方公务的执行者。这两种任务在传统结构中由三种人物分担：衙门里的差人，地方上的乡约和自治团体的领袖管事。现在把这三种人合而为一是假定了中央的命令必然是合于人民意愿和地方能力的。这假定当然是堂皇的，但是比了传统任何皇权的自信还大。从这假定中发生的中央和地方合一的保甲制度发生了许多事实上的困难了。

即是到现在，很多地方凡是有地位的人是不愿做保长的，传统的绅士为了他在政治结构中的特殊作用不能进入行政机构。他一旦走了进去，唯一的自下而上的轨道就淤塞了。保长对于县长是下属对上司，他的责任是执行命令，不能讨价还价。为了维持这传统方式，当保长的常是社会没有声望的人，等于以前的乡约。可是事实上保长和乡约是不同的，乡约是没有权力的，而保长却有权力。以并不代表地方利益的人来握住地方的权力，而且他是合法的地方公务执行者，他有权来管理地方的公款，这变化在地方上引起的迷惑是深刻的。结果是地方上有地位的人和保长处在对立的地位而没有桥梁可通。

乡村里有声望的人为了自己的利益，放弃地方立场加入行政系统，较为合算。他当了保长之后还是可以支配地方自治事务。但是事实上，他的地位是改变了，因为他不能拒绝上级命令，不能动用自下而上的政治轨道，这类地方也就完全成了下情不能上达的政治死角。受不了时只有革命了。

保甲制度不但在区位上破坏了原有的社区单位，使许多民生所关的事无法进行，而且在政治结构上破坏了传统的专制安全瓣，把基层的社会逼入了政治死角。而事实上新的机构并不能有效地去接收原有的自治机构来推行地方公务，旧的机构却失去了合法地位，无从正式活动。基层政务就这样僵持了，表现出来的是基层行政的没有效率。

中央延长自上而下的政治轨道，目的是在有效促进政令。中央的政令是容易下达了，可是地方的公务却僵持了。中央下达的政令中，除了要钱要人之外，凡是要在地方上建设的事，好像增产等等，却因为地方社会结构的紊乱和机构的僵持，公文停留在保公所里，走不出来。在这种情形下，不论才能有多高，绝没有施展的机会。别人批评行政人员无能，我很觉得不平。

从乡村的基层看去，使我觉得行政效率的丧失，人的因素可能不及制度，也许应当说政体为大。制度上发生的病症必然是有历史性的，所谓历史性并不是说这是宿疾，由来已久。在过去，如果几千年来，我们一直生着像现在这样严重病，带病延年也决不能延得这样长。现在的病症是从我们转变中发生的。我们必须在历史背景中，才能了解这病源，但是得病的责任并不是我们祖宗，而是我们自己。

依我在上边的分析，也许可以看到，基层行政的僵化是因为我们一方面加强了中央的职能，另一方面又堵住了自下而上的政治轨道，把传统集权和分权，中央和地方的调协关键破坏了，而并没有创制新的办法出来代替旧的。我们似乎有意无意地想试验政治单轨制。一个历史上从没有成功过的方式，目前所遭遇的政治上的严重局面，也许值得我们彻底自省，及早改变这企图了罢。

再论双轨政治

上月我写了一篇《基层行政的僵化》，在《大公报》发表之后，半个月里我接到了若干相识的和不相识的朋友们的来信。秋来气候变得太激烈，旧疾时发，执笔为艰，未能一一答复，因之我想在这里再借《大公报》的一栏篇幅把上文未尽之意，或是可能引起误会的地方，加以申引说明。

批评者的论点

有一位朋友很率直地问我是否想做司马光。他说："自历史言，保甲制固曾中衰，然彼一时也，此一时也。彼时交通不便，行政人员又未受训练，加以主其事者刚愎自用，所托非人，以致未见实效。今则不然，上述之阻碍已不存在，更有进者，吾国现处数千年之大变局，兴革万端，而人民之程度犹未达自觉之境，故所兴所革必自上为之，保甲制乃深入民间之执行机构，正宜加强其效力，而先生反提回原之论，其将以现代之司马光自期乎？先生岂知腐儒之已成历史之陈物乎？"

我是否想做司马光，无关宏旨，不必置论。在这段话里，在我读来，却包含两个很重要的论点，我愿意代为发挥一下：

一、传统皇权的无为主义是出于客观情势的限制，包括技术和行政的条件。这些限制使企图加强中央对地方权力的改革家无法贯彻他们的主张。司马光之流的"腐儒"不过是在客观条件所发生的事实结果上做做文章罢了，并没有实在的力量。现在客观情势已经改变，中央集权事实上已经可能，而且跟着铁路、公路、飞机的应用，大一统的局面业已在形成中，这时需要的应当是怎样因势适情地去加强这集权制的机构，现代司马光不会发生作用的。

二、为什么要集权呢？这位朋友也提出了一个值得我们考虑的意见。中国社会的需要现代化并不是由于自身矛盾的爆发，而是所谓"外铄"的，由于和西洋文化接触之后所引起的。于是感觉到需要变和明白怎样变的人并不是大众，而是少数的先知先觉。少数人为了全体的适应于现代社会，必须设法去"改良"大多数人的生活。这里所谓"改良"就表示了我在上文中所说的自上而下的过程。中央权力的加强正合于推行这种改良工作的需要。

民主和宪法

这两点，如我所发挥的意思说，我大体上有一部分是可以同意的。其实，先就第一点说，我在上次的论文中并没有否定中央权力加强的需要和趋势，更没有意思要重提皇权无为论。我所着重的并不是中央和地方分权的问题而是中央权力的责任问题。关于这点，我想引用另一封批评我的信来加以说明。

"我对于你近来所发表的文章时常感觉到不够爽直的毛病。你为什么一定要避免，也许并不是你有意的，许多简单明白的名词，而绕着很多圈子说话，结果使读者捉不住要点。譬如你那篇论基层行政的文章,你造下了不少好像政治的双轨和单轨等名词,而实际要说的不就是民主和宪法么?"

我想这位朋友说得很对的,我在那篇文章中想着重的是防止权力的滥用。防止的方法有积极的和消极的两途。传统中国所采用的是消极的办法:皇权无为,衙门无讼。这些办法在有着"客观情势的限制"时是足够了,但是现在这种限制已经放松了(还没有完全不存在),所以消极的办法是不够了。积极的办法是在加强"自下而上"的政治轨道,就是民主和宪法。我不用这两个现存的名词是有意的,原因是这两个字已经用滥了,羊头和狗肉混得太久,会使人不感肉味,所以我在分析一个具体现象时,感觉到这些名词不够达意。如果要用这些名词,我还得先加说明:宪法是限制政府权力的契约,订立这契约的是人民和政府两造。民主是表达人民意见的方法和代表民意的机构。在这样的定义下,我可以说加强自下而上的政治轨道来防止权力的滥用就是民主和宪法了。

防止权力滥用,并不一定是指反对中央集权及加强中央政府的任务。英国的内阁现在可以管到每家每餐有没有肉吃,克利浦斯甚至可以使女人的裙子"愈短愈妙"——这是集权,但是他们并没有也不能滥用权力,因为无论内阁的权力大到怎样程度,却大不出国会所授予他们的范围。英国政府所有的权力是有限的,限于人民所允许他们的程度。这样说来,防止权力的滥用并不一定是回原到皇权无为主义了。

限制权力的消极方法逐渐失去其客观条件,是件不应当忽视的事实。正因为如此,所以我们得在积极方法上去打算。这套积极方法在中国传统的政治机构中并不发达,于是我们不得不向西洋，尤其是英美学习。

两橛还是双轨

传统中国给我们的遗产中所不足而必须向英美学习的并不是限制权力的需要，而是政治权力大可有为的现代情势中积极性防止它被滥用的有效机构。我们遗产中找得到"民为贵"的精神，找得到"不与民争"的态度，也找得到基本社会团体的自治习惯；但是找不到像英美一般的宪法和民主。

中国传统政治机构究竟是怎么样的呢？在这里我可以提到张东荪先生对于我那篇论文的意见了。他在《我亦追论宪政兼及文化的诊断》里说："他认为中国政治轨道有两个，一是自上而下的，另一是自下而上的。虽然自上而下与自下而上等用语容易导人于误解，但事实上却有这样两橛的分别。所以我特别避用这些容易误会的名词，而只把上一橛名为甲橛，把下一橛名为乙橛。甲橛是皇帝的政权和官僚的政治，乙橛是乡民为了地方公益而自己实行的互助。"

张先生为了要避了上下这两个似乎带着价值观念的字，用橛来代替轨道。这些本来都是取譬之意，总不会十分切当的；但是这一换，却把我想说明的传统结构的形态的一方面更形容得毕肖了一些。两橛是指两部分，首尾衔接的两段，一根竹竿的两节。这就是我在上文中所说："把集权的中央悬空起来，不使它进入人民日常有关的地方公益范围之中。中央所派遣的官员到知县为止，不再下去了。自上向下的单轨只筑到具衙门就停了。"在地方上，有另外一套自治机构，所以可以说是两橛。两橛的形态是从有形组织（formal organization）上看出来的。如果我们只从法定组织（dejure organization）看去，连乙橛都看不到，因为地方的自治组织是实有（de facto）组织，不是法定组织。

可是我在上文中又提出了一个理论上的原则："政治绝不能只在自上而下的单轨上运行的。一个健全的、能持久的政治必须是上通下达、来还自如的双轨形式。"如果这原则可以确立的话，则中国传统政治中不能只是相联或相配的"两橛"结构（我在上文中曾用"中央集权和地方自治的两层"的说法），因之使我在传统结构中发现了一种"无形组织"（informal organization），"就是中国政治中极重要的人物——绅士"。这个无形组织是一条自下而上的"无形轨道"。所以我又说："绅士可以从一切社会关系——亲戚、同乡、同年等等，把压力透到上层，一直可以到皇帝本人。"如果我对于绅士的政治功能的说法是正确的，则政治双轨原则不但"在现代民主政治中看得清楚，其实即是在所谓专制政治的实际运行中也是如此的"。

为了要形容政治结构的全部形态，包括有形、无形、法定、实有的各种组织，用"两橛"不如用"双轨"形容来得切当。两橛是分层的，双轨是平行的。在英国，威斯敏士特的巴力门和唐宁街的首相官邸是并峙的，在美国，Capitol 和 White House 也是遥遥相望的，这些象征着这双轨平行形式。

地方人才

关于绅士在传统政治里的功能曾引起另一位来信的朋友的责问："我曾读过你在《观察》上发表的《论绅士》，所得的印象乃是此种人物系以卑颜屈膝之态度取得皇帝之怜惜,得免于徭役赋税者。但是在你《基层行政的僵化》一文中,却又力言绅士在传统政治中之贡献,岂非矛盾?更从该文的结构看去,又似乎对于这所谓自下而上的传统轨道,恋恋不舍。你是否对这种所谓绅士的人物还寄托着改革中国政治的希望么?这是我所不敢苟同的落伍见解。"

我不敢说我潜意识里没有这位朋友所说的"恋恋不舍"之情,但是就文论文,即有此情亦当在文外。在那篇论文中我并没有把怎样恢复政治双轨的意见说明,因为我只想提出原则上的问题,以及现状的诊断罢了。

如果能把附着在绅士这个名词上的恶感和成见除去,我想地方上的领袖人才在恢复政治双轨中实是有相当重要的地位的。我在《重访英伦》的《访堪村话农业》一文中曾提到过英国乡村里缺乏社会重心的话。以往那种贵族、乡绅、牧师等人物现在已经失去了被人民尊重的地位,但是在英国乡村里却有一种人在担负过渡性的领袖责任。我称他们的责任是过渡,因为依我看来,将来乡村社区里自会生长出新的社会重心和新的领袖人物来的。现在那些过渡性的领袖是从都市里退休回去的医生、公务员、学者和富于服务心的太太们。这些人并不是从乡间出身的,他们的职业也不在乡间,但是退休到了地方上却成了地方自治的机构中的重要人物了。

到火车站开了汽车来接我的是一位太太,她是地方法庭上的审判官,是地方政府的理事,是战时招待疏散儿童的委员,衔头多得很,还有人告诉我她是"义务车夫",凡是有人病了,有像我这种客人下乡,她百忙里也会抽空出来开车接送的。她是个大学毕业生，懂得文学和艺术，又有兴趣和我一起在牛津的农业研究所费了半天和各个专家谈话，发出我所想不到的具体问题。她是一位伦敦商人的太太。

再举那个到中国来过的医官作例。他曾为我们海关设计防疫事宜，又在印度做过多年医官，年龄太老了退休回来，住在堪村，他在堪村主持着地方卫生事务，推动水管的设置，在地方政府中是这类委员会的主席。他曾经给我看一本地方政府手册，职员表中名字有好几十个，各种委员会我一时也看不完。我问他这些是谁呢？他指着一个个名字说："这是泥水匠，这是种田的……这些是和我们一般性质的……"我指着前面几个名字问他："你们和他们合得来么？""当然，不但合得来，而且我们是个很好的队伍（team）；我们不很知道地方上的需要，他们不很知道怎样才能满足这些需要，我们一合拢来，地方上的事就好办了。"

这段话可能影响了我在上次论文中所含蓄的见解，不论这是不是"落伍"，我很羡慕英国乡村里有这些退休回村的专家们，和不在麻将桌上消耗时间而愿意在乡间做"义务车夫"的太太们。这些人物如果允许我把他们包括在"绅士"一类中，我愿意把地方自治的前途寄托在他们的身上。

或者有人认为这是英国的情形和我们国情不同的，中国的绅士都是"劣"的，是剥削人民的。我并不愿为他们辩护，虽则我确知道有些绅士们是热心于公务的。我不愿辩护的原因是在中国传统绅士是地主占绝对多数。地主的经济基础可以说是剥削农民的。如果中国也有一大批不必寄生在地方上的，而有专长的人才退回到乡间去，我想他们并不一定不能做到英国那种情形。问题是在像那种医官们的中国人一旦老了却并不回乡罢了。

提高行政效率重在地方

说到这里,我可以重提第一位朋友给我信中的第二点了。处于激速变迁中的社会是否需要个强有力的集权的中央政府?从表面上看去这个论调是很有理由的。我并不是个迷信"人民"的人,我承认经过几千年专制政治压迫下来的中国老百姓,政治程度是极低的。他们怕事,他们盲从,这些都可以是事实。中国现代化的需要不是基层老百姓所自觉,即使觉到了生活不能这样下去,也不一定知道怎样解决他们的问题,这些我也充分承认,但是我从这些事实中得出来的结论却不是加强远离老百姓的中央权力,而是,相反地,应该在基层自治事务中去加强启发和领导作用。

我在上次论文中所表示最使我痛心的就是保甲成了中央法令的执行机关,而不是、也不能成为一个自治单位,在保甲的人选上又因为我在上文中所说的那些原因,无法得到能启发和领导地方自治工作的人去参加,相反地,差不多已成了流氓地痞的渊薮。在这现行的机构中,中央尽管有良法美意,一到最后执行者手上,就会变成扰民的举动。即使假定创立现行保甲制的用意是为了要增加行政效率,结果却是欲速不达,反而使基层行政沦于僵化。

中央集权并不是说地方上的事由中央代办,真正做地方上事务的还是地方上的人,中央不信托原有在地方上办事的人,而要自己去挑选执行法令的人,结果这些人只会传传命令,事情办不成;或是借着中央所授的权力在没有乡谊的人群中为非作恶。这又何尝是中央集权的本意呢?

如果真的想推动老百姓向现代化生活迈进的,在我看来只有把人才渗透到和老百姓日常生活有关的地方自治事务中去。我们传统对于衙门的畏惧和厌恶不是旦夕之间可以改变的，何况这几十年来，衙门里总是伸手出来要，从来没有给过，这些经验使一切从官方发动的改革都成了十足的官样文章。所以我说如果真心要改革社会，只有从民间的自治机构入手。

英国人民政治程度可算是很高的了，但是凡属地方上不了解或没有准备的中央命令还是常常行不通的。最近若干煤矿罢工，就是抗议中央不顾地方实情滥下命令的表示。中央的政治机构是集成的作用，它配合、调解地方的活动，如果把它看成一个自己能发动能完成的机构，我们概念上是有毛病的。

问题还存在

最后我想补充说明就是在传统结构中自下而上的轨道是脆弱的：利用无形的组织，绅士之间的社会关系，去防止权力的滥用，不但并不能限制皇权本身，而且并不是常常有效的。这也是绅士自身腐化的原因。他们可以利用这种政治上的地位去谋私利，甚至倚势凌人，鱼肉小民。这种无形轨道没有理由加以维持，更谈不到加强。从这方面说，我实在没有对这种机构"恋恋不舍"。

为了适应中央集权逐渐加强，政府逐渐大可有为的趋势，要维持政治机构的健全，我们必须加强双轨中的自下而上的那一道。加强的方法在我看来大概只有学习英美的代议制。关于这一点，近来很有表示怀疑的。梁漱溟先生那篇《预告选灾，追论宪政》把这怀疑用文化的观念明白表达了出来。但是因为梁先生说："读者设于本文有批评见教之处，不妨待之全部理论主张看过之后也。"所以我在这里不便对这篇文章说什么话。可是如果对英美代议制怀疑的，不论怀疑它值得不值得学，或是有没有能力去学，怎样去防止权力的滥用，还是个急切得加以回答的问题。这问题并不是对任何人或任何党而发的，今后无论哪一党所组成的政府必然得做比以往的政府更多的事，传统的无为主义已经失其意义，而在我们的文化遗产中所有防止权力滥用的机构又是十分脆弱。我们是否将坐视双轨体系的被破坏？坐视中央权力无限扩大？坐视地方自治的式微？如果我们果真没有能力学习英美代议制，我们有什么代替品呢？以往我们没有学像英美代议制是"不为"呢？还是"不能"？我很愿意梁先生能在这些问题上给我们一些指教。

损蚀冲洗下的乡土

李林塞尔（Lilienthal）在他所著 TVA 一书中，曾用"采矿"一词来描写美国田纳西河流域以往的植棉方法。采矿是把地下所储藏的资源挖掘出来，资源挖掘出来之后，这地也就没有用了。美国以往植棉区域，也有相类的情形，一块地上种了几年棉花，把地里的养料拔完了，这地也就不能再种作物，除非另加肥田粉。到后来，土地只给农作物一个生长的空间，所能从土里长出来的，都得依靠不断加到土里去的原料，像工厂里的机器，李氏认为这是和农业的原则不合的。土地是有生命的机体，地力得培养，如果培养得法，可以取之不竭，用之不穷，不是个矿山。

田纳西河流域土地变质，农作技术的不良固然是一个重要原因，河水的冲洗影响更大。土质变坏，作物不长，加以原有的森林日渐砍伐之后，土地大多暴露。童山濯濯，大雨过后，泥土里没有草根，留不住本来可以滋养土地的水分，反而被水溶解了各色各样植物的营养品，挟之而去。水往低处聚，汇成巨流，澎湃急涌，拖带力也愈来愈大，一路把膏腴之地冲洗侵蚀，浩浩荡荡，奔流到海不复回——经过这样冲洗过的土地，由肥田而成瘠土，由农地而成荒区。

李氏主持下的TVA计划主要的贡献就在土地复原。一方面用巨坝控制水流；另一方面是利用水力发电，更用电制造化学肥料，医治瘠土；再一方面选择农作物，培养泥土肥力种植森林，恢复自然的有机循环。这个有类于黄河的祸水，竟成了这地域人民的命脉。

我提到这一套已经为国人所熟知的常识，并不是想鼓吹把这套计划拿到中国来实施而已，而是想借这个例子来说明性质上极可类比的一个社会现象，就是我们乡土社会被损蚀冲洗的过程。如果我们在物质建设上想采取TVA一般的计划，我们还得把这土地复原的概念扩大成乡土复员。除非乡土社区里的地方人才能培养、保留、应用，地方性的任何建设是没有基础的，而一切建设计划又必然是要地方支持的。因之我写这篇短论，提出这个问题来讨论。

落叶归根的社会有机循环

乡土复员的意思其实还是从近来在上海《大公报》专栏里发表过的几篇有关基层行政问题的讨论中引申来的。燕鸣轩先生在他《论基层行政的僵化》一文中，详细说明了地方自治机构逐步腐烂的经过。黄明正先生也在他《从经济角度看基层行政的僵化》一文中，强调这一方面的情形。黄先生似乎认为被我"评价太高，期许太切"的绅士，自古至今，一直是和老百姓利益相冲突的。燕先生则和我近一些，承认"这条轨的黄金时期，士大夫阶级多能担负下'道在师儒'的光荣使命，为民师表，移风易俗，促成郅治的太平景象。当这一条轨到了腐烂时期，绅士们勾结了贪官，变成了土豪劣绅。"——这是说现在基层行政的僵化是因为这条轨道腐烂的结果。他至少承认有此一轨，此轨如果不腐烂，还是可以发生正作用的。我对于历史知道得很少，所以我不妨留此问题给更适合讨论这问题的人去讨论罢。我想我们同意的是目前地方上各种公务腐败不堪，政治的双轨实际都已淤塞。站在自上而下的路线上看，地方官无法执行职务，竟有成为绅士们的傀儡。中央在名义上是集权，机构上也已筑下了直达民间户内的轨道，而实际上却半身不遂，所筑轨道反而给别人利用来营私舞弊，大权旁落在无数土皇帝手上，空担了个恶名。站在由下而上的路线上看，有如我自己，上通的轨道影子都不见了，以致连以往"道在师儒"时代的无形轨道都觉得值得回念了。回头看看一般谈政治和经济改革的人，眼睛却大多只对着中枢政策，这一大片广大苦海里在法外特殊政治机构中苟延喘息的老百姓的惨景，连提都没有人提一提，怎能不令人痛心？

腐烂的乡土上什么新鲜时髦的外国好制度都建立不起来的。腐烂是病状，形成这结果的有一个过程，也就是我在本文中所要提出的，乡土社会被损蚀冲洗的经过。引起这损蚀冲洗作用的是许多经济、政治、社会、文化的因素，这些因素发生在我们近百年的历史里。

我在本文开始时引了一节关于美国南部土地损蚀和冲洗的情形，因为这情形给我一种启示，使我觉得中国的乡土社会中本来包含着赖以维持其健全性的习惯、制度、道德、人才，曾在过去百年中，也不断地受到一种被损蚀和冲洗的作用，结果剩下了贫穷、疾病、压迫和痛苦。我这种看法，也暗示除非能大规模地复员乡土，像 TVA 一般地复原土地，我们在表面上所做一切花样，用意且不加怀疑，也无法挽回这个沉沦的大局。

像我在以往几篇讨论中的假定一般，我想在以往传统的环境中，我们中国是有一套足以使大多数人民能过得去的办法的。生活程度固然很低，局面的混乱也没有停过，但是标准放低了看，多少是常常做到"黎民不饥不寒"的小康水准的。在现在看来，这小康水准也可称作过去了的黄金时代，而且要恢复到这水准，已非易事了。

中国传统小康经济是建筑在小心侍候土地、尽力保持土力、使人们老是可以取资于地面上培植的作物的基础上。这是李林塞尔所要在田纳西河流域恢复的有机循环。任何一个到中国乡村里去观察的人，都很容易见到农民们怎样把土里长出来的，经过了人类一度应用之后，很小心地重又回到土里去。人的生命并不从掠夺地力中得来，而只是这有机循环的一环。甚至当生命离开了躯壳，这臭皮囊还得入土为安，在什么地方出生的，回到什么地方去。

人和地在乡土社会中有着感情的联系，一种桑梓情谊，落叶归根的有机循环中所培养出来的精神。这种精神在那些倚赖矿产来维持生活的人看来是迂阔的。海外的华侨可以劳苦终日，一文一文地储蓄了寄回家乡，死了还把棺材遥远地运回去安葬；那种万本归原的办法是西洋人所不能了解的。在我们传统文化里却看得比什么都重要。我自己就有一个老祖,中了举,派到云南去做官,受不住瘴气,死在任所。他的弟弟牺牲了自己的前途,跋涉长途去运柩回吴江,经了有好几年,遇着各种困难,完成这在现代文化中认为毫无必要的使命。但在我们家谱上却大书特书,认为历代事业中最伟大的一项。如果我们从这类事情所代表的意义来看,可能是值得我们细加思索的。这象征着乡土联系的最高表现,而乡土联系却维持着这自然的有机循环。也就是这有机循环,从农民一朝的拾粪起,到万里关山运柩回乡止,那一套所系维着的人地关联,支持着这历久未衰的中国文化。

我希望读者不要误解我竟"落伍"落到提倡拾粪运柩,这些是在某种环境中所流露出来代表一种精神的方式,方式尽可以变,我绝不留恋于任何方式,但是我确觉悟到这种精神的重要。我因为怕有些把中国传统看得全无是处的人,因为我提到了拾粪运柩而连其所表示的精神一并忽视,所以不得不借重李林塞尔的话,以及标准美国事业的 TVA,来作重揭此种精神的助证。

乡下人为孩子提名,最普通的是"阿根",人也有根的,个人不过是根上长出的枝条,他的茂盛来自这个根,他的使命也在加强这个根。这个根就是供给他生长资料、供给他教育文化的社会:小之一家一村,大之一乡一国。这个根正是李林塞尔所谓 grass roots。惟有根固的枝叶才能茂盛,也只有枝叶茂盛的根才能固。从社会说,取之于一乡的必须回之于一乡;这样,这个社会才能维持它的水准。不论是人才还是物资,如果像矿苗一样只取不回,经过一个时候这地方必定会荒芜。取与回的循环可以很广,很复杂,但是却不能转不过来。TVA 是一个大循环,我们内地拾粪的小农场是个小循环。循环愈大，水准愈高；但是能维持任何水准，必须有个循环。采矿式的消耗，性质上是自杀的，自杀可以慢性，但终必有枯竭的时限。一个健全的和能平衡的文化必须站在有机循环的基础上。

回不了家的乡村子弟

在我们传统的乡土文化中，人才是分散在地方上的。最近潘光旦先生和我一同分析了915个清朝贡生、举人和进士的出身。从他们地域分布上说，52.5%出自城市，41.16%出身自乡村，另有6.34%出自介于城乡之间的市镇。如果再依省分别来看，以有较多材料的直、苏、浙、鲁、皖、晋、豫7省说，乡项百分比超过城项的有鲁、皖、晋、豫4省。这些数字告诉我们，即以必须很长文字训练才能有机会中试的人才，竟有一半是从乡间出来的。更有意义的是我们所分析的人物中父亲已有功名的和父亲没有功名的比例，城乡双方几乎相等；城方是68∶32，乡方是64∶36。这是说中国人才缺乏集中性的事实，也就是原来在乡间的，并不因为被科举选择出来之后就脱离本乡。这和现代西洋社会不同。Sorokin教授曾说："(在西洋)一切升迁的途径几乎全部集中在都市以内。如果不先变做城里人，一个乡间的寒门子弟已几乎完全不再有攀登的机会。"——中国落叶归根的传统为我们乡土社会保持着地方人才。这些人物即使跃登龙门，也并不忘本；不但不损蚀本乡的元力，送往外洋，而且对于根源的保卫和培养时常看成一种责任。因之，常有一地有了一个成名的人物，所谓开了风气，接着会有相当长的时期，人才辈出的。循环作育，蔚为大观。人才不脱离草根，使中国文化能深入地方，也使人才的来源充沛浩阔。

我在《再论双轨政治》一文中提到地方人才的问题时，曾说起了英国退休的公务员分散到乡间和地方上去服务的情形。燕鸣轩先生给我私人的信上曾说："先生所希望的中国绅士像英国的绅士，事实上恐怕不相类的。"从目前的情形说固然不相类，但是我还觉得在传统社会中，似乎曾有过类似的情形。杨开道先生曾写过一本《中国乡约制度》，从这本书里看去，中国士大夫对于地方事业的负责可以说比任何其他国家的中间阶级为甚。即使我们说这些人服务地方为的是保障他们自身的地主利益，是养鸡取蛋的作用；我们也得承认这和杀鸡取蛋是大大不同了。何况在中国传统土地制度还有着"家无三代富"的升降流动机构，形成另一循环，使刻苦耐劳的小农有着上升的机会，并不像那富者愈富、贫者愈贫的两极化的情形呢。

燕先生很清楚地告诉我们地方权力变质的经过：最初是贡爷老爷，继之是洋秀才，最后是团阀。为什么会这样变质的呢？那就引到了我在本文中所提到的损蚀和冲洗过程了。以前保留在地方上的人才被吸走了；原来应当回到地方上去发生领导作用的人，离乡背井，不回来了。一期又一期的损蚀冲洗，发生了那些渣滓，腐化了中国社会的基层乡土。

乡土培植出来的人已不复为乡土所用，这是目前很清楚的现象。今年暑假很多毕业生找不到职业，在一次"欢送会"里很不欢地谈到了这青年失业问题。有一位老师劝这些青年回乡去，在原则上是能说服他们的，但是他们几乎一致地说："我们已经回不了家了。"结果我还没有知道有哪个回了去的，他们依旧挤在人浮于事的都市里，甚至有靠朋友接济过日子的。

他们"已经回不了家"是不愿,也是不能。在没有离乡之前,好像有一种力量在推他们出来,他们的父兄也为他们想尽方法实现离乡的梦,有的甚至为此卖了产业,借了债。大学毕业了,他们却发现这几年的离乡生活已把他们和乡土的联系割断了。且不提那些正在被战事所蹂躏的区域,就是在战区之外的地方,乡间也是容不下大学毕业生的。在学校里,即使什么学问和技术都没有学得,可是生活方式、价值观念却必然会起重要的变化,足够使他自己觉得已异于乡下人,而无法再和充满着土气的人为伍了。言语无味,面目可憎。即使肯屈就乡里,在别人看来也已非昔比,刮目相视,结果不免到家里都成了个客人,无法住下去了——这是从个人的感觉上所发生的隔膜。城乡之别在中国已经大异其趣,做人对事种种方面已经可以互相不能了解,文化的差异造下了城乡的解纽。

如果有大学生真的回乡了,他向哪里去找可以应用他在大学里所学得的那一套知识的职业呢?说是英雄无用武之地可以,大材无法小用也可以,事实上,大学并不是为乡土社区造人才的。现在的教育是传授新知识的,所谓新知识,其实就是从西洋来的知识。这本来是可以的,知识不应分国籍,我们目前正应当赶快现代化,要现代化就得输入西洋文化。乡间的传统正待改良。新知识正是改良的方案。但是一个乡间出来的学生学得了一些新知识,却找不到一条桥可以把这套知识应用到乡间去;如果这条桥不能造就,现代的教育,从乡土社会论,是悬空了的,不切实的。乡间把子弟送了出来受教育,结果连人都收不回。

不但大学是如此,就是中等教育也是如此。我们曾在云南一个乡城附近的村子里做研究。靠近村子不远有个农业学校,这村因为靠近县城，所以园艺很发达，乡下朋友常指着学校的农场和他们说笑话；我们到农校里找他们教员谈话，也有很有专门训练的，说村子里的蔬菜大可改良。乡下朋友说老师们种菜像是种花，赔本的，不错；老师们说乡下的菜长得不高，也不错。所错的是各人做各的，合不起来。学生们出来，没有这么多"校农场"给他们"实习"和"试验"；回家去，家里没有这么多本钱来赔。结果，有些当了小学教员，有些转入军校，有些就在家里赋闲，整天无所事事地鬼混，在县城里造了一批新的"流氓"，他们也就逐渐变成燕先生所称的"团阀"的干部。

我们的大学多少也难免有此情形，所不同的是大都市中吸收新人物的能力比县城里大一些，除了当教员之外还有衙门、工厂里可以找职员做，但是有两点是相同的：一是他们并没利用新知识去改良传统社会；一是产生了一批寄生性的"团阀"阶层，既不能从生产去获取生活，只有用权势去获取财富了。

从这方面说，现在这种教育不但没有做到中国现代化的任务，反而发生了一种副作用，成了吸收乡间人才外出的机构，有一点像"采矿"，损蚀了乡土社会。

流落于东西文化之外的寄生阶层

有人可以说现代化本来就是都市化。现代文化是都市产物，都市人口总是从乡间吸收来的。在乡间即使有人才也没有发展的可能，一到都市里，机会多，个性可以自由发展，所以城市是造就人才的地方。在乡间至多有"潜才"，不能说有"人才"，所以都市化对于乡村是有利无害的。在西洋，这种情形是很显然的。

在中国，不能是例外。

这种说法是有理由的，但是也不全是事实，而且最后一句话，说中国不能是例外，更值得考虑。所谓"例外"是指在中国有很多条件和西洋不同，因之西洋社会的通则有时并不能不加修改地应用在中国。

我在本文开始时提出 TVA 是有用意的。念过李林塞尔那本书的，可以说上面的理论在美国也并不完全正确。美国都市的发达，确曾损蚀过内地的乡土社会。田纳西河流域，所谓 Deep South 在实施 TVA 计划之前是一个极悲惨的世界。每年每个农家的收入只有 150 元，比美国人当时工人的平均收入低下五倍；没有电灯，没有电话，没有公共医院。名剧《烟草路》里描写出来的生活比我们的农村还不如。美国可以有纽约的"自由发展"，但是在 Deep South 却没有免于饥饿的自由。为什么？和中国目前的情形一样，社会的有机循环脱了链。南部的物质（土地里"采"出来的棉"矿"）和人才不断地输出而没有回来。这土地，这人民，受到了损蚀，一直到罗斯福才重建了这循环，繁荣才恢复。

都市和乡村是必须来回流通的。美国都市的工业依靠广大农村做市场。农村的损蚀固然乡下人先遭困乏，但是困乏的乡间也会引起都市的恐慌。罗斯福发动 TVA 的计划目的还是在挽救都市的经济恐慌。李林塞尔最得意的杰作就是在恢复由城到乡的这条桥梁。从这桥梁上，城市里所孕育出来的现代知识输入了乡间，乡间出来的人才，受了现代科学的教育后，可以回去服务农村了。

提倡都市化是不错的，但是同时却不应忽视了城乡的有机联系。如果其间桥梁一断，都市会成整个社会机体的癌，病发的时候城乡一起遭殃。中国却正患着这病症，而且，依我看来，目前正在病发的时候了——表现出来的是乡间的经济瘫痪和行政僵化，都市的经济恐慌和行政腐败。

中国城乡关系本来就和西洋不同。这一层意见我已在《乡村·市镇·都会》一文里申说过，这里不必重复。那篇论文中我还只就经济的素质上加以说明这三者的关系。在本文上节里我又从文化的背景上加染了一笔。如果我们说都会代表西洋文化，乡村代表传统文化，那是不正确的；我的意思是：都会是两套文化接触的场合，被西洋文化改变了生活和思想方式的人回不了乡村，有一部分被都会里新兴的生产事业所吸收了，但是还有一部分却流落在生产事业之外，发生了一层倚赖权势过活的新人物，他们转而阻碍了城乡双方生产事业的发展。

这一层新人物从他们来路上说，直接间接是从乡土社会里吸收出来的。在东西文化接触之前，这些人物可能就被科学的机构所吸住，依旧在乡村和市镇间居住，"学而优则仕，仕而优则学"，也是燕先生所谓"贡爷老爷"，受着传统儒家哲学的教育，执行"道在师儒"的社会任务。他们可能在土地制度之内剥削农民，但是乡间财富并不大规模地外流。以整个社会说，有如叉麻将，叉来叉去，最后不会有太大的输赢。

如果中国都会里的生产事业发达得快，乡间吸收出来的人都能找到发展才能的适当地位，乡土社会虽则被损蚀了，但是都市却繁荣了，我们可能走上美国的道路，等都市财富积聚得无法消化时，再像TVA一般流回农村去。果真这样，我们的局面也必大非今观了。不幸的是我们的经济和政治却处于次殖民地的地位，大规模的工业化并不可能。西洋文化并没有全盘输入，只输入了它的上层或表面的一层，包括思想、意识、生活方式和享受欲望，并没有把维持这上层的底子——经济基础——搬了过来。这个脱节可真脱得严重，也是发生那流落在西洋和传统文化之外、流落在生产事业之外的倚赖权势为生的阶层这一中国悲剧中的主角和导演。

洪流冲洗下的中国

土地的损蚀只是冲洗的开端。地方给采矿性的棉花拔尽之后，大片的土地上没有了覆盖的草皮，吸收不住水分，汇成巨流，造成灾区。社会性的损蚀作用同样会引起类似冲洗的人口流亡。损蚀作用中所带走的还有选择：最早离乡的多少是自动的，在经济地位上说是较富的，在教育程度上说是较优秀的。财富和人才离了乡，再加上了都市工业势力的压迫，农村开始穷困，小康之家降而为穷户，穷户就站不住脚，开始离乡；但是在乡间至少还有个中坚阶层足以维持——两极的移动多少是都市化过程中对农村所发生的一般影响。这两极也就是都市中劳资阶层的来源。

但是当中国所特有的流落在城乡生产机构之外的新阶层一旦出现，一旦庞大，他们利用着权势构成种种法外的"团阀"（法外并不指他们表面的地位而言，指他们获取财富的手段而言），乡间知识程度较低，团结力较弱，组织较松弛的农民，也最容易成为这种人物寄生的对象。使黄明正先生"暗自饮泣之黯然的图画"是每个在乡下住的人所熟知的。当我疏散在乡间时，这些人物的蛮强无理的敲诈掠劫曾使我多次因激于"侠义"出头干涉而陷入纠纷和痛苦。这些也是我一生中永远不敢忘怀的经验。这些人物的盛气凌人反衬出中国广大人民的善良和忍耐。但是善良和忍耐并不是敲诈掠劫的理由。容忍有其限度。当限度到来时，中国农民的坚韧也成了他们自救的力量。从局部的情态去看，任何还有正义感的人不会放错他的同情心的，但是从整个局面合起来看，却是一个大悲剧，演出的是反抗、流血、摧残、流亡、沉沦。本来是乡土里流出去的，父母伯叔卖了田地，节衣缩食，指望着回来繁荣乡土的子弟，当他们回来时，却带来了这一种礼物！

我记得有一次向一个冒充军官来乡间敲诈的人说："你不也是从乡间长大的么？如果有像你一样的人到你乡间去这样胡闹的话，你觉得怎样？"他曾为我这话低下头去，"可是……"他犹豫了一下，没有回答——这些是同一出悲剧中的角色。如果我们把一切责任都放在这些人肩头，同样是偏面的、不根本的，而且是无济于事的。

可是由这种人物所激起农民的仇恨，却逐渐形成一片火海。虽则明知这火海里并没有人得到便宜，但是到这程度，好像泥土里没有了草根，水愈聚愈多，最后必然会造成决堤的洪流。

地方上现在已没有任何挡得住那种借权势和暴力来敲诈劫掠的力量了。贡爷老爷已经不存在，洋秀才都挤在城里，农民除了束手待毙，只有自己出来抵抗，而整个生产机构也就难免于瘫痪了。

整个中国，不论上层下层，大小规模，多少正在演着性质相似的悲剧，但在生活已经极贫困的乡间，这悲剧也就演出得更加掩饰，更认真，更没有退步。日积月累，灾难终于降临，大有横决难收之势了——这就是我想说明的损蚀和冲洗我们乡土社会的过程。这过程的发生是由于社会有机循环的破坏。很显然地，如果我的分析有若干正确性的话，我们必须从速恢复城乡之间的循环关系。关于怎样才能恢复的问题，我想留到以后论"乡土复员"里再提出来讨论了。

1947年11月26日于清华胜因院

黎民不饥不寒的小康水准

我在《损蚀冲洗下的乡土》一文的结尾说起我想提出一些怎样才能重建中国城乡有机循环的意见，并且预定了《乡土复员》这个题目。忽忽已有一个月，好像欠了一笔债似的，使我很着慌，屡次下笔都不克交卷，其间固然有许多冗杂的事务阻挠着思考，而这问题本身的复杂，也是个很重大的原因，何况当前的一切似乎还谈不到建设。破坏之动员未已，乡土复员的说法，竟带着讽刺的意味。可是话还得说回来，在一般人民对国是失望感慨之余，也没有比这个时候更需要彻底自觉，在恩怨之外，找出这空前变局的结症所在。宿疾求艾，即使并不是怎样急救灵丹，也是我们应当致力之处。虽说是书生之见，但也只有书生才能暂时在切身的烦恼之外，瞩望将来，注视这个可能的免亡之道。所以最后，我还是鼓着勇气，贡献一点较远的看法。我这几篇乡土复员论将从一个问题出发：假如我们还希望走上一条安康的道路，我们应当向哪个方向出发。至于我们怎样能走上这条路，那不是我在这几篇短论里所想讨论的了。

土地分配和民生

现在论乡土经济衰落的人，大都注目于中国的土地制度，尤其是租佃制度。租佃制度引起人的注意是有理由的，而且是现实的。一个自己没有土地，租别人土地来经营耕种的人，普通都得把正产，即主要农作物的出产的一半以上，在地租的名义下，交给地主。"一半以上"正产量作为地租算不算很高呢？单凭百分比是看不出意义来的。我曾根据我自己调查的结果，用产米量和食米量的比例来说明地租的真实分量。这里不妨举出一个村子的情形来表示。在"江村"（太湖附近的一个村子）每农家经营的农场平均面积是 8 亩半，合 1.29 英亩。每英亩产米平均约数是 40 蒲式耳（每蒲式耳约重 67 磅。这种产量，在中国一般情形说，可算是收获很丰富的了），每农家平均产米总量 51.6 蒲式耳。每农家人口平均是 4.1，合壮丁数 2.9（所谓合壮丁数是指食米量而言，依 Atwater 标准经我们修正后折合）。每壮丁每年平均食米量为 7 蒲式耳，即 470 磅，每家共需食米 20.3 蒲式耳。总产量减去食米量剩余 31.3 蒲式耳。如果这家的农田是租来的，租额如果是正产量的一半，合 25.8 蒲式耳。把地租交出后，只剩余 5.5 蒲式耳的米，农场上其他作物的产量依我们估计其价值约合米量 10 蒲式耳。这家人可以用在食米之外的消费量及农业投资只有 15.5 蒲式耳米等值的数目。于是问题是：这点钱够不够呢？依我的估计中国农民普通的支出各项的比例是：吃米 42.5%，其他消费 42.5%，农业投资 15%，依这比例，这家人需 28.4 蒲式耳米等值的钱作吃米之外的其他费用。这个人家如果在农场之外别无其他收入，每年要缺 12.9 蒲式耳的米。

如果农场较大，交了地租之后，剩余可以略增。但是农场的面积一方面是限于可供耕种的土地面积和人口的比例，另一方面又限于现有技术下，家有劳力所能经营的面积。我在云南农村中曾经分析过农业劳力的问题。在最忙的农期中，一夫一妻所能耕面积只有3亩强。换一句话说，他们如果要经营较大农场，在最忙的时候必须换取或雇佣劳力帮同工作。能耕面积因之也有赖于劳力的组织。在一般情形中，如果技术和劳力组织不加改进，一个农家所能经营的农田面积并不能超过现有平均农场过远。现在农场面积平均数目各地因作物及土质不同固然略有伸缩，以太湖流域说，江村的情形决非例外。

扩大农场的机会很小，这不是一个分配的问题，而是农业人口和可耕地面积比例的问题。分配是从所有权上说的，中国土地分配不平均是事实。但握有较多土地的地主通常并不是自己经营农田的。大地主还是分成了小农场出租给佃户。所以从经营着眼，如果要扩大农场，分配问题远没有技术及组织为重要，最基本的是农业人口怎样能减少的问题。

但如果说重分配既不能扩大农场，对于生产并无重大贡献，因之我们不注意这问题，那却又不对的。分配问题在民生上有极严重的影响。如我上述的情形，假如江村的农民都是自耕农，他们单靠现有的土地也足以达到"不饥不寒"的水准了。61.6蒲式耳米等值的收获可以经常支出20.3蒲式耳的吃米，20.3蒲式耳米等值的消费品和8.4蒲式耳米等值的农业投资。另外还有12.6蒲式耳米作其他特殊费用的准备——这正是我所说的"小康水准"。

农工混合的乡土经济

如果我以上的分析是正确的，在租佃制下经营小农场上的佃户并不能靠土地维持"不饥不寒"的水准，则在传统的乡土经济早应该发生土地问题了，为什么土地问题到近二三十年来才见严重呢？

乡土经济中土地问题早已存在，我想是事实；但是在传统经济中却有一道防线挡住了这潜在的问题暴露成佃户和地主中间的严重冲突。这道防线是乡土工业。关于乡土工业在传统经济中的地位，我曾一再写文论述过。简单地说，在海禁未开之前，中国人民日用消费品是自给的。中国从来不是个纯粹的农业国家，而一直有着相当发达的工业。可是传统的工业却并不集中在都市里，而分散在无数的乡村里，所以是乡土工业。各地依它的土产加工制造成消费品，日积月累，各种工业都有著名的地域。中国早年出口的生丝最有名的叫辑里丝，查海关报告还有这英文译音；辑里丝是太湖附近很小一个区域里出的丝，居然成了个中国出口生丝的别名。其他如龙井的茶，景德的瓷器，高阳的布，都属此类。这些还只是些最著名的土产，其实每个小区域，甚至许多村子都有一两样附近所熟知的土产，土产中又有很多是制造品。而制造这些土产的却是一家家的农户。轻工业中最重要的纺织，在传统中国是家庭工业。我幼年还帮助祖母纺过纱，我母亲的嫁妆里还有个织布机，"不闻机杼声"这诗句在我是极亲切的。制造工业分散在家庭里固然使中国传统工业在技术上不易进步，但却是一个传统经济中的重要事实，使普通土地不足的农家可以靠这些家庭工业里的收入，维持小康生活。

中国的农场为什么会这样小，是一个基本问题，直接的原因可以说是人口太多，但是为什么人口会这样多呢？这问题有人认为是不必问的，人口繁殖是生物现象；也有人认为是儒家思想提倡的结果。我却愿意从劳力上来看：农作活动有季候性，在一个短的时期中需要相当多的劳力，也就是所谓"农忙"。农村里必须养着能足够应付农忙时所需的人口，虽则农忙一过，这些人在农田上可以并没有工作可做，也就是所谓农闲。在充分利用人力来工作的农业技术下，农忙和农闲所需劳力的差别可以很大。如果单看农忙期间的农村，人口并不能说太多，因为没有这样多的手脚，现有农田在现有技术下并不能充分经营。依我这种看法，所谓中国农村人口太多是从生活程度上说的，并不是从农业生产上说的。除非农业技术能改变，农村人口不易减少。抗战后期因乡村壮丁的流亡已在后方农村中发生了缺乏劳工的情形。

农业虽则在短期需要大量劳力，但是有 2/3 的日子是没有农作可做的，于是发生周期性失业的情形。换一句话说，我们是"养工一年，用在农忙"。这些劳工并不能离开农村，离开了，农忙期会缺工，可是农闲期怎么办呢？这里引入了乡土工业，乡土工业在劳力利用上和农业互相配合了来维持农工混合的经济。也只有这种农工混合的乡土经济才能维持原有的土地分配形态。一个自己没有土地的小农场上的佃户，在男耕女织的农工合作下，勉强能达到他们生活的小康水准，同时也使传统的地主们可以收取正产量一半的地租，并不引起农民们的反抗。反对地主利益的人可以说这种乡土工业正是给他们剥削佃户的机会；从整个经济分析上说，农业技术、劳力需要、人口数量、农场面积、乡土工业、地租数量、地主权利等因素是一个有机的配合。中国传统社会能很久地维持着这配合，那是因为它至少可以给在这种经济里生活的人不饥不寒的小康的生活。任何经济结构如果不能维持最低限度的民生，是决不能持久的。

传统有机配合的脱栓

在过去近一个世纪来,上述传统有机配合开始破坏了。破坏在哪里开始的呢?在我看来,第一个脱栓的齿轮是乡土工业。农业技术、人口数量、农场面积、地租数量、地主权利等齿轮,并没有变;跟着乡土工业那一齿轮脱了栓的却是那传统有机配合所维持的小康生活。

乡土工业的衰落由于它和西洋都市机器工业竞争的结果,这一点不需我在这里费词引证。机器工业在大规模生产的方式下成本减轻了,品质提高了,土货成了个贬损的名词,洋气才是风头,骨子里不过是两种生产方法的优劣。费了较高成本制造出既不雅观、又不适用的土货,怎能在既便宜又漂亮的洋货旁争得购买者呢?土货的市场让给了洋货,在享乐上是提高了买得起洋货者的水准,可是同时却引起了乡村里无数靠着制造土货的工人们的失业。

贫穷跟着乡土工业的衰落侵入乡村,这个魔手是间接的,impersonal 的,捉不住、看不清对象的,是一种无可抵御的势力。只感觉到而摸不着的,要反抗也无从反抗起,要抵御也无从抵御起。一个织土布的媳妇,没有人要买她的出品时,代替机杼声的也只有叹息罢了。她去怨恨谁呢?

这时她只有指望丈夫在农田上的收获了。一家的生活压在土地上。也在这时,传统经济里早就潜伏着的土地问题暴露了。地主并没有丧失他收租的权利,租额并没有减低。而且传统的地主并不是生产的阶层,他们是"食于人"的。在新的处境里他们也没有大量地改变这种身份。相反地,因为西洋舶来品的刺激,更提高了他们的享受，消费增加，依赖于地租的收入也更不能放松。可是当他们下乡收租时，却发现他们的佃户并不像以往一般驯服了。怎能驯服呢？交了租就要挨饿了。为了生存，佃户和地主之间发生了严重冲突。地主不会明白为什么佃户变了，他还是收取和以往同样的租额，并不是过分的要求。佃户们眼里的收租者却变了，成了来要他最后一粒谷的催命鬼——看不见的是没有声音的西洋工业势力，它打碎了传统有机配合中的一个齿轮，那一个地主本来不关心而其实是保证他们特权的齿轮——乡土工业。

破坏乡土工业的力量是深入、遥远、庞大、有力的，它背后还有着巨舰大炮，"帝国主义"，有组织的，而且是现代化的。缺乏团结力，缺乏组织，缺乏科学知识，分散在乡村里兼营着农业的传统工人，对于这个力量怎能抗得住，可是地主的势力，和了外来工业势力相比，却脆弱得多，于是为了求生存不能不奋斗的农民挑选了地主做对象——这样，在近代史上，中国的土地问题日深一日。

地主阶层合理的出路

不饥不寒是民生的最低水准，如果人有生存的权利，也就应当承认争取这水准是公道而且合理的——这是民生主义中基本的内容。可是中国不停地在被解除它原有的工业生产力，小康的降而为小贫，小贫的降而为大贫，大贫的链而走险，乡土在冲洗中。农民们在要求回复失去了的生活水准。

在这个局面中，如果不能挽回我们在衰亡中的工业，本来间接依靠原有乡土工业、通过地租形式、而维持的地主阶层，迟早是会被打击而消灭的。这些地主并不能自己去耕种土地,而得假手于农民,这片土地又不能同时养活地主和佃户双重人物,地主却不能采取消灭佃户的手段来维持自己的收入。另一方面,没有了地主的农民还是可以耕种土地——所以在地主和农民的争斗中,农民必然占据优势的。从理论上说,地租原是在土地能在供养耕者之外还有剩余的情形下发生的。可是中国的租佃制度却并不直接建筑在土地生产的剩余上,而间接地建筑在农民兼营的乡村工业上,所以乡土工业崩溃实在打击了中国"地租"的基础,注定了地主阶层的运命。

地主并不能在同意之外获得地租。虽则在短期间地主固然可以靠压力来赢得"被迫的同意",但压力包括费用,而反抗可以无限地增长,因为反抗的动力是生存的要求,和压力正比累积;二者竞赛,以有限压无限,总有穷时,所以我们可以预言其结果。

为地主着想,合理的出路决不应是加速自己的灭亡,而是适应新的局势,另建他们生活的基础。和农民的"不饥不寒"的水准去对抗是徒劳无功的,只有承认这人类生存的基本事实,而在土地之外另谋出路。说来似乎矛盾,地主得在土地之外去找出路,而事实上却一点都不矛盾,因为中国的地主原本不是靠土地的。当西洋工业势力侵入打击中国乡土工业时,地主们如果要保持他们的生存,就应当勇敢地迎战。这战线上如果不能获胜,他们的生存总难维持,不论直接清算他们的是谁。

我承认对外的迎战是艰难的,但不论怎样艰难,这是地主阶层生死关键所在,无法推诿的考验。而在这恢复工业的艰难事业中,尤需广大农民的支持,因为在已经成熟的西洋侵略性的工业经济的滩头，要确立我们民族工业的阵地，在策略上大概不能避免走上复兴乡土性工业的路子。换一句话，还得依赖能耐苦的农民以生活程度来和西洋劳工相竞争——这是从经济上说的。从政治上说，西洋工业背后随时可以转变为军事侵略的政治压力，也必须以国内的政治安定和统一才能应付，那更需要国民中80%以上的农民的支持。从任何一方面看，地主阶层在面临生存威胁之际，不但应当，而且只有以放弃地租为条件来和农民共同克服这危机。这是孙中山先生眼光远大之处，耕者有其田的政策是一个地主阶层自保的钥匙。

我这种说法，完全是站在地主阶层的生存兴趣上立论的。我很明白，完全站在农民阶层的立场上，还有一条路：那就是抓住土地，占有土地上所能出产的，不放松，必要时不惜出之以武力的保卫。完全占得住土地上所生产的一切，确可恢复小康水准，而且从他们看，一个没有力量在向外战线上团结保卫的阶层，也不会有能力维持向内的战线，两线作战是兵家之忌。这套想法并不是没有理由，但是，依我看来，如果加上国家观念，这种做法总可以说是不幸的。而且中国复兴的基础最后不能不是工业的复兴，生产力的增大和生活水准的提高，这不是单纯农业所可以达到的；何况内战的直接结果是破坏，破坏的结果是外来势力的增高，中国工业更难建设。中国农民固然是吃得起苦的，但是耐苦也不应是理想的价值。

历史并不常是合理的，但是任何历史的情境中总包含着一条合理的出路，历史能不能合理发展，是在人能不能有合理的行为。一个被视为"书生"的人，有责任把合理的方向指出来，至于能不能化为历史，那应当是政治家的事了。

地主阶层面临考验

特权的动摇

上一篇乡土复员论里,我提出了一种看法:中国土地问题严重性的表面化是由于乡土工业衰落而引起的,土地的生产并不能单独同时养活地主和佃户两重人物,中国现有的人地比例,注定了"耕者有其田"的秩序。如果我们承认当前严重局面基本上是土地问题在作祟,则土地问题的合理解决自应是重建和平秩序的前提。合理解决,在我看来,却不只是在土地权的重分配。我说"不只是",因为要能做到土地权重分配,实行耕者有其田,必须有一个条件就是本来靠地租维持生活的地主得另外找到一个经济的基础。有人会说,地主这阶层是寄生在农民身上的剥削者,他们已经侥幸地被供养了几千年,现在该被清算了;把田拿走了,如果他们自己没法找到生存的机会,那是活该。我不愿在道德立场上讨论这问题,只想从事实上说,如果地主阶层找不到新的生产性的经济基础,他们不会轻易放弃土地的,于是,如果要实现耕者有其田,就不免要在同意的方式之外用暴力的手段了。再换一句话说,如果不给地主阶层一个经济的出路,土地问题的解决过程中避免不了暴力的因素。我的立场是想在和平方式中去解决这无法拖延的基本问题,所以特别愿意强调和平解决所必需的条件。我承认地主阶层即使找到了新的经济基础,不一定就能和平解决土地问题,这只是一个必要的条件,而并非足够的条件。

我也承认"另外找到一个经济基础"的责任是在地主阶层自

己，因为他们在传统社会中是握有特权的阶层。拉斯基教授在工党上台前夕给英国特权阶层的忠告，很适用于中国当前的形势。如果特权阶层不自动地放弃特权，在和平的情势中获取另外经济基础和社会地位，就将被迫放弃特权，在暴力的运用里，损失最大的也就将是这个阶层。

事实上，当前的地主阶层已感觉到他们的特权不可靠了。这里我可以抄录一节一位在家乡（苏州附近）的朋友给我的信：

> 以前农民"拔田"（有永佃权的佃户向地主买俗称田底的地权）每亩需粳20担，农民花得起这笔钱的很少。现在市价只要两担。很多地主在困难重重、前途又无希望之中，甚至肯收更低的代价把田卖掉。

这其实是乡土衰落所必然会发生的结果。地主们放弃土地，离乡入城，已有相当久的历史。现在城市里多少中下层的居民不是从原有的地主阶层里出来的呢？他们如果在城市里得到了谋生的职业，或是投资的机会，即使没有"重重困难"去迫他们出卖土地，他们也不会留恋于已不一定收得到租的土地。但是关键是在他们身虽离乡，而并不易在土地之外找到一个稳定的经济基础。中国民族工业的萧条，使他们的收入还是直接间接地取之于农民。一查他们的职业，公务员和军队占着很大的比例。这说明了，如果我们在农业之外不能开辟出广大的生产基础，本来寄生于土地上的，不论他们离村多么远，不论他们名义上怎样不带土气，最后，转转弯弯地还是寄生在农民身上。地租名目可以变成赋税，变成摊派，实际还是一样，土地得供养这一批不事生产的人物。

这是说地主阶层即使放弃了土地，如果没有新的生产去吸收他们，问题还是没有变。因之，我觉得现在的关键已不是在地主们愿意不愿意放弃土地，而是怎样转变为生产者的问题。

寄生阶层的保守性

地主阶层既已感觉到特权基础的动摇，但未能及时在土地之外去另谋出路，依旧在四面楚歌中求片刻的苟延，在明知愈拖愈不利的命运前恐惧战栗——那是值得我们更进一层去分析的事实。

中国地主阶层踟蹰不进，因循苟且，不能毅然在工业里自谋合理的出路，有外在和内在的两层原因。外在的原因是西洋雄厚的工业势力和复杂的国际政治，这方面已经受到注意，我不必在这里多讲。我在本文里想提出来的将偏重于内在的原因，那是地主阶层的生活方式、理想、抱负和知识所给予他们的束缚。

特权所给人的享受会向灵魂深处索取它的代价。它腐蚀握有特权者的个人的志气，它也腐蚀维持这特权的社会的活力。这可能说是上帝的公平，也可以是历史的公律。特权阶级的生活只要现状不变就能维持，因之在心理上憎恶变革，保守是他们根据阶层利益而养成的精神，在土地制度里获得特权的阶层保守的精神更是牢固。农业本身技术的成分远不比工业，作物的生长是自然过程，人不过在旁扶植，农夫是靠天吃饭的，明白主观的限制。另一方面说，小农生产是自给自足的，在经济上不受市场竞争的打击或鼓励。这种性质的作业里不容易表现出技术的重要性来。技术不须日求新异，整个人事也易于安排配合，成为一种稳定的社会结构。现代工业社会是稳定不住的，基本上是因为技术的分量太重，技术这一道里，效率、经济、精巧等一类标准太明显，加上了竞争性的市场，技术必然领先变革，于是文化的其他部分也不能不随着变了。因之以现代工业社会里特权阶级来比较传统农业社会里特权阶级，后者的保守性和固执性可以更为显著。

尤其在中国，这种特权阶级在以往是不必具备着高度警觉性的。地主阶层可能的威胁来自两方，一方是农民的反抗，一方是暴力集团的侵害。中国地主阶层经了长久历史的陶养，对这两种威胁已经发生了相当的免疫性，这种免疫性结晶在儒家的思想和相配的制度里。从这个角度里去看儒家思想和制度，很可以见到它的实用性，甚至相当微妙的作用。儒家是反对地主们在享受上无餍求得的，克勤克俭，把主观的欲望约制住了，使他们不致尽量地向农民榨取。这有限的土地生产力和农民已经很低的生产水准是经不起地主阶层们的挥霍的。把中国一般中小地主描写成养尊处优、穷奢极侈的人物，我觉得是不太切当的。"一粥一饭"式的家训即使不能算是实况的描写，地主阶层平均所占的土地面积也可以告诉我们，他们所能维持的也不能太过于小康的水准。拥有 100 亩农田以上的地主，据陈振汉先生的推算，全国约有 80 万人，合全体农业人口的 3‰。除了这少数有资格谈得到优裕生活的大地主外，克勤克俭是必需的生活条件。我在去年暑假里回家乡时曾问过当地的朋友，"完全靠地租，想生活得相当舒服需多少田？"我得到的回答是"400 亩上下"。我知道有几家亲戚有田在二三百亩左右的，他们的生活实在赶不上一个有几十亩田的自耕农。省俭之成为中国一般的性格实有它的经济基础。主观欲望上的约制使租佃关系中紧张程度得以减轻。

中国传统租佃关系里还常充满着人的因素。这因素又被儒家的"中庸"、不走极端,所浸染得富有弹性。我幼年常听祖母讲:有些下乡收租的地主非但没有收到租反而放了一批账。我提到这事实,并非说中国地主阶层怎样慈善;很显然的,如果都像这种放账式的收租,这阶层早就不存在了,而且我也知道有地主把佃户的女儿都拉回家做丫头的。但是我要借此指出的,在传统的礼教中确有鼓励不走极端的力量,在消弭租佃之间的冲突。有人不妨说这是猫哭老鼠的假慈悲,这是地主剥削农民的力外裹着的糖衣。我并不反对这说法,我只要说明,此假哭,此糖衣,确曾减少过农民反抗的可能。

另一方面足以侵害地主利益的是各种各式的暴力集团。在人口增殖、生产无法扩大的局面里,以暴力来取得财富的方法永远是引诱人的。如果地主得自谋保卫,他们不能不讲组织,讲武备,警觉性也够维持他们一点生气。但是在中国却发生了传统保镖性的皇权。皇权的最后成分是暴力,它的形成是由于被需要安定的经济力量所招安,以按期的报效代替周期的被劫掠。这过程是我们熟悉的,从上海乞丐头儿起到大小帮会,以及边地的保商组织,都是这一类。梁山泊那样狠的好汉,也难免"招安"的梦想。这其实是暴力集团升沉的自然史。中国历史上贵为天子的,无论胡汉,还不都是以劫掠始而以收税终吗?

从地主阶层说,他们自己是不武装的,但是利用着暴力集团间的矛盾,以暴制暴地选择他们付保镖费的对象。保镖的目的在获得这笔钱,如果有其他暴力团体兴起了,最初是剿,剿不了则抚,抚不了就得拼,拼不了就让位,这是改朝换代。不要说得太远,就在我幼时,军阀们争雄的时候,我知道得很清楚,军阀打是打他们的,老百姓只要先躲一阵流弹,再希望不碰着败兵,最后自有商会出来劳军，一切如旧；劳军过后还在城门口看到几个扰民的小兵的头颅，旁边是一张"安民告示"——换了一个保镖。

这个降伏了其他暴力集团的皇权，如果认真要统治起来，侵害地主利益怎么办呢？这里又碰到了我已说过的传统对皇权的两道防线了，这里不再重复。

中国地主阶层并不是一个突出的特权集团，而是经了长久的位育，在内有着免疫性，在外有着一道道的防线，使他们可以在一个稳定的农业经济里，过着寄生性的生活。研究寄生虫的生物学家常会告诉我们有关这类动物的无数难于置信的寄生本领，生理和环境真是神工鬼斧般地配搭得巧妙异常，没有这一套，这类动物是无法生存的。但是因为它们的专门化，一旦环境改变了，也常是最先淘汰的，它们没有积极谋适应的能力。当我着手分析社会上寄生性的特权阶层时，也不免常引起这种感觉：他们的生存和繁荣不是靠他们个体的能力，而是靠着微妙的制度上的搭配。因之，他们对制度上的变革必然是厌恶的，保守性也特别强。

传统性格阻碍着新生

当我在客观的立场去分析中国地主阶层的合理出路时，我觉得只有从民族工业里打算，但是再去看一看这阶层的特性，未免使我为他们担忧了，因为他们历史上的特殊社会地位所产生的性格和现代工业所需的才能很不相合。这件事实可能足以部分地解释为什么我们和西洋接触已有了一个世纪，而民族工业还是这样幼稚（把一切责任放在帝国主义身上是不够的）。

首先我可以提出来说的是对于技术的贱视。上面已讲过贱视技术是维持稳定的社会所必需的条件。贱视技术的结果使地主阶层里的人物和工艺隔离了。工艺是人和自然的接触，改造自然以为己用的活动。生产活动也就是取用于自然的活动，所以基本上是工艺性的。脱离了生产的地主阶层无需讲求工艺，转而因害怕工艺的发达会威胁他们利益所寄托的社会结构。嫉视工艺，称之为淫巧，称之为末技，称之为玩物丧志，不但把社会上可能的技术进步遏制了，而且自己和自然之间立下了一道鸿沟。于是文艺代替了工艺。文艺是象征标记的玩弄。工艺本来也不能完全不求助于象征标记，算术和科学是从工艺里发生出来的，但是这里的象征标记最后要在自然现象里实证的，只是手段性的；文艺里的象征标记却不需实证，它们可以直接给人感情和思维上的满足。对自然本身缺乏实用性的兴趣，使实证的科学，甚至写实的艺术，都无从发达。中国传统以地主阶层为基础的思想和学术，很深刻地表现着这种特性。

厌恶及贱视和具体事物的直接接触和运用，使这种人对自然现象缺乏感情上的爱好。中国的文人特别不惯用手去抚弄物件，高贵的姿态是把双手放在袖子里。从小好奇心就被限于在冥想里得到满足，孩子们可以和玩具绝缘，更谈不到自由地制造和破坏，连沙泥都不准染指的。这一套教育和整个成人的生活方式相衔接，相配合。技巧不入上流。

这种人所关心的是社会身份，在人家眼睛里的贬褒，俗称面子。在衣着上要和非运用双手不能谋生的平民划出区别。尽管穷，长衫是不进当铺的。身后要跟着侍从，使唤人，一方表示是役人的身份，一方可以避免和自然多接触，用象征标记来驱使环境，获得满足。传统对享受的定义显然和西洋的概念差别很大，西洋的所谓享受是以能使用的物资的多少来衡量，而中国传统却以使唤的人数做标准。

这一套和工业组织所需要的精神真是格格不相入。工业基础是技术，是双手接触自然，是在支配自然里求表现和得到满足。我曾有机会在战时后方的一个规模相当大的工厂里去住过，员工人事的摩擦最大的起因，并不是绝对的待遇上的不平均，而是相关于身份的荣辱。实际上收入比职员为高的工人不安于自己的地位，宁愿做职员，坐办公厅，使唤人，胸前别一个徽章。这并非是工人们不谙计算，而是员工之间身份的划分太明显，态度上充满着歧视。这里利用现代机器的还是那传统的社会结构。一个工人对职员"没有礼貌"可以构成被开除的理由。一个毫没有工厂经验的留学生或是大学毕业生可以得到工程师或随习工程师的位子，他们决不会去做工头，不会住在工人宿舍里，不会在工人食堂里吃饭；而一个没有进过高等学校但富有经验和才干的工人，也极难得到负设计、管理责任的地位。这种分化，尤其在国营工厂里是如此，被称为"资格"的鸿沟，反映出中国的传统社会结构的素质，我想，这也是阻碍着中国工业现代化的一个不太使人自觉、实际上却极致命的势力。

我在这里所提到的不过是这病症的一个症候，其他类似症候还多，但已足以使我们看到背负着这一套生活方式的地主阶层的子弟们即使有机会去向工业里谋出路，他们的习惯，包括手和脑，是否能适合于这路上的工作，实在很成问题，何况大部分的人还没有在这路上去谋发展呢？最能吸收这种人的职业是所谓"公教"，"公教人员"现在已成了个十分熟悉的名词，甚至很多从事工业的人，因为国营工厂的发达，也可以包括在这名词之中。这个新名词在旧词汇里就是"衙门"里的人物。衙门本是传统地主阶层,也称士大夫的出入之所。与其说中国的新事业改变了传统,不如说它们被传统所同化,成了装旧酒的新瓶子罢了。

我在上一篇乡土复员论里曾说起为地主阶层打算得及早放弃土地另谋经济基础,在本文里我想指出的是该放弃的不只是有形的特权,而且必须把从这特权里所养成的那一套生活方式,包括志趣和态度,一起连根抛弃。这是一个时代所给的考验。

当我发表了上一篇乡土复员论之后,曾接到若干来信,其中有一位质问我是否想以资本特权来代替土地特权,想转移阵地,放弃农业夺取工业。更问我是否想为地主阶层做谋臣策士。我觉得这些质问的确很中要点,我承认自己虽已属"没落的地主"或已抛弃了地主身份的人,但确自觉有为这个进退两难、前后夹攻下的阶层,考虑他们的前途的责任。这阶层在现在还是存在着,是一个事实。它是个历史的产物,在时代的巨变中进退维谷。我并不想在维持地主阶层特权的前提下做打算,而是想怎样为这阶层里的人求一条合理的出路:怎样才能使他们可以放弃这事实上既不易又不值得维持的特权?

我也曾想过所谓"转移阵地"的说法;详细一些说,就是由政府发行土地公债,使地主在获得报酬之下把土地脱手给农民,把地租改为利息,再把他们的资本投入工业。这办法对于地主是有利的,真是所谓"以资本特权代替土地特权"。但是这种办法还是解决不了基本问题。且把农民能否担负债务的利息的问题搁开,从地主本身说,如果他们维持特权的身份和附着于特权的那一套生活方式,他们并不能在工业中开拓出一个新的基础来。地主阶层如果不自己去经营工业,找什么对象去继续他们的寄生生活呢？对于这些问题的考虑，使我写下这第二篇乡土复员论。我在这里可以回答那位朋友的是：我确是认为只有"放弃农业，开拓（不是夺取）工业"才是现有地主阶层应当采取的道路，但是同时他们必须放弃特权，把他们这阶层的性质由寄生而变成服务。

现代工业技术的下乡

提高农民生活程度的道路

普通一个农家的收入有下列几个来源：（一）农田上的主要作物，（二）辅助作物，（三）家禽家畜，（四）贩运，（五）出卖劳力，（六）乡土工业。他的支出大体可以分为下列几个项目：（一）衣、食、住、行、娱乐、宗教、医药等日常生活的维持费，（二）婚丧等生命关节上的费用，（三）保卫、社戏等社区公益费用，（四）捐税，（五）地租，（六）灾祸、劫掠、敲诈、瘟疫等意外的打击。

想提高农民的生活程度，主要的是增加支出中的第一项。增加的方法不外提高收入和减少其他项目上的支出。最理想的是收入中项项都能提高，其他支出项项都能节省。但事实上并不能如此，于是不能不有所偏重。在收入上，我们得看哪一项最容易见效，而且最有希望，限制比较最小；在支出上，我们得看哪一项最应当减少。所谓"应当"是指以农民健全生活为标准。

我在讨论土地问题时曾提到地主阶层应放弃特权，是从农民支出方面着想的，地租在经常的支出中所占成分很高，要提高农民生活程度（即使要达到不饥不寒的小康水准），决不能继续像过去和现在一般把这样重的一块磐石系在农民颈上。这就是"耕者有其田"。我这样说并没有忽视支出的其他项目。和地租同样在压迫农民生活的，有时甚至更压得紧的，是最后一项。这一项应当包括各种非法的摊派、供给过境的军队的消耗，以及各种强拉的工役。如果把这些划到第四项，则捐税也就成了亟该减轻的项目了。这些是比改革土地制度更紧急的，但是因为这是不易发生异议的，所以我也没有特别提出来讨论。

农民担负的减轻是乡土复员的前提，但是单从这方面下手，我们可能提高农民的生活程度还是很有限的。所以我曾偏重到收入方面去讨论这问题。这种偏重并非认为减轻支出的那一方面可以缓办（若干批评我的朋友在这点上有误会我原意的），而是认为我们应当做得比这些更多一点。更应该多的那一点是我所提到的乡土工业。

我对于乡土工业的意见，又曾引起许多批评，因之我想在这里再谈一谈。我们如果看一下我所列下的农民收入来源，从收入数量上说，（一）（六）两项比较最重要。在比较繁荣的乡村中第六项的收入甚至可以和其他项目的总数相等。也正是这一项在过去几十年中跌落得最凶，这个事实我想很少人能否认。于是我提出了一个问题：在这许多可能得到收入的项目中，如果我们想设法增加的话，最可能入手的是哪一项？

在设法回答这问题时，我曾请教过农业专家，如果我们利用一切科学所给我们的知识，像选种、除虫、加肥等等，土地生产能增加多少？有的认为不过20%，最高的估计可能到100%。即使做到加倍的程度，可以增加的限度还是很低。当然这是在作物不改变的前提下所作的估计。董时进先生曾指出过：如果要在农业本身去谋农民经济的改善，直接从改良作物入手不如从改种经济作物入手为有希望。经济作物是指值钱的作物，也是指作工业原料的作物，好像油桐、桑麻等。

我所想的，其实不过是再推进一步：如果农民把经济作物的收获直接当原料卖出去，不如在可能范围里自己加工，甚至制造成了把成品出卖，在收入上讲应当更上算。这就是把农业连上了工业了。这其实也就是我们传统乡土经济的方式，在和西洋现代工业势力接触之前，我们乡村中本来是有相当发达的工业的。我也认为乡土工业是形成中国小农经济的一个重要因素。我这种分析使若干读者认为我主张退回闭关时代的经济形态，于是各种"梦呓""幻想"等名字加到了我的身上，而忽略了我一再着重的"乡土工业变质"的主张。在这些读者看来，乡土工业必然是落后的，是手工的，是封建的，是小商品生产的。其实在动力、技术、社会关系（生产者和原料及生产工具的关系）、经济组织各方面都是可以变的，而我要提出来讨论的正是乡土工业的内容应当怎样安排，谁知道这些问题竟会这样容易地在几个时髦的名字之下被罩住了？

为了农业的收入着想

在进入乡土工业内容的讨论前，还有几个先决问题得说一下。首先是我们何必维持这种农工混合的乡村社区？在这种社区里，工业的现代化会受到限制，为了工业着想，这种方式是要不得的。关于分散在乡村里的工业在现代技术的应用上有它的限制，这一点我充分同意，下面还要提到。我的出发点却并不是"为了工业着想"，而是"为了这三万万几千万的农民着想"。为农民着想，工业如果离开了乡村，试问他们从哪条路上去提高他们的收入呢？主张工业集中在都市里的朋友们曾答复这问题："他们可以离开乡村进城来当工人。"这句话是不错的，假如都市工业能很快地把乡村人口吸收到都市里去，使留在乡村里的农民能得到完全靠土地生产来维持生活的农场，这问题自然简单了。我们且不必希望每个农家能像美国那样有四五百英亩的农场，只求增加一倍土地，每家有10英亩的土地，都市就得收容近2万万的人口。如果能这样，中国将是世界上空前的都市化的国家了。我们的资本、资源、人才各方面全够不上这条件（吴景超先生在他的《工业化过程中的资本与人口》一文中曾分析过这些条件）。于是主张都市工业的人不能不附加一个降低人口的条件了，俾佛利支先生的乌托邦里中国只该有3000万人，不到现有人口的1/10。说我提倡乡土工业是梦呓和幻想的朋友，不知道曾否考虑到大规模工业化有多少可能？

我个人也是主张减少人口的，但是我认为在事实上中国能维持现在这数目不再增加已经不是件易事。所以在我们为中国经济前途打算时，最好承认这庞大人口的事实，那也就是说，中国农场扩大的可能很小；至少还有很长的时间，我们不易脱离小农经济的基础。于是我们的问题并不是都市工业效率高呢还是乡土工业效率高，而是我们求工业的充分现代化而让80%的农民收入减少、生活程度降低呢还是求农民多一点收入、而让工业在技术上受一点限制？我的选择是后面这半句。有朋友为我"惋惜"，但是叫我怎样使人家不"惋惜"呢？中国的经济条件拉着我，插不起翅膀飞向"前进",如果这是落后,落后的不是我的选择(谁不想一转眼中国就有美国那样多的工厂),而是我们这个古老的国家,这片这样多人耕种得这样久的古老的土地。承认限制是自由的开始,我们还得靠这片土地一步步求解放我们经济的束缚的方法,第一步就是在小农经济的基础上谋农民收入的增加。

如果都市和乡村隔得开,都市能孤立地发展它的现代工业,主张都市工业的朋友们尽可不必考虑我这种被称为"迷恋于过去"的论调。困难的是如果乡村不能繁荣,农民收入不能增加,都市工业尽管现代化得和西洋媲美,工厂里出产的货品试问向哪里去销售?工厂不是展览会,不是博物馆,没有市场就得关门。让我再问:除了给农民工业,有什么方法能有效地增加他们的收入?一个即使能做到不饥不寒的乡村,还是很少有余力来胃纳强大生产力的都市货物的。

乡土工业这个名字,我知道是不够漂亮、不够生动的,但是在这乡土中国,漂亮和生动常等于奢侈:让我冒着"落伍"的指责,再回到乡土工业上来说说罢。

电和内燃机使现代工业分散成为可能

我所谓乡土工业包括下列几个要素:(一)一个农家可以不必放弃他们的农业而参加工业,(二)所以地点是分散在乡村里或乡村附近,(三)这种工业的所有权是属于参加这工业的农民的,所以应当是合作性质的,(四)这种工业的原料主要是由农民自己可以供给的,(五)最主要的是这工业所得到的收益是能最广地分配给农民。

根据我这样的说明，就可以知道我并不主张：（一）一切工业都分散到乡村中去，（二）一定利用手工生产，（三）全在农家家庭里经营，（四）商品由各家分别出售。把这几个误会挖走后，我可进而讨论动力、技术、规模、组织等问题了。

传统的乡土工业是手工生产的，因为在传统经济中没有其他可以分散的重要动力。当工业革命开始的时候，主要的发明是蒸汽动力。用蒸汽来做生产动力，机器的位置给规定了集中在一地的形式。蒸汽所推动的引擎（发动机）和制造机之间必须有一根皮条连着，所以这两种机器愈靠得近愈经济。因之早年的工厂形式是许多制造机中间拥着一个锅炉，锅炉上是一个烟囱，正像一个火车头拖着一大串车箱，节节连住，不能脱链的。烟囱也象征了工业。货物的运输靠火车，火车有一定的站，不能零零星星地把货物运送到分散的栈房里，货物的散集必须有个中心。这样立下了现代集中式工业都市的形态，那是蒸汽动力的产物。

电力的应用把工业的区位改变了，这时代象征工业的不再是烟囱，而是蛛网形的电线。19世纪的伦敦是个黑雾的都市，现在雾并没有改它的浓度，但是煤灰减少了，雾也白净得多了。电，这个使工业能分散的动力，把工业推进了一个新阶段。美国靠了TVA这类水电工程，使工业深入了南部落后的区域。那是因为电超越了区位的限制，发电机和制造机之间无需有一定的距离。

中国乡土工业的复兴必须以这种新动力做基础。有了这种动力，我们才能依每种制造过程的性质去安排工厂的规模和位置。

我是对扬子江水利工程计划抱有巨大希望的一个人。当抗战还在进行，萨凡奇先生冒险调查了这中国经济复兴的命脉回来，宣布这难于上青天的蜀道所能供给半个中国的电力时，我觉得我的乡土复员论有了物质的基础了。这工程计划听说现在已被搁置,"扬域安"这个名词也好像已经入睡,但是只要蜀道尚存,我相信总有一天,它会向广大的乡村输入复兴的血液。只要我们有一个为中国人民生活打算的政府,这金饭碗决不会长久埋在土里的。我诚恳地希望喜欢用幻想来塞人口的朋友们,不要用同样的方法来对付这类计划,和从这计划所允许给中国人民的幸福。

内燃机的发明和在运输上的应用,卡车和公路的发达,更使货物的散集不必集中在少数据点。电话和航邮又使经营上的往来减少了密集的需要。这种种技术上的进步,使分散工业不成为幻想了。为了避免空军的袭击,英国的战时工业就尽量利用这分散原则,在工党执政之下,更注重工业落后区的复兴政策。军事的立体化促进了工业的分散化。这是当前工业区位组织变化的趋势,我想"落伍"两字在这里似乎不太能应用,除非把历史倒看。

一段历史的教训

技术的改变,不但会影响工业的区位,而且会改变工业组织的结构和财富的分配方式。新技术常会成为少数人的特有机会,造下社会新的分化形态。最近曾和吴晗先生讨论这个问题,他告诉我一段中国历史上关于水碓的故事。碾是除去谷类外皮和把谷粒碾成粉屑的过程,在农业中是一种极基本的工作。传统的技术大多用人力和畜力,但在公元3世纪中叶,司马昭当权时,已有人发明了利用水力来碾谷类的技术。这在中国经济史中是极重要的,因为传统的生产技术中,唯一被利用的无生能力就是水力。用水力代替人力,据当时估计,可以有百倍的利益。唐代高力士所有的水碓，"并转五轮，日破麦三百斛"，规模已经相当大。如果从那时起，这种技术能普遍推广，加以改进，到1600多年后的今天，中国乡村里应当可以有相当发达地利用水力的工业了。但是事实上却不然。

水碓规模大，建造时需要资本；水道不是私家的，利用水力需要权力；利益大，引诱人，争得凶，需要不怕势力的地位——这是说普通农家是没有份了。这个重要的发明，一起首就被豪门巨室所专有了。他们有钱可以投资，有势力可以占用沟渠，甚至妨碍灌溉，大发其财。《晋书·王戎传》曾说这位豪门的"水碓周遍天下"。这新的技术一方面引起了和农家水利的需要的冲突，另一方面引起了权贵间的争夺。这种专以谋利为目的的新工业，并不能和农业的需要相配合。许多本来做灌溉之用的沟渠被豪门的水碓所截袭和改道，以致影响农产。单以公元764年在长安城北白渠上拆除了的硙碓70余所说，就增加了粳稻岁收300万石（《唐会要》）。权贵中间的争夺火并，更有很多记载，从唐开始，我们看到政府一再下令拆除水碓，宋金皆著为禁令。这个新技术也就逐渐衰落，至少也不能好好利用来为人民服务了。到现在内地农村中大多数农家还是用着最简单的杵臼在舂米。我住在云南呈贡时一进南门街上就有一个石臼，时常看见有人在舂，象征着几千年中国技术的没有进步。我听了水碓这一段历史，更使我警惕，一个技术如果不能配合在人民的需要里，作为提高人民生活水准之用，被冻结还算是幸事。

我追述这段历史并不是想对现在正在采用的新动力做预言，说它也会有被冻结的一天，但是想指出如果新动力所开放出来的经济机会不分散到大多数人手上去，一样会引成豪门的独占，一样会在人民生活上引起恶果。利用新动力和新技术的人数愈多也愈能保证它不会危害社会，而得到正当的利用。这是我主张我们不应当走上西洋资本主义的路上去发展我们新工业的理由。

若干在原则上同情我的朋友，觉得怀疑的是我所主张的乡土工业因为规模小、不能大量生产、成本高，不能和西洋大工业的出品竞争，所以尽管用意很好，恐怕不太切实。关于这些问题我将在下篇里提出来从长讨论。

分散在乡村里的小型工厂

我在上篇说明了因为电力和内燃机的应用使现代工业已有分散的可能，但是这只是指一部分工业而言的，主要的是轻工业、日用品的制造工业，以及作为工业原料的农产物的加工。我所希望在乡村里发展的就是这一类工业。有朋友曾向我指出技术上的可能并不就等于经济上的值得。因为电力只解决了动力问题，内燃机只解决了运输问题，而大规模生产的利益却在分工的细密、屑物的利用、专家的雇用、管理的合理，以及利用复杂的机器，有能力做试验性的改良。这些在小规模的乡土工业中是做不到的，因之乡土工业是不经济的，不经济的事业是站不稳的。本文想就这个问题申论一下。

乡土工业的规模

批评我的朋友们心目中以为乡土工业必然是在家庭里经营的，

而且和乡土工业对照的却是福特汽车工厂一类的现代工业,于是觉得把现代工业分散下乡是一件不可思议的事了。乡土工业固然也可以包括家庭工业,但是并不限于家庭工业。如果我们能利用了新的动力,乡土工业的规模也就富于伸缩性了。传统乡土工业规模之所以不能扩大,还是因为受了动力的限制。在利用有生动力(人力和畜力)来生产的手工业中,机械的应用也受到限制。在一段制造过程中要有多人合作是极困难的,因之最普通的是一个人一个单位。几个布机挤在一间房里不过是为了热闹或是为了房子不够用,从技术或经济上说是无此需要的。这也是家庭工业的技术基础。在若干手工业里也有把全部制造过程分成若干段落来完成的,纺织工业里纺和织时常分开,在织的一段里也可以把经线工作划出来。这些段落并没有必须在一个地点,甚至不必在太接近的地点经营。譬如现在云南织布中心的玉溪,纱是向昆明纺纱厂购买,经线的工作是在玉溪县城里,然后发到农家去织。有些手工业却不能这样,譬如云南易门的土纸业,舀纸和炕纸是分工的(舀纸是用帘子从纸浆里舀成纸模,然后在炕上烘干,就是炕纸),但纸模不能存放太久,所以这两部工作,虽各有专工,却得靠近在一起,形成小规模的作坊工业。

在现代工业里,用了无生动力(蒸汽力、电力等)使制造过程可以分得很细,各节制造工作间的关系也因之更密切,所以必须在一起工作的人数增加了。但是这并不是说人愈多工作效率也愈高,每种工业依它的技术的需要而决定它制造单位的规模。制造单位并不一定等于经营单位。经营单位是工厂;在一个工厂里可以有若干制造单位。这些单位可以在一墙之内,但也可以分在各地。抗战时后方的大工厂常有把各个制造单位分得很远的。

制造单位的规模是以技术来决定的。譬如在制丝工业里，缫丝的蚕茧必须在一定温度里煮过，煮茧的设备和缫丝机必须靠近在一起，而一个煮茧机里所煮的茧量却可以供若干缫丝机之用，所以一个最小的制丝单位，在现有技术下，必须包括若干缫丝机。这说明了一定的技术有一定的规模，小了会不经济。但也不是可以无限扩大的。

在重工业里大规模的制造单位是技术上所必需的，但是在很多的轻工业中制造单位一向并不很大。1928年上海1498个工厂里有1071个（占全数71%）是在90个工人之下的；有312个（占全数20%）是在30个工人之下的。这可以说明在上海一样的都市中也并不像一般人所想象的全是福特汽车厂这样的大工业。那些90个工人之下的小型工厂假如有电力可以利用，全可建立在乡村里。如果这1000多个小型工厂分散到了乡村里，我相信比了集中在上海，对于乡村人民经济上的帮助一定可以更可观。

手工和机器的配合

有些朋友把手工业和机器工业视作相对立的，因之认为乡土工业必然是手工业，因之也必然没有前途。事实上即是在高度机械化的制造工业里，手艺还是有重要的地位，在普通的轻工业中手工的成分也常占很大的部分。在都市里的工厂很多用手工来做的部分也包括在厂内，所雇用的工人因之也显得多了。在乡土工业里这些手工的部分尽可保留在家庭里，而把需要机器的部分集中在小型工厂里。手工和机器正不妨配合起来，韩德章先生在《战时农村工业的新动向》中曾说：

以制糖而论，旧法榨糖，蔗汁混入杂质颇多。煮糖之际，一部分蔗糖经高温而转化，以致减少结晶糖的出量，且旧法制造白糖，只凭重力滤去糖蜜，耗费时日，仍难获纯净的产品。倘使改用机器榨蔗，用压滤机除去杂质，用真空釜浓缩蔗汁，用离心力分蜜机去除糖蜜，则上述诸困难迎刃而解。这样新式作业一样可以用小规模的设备在农村生产。战前浙江金华蔗糖合作社的联合社，曾建议筹设小规模机器制糖工厂，其全副机器设备，均可采用国产，且代价不过数千元，轻而易举。同时这种小规模的机器制糖设备还有一种长处，就是每种工具均能单独使用，可以随时同手工作业配合。如自土榨榨得蔗汁，亦可以用真空釜浓缩，人工煮制的带蜜糖，亦可用离心力分蜜机去除糖蜜。人工不足的作业，可用机器代替，节余的人工，仍可从事其他不必需机器的工作，因此在这样的糖厂里，可以用小规模的设备，完成大规模的作业，可称一举两得。战时农村手工业的局部利用机器，已有显著的效果，如四川铜梁实验制纸工厂，采用机器打浆，手工抄纸，成绩斐然可观。因为在制纸工程中，用手工打浆，人工最费，而机器抄纸设备最昂。今以机器打浆，手工抄纸，则截长补短，恰到好处。由此类推，烧瓷程序中之舂泥部分，织帆布或麻袋程序中之打麻部分，亦可以设法利用机器，而以手工完成其余不费人力的部分。

韩先生更列举"如制造油漆、油墨、洋烛、假漆、润滑油、漆布、肥皂所需之植物油料，制炼精糖所需之土糖，制酒精所需之糖蜜（制土糖之副产），制调味粉所需之面筋，制蚊香所需之除虫菊粉等等，都可以用农村手工业的方式先行农产加工，再供新式工业原料之用"。而且"反过来看，在农村里织布、织袜、织毛线衣，以及制造熟皮器、漆器、金属器、抽纱、挑花、丝绣、毛毯、地毡、人造果汁、混成酒等等，都是以新式工业所生产的半制造品为原料，施以加工，而制成可供直接消费的制造品。可知若干农村工业借着新式工业的树立而存在。如能利用二者之特性，取得密切的联系，平衡发展，则吾国工业化的推动，必能加速"。

这是说在都市中本来挤在一厂内的手工和机器的两部分在机器工业却可以分散，机器部分集中在小型工厂里，手工部分则仍留在农家，这可以说是工厂的社区化，整个乡村可说是一个工厂，小型工厂是个核心，核心的规模可以技术的需要而规定。如果我们立一个笼统的标准，说在90个工人之下的规模可以普遍适合乡土环境，我们相信有很多的轻工业可以这样地吸收在乡土工业里去了。

在制造过程上，机器加工的一部分在必要时甚至可以移出乡村，成立为农家生产的原料及已经加过工的半制造品精制的服务工厂，关于这一点在讨论乡土工业的组织里还可提到，暂时搁开。

乡土工业中的成本问题

这些小型工厂在技术上说是可以建立在都市里也可以建立在乡村里，从经济上说各有各的弱点和优点。在都市里的优点是大家看得到的，主要是在经营上的便利，而且靠近运输中心，在原料及配料的获取上也比较方便。这些乡土工业可能比不上都市工业，但是这些弱点是可以克服的，那也入于我在下面将提到的组织问题的范围。乡土工业在经济上的优点却有都市工业所不易得到的。最主要的在我看来，是乡村工业中工资较低。维持同样的生活程度，乡村中所需的费用较都市里便宜。粮食和房租，也就是生活最基本的吃和住，在乡间价格较低。因之同样的劳力，在都市里的成本高。

从生活程度说，乡间也比都市低，因之乡间居民维持生活的费用也低。我这样说是就提高生活程度的过程中而说的。我们最终的目的固然在拉平城乡生活程度，但在这过程中，乡间居民还得利用他们较低的生活要求去培植他们的生产机会（在讨论乡土工业的资本问题时还要提到这一层意思）。还有一层我们得考虑到的，就是最尖锐的竞争将在输入的工业品和乡土工业产品之间。在这竞争中，在技术、组织、经营各方面，乡土工业，至少在初期，必处于劣势，所以可能设法减低成本的主要因素将在工资一项。日本工业之所以能和西洋工业相竞争也就靠这一点。

我知道这里又会引起一种误会，说我在主张日本式剥削劳工的制度了，所以我立刻要说明，我这里讲以便宜劳力来减少生产成本并不指资本主义工业组织中的剥削方式，而是在劳动者自有或公有生产工具的组织中出现的方式。让我再申说一下：因为乡村劳动力便宜，所以在传统的较发达的乡土工业中曾发生剥削性的方式。譬如云南玉溪的织布业：乡民向布庄领取原料织成布匹后交回布庄，所得的工资，经我们的计算，竟低于劳动者个人所需的食粮。布庄把成本较都市出品为低的布匹出卖，得到很多的赢余。这是剥削方式。我在下面所要说明的乡土工业组织，将指出这种中间层的剥削是阻碍乡土工业的主要因素。如果把现有布庄的赢余分配给织布者，劳动者所得的收入可以增加很多。在这里我还要进一步说的，如果我们做到了这一步，乡土工业里的劳工还是不能希望能赶上在西洋劳工的收入水准，那是因为我们的技术、组织、经营方式一时决难赶得上他们。这就是说，剥削的中间商人取消了，我们还得要在较低的生活程度去和西洋工业相竞争才有希望。这就是我在《黎民不饥不寒的小康水准》一文中所说"在已经成熟的西洋侵略性的工业经济的滩头，要确立我们民族工业的阵地，在策略上大概不能避免走上复兴乡土性工业的路子"的原意。

有人可以说以便宜劳力来和西洋成熟的工业相竞争并不一定要把工业建立在乡村里。这是对的，我只想说在乡土工业中最易发挥这条件的效力罢了。我刚刚提到玉溪织布业的情形就不易发生在都市里（虽则双方都实行着剥削制度），因为在都市里工业至少要能供养工人们最低限度的生活，饭都吃不饱，工作也无法进行；在乡间，一个兼营农工的家庭，各项的收入是统筹的。我们曾问过那些织布的媳妇们，工资既然这样低，为什么还要做呢？她们的回答："反正空闲着，织织布也可以贴补贴补。"一方面这是说生产机会的狭小，使她们没有其他选择，另一方面是说在这情形下，农业正在津贴工业。我们要分析乡土经济必须从农家的单位出发，各种生产事业配合了维持这家的生存，因之使农工双方都富于伸缩性。同时也因为这种配合，农家转业的速率也低，除非破坏了这家庭结构。

如果我们民族工业的建立必然要经过一段艰难的过程，这艰难的过程中不允许担负很高的工资的话，乡土工业是最能适应这过程中的条件的。当然，我决不是说我们只从工资一项去抵拒输入工业，那是太惨了（虽则现在的情形确是这样），其他方面同时得努力，譬如国家的保护政策，包括关税和津贴；而且我们还得在技术、组织和经营上努力设法，使这艰难的过程缩短。这是下篇所要讨论的问题。

乡土工业的新形式

技术的改进是提高生产力所必需的条件，一个社会的生活程度最后也决定在生产力，但是单就技术上求改进却并不一定能提高社会上大多数人民的生活程度，因为这里还包含着一个分配的问题，那就是，从新技术中所增加的生产结果不一定能分给社会上大多数人民的。我在上面曾举出一个我们自己历史上利用水力的故事来说明新技术一旦被少数人所独占了，对于普通人民所引起的危害。这种例子其实不必在很古的历史里去寻找，我们眼前所见到的经济情况，尽够我们体悉这句话的正确性了。

在一个充分利用体力劳动的经济里，引入一种新的动力，必然会有许多出卖劳力的人失去出卖劳力的机会。这些人如果分得到新动力，或是可以得到其他不必再靠劳力（指以体力作生产动力）去谋生的工作机会，我们可以说对他们是一种解放。没有人应当主张维持体力劳动的经济，对于新技术自没有反对的理由，但是我们决不能忽视，新技术如果没有新的社会组织（尤其是分配方式）相配合，也极可能引起对人民生活上有害结果。问题不是在新技术应否采用，而在怎样可以对人民有利地应用这些新的技术。在封建性或官僚性的社会中引入新技术就很难避免水碾故事的重演。新技术所带来的生产结果怎样能最有效地分到人民大众的手上是提倡新技术的人有责任推求的问题。所以我在上篇中说明乡土工业的性质时曾在第五点里强调说"最主要的是这工业所得到的收益是能最广地分配给农民",在这里可以加一句"因为中国最大多数的人民是农民"。

我并不愿意说主张在都市里发展大工业的朋友们一定代表少数可以独占新工业的特殊阶层的利益,所以忽略了我上述的原则。他们在发展都市大工业计划中也可以设计出一个方案来,使新工业的生产结果有一部分回到大多数中国人民所住的乡村里去的。譬如英国现在所实行的农产品津贴制度,以及由国库担负乡村住宅及其他公益事业的改良计划,另一方面厉行累积所得税,把工业里得来的生产结果灌入经济落后的乡村。那是个大循环的迂回路线,在原则上是极值得我们注意的,但是要在中国实行这种政策则还缺乏若干必需的条件。即以英国说这些也只是最近几年来社会主义的工党政府所做的事,到现在还常被保守党所反对。工党能这样做,一方面是逼于时势,亟求粮食增产;另一方面是他们的工业发达,农村人口稀少,以多济少,有此能力。中国即使有个社会主义的政府,想采取这种迂回政策,脆弱和幼稚的工业是无力担负这巨额的乡村建设费用的,而且在都市工业发达过程中,至少在初期,所不能避免的乡村失业现象,已使乡村经济枯涸和社会骚扰到超过于可以救济的范围。所以我认为我们的情势并不合于采取这迂回的路线,而应当实行更广泛和更直接的方策,那就是我在这里提出的复兴和改良乡土工业。

怎样可以使乡土工业成为增进农家收入的生产事业呢?单在技术上求改良是不够的,所以我在本文将进而讨论组织问题。

传统乡土工业的两种形式

在中国传统经济中虽有乡土工业，但是这种工业不但技术落后，而且在组织上更为原始。技术的停顿有一部分的原因就在组织的不良。让我先在这方面分析一下。

中国传统工业大体上可以分成三种性质：（一）皇家的独占工业，（二）民间的作坊工业，（三）家庭工业。举凡盐铁、军备，以及宫廷用品大部分是由官方所独占的（在此不必深论）；民间可以经营的偏于日用品的制造，分别在作坊和家庭中经营；家庭工业和作坊工业是传统乡土工业的两种形式。我们在云南乡村中曾研究过这两种形式的性质，张之毅先生写过一个报告：《易村手工业》，我在这里不妨简略一述。

家庭工业，从经济功能上看去，可以说是"在农闲基础上用来解决生计困难的工业"。一个农家在从事农业之余（农业所需劳力是季候性的，平均不过100多天）利用自有的或购入的原料，制造日用品，个别到市集上去兜售。这种农夫家并没有大量资本，所以常是随制随卖，在有市集的区域里，经常地兼做运输和商人的任务。譬如易村的篾器，好像竹篮、畚箕、篾箱等等，就是以本村所产的竹料，各家各自制造了各自出售的。这是最原始的乡土工业组织。进一步有商贩到村子里来收购，然后运到别的地方在市集或商店里出售。商贩可以预先和生产者约定，先付若干定费，使生产者可以购买原料。更进是商贩供给原料，像我在上面所提到的玉溪布业。玉溪的布业里还有两种方式：通常是农家用织好的布到布庄去换纱，换得的纱再织了布去换纱，每次可以多余一些，就是工资，没有资本的农家也可以赊欠原料。后来有个大布庄为了要提高品质，制造了新布机借给农家，并且把经线的工作集中在镇里，农家妇工只供给劳力，领取按件以货币计算的工资。家庭工业发达到这布庄散集制的程度，生产者已成了和生产工具、原料、资本脱离了的出卖劳力的工人了。

家庭工业的基础是农业里的剩余劳力，乡村的作坊工业却不然，它的基础是农业里累积下来的资本。因为土地权分配的不平均，一辈拥有较大农场的人家，还是能累积资金，这笔资金如果不窖藏，在乡村中有三个利用的方法：（一）高利贷，（二）投资工业，（三）收买土地。第一项利息最高，第二项次之，第三项最少。依易村的材料说高利贷是八分四，造纸工业是六分，地租是一分三。投资工业的吸引力相当高，于是发生了作坊工业。

作坊工业是指需要特殊设备，雇用技术工人的工业，好像造纸、榨油、碾米、烧窑等。特殊设备需要资本。以易村的土纸作坊为例，以民国二十八年市价计算，每个作坊固定资本要2000元，常年开支1200元，合目前20万倍生活指数计算要6亿4000万元。普通的农家自没有染指的希望了。这种作坊是由坊主经营的，但是在技术上则雇用工匠（也有由自家的子弟学习了技艺在自有的作坊中工作，最多是坊主的亲属）按件计算工资。出品在附近的市集中卖给商贩，也有商贩到村子里来收购。

这种作坊工业本来可以看作资本主义经济的起点，但是因为原料、运销的限制，企业不易扩大，在资本方面非但股份的方式不通行，而且沿用着农田的分割习惯，在继承过程中，甚至可以割裂经营单位。我们在易村就看见兄弟各自备原料，分期利用公有的纸坊。在经营上，更谈不到合理化的问题了。

作坊工业虽则在经营上并不考究经济原则，但是比了农田却利息高得多,于是有权势的人不会放松这好处。在没有法律保障的社会里,一切有利的事业不能和权势脱离关系的,豪夺强占,使平民望而却步。较大的作坊直接间接必须托庇在权势之下,成为官僚资本的领域。倚恃权势来维持的工业对竞争是免疫的,它不必在技术上求进步、经济上求合理,只要抓住独占的机会就好了。这种工业因之也不会发展的。工业里所得到的利益集中在少数人手里,对于一般平民是无分的。不但无分,这集中了的资本如果不能吸收在工业的再生产里,横流而入土地中,成为集中土地权的魔手。因之,在这类作坊工业附近的地区,佃户的百分比也比较高。坊主通过高利贷而成为地主。那是传统乡土经济中常见的现象。

家庭工业的合作组织

从上面的分析看去,如果在作坊工业的形式中去引入新技术,对于乡土经济不但无益,甚至可以有害,因为新技术将加速上述的土地集中过程,形成更悬殊的贫富鸿沟。如果想从家庭工业的形式中入手改良,组织散漫,制造单位太小,能做的工作极少。所以我们如果要复兴乡土工业,在组织上不能不运用新的形式。我在上篇所述乡土工业的要素中曾写下第三点,"这种工业的所有权是属于参加这工业的农民的,所以应当是合作性质的。"

我在玉溪研究织布业的时候,曾看到家庭工业自身演化成富于剥削性的布庄散集制度,因而想到如果布庄的所有权隶属于生产者时,生产者被剥削的情形就可以取消,同时却解决了家庭工业在购备原料、整理原料和运销成品中分别经营的困难。这里我又记起了江苏太湖沿岸一带乡村中育蚕合作社的情形来。远在20年前，江苏省立女子蚕业学校为了推广现代的育蚕技术，曾在这地区成立那种合作社。由育蚕的农家自行组织合作社去接受蚕校推广部的指导。推广部把特制的蚕种批发给合作社，在村子里选定适当房屋，培育稚蚕，称"稚蚕公育"，指导员可以依科学方法处理室内的环境，保证稚蚕的康健发育。经过了一定时期，然后在指导下分发到各家去培育。结成了蚕茧，再集合烘干杀蛹，合作运销——在经营上和玉溪的布业有相同之点，不同的是生产者在生产过程中的地位和所得的利益。布庄散集制下，生产者成了工资劳动者，而在育蚕合作社中，生产者却是整个生产过程的主体，蚕校的推广部是一个服务机关。这一点不同在经济组织上却十分重要，因为合作社的方式保证了生产者获得全部利益的权利，取消了剥削成分。

我在以前几篇乡土复员论中屡次提到知识服务的意思其实就是从这个事例里发生的。我在过去的20年来一直有机会从旁观察女蚕校推广部的工作，更亲自看到这几百个在乡村里用她们知识服务人民、使中国丝业的基础能逐渐现代化的女青年努力的情形，印象极深，使我认为这是一个极正确的道路。她们一直没有得到应有的宣扬，不像其他乡村工作者那样话多于事；不但如此，这种为人民服务的事业，在过去和当前的环境中，摧残和阻碍是经常的遭遇。日本为了要破坏中国的丝业，对此更做系统地破坏。当我去暑回乡时重见到乡村里合作社的朋友们，听见他们诉说胜利之后所有的逆境，看到这一个乡土复员的试验，已临垂危，真使我痛心。但是我在乡民对这种已证明对他们有利的工作的信心里获得了我自己的信念，如果知识能用来服务人民，中国现代化是绝对有办法的。总有一天中国会有一个为民服务的政府,这政府还得走这道路。

数千年来没有受教育机会的农民和现代技术之间必须有一个桥梁,这桥梁不能被利用来谋少数人的利益,而必须是服务性的。技术专门学校可能是最适当的桥梁,在英美也有这种例子,我在访问威斯康星大学时曾看见他们怎样参加该省农业改良工作;牛津大学农业经济研究所所长曾告诉我,他们怎样设立乡村服务站供给当地农民的咨询和研究各地的改良方案。这种机构在中国更重要,因为中国乡村里的人民和现代知识太隔膜,在组织上还得有人帮他们确立能维护他们自己利益的社团。女蚕校20年来努力的成绩是值得每一个想为乡村服务的人用来自勉自励的。

服务工厂代替作坊

话说回来,在家庭工业基础上去建立合作机构,只限于育蚕、织布业一些能在家内小单位里经营的工业。我们在分析传统乡土工业中已看见规模稍大的作坊已经脱离家庭的基础。在这种工业里我们怎样去推行合作原则呢?

女蚕校的推广部在改良制丝时也曾发生过这问题。如果育蚕的人家把蚕茧出卖,他们只能得到生丝工业中一部分的利益,可是最有利的一部分却在制造生丝。在传统方式中,乡民是自家用土法制丝,分别出售给丝商。各家分别制丝在技术上受限制,出品不易改良到现代标准。女蚕校推广部曾推广过改良土丝的机器,但是结果所生产的生丝并不能出口,因之价值不高。后来在吴江震泽开弦弓村创立了一个小型的合作丝厂。设备的资本由学校作保向银行借贷，原料由社员供给，出品直接售给出口商，利益分发给社员，丝厂里的工人来自社员家属，按日付予工资，不分红利。在组织原则上是以供给原料的生产者为主体，做到了工业利益分配得最广的原则。

这种村单位的小型工厂，设立在电力供给不到之处，技术上限制还是太大，虽则出品的品质提高了，经营上不能合理化，所以推广部又试验代缫制度。代缫丝厂依技术的需要设计它的规模，承接各地育蚕合作社的原料予以代缫。生丝出售后，扣除生产费用，把余款交付合作社。在战前这种代缫制度已经试验成功，但是几个工厂都给日本军队烧毁，有一处曾经几次有计划地破坏，因为依日本自己刊物上所述，他们十分明白这种工厂在中国经济复兴中的重要性。去暑女蚕校在万般艰难中，得到妇女指导委员会的支持，恢复了一个厂。这一个嫩苗在目前风雨飘摇中还能存在，实是一件值得珍惜的希望。

我在上篇里曾说乡土工业的规模是有伸缩性的，在技术的需要之下，可以在合作基础上成立服务工厂，把那一部分不宜分散在农家的集中到村单位的小型工厂里，再把不宜分散在村子里的，集中到中心村里为一个区域中的原料生产者服务。譬如，我们继续推广利用生丝原料的制造事业，好像织绸、织袜、织绢以及制造其他用丝的日用品，有很多又可回到农家或乡村里去，出品再集中了在运销合作社的机构中推广到消费者手里。

在我访问英国时曾见过他们全国消费合作总社的朋友，交谈之下，他甚至向我建议，中国这类生产合作社如果发达到一个程度，他们消费合作总社极愿意发生关系，直接沟通国际间的生产者和消费者，这话虽则现在说来还是太早，但是这种可能性是值得注意的。这是反国际独占的一个方案，我愿意留这一句话给将来有志于国际合作运动的人去实施。

这种合作性的乡土工业我相信在原则上大多数朋友一定能接受的，技术上的困难也是可以克服的，问题是资本哪里来？关于这个问题，却需要另篇加以讨论了。

自力更生的重建资本

我在《乡土工业的新形式》的结尾曾提到中国经济复兴的资本问题。这问题是极基本的，不论我们想建设哪一种性质的工业，都会碰到它。因为如果我们不能有效地、而且相当迅速地蓄聚资本，我们一切建设计划都是落空的。同时，在我们设想中国工业化的过程时，也得注意到，哪一种形式的工业最能达到这有效和迅速蓄积资本的目的。

资本从哪里来

我们先得承认一个不太令人愉快的事实，那就是中国是一个资本贫乏的国家，这也是说，如果我们想提高人民生活程度，想提高生产力，想改良生产技术，还得先创造一个先决条件——增加资本。所谓资本是指生产者所能利用生产工具的价值，我们说中国资本贫乏是很具体的，意思是每一个生产者平均能利用的生产工具价值很低。最近汪馥荪先生在《经济评论》发表了一篇《中国资本初步估计》，对于我们资本贫乏的情形分析得很清楚。

据他的估计中国平均每人分得到的资本约值7英镑,和英国相比,相差50倍。单以就业人口说,平均每人资本约值47美金(约12英镑),和美国相比,相差几达100倍。汪先生曾打了一个简单的譬喻:"如果美国农人每人摊到一把镰刀,那么我们只好每100人共一把镰刀,如果中国农民每人也分到一把镰刀,美国一个农民当然不会要100把镰刀的。这就是为什么我们农人用镰刀而美国农人用百倍于镰刀的收割器。"

中国农民想用收割器,我们就得出钱来买,或是开工厂来制造。哪里来这笔资本呢?资本的来源不出下列若干方式:(一)抢劫,(二)人家赠送,(三)借贷,(四)自己省出来。抢劫固然不是正当办法,我提到这个办法因为国际间还没有共守的法律和道德时,一个国家为了急于要资本,历史上并不缺乏这类例子。早一些说,西班牙劫掠美洲,规模之大,相当惊人;英国有官许海盗专门路劫海上的商船。有历史家说,这是促进英国工业革命的一个要素。近一些说,德国的拆运征服区的机器,都属这一类的行为。我并不主张我们也去抢劫资本,所以不妨把这个可能性搁开。

在国际上大规模赠予资本是极少见的,为了军事需要供给物资,或是为了人道主义供给救济品固然有,但是纯粹为了经济发展而无偿供给资本的办法还是一种理想。近似的方式是借贷。在借贷的名义下可能事实上成为赠予的例子却是有的。此外还有一种方式是国际投资,别国人拿了钱办了工厂,后来被本国人收回来。譬如美国早年的资本是由英国输入的,第一次世界大战时,美国由债务国变成债权国,它把英国人手上的美国债券和股份收买了回来。这次战争中,印度对英国也发生类似的情形。国际投资固然可以使我们在短期中获得工业化发轫期所需的大量资本,而且可以希望从利用这资本的生产赢余去清偿此项债务，但是国际投资，不论是私人的或国家的，必然有政治性的条件，至少投资国家为了要维护它的利益，必然要求受资国家政治的安定，因之这个外来的经济力也必然会成为保守现状的力量。在政治上亟需变动、社会结构正在革命阶段中的国家，只能有政治借款而不易有建设性的经济借款。政治借款的结果可以使这国家丧失主权，实质上沦为殖民地。在中国工业化的过程中，我们固然盼望国际的协助，但是决不能把国际投资作为必需的条件。

所以归根到底，这笔资本还得由自己省出来，那就是说，得在我们现有生产品中划出一部分来，不加以消费，而去换取生产工具，节约消费去创造资本。

悲观和乐观的两种看法

靠自力更生去创造重建经济基础的资本这道路走得通么？这里发生了两种不同的看法。吴景超先生相当悲观地说："中国因为大多数的人都是贫穷的，所以储蓄的力量很低。根据中国农业实验所的报告，中国的农民，有一半以上是欠债的。这些人不但没有储蓄，而且每年的消费，还超过其收入。他们以借贷的方法来补偿收入的不足，因而使那些有储蓄的人，不能以其储蓄来投资，而是以其储蓄借与他人，满足消费上的需要。在这种情形之下，如要靠我们自己的储蓄，来满足工业化的需要，不知要等到何年何月了。"

吴先生的意思是说中国以现在的生产技术所开发的资源还不够维持全部人口的最低生活水准，所以不易有储蓄。生活水准既已这样低，大部分人民还在饥寒线下，怎么能再挤得出资本来？因之吴先生认为如果要从减少消费中去求资本的形成，不能从每个人节约上想法，饥寒线之下讲节约是残酷的，而只有从减少消费者的数目上去想法。这是我对吴先生那篇文章的了解。

汪馥荪先生代表比较乐观的看法。他在上引一文中说："一个资本贫乏的国家，在它的资本蓄积初期，人民生活之必须压低，是不能避免的，这对于生活程度已经非常低下的人民，是一种极其痛苦的事。然而这并不一定不可能，人类承受痛苦的能力，往往超出人类自己的想象，尤其是这种忍受是在有一种光明的希望做支持的时候。"他接着以抗战时期后方的情形作为人类忍受能力的"有力的见证"。他说："我们在抗战期中，国家资本的损失，拿战前的币值表示，在战争的前6年就已经达到150万万元，差不多相当我们的全部资本的30%，整个战争期中资本的损失当不止此，可是我们后方的工业生产，在同一时期，期末较期初增加乃至六倍，尤其值得我们注意的，是拆开这个逐年累进的生产指数，我们发现资本物生产的上升率，比起其他个别产品，并不落后。这证明我们在生活水准日趋降低的环境里，依旧发挥蓄积资本的能力；这证明人类蓄积资本的能力，超出了人类本身的想象。"

汪先生既认为人类储蓄能力极大，在任何生活水准上都可以有储蓄，他对于人口问题的看法自然和吴先生不同了。中国的资本和土地都是贫乏的，不贫乏的是劳力，也是人口，我们累积资本的路径其势不能不指望这丰富的劳力了。换一句简单的话说，如果每个人都能有储蓄的话，人口愈多，资本积聚得也应当愈快了。

这样说来，悲观和乐观的两种看法的分歧点是在他们对于个人储蓄能力的估计不同。在我看来，储蓄能力是有伸缩性的，但是这伸缩性却系于很多社会条件，在一定条件之下却有它的限度。说中国人民绝难有储蓄未免过分，说在任何情形下都可以有储蓄也是过分。我们还得对这问题加以分析。

怎么会穷得没有资本的？

首先我们可以问的是中国农民是否所生产的只够他们维持现有生活的消费？吴先生所提到中国农民有一半以上是欠债的固然是事实，但是我们却不应忘记在农民所支出的项目下并不全是消费的，其中包含着地租、捐税和摊派。我并不知道一个在土地上从事生产的中国农民，他所消费的部分占全部支出的百分比。但是我们知道，据吴文晖先生的估计，贫雇农（平均每户7亩）占全部农民的68%。这些农户或是全部或是部分地租田经营，依一般估计全部靠卖工或租佃经营的约占全部农民的30%，部分靠租佃经营的占20%，所以有一半的农民在支出中有付出地租的一个项目，或承受极低的工资，实际上将大部生产结果贡献给了地主。另一方面有土地而不自耕种的地主们却拥有全部耕地的26%，再加上雇工经营土地的富农的27%，我们可以说近一半的耕地是由贫雇农去耕种的。这一大片土地的生产中至少有一半并不进入生产者的消费中。这样说我们可以有一个约略的估计，就是中国土地上至少有1/4的收获在地租项目及类似的剥削制度下脱离了生产者的掌握。结果使一半的农民不够靠所剩余的一部分来维持生活，不能不借贷过活。其实他们所借来的原本是他们劳动力所生产的，只是因为分配给了地主所以不能不说是借贷了。我并不知道究竟地租中有多少在借贷名义中重返农民手上作为消费之用。但是我们可以断定的是决不能是全部，所以我们也可以断定说，就目前而论中国农民并没有全部把他们所生产的消费掉，而是有一笔可观的剩余，这笔剩余在现在的土地制度中送到了地主手上。如果中国一半以上的农民已经在饥寒线下，这地位是人造的，并不完全是自然的结果。因之，我们可以相信，如果财富不外流，乡村中还有相当积聚资本的能力。

我在《黎民不饥不寒的小康水准》一文中曾给中国的乡土经济一个简单的素描。农民从土地里得来的收入决没有能力维持这样高的地租，这就是说，这一片土地并不能单独养活地主和佃户两重人物。以往地主能从佃户身上吸收这样高的地租是因为佃户们在耕种之外另有收入，收入的来源是传统的手工业。手工业崩溃，而地租不减，结果使佃户们无法生存，造成日见严重的土地问题。贫穷的深刻化是出于乡土生产力降低而剥削加重（土地权外流，由地租项下输出增加，捐税摊派的日增不已）双方并行的结果。这种情形如果让它继续下去，自然谈不到资本累积的问题。所以资本的形成不能不从取消那种向乡土吸血的作用入手。我在本节里所要提出来的是如果乡土能保持它的财富，原来用来供养寄生性的地主阶层的一部分，减去从高利贷中重又借贷回乡的数目，有累积成资本的可能。中国之所以穷到资本都积聚不起来，其中一个重要的原因是有着一个寄生的阶层，每年要吸去乡土生产力的 1/4。我很赞成吴景超先生减低消费者数目的说法，但是我们如果要从事减少消费者数目入手来解决中国经济问题，最先应当淘汰的自是消费最多、生产最少的分子，以以往及现有的情形说，就是这占人口 1/10 的地主阶层。

乡土还是我们复兴的基地

汪先生所说"人类承受痛苦的能力，往往超出人类自己的想象"，自有他大体上的正确性，但是"人类自己的想象"本是一句有伸缩性的话，所以很难从这里看到人类积聚资本的能力的限度。汪先生在他"有力的见证"里提到我们在抗战时代，后方曾在极艰苦的生活中，6年里增加了六倍左右的资本物。这自是值得骄傲的成绩。但是我们也不能把这成绩完全归功于人类承受痛苦的能力。我不知道汪先生曾否考虑到抗战时沿海资本的内移和国际的协助。如果后方没有机会承受初期从别处运入的资本，是否能有此成绩，还是值得怀疑的。这怀疑并不是想否定人类积聚资本的心理要素，也就是汪先生所说"尤其是这种忍受是在有一种光明的希望做支持的时候"。

汪先生用抗战时代我们中国人民所表现积聚资本的能力来说明心理因素的重要是极适合的。因为抗战是一个家喻户晓的生存争斗。每个人考虑到生和死、主人和奴隶的选择。在忍痛还是死亡的比较、个人受罪还是子子孙孙被奴属的比较中，一个普通人是不会有太多的犹豫。我们知道人类有"甚于生"的价值足以使人为此视死如归。但是这种局面是非常的，而且这种非常局面能维持得多久也值得考虑。每一个人固然都可以成为英雄来，但是以英雄期望于每个人是不现实的。

在一个常态的、平时的、长期的现实里，我们要希望一个人能承受的痛苦必须有一限度，那就是生存和康健。生存和康健不但是事实的需要，也是一个社会应当做到的最低水准。我说这是事实的需要，因为生存和健康是维持生产劳动的必需条件。我说这是应当承认的水准，因为我认为除了自卫之外社会没有理由要求一个公民为了别人做没有报酬地牺牲他的康健和生存。

我这样说也就包含着我们今后经济复兴的根本纲领，那就是：保证每个人能得到不饥不寒的水准，同时也要保证在这水准上的剩余能储蓄起来有效地积聚和利用成为资本。这两个纲领其实是相成的。因为在饥寒的人民中累积的资本塔尖是不稳定的。除了在战时（不是内战），一个不足以维持不饥不寒的生活的生产者不但在体力上支持不住他的生产工作，而且在心理上找不到工作的意义。"光明的希望"不能是一句口号，更不能是一个骗局。"光明的希望"之所以有光明必须在希望者有兑现的信念。

一方面要维持不饥不寒的小康水准，一方面又要积聚资本，我们有此能力么？如果保持我们原有的分配方式，我想吴景超先生的悲观论是有根据的，真是"不知要等到哪年哪月了"。这里我要回到我的乡土复员论了。我在前面已提出乡土财富不应再任其外流的主张，地主放弃土地权，使经常在乡村里无偿输出至少值农产 1/4 的财富保留在乡村里。其中一部分补足他们本来要乞贷的数目，假定有一半的农民不能有剩余，我们还可以希望有 1/8 的农家收入可能在不饥不寒的水准之上储蓄成为资本。

汪先生曾规定一个较低的目标就是增加现有资本的一倍，约值 87 亿美元。以中国每人每年平均收入 3 英镑或 12 美元计算，4 亿农民中有 2 亿可以有 1/4 的剩余，需要 14 年，但是如果这资本每年能加以有效的利用，还可以复利计算，缩短到 10 年左右。这是极约略的估计，不过表示汪先生所谓"应该不太难筹"的实质棱角罢了。

如果我们接受这个估计，我们可以说，即在平时，没有战争的刺激，中国乡村里现有的生产力也有累积资本的能力，假如我们能使乡土财富不致无偿地外流。换一句话说，中国土地问题解决之后，我们的乡土还是一个创造复兴能力的基地。

但是问题还是在怎样能使乡土里生产者能在小康水准上把剩余节约下来作为生产的资本？这里我们还得讨论到心理的因素和社会的结构。关于这些，我将在下篇申论。

节约储蓄的保证

我在上篇里提出一种看法：如果我们能解决现有的土地问题，使占农业人口一半以上的贫雇农不必在租佃及雇佣方式中把农业生产总数 1/4 供养这占人口 10% 的地主和富农，他们从他们生产劳力结果中获得了不饥不寒的小康生活后，还应当有一部分的剩余可以作为重建乡土的资本。

这里我应当提到一种和我不同的看法。这种看法认为现有的土地制度是有助于积聚资本，如果像我所说的把地主取消了，耕者有其田，土地的生产结果平均分配之后，在积聚资本上说，恐怕更难有希望了。换一句话说，如果我们承认中国经济重建的资本还得靠自己，我们的工业还得依赖农业的津贴和支持，如果我们也承认在乡土经济里还有储蓄的潜力，问题是：在积聚资本上说，维持现有土地制度为有效呢？还是改革现有土地制度为有效？在利用资本上说，由地主去投资为有效呢？由农业生产者自己去投资为有效？还是由政府去投资为有效？谁掌握这资本对于中国重建为最有效，对于中国人民生活改善的保障最大？我在本文将就这些问题申论一下。

沙土上的金字塔

上述两种看法差别的关键是在对生产和分配相关性的认识不同。后一种看法认为分配不过是把已有的生产结果加以配别到各种生产要素上去，如果生产结果本来很贫乏，分来分去多不出什么来，还是贫乏。非但如此，如果一旦平均分配了，贫乏的程度固然可以拉平一些，但是连一个比较富裕的人都没有了。在公平原则上讲固然是"要穷大家穷"，但是在资本积累上说，这样一拉平，连仅有的一点积聚资本的能力都丧失了，贫穷也一直将贫穷下去。再进一步说，中国原来已经够贫乏了，要在贫乏的水准上积聚资本不能不压低人民生活程度，压低的结果是非常痛苦的，所以不能不出于强制。中国过去和现在许多地方的土地制度，地主征收了正产过半的地租，固然使农民生活很苦，但却是中国略具规模的一些工商业资本的来源。如果土地平均分配，耕者有其地，各个生产者把他所生产的都消费了，不是会影响到整个中国经济的资本积聚力么？

我在上篇也承认中国自力更生的重建资本大概离不了依旧向这片已经育养了这民族几千年的土地的想法。我和上述的意见不同的是在我认为传统向土地积聚资本的方式效率太低，而且甚至可以说没有效果的。在传统的不平均分配方式中生活的农民固然被强迫减低了消费量，使他们生产的剩余增加了，但是集中到少数地主手里的财富却并不一定用在再生产的过程里，不一定成为资本。其中必然有一大部分被消耗于维持这一部分不事生产者的消费，而且是奢侈的消费。另一方面，农民生活水准降低到一个程度将无法维持生活，生活是必须维持的，于是不得不乞求于高利贷之门。这些放高利贷的却常常就是从地租里吸收财富的地主，他们经过了一道手续，又把积聚的一部分财富，送回去给农民去消费了。这一道手续却很严重。一个跌入高利贷手上的农民，很难翻身，中农变成贫农，贫农变成雇农，在农业梯阶上，一直跌下去，丧失他们生产的机会。在这机构中一般农民的生活程度往下跌，消费量逐渐减少，农家的经济不得不走上高度自给的路上。地主们即使有把他们奢侈消费后所剩余的财富用在生产事业中成为资本，生产品也流不回乡村，因为生活程度日落的农民没有购买力，所以这些资本只能促进地主阶层的挥霍。这一个现象在我们传统经济中看得很清楚；以往城镇里手艺品在品质上的成就很高，但是在数量上却被市场所限制；日用品的制造并没有机会发展成大工业。少数艺术珍品的手工业并不能吸收大量资本，在土地制度中流入地主手上的财富，经过他们消费之后所留下的，既不能吸收到工商业里去，不是窖藏起来，又得下乡去收买土地。土地权更集中，乡村无偿输出的数量也更多，乡土萧条得更快，形成一个恶性循环。

如果土地是吸不完的财源，如果农业生产者是不知饥寒的机械，上述的恶性循环可能一直维持下去。但是事实上土地是会损蚀贫乏的，生产者忍受饥寒的能力也是有限的，他们在受着报酬递减率控制下的土地上，辛苦工作的结果，所得到的除了痛苦之外别无其他时，他们会为了生活，揭竿而起。农业生产停顿还不够，这一股求生的力量溃决进入地主们用了城墙所保卫住的为他们制造奢侈品的城镇时，连他们所积聚的资本也会破坏无余。这里才暴露出用不平均分配的土地制度所形成的积聚资本机构内在的矛盾，不但效率低，而且会毫无结果的，成了一座沙土上的金字塔，最后终于没入沙土。

对以政治力量强迫储蓄的过虑

我在上节里的说法基本的根据有二：一是把乡土经济里的剩余交给地主是靠不住的，靠不住的意思是其中有大部分会被消耗掉，即使有小部分用来做生产资本，贫乏的乡土不易沾这种工业的光。二是农民忍受痛苦的能力在看不到"光明的希望"的情形下是有限度的。限度一到，他们会反抗，不但破坏了那积聚财富的土地制度，连利用这财富所变成的资本也可能一把火烧光。这些话事实上已不是理论而是我们当前的经验，问题是我们能不能在这经验里获得教训。

我同意于汪馥荪先生，在一个资本贫乏的国家，在资本积蓄初期，人民必须准备承受痛苦。我不能和汪先生同意的是人民承受痛苦的能力是无限的。我在上篇说到过这生物性的限度，就是不饥不寒的小康水准。这个限度是无论什么经济计划所不应忽视的。当我在这乡土复员论中提出这标准后，曾有不少讥笑我这种见解的，认为我是保守、落伍，甚至反动。我实在不明白讥笑我的人的根据是什么，除了这几个字看上去不够"进步"，其实我提出这标准来有两层意思：一是这应当是每个人民的权利，任何政权必须保障这最低的限度，在这限度之下生活的人有一切理由要求生活的改善。二是这也应当是每个人民在这一两代中认为满意和正当的水准，超过这水准的生活是对国民经济的危害，因为在这一两代中，中国最基本的工作是创造现代化的经济基础，这基础需要大量资本，这资本要由每个人节约聚积而成。在不饥不寒的水准之下要求人民节约是对不起人民，在不饥不寒的水准之上生活是对不起国家。

假定我们能做到了我在上篇所说的情形，现存的土地问题解决了，农村中的财富平均分配了，在提高他们生活水准到不饥不寒的程度是可以做得到，但是怎样能使他们达到了这水准就开始节约，把所剩余的投资到生产事业里去呢？我们得承认人基本上是自私的，在达到了不饥不寒的水准之后，他们的欲望并不会就满足的，达到了这水准还有余力时，自然有一个趋势就是要增加享受。增加享受本来是不错的，但是为了长期打算，我们要征服贫穷，只能把当前的享受延迟下去。怎样使人能延迟他们的享受呢？其实只有两条路，一是强迫，一是自愿。

强迫储蓄原则上本来没有什么可以反对。譬如现在的英国征收高度的累积所得税，正是以政治权力强迫储蓄的好例子。换一句话说，以政府代替地主来把握这一笔从乡土经济中得到的剩余。政府可以用财政政策保护收入较低的农民，而把小康水准上的收入征归国库，然后依政府的计划发展工业。这本是极合理想的路径，不但资本积聚得快而且利用资本的效率也较高。值得我们考虑的是中国的情形是否有实行这种路径的客观环境。

把这个权力交给政府必须先保证这政府不会滥用这个权力，而且不会比地主们更腐化。能做这个保证的不是某某少数人或少数集团的良心，而是人民一般的政治警觉性。我并不是愿意低估我们农民的政治程度，但是比较现实地说，因为曾经有几千年专制政治的传统，一下子就希望他们担负现代国家公民的责任，去监督政府的行为，似乎是不近于事实的。在人民尚没有能力来控制政府的时代，把政府的权力扩大，必然会引诱获得权力的人，滥用他的权力。所以在我看来，如果中国有一天真正走上民主的道路，使一个政府能向人民负责，受人民控制，在早期，还得设法减轻这政府的事务，减弱这政府的权力。减轻事务和减弱权力并不是说社会上的事情停顿，而是说让出很多事务和权力来给各种非政府的、直接由地方人民经营的团体去做，去负责。这个广泛的基层民主才是民主政府不致变质的保证。

我提出这个看法因为我见到用政治力量来强迫储蓄的办法很容易有流弊。目前的情形值得我们时时引以为戒。现在的政府的权力是够大了，它可以用通货膨胀的手段，征集财富，老百姓的所得可以在几天之中打了个对折。但是人民并不能控制政府怎样去利用这笔钱。试问有多少是用到了生产事业里去的呢？就以那些国营工厂来说，究竟有多少可称作合理的投资？一个没有工业经验的国家，一上来就从国营入手是难于胜任的。

我固然相信我们中国总是会有个有效率而且民主的政府，我所希望的是我们得预防这种政府的一再变质，所以觉得不应加重这种政府的权职。

还有一点我们得考虑到的，如果人民看不到他们被政府所征收去的财富所做的事对于他们的利益，政府要强迫他们纳捐，就会发生阻力。中国在经济建设中如果利用政府收税的力量，积蓄了财富，投资于一时不易有生活上见效的重工业里，在相当长的时期中很可能遭遇类似苏联早年所碰着的困难。要广大的农民明了吃不得、穿不着、摸不到、看不见的重工业的重要性是一件极繁重的教育工作，不是轻而易举的。结果，为了要激速地工业化，要很快地得到所需的资本，不能不加强压力，在这情形中，民主的幼苗最易遏制。

一个工业落后的国家，政治程度较低的人民，很可能产生一个强有力的集权政府，用政治力量积聚资本，计划工业，等这经济基础安定之后，再讲从来没有享受的政治自由等一类在生活上比较了饥寒为次要的权利。如果这种国家能有这个机会不能不说是幸运，因为一个人民所不能控制的权力能为人民服务是一件奇迹。奇迹可以有，但不能视作当然，所以为了要保证一个权力不能不向人民服务，还得先由人民控制住这权力，这才是政治上的常轨。为了避免官僚资本和独裁政治的出现，所以我不能不对以政府来强迫人民储蓄、以政府负责经营工业的路线发生戒心。

效率和储蓄的保证

我愿意偏重于自愿的储蓄。如果中国大多数的农民确已到了深具国家观念的程度，政府的"强迫"也可以成为"自愿"的。我是假定中国老百姓还是把家族看得比国家为重的事实，所以我怀疑以政府权力来推行国家经济不能不出于强迫一路。我想偏重自愿，就得把经济建设的重点放到老百姓认为是自己的家族范围之内。我并不说我们应当如此，我明白家族范围内的经济有着很大的限制，但是要老百姓宁愿忍受一些痛苦，就得就他们能看得到的"光明的希望"设法，他们所看得到的不是绕了大圈才回到自己利益的国家经济，而是比较切近他们的家族的前途。要他们储蓄就得使他们看得到所储蓄的确实增加了他们的收入，这些收入即使再用来投资，还是属于他们自己的。

说到这里，我想可以提出分配对生产的积极作用了。把分配看成处理生产结果的方式是一种静态的看法，忽视了通过心理要素所发生对于生产的影响。动态的看法必须记住生产和消费是人的行为，人的行为是有动机的，也就包括汪先生所谓"光明的希望"。动机决定生产的效率和储蓄的速率。哈佛大学工业研究所曾于第一次世界大战起开始研究工作效率的问题，继续了二十多年，结果认为了解工作的意义是增加效率最基本的条件。所谓工作意义是工作者认为自己的工作是有价值的。什么才是有价值的呢？那就得依这社会的文化来决定。譬如在我们传统文化中"光耀门楣"是一种价值，那是在家族主义之下发生的。又好像美国的"比别人强"是一种价值，那是在竞争社会中发生的。这些价值标准并非一成不变，它是相配于一定的社会形态；在一定的社会形态中，要鼓励一个人做一件事，就得把这件事和这社会的价值标准联系起来。

中国乡土社会中，一直到现在，最有力的动机是"创立家业"。在一个天灾人祸不断的生活中，安全是主要的企求。中国的农民是现实的，不轻易信任人的；他们把安全的基础筑在自己能力所及的家园。他们为了要得到一方比较可靠的土地，可以劳苦终身。经济剩余的微小，又奖励了他们世代间的累积，一个勤俭起家的农户经常是要几代不懈的努力。这被自己祖先血汗所浸透的土地，在他们自有着超出于经济打算的爱护。中国这片贫乏的大地上能有这样多的人，勤俭耕植，甚至已落到了值得利用的边际以下，不能不归功或归罪于这种深入人心的意识。

我们尽管可以客观地指出这种乡土意识有很多方面已不合于现代要求，但是我们不能不承认这是客观存在的事实，而且如果我们想自力更生积聚重建资本，要求广大人民抛弃享受的欲望，勤俭节约，我想我们还得通过这传统的意识，来完成这急迫的任务。

这就是说，把土地给渴望土地的人，把生活中节约下来的财富创立他们自己能支配、能保障他们生活的资本。土地里能吸收的资本是有限的，多余下来的，并不应像以往一般地在土地权的转手上叉麻将，而得开出一条广大的投资领域，那就是我在乡土复员论中一再提出的乡土工业。资本原是生产工具的价值，我们所谓积聚资本，并不是窖藏财富，而是增加生产者所以利用的动力和工具。如果农民不必每年把一半的收获贡献给地主，而可以由自己支配时，他们很容易看到去买一头牛、添一把镰刀比多喝半斤酒、吃二斤肉更为有"光明的希望"。这就是积聚资本的具体过程。由买牛买镰刀进而买织袜机、缝纫机，那就是由农业走上工业的正道。他们对于用自己血汗换来的牛和镰刀、织袜机和缝纫机的爱护必然是热烈的。他们绝不会像滇缅公路上的司机，关了油门下坡，宁愿损坏机器，牺牲旅客安全，而不肯多费几滴自己可以揩油的汽油。他们不会像许多国营工厂里的机器一般可以搁在灰尘里不加利用，那是因为"动机"不同。我们在这种分配方式中保障了工作效率，也保障了资本积聚的速率。

我并不主张我们将停留在这种家族生产之上，但是我觉得这是一个最可靠的起点，也是一个最可靠的基础。从这起点，有了这基础，我们才能通过家族合作的道路去兴办集体的生产事业。譬如各家有了缝纫机，他们就会了解联合批购原料，聘请技师，联合运销的合作社的利益。又譬如各家都有了土地，才会有集合去购买打水机的要求。集体性的生产和经营还得从每个人体悉了它的利益之后才能有基础。集体生产有了基础，乡土经济才能迈进一步。

只有在广大的农民开始有力量储蓄，开始在他们的生产事业中投资，我们才能希望有供给这些生产工具的大工业的兴起。在抗战后期我们从联总等一类机关运来了不少农业的机械，我们也在若干地方开设了制造生产工具的工厂，但是这些东西并没有有效地吸收到农村中去，那是由于计划者本末倒置的结果。一个无力投资的贫乏的乡土连送给他们的工具都使用不上的。这种教训应当使我们认清症结的所在了。

中国并不是贫乏到毫无积聚资本的能力，这能力还是在我们乡土的基层。我们可以自力更生，但是先得爱护和培植这力量，把传统损蚀这力量的土地制度改革了，更从传统勤俭的美德下手，在所得归所有者支配的奖励下，表现出这美德的实际利益。在乡土基层上着手开始积聚资本，充实生产，中国的经济现代化才有着落。这是本文所要说明的主要意见。

对于各家批评的总答复（后记）

这本《乡土重建》继续《乡土中国》，加入《观察》社的《观察丛书》。这两本集子虽则是同时写的，但性质上却属于两个层次。在《乡土中国》里，我想勾出一些中国基层社会结构的原则，接下去应当是更具体地把这结构，从各部分的配搭中，描画出一个棱角。关于这工作，我也在尝试。就是我在《观察》周刊所发表过的从"社会结构看中国"那一套，但是牵涉太广，一时还不能整理出一个样子。这里所做的其实是第三步工作，就是把这传统结构配入当前的处境里去看出我们现在身受的种种问题的结症，然后再提出一些积极性的主张来，希望有助于当前各种问题的解决。现在我把第三步的工作倒过来先做，至少是先发表了，总不免有一点乱了步骤。

其实我所规划给自己所做的工作早就超过我的能力。如果为了我自己打算，最好是等自己的思想长成了，好像树上的果子结得熟透了，再摘下来，给人家尝，不至于生涩难堪。但是我并不想这样做，反而愿意这样生涩涩地拿出来，甚至给人吐弃了也甘心，那是因为我相信，思想这个东西是社会性的，不但得之于社会，而且只有在社会中才能成长，并不能关了门让它坐大。

我承认历史上曾经有过一个时代，文字是少数人用来下酒消遣的，是一种娱乐，这个时代我想是过去了。我承认历史上也有过一个时代，文字是被视作威权的，是载道的，是经典；从文字的玩弄里，像符咒一般，可以获取权力和利益，支配别人；这个时代我想即使还没有完全过去，也快要过去了。我们现在所处的时代，文字不过是人类社会化的一种工具。我所谓社会化就是从交换经验获取共同了解以发生共同行动来达到共同生活的过程。

我们所生活的处境已经不再是孤立的、自足的、有传统可据的乡土社会。现代生活是个众多复杂，脉脉相关，许多人的共同生活。这许多人各自带着他个别的历史，怀着各人的抱负，走入这个没有人可以独善其身的场合。在这场合里，起初每个人，囿于自我的经验，都会觉得自己才是对的、正确的、应当如此的。但是每个人如果都是如此的话，共同生活也就没有了基础。你要强迫别人依着自己认为对的走，别人也在要强迫你依他所认为对的走。如果不能各自走各自的路时，局面也就僵了。这时，要维持共同生活不能不大家说个明白再走。说个明白就是把自己认为对的说出来；各人说出来的不同，于是要问什么使各人看法不同的？各人所根据的经验怎样？每个人的经验决不能是完全的，是否可以互相补充？把各人的经验会合了，是否大家可以求得一个一致的看法？——这是社会化的必经阶段。人多了，不能大家直接用嘴，用话商量，于是用笔用字来代替。文字在这里有了新的用处，它是用来表达一种经验、一种看法、一种意见，不是一种真理，更不是一种教条。

我这样说无非是想交代明白我自己写作的态度。我忠实地记录下我思考的结果，这结果是从我自己的经验和我所听到和读到的许多别人的经验和思想中所思索出来的。我把这结果用文字记录下来，也不过是供给别人思索时的参考。世界在变动，人类的经验，靠了语言的传递和文字的保留，在累积，在丰富。我不是个宗教家敢于承认自己在全知全能的上帝的启示中得到了真理；我不过是个摸象的瞎子，用自己有限的手掌去摸索我所要知道的对象，所不同的是并不敢自以为见了全象而排斥别的瞎子在同一对象上摸索所得的知识，我所希望的是许许多多瞎子所得片面的知识能加得拢来，使我们大家共有的知识能更完全一些，更丰富一些。

在这种态度之下写作出来的论文，在作者并不在说教，在读者也不应求全。目的既在讨论，讨论的参加者只有想在看到别人和自己不同的意见中去求自己看法的修正，互相尊重、互相观摩是必需的精神。

本书里所收集的论文都分别发表过。大概是因为在这些论文中所提到的问题比较上和现实生活更接近,所以引起的讨论也比较更多。这自是令人高兴的事。我写这些论文的目的本是在抛砖引玉,在各家踊跃的发表意见中使我得到许多启发。这是我不能不在这里对肯给我指示的朋友表示感谢的。

同时我也不能不承认,在相当多的读者里对于我所写出的意见有若干误会。当我读到梁漱溟先生说起"真令人怀疑:究竟写一篇文章所给人的影响,是增加了明白,还是增加了不明白"?不免深具同感。我也在答复一位朋友的信上说过:"那真是使我不太明白我的文字怎样会这样地传达了和我相反的意见。我甚至想这种误会可能读者应负的责任比作者更多一点。"一个作者看到别人歪曲他的原意是件很苦恼的事。我也承认近年来言论界里确有过分"断章取义"对不起作者的批评,但是再往远处一看,也有令人兴奋之处。因为从这种热烈的讨论,热烈到感情用事,感情用事到攻击私人,我们可以看出近年中国思想界的一个重要现象,一个很好的现象,虽则好的里面不免也夹杂着不应当有的部分。

假如我们分析为什么现在写文章的人常会增加"不明白"的原因,我们可以注意到思想社会化的范围在激速地扩大中。以往那些有关于中国文化、社会、政治、经济的问题只在很小的圈子里讨论,在熟人里辩论。在熟人所组成的小圈子里,经过长期的亲密接触,读阅同样的书籍,有着相类的经验,所以他们有着一套共同能理解的名词。而且每个圈子有它自己的问题,有它自己的语言,井水不犯河水似地各自说它们自己的话。近十多年来,每个人的生活一天不如一天,最大多数的人都已到了快要无法生活下去的绝境,这时,大家对造成这绝境的各种因素不能不注意,而且大家已深切感觉到这是全国人民的共同问题,于是对于这类问题的讨论也感觉到共同的兴趣和需要。不但注意这些问题的人数增加，而且参加讨论的情绪也更热烈。以往在小圈子里讨论的限制被这势力所打破了。在这过程中，许多讨论者之间的观点、假设以及所用名词的意义不免有很大的距离，文字的隔膜因之也特别表现得清楚。

如果在这过程中，我们有尽量发表意见的自由，在思想的交流里，这套文字的隔膜不难克服的。误会固然不免，但是在可以坦白地交换意见中，误会不过是要求更深了解的表示。不幸的是在现有局面中，发表意见的自由并未得到保证。限制这种自由的有政治的和物质的两种条件。政治上我们不能享受言论的自由是大家都知道的事，用不着我在这里多说。我所要指出的是言论的充分自由是民主社会的基本条件，也只有在民主社会中，人民才能真的提高他们对自身生活问题理解的水准，使他们能得到从理知里发挥出来的共同意见，产生负责任的一致行为。

我们现在不但受到因政治原因而发生对自由发表意见的限制，而且同时，物质的环境也剥夺了我们发表和获悉意见的机会。在出版界的现状里，能有机会把自己意见写下，印出，送到读者面前的作者在数量上说实在太少了。就以有此机会的作者说，他们又受到严格的篇幅限制。在一般刊物上所能发表的文章，不过从几百到几千字。作者不容易把他的意见所根据的事实和假设在这有限篇幅中尽量说明。很多误会是从这些限制中发生的。

为了迁就发表的篇幅限制，一个作者不能不把一套相关的意见切成了片断，送到读者面前。同一读者却又并不常能接触着所有的片断，结果不免断章取义。这结果实在不能完全由读者负责。

这一个充满着思想交流需要的时代，碰着这一个发表意见的机会重重受到限制的局面，文字所引起的"不明白"是必然的。我们固然要在各方面努力去解除我们身受的限制，但在限制充分解除前，讨论时参加的人也不能不尽量地体悉和谅解，避免由文字的误会而引起私人的意气。否则由误会增加歧异，讨论也反而会成为思想社会化的障碍了。

因为这个原因我在这后记里对于若干我认为是由于文字隔膜而发生的误会，不愿多提，只想就本文里没有充分说明的若干假设加以申论、补充和修改。

本书的代序是前年年底我在伦敦母校的一篇公开演讲记录。这篇演讲的听众是母校的师生，大都是英国人，因此其中的语气和措辞是以不太了解中国文化的朋友做对象而发的。但是这篇演讲却说明了我对于中国传统文化和当前社会变迁的关系的一个简略、但亦是综合的看法。在我的看法里，文化是推陈出新的，因为文化不过是一种求生的手段。生是目的，"生"而要"求"那是因为生活的维持需要利用物资，物资最终的来源是自然，所以文化是人利用自然时所采取的方法。生活、自然、文化三者都是变数。生活的基础是生物性的，温饱是生物基础给人规定下的生活最低水准，因为饥寒会使人的生命不能维持下去。但是生活却不等于生命，比生命还要多一点，那是因为人有理想，要活得更好、更有价值，在追求更有价值的生活，这使人不肯停留在一种生活水准上，因而使"生活"成了一个变数。自然也是变动的，这里不但指地理上的变动，像山变成海、海变成山一类的变动，而且从自然和人的关系上说，也跟着人利用自然的知识而改变。对于印第安人，美洲的油藏并不构成和生活有关的自然部分；但是在汽车和飞机的时代油藏是一种重要的资源了。生活和自然既然都是变数，沟通二者的文化更不能不是变数了。

文化是一种手段，它的价值在它是否能达到求生的目的，所以文化一离开人使用它的处境也就不发生价值问题，自身没有所谓好或是不好。生活的要求和生活的处境既是变动的，一种手段在某一个情景可以是有效的，但这并不保证它在另一情况中一定也有效，所以文化的价值也是常会变的。在一个情景中是好的，在另一个情景却可以是不好的了。皮毛的衣服在寒带有用，在热带没有用，甚至有害。这也是说，文化的批评必须是相对的，必须从一定的情景中去说的。

人类创造文化为的是要增进他们生活的价值，他们并不会以维持文化为目的而牺牲生活的。所以拉长了看，一个对于生活没有用处的文化要素，不论是物质的器物或是社会的制度，甚至信仰的教条，决不能长期保留。一个活着的文化要素因之必然对于利用它的人有他的用处。

问题开始复杂的原因是起于在一起生活的人中间有了利益上的分化。一种文化要素可以对于社会中一部分的人有利益而对于其他部分的人没有利益，甚至有害。有利的要保持它，有害的要取消它，没有利害关系的对之无所谓。保守和改革双方因之发生了争执，这文化要素能否维持就得看双方力的消长。这是政治过程。

文化要素——包括社会制度——的功罪不能脱离它的社会背景而做定论的。譬如说当资本主义初兴起的时期，它解放了被封建社会所遏制的生产力，在这点上讲，它曾把人类的生活提高了一层。而且在资本累积之初，新生产力的利用，使在封建社会中的中产阶层得到了新的权力，使被拉住在土地上的农民得到了新的解放，所以对他们都是有利的，但是对于封建社会中特权阶层却是有害的，因为他们的特权被新的生产力和新的社会势力所取消了。这是就资本主义发展的早期历史而说的。到了资本主义成熟，又发生了新的社会分化。在独占性的企业控制之下，新技术和新组织所带来的更大的生产潜力却又被遏制了，劳动阶层的生活并不能得到可能的提高。这时资本主义对文化的发展却成了阻碍了。因之，我们对于一种文化要素的了解不能离开它的历史背景。

从它的历史背景里去分析它——这是研究文化的科学态度。再换一句话，我们得先了解每一个文化要素在当时社会中各种人生活上发生的作用；客观的叙述比依照另一时期另一社会背景去做感情上的贬褒更能帮助我们对它的了解。

我企图从我们传统的小农经济中去指出各种文化要素怎样配合而发生作用的。这是一种想去了解我们传统文化的企图，这企图并不带着要保守它的意思。相反地，这是一切有效改革所必须根据的知识，文化的改革并不能一切从头做起，也不能在空地上造好了新形式，然后搬进来应用，文化改革是推陈出新。新的得在旧的上边改出来。历史的绵续性确是急求改革的企图的累赘。可是事实上却并不能避免这些拖住文化的旧东西、旧习惯。这些是客观的限制。只有认识限制才能得到自由。认识限制并不等于顺服限制，而是在知己知彼的较量中去克服限制的必需步骤。

文化的改革必须有步骤，有重点。我们身处在生活中充满了问题、传统文化不能答复我们要求的情况中，不免对一切传统无条件地发生了强烈的反感，否定传统的情感。这情感固然是促进社会去改革文化的动力，但是也可以使改革的步骤混乱而阻碍了改革的效力。战争中讲策略，建筑时讲设计，医学里讲诊断，文化的改革同样要用理知去规划。文化的分析是规划改革的根据。

我多年来研究的对象是中国的乡村。乡村只是整个中国社会的一部分，我从这部分的认识中得来的看法自不免亦有所偏。这一点读者必须先知道的。我决不敢说乡村之外的中国是不重要的，更不敢相信乡村可以和其他部分隔绝了去解决它的问题。我只能说在乡村里可以看到中国大部分人民的生活，一切问题都牵连到这些在乡村里住的人民。我也相信目前生活最苦的是住在乡村里的人民，所以对于他们生活的认识应当是讨论中国改造和重建的重要前提。

我研究中国乡村的原因有一大部分是出于我私人做学问的程序。我最早是读人类学的，从人类学里我发觉要去了解人类的生活，最好是先从比较简单的标本下手，所以我第一次实地研究的对象是广西的瑶民。从广西回来，我才着手研究比较复杂的乡村的乡村社区，最先是挑定我所熟悉的家乡。抗战开始后，我在云南工作，于是集中力量去研究内地乡村。从乡村的研究里，我曾想逐渐踏进更复杂的市镇社区。可是因为种种限制，我并没有如愿以偿。我所计划的街集调查并没有实行。一直到现在我还在寻求机会去实地研究一个市镇。至于比市镇更复杂的都会，我还不敢做任何具体的研究计划。

但是我明白如果不了解乡村以外各种性质的社区，很容易像摸象的瞎子把象形容成四个大柱子。所以我在讨论乡土重建问题之前收了两篇有关城乡关系的论文。我更在第二篇中把我对于乡村以外各种社区的性质做一些初步的分析。这种分析在我个人的研究程序上说可能是太早，因为这里所根据的材料大都并非有系统的研究结果，而多偏于个人的印象；但是因为城乡关系这个问题曾引起过许多讨论，在概念上似乎应当加以厘正，以避免各人所用同一的名词指着不同的内容，使讨论无法进行。

我还留着"都会"性社区没有在这书里提出来详论。可是有些主张都市化的朋友常把上海这一类"商埠"和纽约、伦敦等一类"都会"合并在一起不加分别。在有些现象上它们是相同的，但是也有许多方面是不同的。我很愿意在这里，就它们不同的方面补充一说。

纽约、伦敦这类都会可以说是广大的经济区域的神经中枢。它支配着这一个区域里的经济活动。这个中心的繁荣也就代表这区域的繁荣。不同区域间的经济往来是由中枢相联系的，譬如美国内地和英国内地小镇间货物的交易，也是一种分工的表现，并不是直接的，而必须经过纽约和伦敦这类都会。同一区域内经济上的配合也靠这中枢的调排。这中枢的效率愈高，对整个区域的经济也愈有利。这是一个"城乡"相成的都会形式。

上海在这方面却和这些都会不同。它不是一个独立的经济区域的中枢，而是一个被政治条约所开出来的"商埠"。上海式的商埠（treaty-port），在它们历史发展上有它们特别的性质。它们是一个经济上处于劣势的区域向外开的一扇门。它们的发展并不像纽约伦敦式的都会一般由于它们所处的区域自身经济发展的结果。它们是由外来势力和一个经济劣势的区域接触时发生的。譬如上海，它在没有辟为商埠之前不过是一个小渔村。它在原来的经济区域中处于一个极不重要的地位。但是自从成了一扇门之后，情形却完全改变了。它繁荣了，但是它的繁荣却并不代表它所在区域的繁荣，因为它是优势区域势力伸入劣势区域的一个驻足所。

上海式一类商埠曾有很长的时间在政治上被划成特别区域，称作租界，甚至这租界可以是"公共"的；这并非偶然，因为它在经济上并不是中国经济的中枢，中枢像是心脏，必须是机体本身的，而租界性商埠在经济上只是一个缺口，一种漏卮。

我说商埠是一个经济缺口，目的是想指出它基本上和"城"一般是消费的社区。或者有人会质问我商业是两利的，有外货输入自然也有土货输出，合则贸易终于会停顿的。这种说法在纽约和伦敦的关系上是对的，在上海却不尽然。上海的确有东西向外输出，土货输出不足，继之以黄金白银；再不足，把将来的收入都押了出去。但是这些东西都不是上海本身，甚至不是它所支配区域之内的工业产品，而是以乡村里所出产的工业原料为主。如果上海这种商埠只是内外的沟通者，那也可以成了纽约和伦敦。事实上又不然，它从生产者手上拿来的输出原料运了出去，并不拿相等价值的输入还给生产者。它白拿了东西，和外国做了买卖，得到的洋货却自己消费了。

这种商埠和"城"不同的地方是在前者所消费的并不仰仗自己经济区域里的制造品，而后者的消费品还是在自己区域里制造出来的。商埠的经济作用是以洋货代替土货，在地主之外加上一种买办。"城"的主角是地主，而商埠的主角是买办。洋货固然经过商埠一直侵入到内地的城镇里，但是主要销路还是在商埠本身。由于政治上的特殊地位，给各种在内地住不下或住不舒适的人一个客栈。我说是"客栈"，因为他们是带了钱进去住的。他们的收入来源并不在商埠本身，而是在周围的乡村里。大大小小的麦管插在中国经济基地的乡村，把财富在各式各种的名目中吸收到这种商埠里来。我们只要想工业这样落后的上海能维持这样的人口，它决不可能是自足自给的，它是被供养着的，用了从乡村里的剥削出来的财富，到外国去换了工业品来，在"租界"里消费，这是"商埠"异于"都会"的特性。这是城乡相克的形式。

现代都会是现代化工业的产品，一个没有工业化的区域里不能发生纽约伦敦之类的都会的。商埠都是工业化的区域侵入另一个结构上还维持着封建性的劣势经济区域的过程中所发生的特殊性质的社区。把它看成一个普通的都会就不正确了。

我并不能在这方面多做发挥，因为我已说过，我对于这类社区还没有深切的研究，这里所说的不过是一种提示，也许可以做研究这问题的朋友们的参考。同时我加上这一小段补充，也可以对城乡社区性质分析做初步的结束。

因为我的知识偏重在乡村方面，所以我看一个问题时也不免从这方面入手。《不是崩溃而是瘫痪》是就乡村这方面说的。我在那篇论文中已明白交代清楚在都市里也许不免发生崩溃，而在乡土经济中崩溃却似乎不容易发生，会发生是瘫痪的现象。不但我这样说，而且我也说明了所谓崩溃是好像一部机器因为零件脱落而陷于停顿，是一种有类于机械性的现象；瘫痪是构成一个有机体的各个不太相关的细胞的破坏，它所给全体的影响并不是致命的，而是逐渐的，亏耗性的，有一点相类于生物性的现象。这些都是譬喻，为了比较容易表达我的意思而做的譬喻，都市和乡村的区别并非真是机械和生物的区别，只是有类于这种区别罢了。

我这篇论文是在分析乡土经济瘫痪过程，同时也部分地解释了为什么中国的经济，会在这样逆转的处境中拖得这样久，不发生像现代工业经济里所可能发生的生产停顿式的崩溃。

这篇文章引起了不少并不包含于作者原意中的联想，而且所引起的联想也因读者着眼点不同而相差很远。有些认为这样说法等于是说这种已使人难堪的局面还可以拖下去，所以是在回护既成局面；有些认为这是一种极深的悲观主义，因为瘫痪将延长下去一直到全身的细胞都溃烂才结束。别人在我描写出来的画面前做什么联想是他们的自由，我所希望的只是最好不必因为所联想到的不愉快的事，归罪到描写这画面的人。

有些朋友指出说我所描写的画面并不完全，因为旧的细胞确是在瘫痪，但是新的细胞也不断地在生长，瘫痪不是一个形容全体的确当名字，更确当一些应当是新陈代谢。因为一个大体上是乡土性的中国，单靠神经中枢的改变并不能使这躯体得到新生，必须经过脱胎换骨地一步一步、一个一个细胞的转变，旧的死去，新的发生。如果只看旧的不免充满着悲观，应当看到眼睛里去的是这新陈代谢的过程。

我想这个说法是很可能对的，可是我自己却处于正在逐渐瘫痪的过程中，我所可以描写的、分析的也只是我所自己能经验到的事实，所以偏重于被认为太悲观的画面了。读者大概不应希望我写出我所没有看到的事实。假如中国确是在新陈代谢，关于新生的一面，让看到的人根据事实去分析罢，我极愿做一个这类分析的读者。

我同情于希望能多知道、知道得更完全些的读者们，我自己在阅读别人的作品时也是这样的。但是我也希望读者能就作者所说的话去批评，而不必从"没有说的话"去表示不满。如果能就作者没有说到的部分加以补充，那是最理想的，也就是我在这后记的开始时所说到的希望。如果因为作者有些话没有说而就加以种种有关作者私人用意的猜测，对于增加对问题的认识的一点上是毫没有帮助的。

我认为应当鼓励的是每个人根据他自己所看得到的说话，各人都能这样，则经验可以加得起来，使每个人都能在讨论中增加他的知识。事实上，没有一个人能看得到全局的，重要的是在不要排斥任何现实的材料，把部分的逐渐能综合起来。

《基层行政的僵化》是我想从政治的角度里去认清我们乡土社会的结构的企图。在发表这篇论文之前，我在《观察》周刊开始了那个"从社会结构看中国"的系统，第一篇就是《论绅士》。我挑这个对象入手是因为这是个比较上没有被人注意，而在中国传统结构里相当重要、也相当复杂的部分。这篇《基层行政的僵化》想指出传统绅权解体之后所发生的僵化现象。这篇论文很快地得到了反应，其中有一部分认为我在提倡绅权的恢复，这和我原意不合的，我是主张用另一套的政治机构来代替绅权的，所以在《再论双轨政治》中申论了一番，说明我所希望的是民主的建立；但是为了要说明知识分子下乡服务的重要，所以提到我在英国乡间看到的情形。接着说，如果这些人也能包括在绅士一流人物中，则我确对他们寄托着希望。有些读者对于假设词没有注意，不但断章，甚至断句去念，把假设词取下了，自以为可以用来作为我在提倡绅权的证据了。其实如果肯耐心把全文细读一遍，我很相信可以不致得到这种结论的。

我觉得要了解中国传统的政治结构应当注意四种不同权力间错综复杂的关系。这四种权力是皇权、绅权、帮权和民权。皇权这名词曾引起过问题，因为皇字在历史上可能只可指秦统一之后的中央统治权力。我想指的对象却要包括秦统一以前一直到现在那种不向人民负责的政府权力。在《论师儒》一文中，我用了"皇权"一词来说秦以前这种权力，但曾经朋友指出，"皇权"这名词这样用法是和历史不合的。我曾想用"君权"一词来代替"皇权"。但"君权"一词似乎又带着最高当局个人的权力，并不能包括和他共同执行、甚至分享统治权的许多不同的分子。君和臣是相并立的两词，不易用君字包括臣字。用"皇权"一词却可以包括得广一些。

皇权本身是个复杂的结构。譬如说，汉代的皇权中可以分出：皇帝、重臣、皇室、宫廷、外戚、宦官和官僚，官僚中还有文武的分别。这许多部分间有着他们共同的利害，但同时也包含着矛盾，皇权的重心跟着有变动。如果我们根据这一段历史加以分析，也可以找出一个变动的过程，有着可以理解的程序。

提到这些话是要说有时一个概念要找到一个确当的名词去表示它是很困难的。我所要表示的是一个不限定于哪一段历史现象里表现出来的权力形态，而我们所用的那套名词却都带着历史意味的。所以我在没有找到比皇权更好的名词前，只能在这名词之下加上一个括弧，说明这种权力并不是一定指统一的中央权力，凡是根据武力取得和以武力维持的统治权力都可以归在我这里所谓"皇权"的一类里。如果有人能想出比这更确当的名词，我是最先愿意放弃这名词的人。

在上述的四种权力中，在传统社会中，民权是最不发达，不发达到有人认为并不存在。他们认为前三者交横错综地统治着基层的人民，一切决定众人有关事件的权力都集中在统治者手上，人民是一层没有自身组织的被统治者。我的看法稍有不同。我承认民权很不发达，但是在基层上还有着并不由上述三者权力所顾问的领域。这领域我在写这几篇论文时笼统地留给了民权。后来我因为既有朋友提醒了我，我不能不再细细看看这领域里的复杂情形，于是在《乡土中国》里申引起四种不同性质的权力来：横暴权力、同意权力、教化权力和时势权力。民权的意思应当属于同意权力的性质，但是在中国基层的宗族和地方组织中，同意权力的活动极有限，主要的却是教化权力。因之我用民权一词去指上述皇权、绅权、帮权留下的领域并不太确当而且因之发生了疑问。我在这里还不能理出一个更明确的看法来答复这疑问，只愿意用这个例子来说明讨论的重要和用处。我们对于现实的认识就是这样一步一步深入进去的。我愿意和大家一同切磋，交换意见。但是对于有些人因为一两句话不合他们的感情，根本把问题取消的，则觉得是件憾事。

在我那几篇论文中引起最多的讨论的是绅权的性质，这是个值得从长商榷的题目。我很想接着本书再编出一本《中国社会结构讨论集》，把各家的讨论收集起来作为深入研究的开端，所以在这里不必多做申论。简单地说，对于绅权的性质有两种看法：一是认为绅权乃是皇权的延长，它是皇权统治人民的一种机构，绅和官是一体。另外一种看法是绅权和皇权来源不同，绅权是社会经济的产物，握有传统的势力，而皇权却是靠武力获得的，建立在武力上，因之皇权和绅权可以发生冲突的。在中国历史上，这两项势力常常发生争执，因之也时有相对的消长。在一个时间，譬如六朝门第制度坚强时，皇权固然可以用武力来夺取，但支配社会标准的势力却握在帝皇所无可奈何的绅权手上；门第制度的破坏可以说是皇权打击绅权的胜利。科举发达，加强了皇权对绅权的控制，皇权的集权性也随之加强。这时，绅权退取消极的守势，利用官僚机构消极地怠工以软禁皇权，自求逃免专制权力的压迫。这一种看法我在《论绅士》一文中曾发表过。

这两种看法可能只是各有偏重，前者偏重于皇权和绅权合作以对付其他势力的现象，后者偏重于皇权和绅权二者的矛盾性。我认为二者都有事实根据的，至于哪一方面比较重要，也得看在哪种情况之下来决定。至于把绅权的来源归于皇权，我却并不同意。发生这种印象的是因为在法律上说皇权是全能的，可以高于一切的。其实法律本是皇权所颁布的，从这方面看去，当然看不见其他权力的存在了。我们应当注意不是这些表面的法，而是权力实际的运用，法不过是权力运用中的一个工具。实际上皇权是否全能的呢？这里引起了权力的限制问题，也是我在《再论双轨政治》中所要讨论的主题。

我认为一个毫无限制的统治权力是不可能长久存在的。名义上尽管有绝对的权力，但在实际上却是不能维持的。所以我认为一个政治机构，要能维持，不能只有自上而下的一条轨道。能维持的政权必然是双轨的，就是说在自上而下的轨道外还要有一条自下而上的轨道。有形的双轨政治就是现代的宪法和民主。宪法限制了政治权力，民主加强了自下而上的轨道。在我们传统结构中并没有宪法和民主，有形的双轨并不存在，于是我要问，传统结构有没有自下而上的轨道？这轨道的效率如何？这里我看到绅权的作用。我说绅权有着自下而上的轨道的意味，但并不就是说这是民主的，绅权并不是民权，这点我早已说明过。

绅权既不是一条康庄的自下而上的政治轨道，中国专制的皇权怎么会维持得这样久的呢？于是我又提出"两道防线"的说法，意思是说自上而下的轨道如果不四通八达，轨道上的车子也开不快，自下而上的轨道也可以不一定要浚导开阔了。这两条轨道是相配的。

我所提到的两道防线是"无为政治"和"绅权缓冲"。我所谓无为政治并不是指像现在的英皇一般在宪法上的无能，而是指事实上的无能。这里还得立刻指出，历史上并非没有大有作为、能力强的皇帝，但是有为的结果却在单轨上开快车，促起人民的反抗而终归消灭。这道防线是无形的，所以有时可以是无效的，但是受到历史教训的皇帝，为了要保持自己的统治，却得承认无为是一种自保之道。这道防线和第二道防线是相关的。一个用武力得来的皇位，固然可以用武力防止别人来夺取它，但是却不能凭武力来推行政务。于是发生了一个庞大的官僚机构。皇权固然希望这机构成为自己的爪牙，但是要使爪牙能统治天下，就得给他们足够的武力做支持，而在这一个交通困难、幅员辽阔的天下，有了武力的爪牙，很可能就是要"取而代之"的人物。皇权要自固，武力必须独占。这里发生了皇权自身的一种矛盾，在中国历史上有着不少从这矛盾里闹出来的变动局面。为了要独占武力，又要能统治天下，皇权和绅权妥协了。官僚机构成了两种权力的重叠地带。

皇权和地方权力的绅权妥协，从皇权本身说是受到了事实上的限制。名义上皇权是无限的，但是"天高皇帝远"中间夹着"官僚——绅士"这一层，使人民并不直接和"政治老虎"对着面。

这两道防线是消极性的，而且在一个有为的皇帝面前可以不发生有效的作用。这和用宪法民主米和极方面太限制皇权不同。

至于有人以为我在提倡绅权，那是他们的"以为"，我觉得大可不必辩白的。我在原文中已屡次说传统机构已经不合当前的情况，我亦曾强调说无为政治是做不通了。虽则我也认为在一个民主政府实现的初期最好不要太集权，太集权可能会使这种政府又变质。但是我承认事实上为了经济复兴需要的强迫，这个政府不能太不管事。这里要取得怎样一个平衡，我自己还没有答案。但是可以说的，政府权能的增加必须在人民控制得住的范围之内。如果要加强政府权能，必须先加强民主的机构，那也就是说，政治双轨同时加强。集权的中央必须是向人民负责，而且要直接负责。那是说行使政权的职位必须由直接代表人民的组织决定它们的存废去就。

简单地说，我所希望的是：皇权变质而成向人民负责的中央政权，绅权变质而成民选的立法代表，官僚变质而成有效率的文官制度中的公务员，帮权变质而成工商业的公会和职业团体，而把整个政治机构安定在底层的同意权力的基础上——这是我所希望的转变，至于怎样转变得过来，我一时还不能直接加以答复。

在这里可以附带提到的是：在这几篇论文中，帮权这个对象不但没有分析，而且也很少提到它。我自己对这方面的知识实在太少，很希望有朋友能向这方面深入研究，那是要了解中国社会整个结构时所不能少的部分。

从基层乡土着眼去看中国的重建问题，主要的自是：怎样把现代知识输入中国经济中最基本的生产基地——乡村里去。输入现代知识必须有人的媒介。知识分子怎样才能下乡是一个重建乡土的一个基本问题。现在的情形却正是相反，乡土社会中一批一批地把能有机会和现代知识接触的人才送走了，为此我写下了《损蚀冲洗下的乡土》。接着这一篇分析之后,我开始提出"乡土复员论"。

在我看来,乡土重建有一个前提就是要解决土地问题。为了要说明土地问题的严重性,我提出了一种看法:中国的土地制度在传统经济中其实早已伏下了病根。我们的土地已有大部分只能生产仅足维持劳动者生存的报酬,它们已到了利用的边际上,实际已不发生经济地租。这种土地应当是租不出去的,因为如果这土地的收获中交出了一半作地租后,所剩余的不够养活在这土地上的劳动者了。但是在中国乡村里,这类土地却还有人承租,原因是租这种土地来耕种的人并不完全靠土地上的收获来维持生活,而利用农业里多余的劳力从事各种手工业,增加收入。单从土地利用上看是不值得租种,但是在农家经济上说,租了田地来种,多少可以得到一些收入,和其他收入合并了,足以维持生存。从整个乡土经济说,那是手工业津贴了土地制度。

农工混合的乡土经济才能维持住传统土地制度,也维持了地主的收入。我接着指出西洋工业的侵入,打击了手工业,把中国乡村逐渐单纯农业化了,这时,土地不能同时养活地主和佃户的事实暴露了,形成日益严重的土地问题。

我这项分析是同时顾到了引起土地问题的内在的和外来的两方面的因素,但是有些读者不知怎么会看出题外的枝节来,甚至有说我不明白地租的意义,也有说我抹杀历史事实等一类的话。既有这类批评,我只有承认原文中大概有词未达意的地方,所以重复说了一篇。至于断章断句地说我在维护地主利益等一类话,我只有信托公平的读者自己的断决,在这里用不着辩白了。

构成当前土地问题的内外两个因素,是必须加以应付的。一块不能同时养活地主和佃户两重人物的土地上要能继续生产,只有让耕者去享受这土地上的出产，这是唯一的办法；换一句话说是"耕者有其田"。这已是句老话，至于怎样能实现这目的，其实也不出下面几个可能性：地主自动放弃地租。放弃可以是有赔偿的，可以是没有赔偿的；有赔偿的话赔偿的数目决不能影响到耕者的温饱水准，不然也就等于没有放弃地租了。地主如果不自动放弃地租，而事实上，当前的情势已无法维持，则只有走上被迫放弃的一路。放弃的程度可以是一部分的，可以是全部的。要希望地主有远见，在没有受到压力就自动放弃特权是不容易想象的，问题是要用多少压力才能使地主明白非放弃不可了。决定这问题的因素很多，其中一个因素是要看原有靠地租生活是否能转变到生产事业里去，不一定要和传统土地制度共存亡。我提出地主阶层的子弟转变的问题曾被那些以为我在维护地主利益的批评者发生了误会。我愿意明白地说，我所着眼是地主这个制度，要取消的是制度，不是那批人，人可以转变到别的社会层里去。要减少改革制度的阻力就得对那些人的生活有个合理的安排，最合理的安排就是使原来不事生产的，现在也加入生产了。

土地问题的解决，可以减少寄生在土地上的一层人物。但是只从这分配上着手，我们并不能希望对生产上有太大的促进作用。要提高乡村里的人的生活程度，还得开源，增加收入，在这里就得应付引起土地问题的外来因素，重建西洋工业所摧残的乡土工业了。

乡土工业这个名词是我在这一个系统的论文中造下的。最初我常用手工业这个名词，譬如在讨论《人性和机器》这本小册里就用了"中国手工业的前途"作为副题。乡土工业在以往确是等于手工业，而我的意思却在希望乡土工业的技术基础由手工而变成机器，因之在名词上引起了许多混淆。有人认为我提倡手工业而反对机器，有人说我"留恋"于过去。为了免除这些混淆我才采用这乡土工业一词。乡土工业可以是手工的，也可以是机器的；可以是家庭性的，也可以是工厂性的。重要的是在这种工业并不隔离于乡村，在原料、劳工、资本等各方面以乡村的来源为主。

我屡次说乡土工业是我们在打算重建中国经济时应当注意的一项。这也说明了我并没有说一切工业都要分散到乡村里去。这是不可能的。任何人都能明白，一个炼钢厂不可能化成乡土工业的。但是许多批评者，我不明白为什么原因，一定要咬定我在设想一个全盘乡土性的经济，这样咬定之后当然很容易加上一个幻想的帽子，而把怎样去推进乡土工业的问题轻轻取消了。

我也并没有认为乡土工业可以单独发展。乡土工业要变质，就得有许多机器，而且在动力上，需要电力的供给。在这里又有人反过来认为中国电气化是个幻想，说是幻想，又可以把变质问题取消了。在我看来乡土工业的转变并不是突然也不一定是彻底的。重要的是在增加乡民的收入，增加一点是一点，愈多愈好，愈快愈好。有多少可用的机器就用多少，有多少可以引入的现代知识就引进去多少。

这里当然还有许多值得研究的问题，那就是在有限的资本下，重工业和乡土工业之间应当维持什么样的比例？重工业的经营应当采取什么方式？我对于这问题的看法，在最后两篇里曾经间接暗示了，如果工业建设的资本得由广大农民节约储蓄出来，最有效的办法是让这些资本直接由积聚者投在他们可以看到的乡土工业里。至于重工业的建设依实际情况说总得由政府去经营，如果政府不能把握住一笔大的资本（不从豪门积聚的财富里征收得来，就得从国际借款上想法），就得慢慢靠人民的节约储蓄。现在这样贫乏的状况里要很快地拥出大笔资本，很难会不遭受反抗的。在我看来，一个要能受人民拥护的政府，经了这多年的战争，必然得先做到与民休息、培养元气的最低标准，那就是说不再增加人民的担负；不但不增加人民的负担，而且得很具体地增加人民的收入，看得到的收入。在这创痛之后即刻强制人民去为国营工业积资本，在政治上看去，是件冒险的政策。所以我倾向于先发展乡土工业的意思，然后用这种工业里所创造出来的资本去发展较大规模的重工业。简单说，我们得从土地里长出乡土工业，在乡土工业长出民族工业。这条路线是比较慢的，但也比较稳的。

在确立乡土工业的过程中，政府有很多事可以做，而且必须做的。现代技术的下乡不能不由政府出来推动。我在上面所提到知识分子下乡的困难，就因为乡村里缺少可以应用现代知识的事业。在种种能应用现代知识的事业中，最基本的是生产事业，而生产事业中最容易有效的是工业。

以往种种乡村建设的尝试，似乎太偏重了文字教育、卫生等一类并不直接增加农家收入的事业。这些事并不是不重要，但是它们是消费性的，没有外力来资助就不易继续。要乡土在自力更新的原则中重建起来，一切新事业本身必须是要经济上算得过来的，所以乡土工业可能是一种最有效的入手处。

我们有理由想到如果乡土工业不过是一种中国工业化的过渡步骤，这个步骤会不会阻碍中国高度工业化的发展。换一句话说，如果我们投了资在不太有效率的乡土工业，而到后来这些工业还是要被大规模工业所代替的话，这笔资本不是投得冤枉了么？我觉得事实上虽则有此可能，但是并不会太严重的。第一是在许多轻工业大规模生产的利益并不一定是显著的，而且乡土工业并不限于家庭工业，有许多乡土工业，开头就可以用村子或区域做设计的单位。每种工业有它适中的规模，需要我们研究和试验。第二乡土工业本身是可以演进的，投资的数量既然小，设备的利用在较短期间就可以出本，所以改良和扩大并不会招致过甚的损失——我在这里只能就原则上做些提示，事实上非在实际情况中不能答复这类问题。

如果说我这种想法是幻想，倒不如说我这种想法太迁就了事实。所以我在社会学年会讨论这问题的开始曾这样说："如果原子能征服了月球，吴景超先生和我一同去设计一个建设月球的方案，我相信我们不会有什么不同的意见的。每个人所想象的天堂离不了树上长满葡萄、河里淌着牛乳那一套。可是我们现在要应付的是吴先生描写在《劫后灾黎》一书里的中国。"

话又说回来，我这本《乡土重建》能完全不成为一个幻想么？我不敢说，因为现实告诉我们，我们讲"重建"还太早，洪流正在冲洗，《劫后灾黎》的"后"字还用得不太切当，乡土要重建必须有一个前提，那就是有一个为人民服务的政府。这个前提如果不存在，这一套讨论重建问题的话也都不发生直接意思了。我这套话也可以说都是白说的。但是我也不能想象中国永远能这样下去，有一天重建乡土的前提存在了，我这里所提出的问题还是要我们细细研究的。所以我觉得这套意见还是有用的。也许早一些把这些问题着手研究，到重建的时候到来时，不致完全靠一时的冲动去应付，而遭受许多不必要的损失。而且，像我这样的书生，除了这种工作之外，还能有多少为国家服务的机会呢？为了这个原因，我还是写下了这许多字，而且还要把它印成小书，贡献给读者做思考时的参考。

最后，我得感谢王芸生先生，他鼓励我把这套意见写出来，更给我机会在《大公报》上陆续发表，而且还允许我把这些已发表过的论文编成此书，在观察社出版。其中有一篇《论城·市·镇》曾在《中国建设》发表过，在此也附带向编者道谢。

我本来的计划是把各家对这套论文的批评一起编入，成为一本讨论集。为此我曾经分别得到了许多原作者的同意。但是编就一看，分量太重，在印刷和出版的条件下，不能不放弃这计划。让我对许多曾经给我指教，又允许我重印他们批评的朋友们表示我的感激。

1948 年 6 月 19 日于清华胜因院

关于"城""乡"问题

——答姜庆湘先生

庆湘先生：

今天收到《中国建设》第5卷第5期，拜读《再论城乡对立的经济关系》，十分高兴。我说高兴，并非客套，确是实情。我写那些有关城乡问题的文章，原不过是抛砖引玉之意，先生不吝一再赐教，使这个我认为相当重要的问题能引起更多读者的思忖，是我觉得高兴的原因。而且如果我这篇可能引起不良影响，经诸位朋友的指正，这影响也不致再引起不良作用。我愿意很诚恳地同意你，如果我已发表的几篇文章真会使读者认为我是在想以恢复旧式的农村副业来为中国经济找出路，想以恢复乡土社会中士绅阶层的领导地位为中国政治文化找出路，我那几篇文章在我自己说是写得失败的，对读者说是可能发生不良影响的。所以我感激你肯提醒我，确有许多读者对我那几篇文章，有此印象，使我还有机会可以申说一下。

让我先说以下两点："乡土工业"的性质不一定是旧式的农村副业。我在张之毅先生的《易村手工业》序文（即《中国乡村工业》）、《人性和机器》以及不久以前所写的《小康经济》诸文中，一再说明，我们的问题是怎样把现代技术输入乡土工业里。我主张乡土工业技术上应当变质。问题是在分散性质的乡土工业里所能输入的现代技术有什么限制？这一点我极愿意有人给我指教，大概只有实地试验之后才能答复。我在 Peasant Life in China 一书中描写、分析和批评过乡村中的小型制丝合作社。可见我在10年前已经不主张"旧式乡土工业的恢复"。同时，熟悉我的朋友，大概知道我这套看法并非完全是乌托邦的设计：我有一个姊姊，费达生先生，她是改良中国丝业的重要工作员，20年来不但在技术上把中国的生丝提高了，而且她一直在试验怎样可以使中国现代工业能最有效地用来提高人民的生活程度。我经常地和她学习和讨论，尤其感觉到兴趣的是怎样去解决技术现代化和经营社会化的问题。乡土工业并不是一个空洞的概念，而是应当由我们对社会学经济学有兴趣的人和技术家一同去探讨的问题。

我主张工业分散在乡土里的理由，已经在以前发表过的文章中提起过。这里我得补充的是有些朋友一听见我说乡土工业就联想起家庭手工业。我所指的乡土工业可以包括家庭手工业起到五六百工人的工厂（江村的制丝合作社是利用蒸汽发动的，规模较小，并不能吸收全村的原料和人工。后来我的姊姊设计一种生丝代缫机构，利用电力发动，规模就可以以当地原料和劳力来决定。维持一个合作社的代缫所，也不限于一个村，而应该是一个区域。关于这个问题，我将另外写文在乡土复员论里发表）。朋友们一定要说我在开倒车，提倡手工业，未免是过甚其词。我的确不主张不管三七二十一地把乡村手工业加以破坏。我是着眼于农民的生计，他们的收入；如果有些工业，如绣花，近于艺术的活计，只能在家庭中用手工经营的，不妨设法扶助他们，在花样上请专门人才去设计，在原料的购买、成品的运销上组织合作社去经营。凡是可以部分用机器的，尤其电气的供给能普遍后，就得由专门的推广机构去指导乡民学习采用现代技术，能在家庭里经营的不妨在家里经营；凡是不能不集中在作坊或小型工厂里的，就搬出家庭来经营；凡是需要大规模集中经营的像钢铁工业等，就不能容纳在乡村里。说我这种说法是保守，我想不太确切；说是泛泛无其高见，则是事实。除非有人主张我们不必去安定乡村经济，不妨利用乡村衰落、人口外流的机会，获取便宜劳力在都市里发展工业，我这种平凡的看法可能是比较切实的。如果觉得我这种看法不太进步，我很愿意知道怎样才能更快地可以使农民大众得到工业化利益的方案。

至于有人认为我在提倡绅权，那真是使我不太能明白我的文字怎么会这样地传达了和我相反的意见。我甚至想这个误会可能读者应负的责任应该比作者更多一点，因为我一再地在批评传统地主阶层的社会地位，而读者却会因我的批评而联想到我在憧憬于这阶层的复兴，维持这阶层的利益。我不能干涉别人的联想，我也明白这联想的起因，所以我在《再论双轨政治》说明了我如果在幻想一种乡土社会中有用的绅士，这绅士是如我在《重访英伦》中所说到的那些退休的公务员，在为地方兴水利，甚至开了汽车服务人民。我这样说，在我是很显然的，并不是想在维持寄生性的传统绅士了。除非有人认为中国的地主阶层的人物会是该死的，我们自应该为这阶层想出一条应走的出路，所谓出路是怎样转变成一个在新秩序中有用的人物，并非设法去维持特权。我在《黎民不饥不寒的小康水准》一文中已说过，地主阶层只有以放弃其特权才能有出路，我实在不知道应当怎样说法才能使人不再说我是在维护地主阶层的特权了。我说"地主阶层的生存兴趣"

是指他们能否在新秩序中生存下去,而先生用这话来说是我在维持地主阶层利益,我只有怪文字之不易传达了。

我相信如果乡村经济、政治、文化各方面要现代化,生活程度要提高,无可避免地需要有大批为它们服务的人,我所希望的是地主阶层的子弟们曾享受了传统特权,受到了现代教育的机会,应当从各方面去服务乡村。我想这种看法不至于"不良"吧。除了这样,试问乡民怎样得到现代技术的机会呢?

以上两点,经我这样说明之后,也许可以减少若干我和先生的距离。我也觉得我们所不同的并不在于将来的展望,而是在对当前城乡对立的分析中,对于各个因素所给的重量。先生注重内在的因素,而我偏重于外来的因素。因之先生觉得我忽视了"封建社会主要剥削根基的土地制度",虽则也承认"乡土工业的衰落,也确实不无相当的理由"。我想先生因为偏重的不同进而说我有意要转移视线,为地主阶层开脱,可能是一时意气之词。这一点意气可能也使先生把我"两线作战"之诫看成了对农民而说的了(我想我这话是劝地主阶层和农民联合争取建立民族工业的机会,而且我是跟着上文要求地主阶层自动放弃特权而说的,先生说我幻想则可,说我在谆劝农民则不可)。平心而论,互有偏重是无妨的。说我完全忽略了土地制度,我想也不公道的,我整篇文章是在说土地制度:我不嫌繁重,列举数字,岂不是在说明地租所引起的贫困?我一再说土地问题早已存在,只是在乡土工业兴盛的时代,这问题并不像现在严重。我还相信这话没有说错,也并非在维护传统土地制度。先生认为中国历史上一直有像现在这样严重的局面,那也就太忽视外来因素的作用了(我所谓外来因素是指西洋的工业势力,乡土工业衰落是这个因素所引起的结果)。

　　我希望我们对这重要的问题能容许多种角度的发挥，每个人的看法都不免有一点偏，所以用得到讨论。如果不从自己所偏的一方面多作申论，去矫正别人的偏，结果也得不到讨论之益了。因之，我不希望从别人所偏的一端多做联想，甚至给别人代下结论，强人进入自己所设下的名目。我不希望这样的原因是在那对于所讨论的问题并不能有良好影响的，至于对于个人的影响，倒并无任何值得考虑的地方。

　　可以多有一些不同的看法，但我并不太看重我自己的看法。我所见到的很有限，我自己也不免有种种的"蔽"，这也是我不敢否认在我潜意识是否在留恋地主阶层的优裕生活的理由。我也会承认我是在为我所熟悉的这批地主的子弟们打算，可是，我想，我的打算是怎样转变，而不是怎样维持特权。如果这是罪，那我得自动地领罪了。每个人都有他的教育，他的立场，他的希望，以及他现在所处的社会地位蔽障着他所能看到的全部问题。因之，问题是需要讨论的。

　　我不妨强调一些我们的相异之处。我是认为中国的地主阶层在这时代考验之下应当可以自动转变的，从特权的寄生地位，转变成服务的地位；而先生认为这可能性很小。究竟会不会转变，或是其中有多少人能放弃特权，用他们的知识和技术去服务社会（其实现在已经不少），那是不太久的历史会证明的。我如果鼓励我们中国人赶快结束内部的矛盾，一致向外抵抗工业的侵略势力，联合所有的力量来建设民族工业——让我再加两个注以免再被误会：（一）结束内部矛盾的和平方式必须由地主阶层自动另找经济基础，也就是以服务来得到生活的报酬；（二）民族工业包括乡土的手工业、机器工业以及集中性的重工业，此外更重要的是供给乡村工业动力的发电站——大概不致发生"不良的影响"的罢。

最后，我希望这信在《中国建设》上发表，一则因为祖文兄索稿未复，想以此塞责；二则，我想读者中也许同样对我以前几篇文章有疑问的，借此一并答复。我很自知有时会愈说愈糊涂的，而且在报纸杂志上发表的文章，在作家也不免写得苟且，加以篇幅之限，更不易允分和周到地把一个意见说明，因之误会再生误会也是常有之事。但是我想如果大家以问题看得比作者重要，我想在讨论中是可以得到良好影响的。

我还在继续写乡土复员论，继续发表，还希望先生不吝赐教。

1948 年 2 月 14 日于清华园

评晏阳初《开发民力建设乡村》

晏阳初先生于8月15日向中央社记者"纵谈复兴我国农村问题",接着又发表《开发民力建设乡村》一文。这里宣布了中美复兴农村协定的基础,值得关心农村工作的人士详细检讨的。

中国农村问题的诊断

中国当前最基本也是最严重的问题是广大农民生活的痛苦,这一种认识我们和晏先生是相同的。晏先生对这种现象的诊断是:"他们受了封建传统的压迫,以及外来强权的欺凌。"这个诊断我们也认为正确的。晏先生希望"把蕴藏在中国广大乡村中伟大磅礴的力量——民力——开发出来",这个目标我们也是同情的。

根据晏先生的诊断去制定工作纲领,应当是怎样去解除封建传统的压迫和怎样去抵抗外来强权的欺凌。晏先生是反对"空洞的口号和标语"的,这一点我个人更是赞同,所以我们得更进一步具体地说出:什么是封建传统?这封建传统怎样压迫农民?谁是外来的强权?这些强权为什么要欺凌中国农民?怎样欺凌法?除非把这些问题具体地分析出来,我们才能避免自己犯了"空洞口号和标语"的弊病。

晏先生对这些问题的答案是极简略的。他说:"中国的农民负担向来最重,生活却最苦;流汗生产的是农民,流血抗战的是农民,缴租纳粮的还是农民,有什么'征',有什么'派',也都加诸农民,一切的一切都由农民负担。"

即是在这简单的答案里,我们可以说晏先生也注意到租、粮、征、派。租、粮、征、派是封建传统和外来强权压迫欺凌的手段,结果是中国农民负担的重大,使农民血汗流尽,生活痛苦。

如果我们分析下去,就该问:谁在征派租粮?向农民征派出来的租粮给了谁?作什么用?这些吸收农民血汗的人凭什么力量能这样向农民征派?什么人和什么外来强权在支持这种力量?——这些问题晏先生并没有答复,非但没有答复而且提出了另一套理论出来,把这些问题劈开了——这里我们和晏先生的看法开始分歧了。

让我们先看晏先生的文章是怎样做下去的。他说:"乡村建设工作是多方面的:凡与人民生活有关系的无不包括在内,而千头万绪之中,必须抓住问题关键之所在,那就是:建乡须先建民,一切从人民出发,以人民为主,先使农民觉悟起来,使他们有自动自发的精神,然后一切工作,才不致架空。"——以上所指的只是空洞洞的原则,自然没有人会反对,但是并没有跳出口号和标语的范畴——"我们要达到开发民力的目的,须从整个生活的各方面下手。必须灌输知识——'知识'就是力量;必须增加生产——'生产'就是力量;必须保卫健康——'健康'就是力量;必须促进组织——'组织'就是力量。我们所谓开发民力,就是开发人民的知识力、生产力、健康力和组织力。人民自己有了这种力,才能称作'自力',有了'自力',能做到'更生'!"

这篇富于口号魔力的文章，骨子里，至少由我读来，是把封建传统的压迫和外来强权的欺凌归罪于中国农民自己的没有出息，咎由自取。这种要农民引咎的理论是和晏先生几十年来一贯的看法相吻合的，他一贯的看法是中国农民有四大病症"愚贫弱私"，喜欢对称笔法的晏先生配上了"知识、生产、健康、组织"四个口号。现在主持执行中美复兴农村协定的晏先生还是20年前主持定县实验区的晏先生。"封建传统和外来强权"的诊断到他真的要说到工作纲领时已被置诸脑后了。从书本上学来的名词确是不会生根的。

自觉的教育是现实的生活

我们要了解晏先生的基本理论，不能不提到他对于"教育"的看法。晏先生一生事业的中心是他的"平民教育"。不论他今后会做什么事，他在平民教育上的贡献是不应当抹杀的。但是如果晏先生愿意听我们的批评，我也愿意很坦白地说，他的贡献是偏重在教育的技术，尤其是文字教育的技术。他对于"教育"本身的看法是值得怀疑的。如果我没有误解他的立场，我想说，他是以传教精神去了解教育的。所谓传教精神是先假定自己"是"去"教育"别人的"不是"。传教就是"以正克邪"，被传的对象在没有皈依宗教之前，或是说没有弃邪归正之前，满身都是罪恶。所以晏先生先得认定了"愚贫弱私"的罪恶，然后可以着手"教育"；以知识去愚，以生产去贫，以卫生去弱，以组织去私。

我在此并不想讨论中国农民是否有此四大病症,我想提出来讨论的是教育者的态度。在我看来,教育并不是以"有"给"无",更不是以"正"克"邪",而是在建立一个能发展个性的环境。我这种看法里承认每个人有他判断的能力,有他的理性,教育者最重要的态度是在尊重人性。这话和晏先生"从人民出发,以人民为主"的半句是相合的,但是如果承认这一点,接下去就该说:农民是有自觉的,我们教育者的责任是在帮他们排除阻碍实现他们自发的求生活动。这和晏先生下半句"先使农民觉悟起来,使他们有自动自发的精神"的两个"使"字不同。这一点不同出于我们对"教育"意义认识的差异,因之也使我们对整个农村问题的对策有别了。

我实在并不能同意晏先生认为中国农民到现在还没有"自觉"。我这样说并不是从"钻研中西书籍"中得来的结论,而是我实地观察的结果。最近暑假里我还到乡间去访问过,就是十几岁的孩子都能回答你,他们的生活为什么这样苦。他们的大哥给政府拉去当兵了,家里缺乏劳力;他们田里收来的麦子,自己吃不到,给保公所拿走了;他们被赶到门外,把房子让给军队来住;到了秋天,借了债去还地租——这一切都是现实的经验。当我偕同一些同学去替农家打DDT时,他们很感激我们,但是他们不知道他们当晚是否能睡在没有臭虫的炕上。这套现实的教训中,他们还会不觉悟么?还得靠识几个字才能知道他们自救的道路么?我愿意晏先生回头问问自己派到乡村里去教书的工作干部,他们是否已从农民给他们的教育中怀疑了自己工作的用处。

晏先生自己是主张不要在中西书籍中钻研出结论来的,他怎么会这样相信他的千字课呢？是不是因为晏先生假定了乡下人是"愚"了之后，才觉得他们还得钻研一下书籍才会自觉么？——我这样说并不是否定晏先生的千字课的价值，更不是否定了文字下乡。而是说，农民并不是从千字课中得到自觉，而是自觉之后才需要识字，才喜欢晏先生的千字课。这个分别很重要，因为农民已经自觉得不单是要识几个字，他们还要靠自己来纠正这不合理的社会结构。在这自救运动中他们才需要文字教育。

暑假里我参加了华北基督教农村服务营；我的目的是要实地看看在现在这种局面下有什么可以服务的。我是一个旁观者，自己想虚心地向热心服务的朋友们学习。其中有一项工作是识字班。但是问题发生了，我们应当用什么教材呢？在实际工作中才会明了人不会"为识字而识字的"。识什么字？看什么书？如果依晏先生的说法，我们得"使农民觉悟起来"，所谓觉悟，依晏先生上文读下来，应当是"使"他们认识现在的租、粮、征、派的不合理，"使"他们认识封建传统的压迫，外来强权的欺凌。如果这样做，晏先生能保证这些热心的农村服务者不戴上红帽子，不关在特种法院里，不致连性命都丢了么？如果不从文字里去增加农民自动自发的精神，试问教些什么呢？花呀草呀认识几个字，有什么用处？农民为什么要每天费上几个钟头来识字呢？这是一个具体的事实问题。没有一个热心服务农村的青年会瞎了眼看不到现在农民所遭遇的严重压迫，但是晏先生所主持的中美复兴农村委员会能有勇气面对这问题么？晏先生呼吁知识青年来合作，为农村服务，在原则上是没有人会反对的，但是如果晏先生要逃避这基本的解除压迫的问题，是否能满足热心服务农村的青年呢？晏先生不能回答这问题，他整个计划也会"架空"的。

取消土改的复农方案

问题还是回到了如果要避免解除封建传统的压迫和外来强权的欺凌，是否能谈得到农村复兴。晏先生的回答是"可以的"。他说："这条路，今日也许有些人以为缓不济急，他们认为目前最迫切的是解决饥饿、物价、战争种种现实问题。当然，这些问题都是今日最严重的。但，我们不应该忘记，30年前，当乡村建设工作发动时，何尝没有人认为现实问题是战乱、灾荒、穷困等？何尝不以为此种乡建工作是太缓不济急？这种被批评为缓不济急的工作一天不动手推行就更多迟缓一天，而一切现实问题仍将存在。说'迂缓'并不能否定问题，不做尤不是'迂缓'的解答。所以30年前应该走这条路，今日还是只有这条路可走。舍此别无二途，更无捷径。"

农复会主任委员蒋梦麟先生说得更清楚："改革土地制度，自属重要，惟此非政府全力全面实行不可。"意思是农复会不能做这件事。

根据这两位负责人的声明，复兴会是想避免社会制度的改革而达到农村复兴的目的的。晏先生所提出来的理由很值得怀疑。他首先把饥饿、物价、战争作为现实问题是以现象代替了问题，因之忽视了造成这些现象的当前不合理的土地制度。晏先生提出30年前的事来作为不必从这些基本问题下手的理由。这如果能成为理由的话，必须是晏先生在过去30年的做法解决了农村问题。事实上，除了晏先生自己，很少人是认为这前提可以成立的。晏先生在农村工作上有他的贡献，但是过去30年的历史却说明定县路线并没有解决农村问题。在我看来，定县实验的最大缺点就在不从社会制度去谋改革。晏先生并没有觉得走定县实验有什么缺点，而且愿意把定县的成绩作为"迂缓"路线的保证，这不能不使人失望了。

为什么不从土地制度入手不能解决中国农村问题呢？这一个问题在我的《乡土重建》一书里已经有过答复。简单说来，在农民的负担中，地租是一个重要项目。过去几年的内战，主要关键，在我看来，也就发生于土地制度的争执上。农民业已自觉，要求改革这不合理的制度，而地主阶层硬是要维持这特权，不从国家全体利益打算，而从阶级利益着眼。和平方法既不能解决问题，结果引起战争。战争又增加了农民负担，征派跟着一层层加上农民肩头，反抗的势力更扩大，造成晏先生所谓"他们汗有流完的一天，他们血有流尽的一日"了。晏先生所指出的封建传统在社会制度上说，除了这种剥削性的土地制度和不民主的政治制度外能是什么呢？

在农民负担这样重，生活这样苦的状况下，识字、生产技术、卫生等一类工作是不发生多大作用的。以生产技术来说，我在北平附近一个素以菜蔬出名的村子里访问过，现在瓜果蔬菜等一类作物都已不敢种，种了也收不着，军队过境，比蝗虫更凶。时间还不过半年，而政府的征收已经超过了全部收获的1/3。农民买不起肥料，看老玉米瘦得可怜。晏先生可以说，他们缺肥料我们送给他们，但是在农民看来这又是何必呢？既是要拿走的，过一道手，有什么意思？这不能说是"迂缓"，而实在是"迂阔"，事实上还在吸血，输血有什么效果呢？吸和输之间的差额这样大，如果要"倒下来的"，还是扶不起的。

我并不相信晏先生看不到这个简单的道理，但是他可以认为这至少是"为老百姓做点起码的基本的实际有益的工作"，而且他可以说他并没有反对土地制度的改革。正如蒋梦麟先生所谓"非政府全力全面实行不可"。但是事实上是怎样呢？美国拿这笔钱出来的目的是和军事援华相配合的，就是打击共产党。共产党实行了土地改革，美国就得另外想一个方案来对抗土地改革，那就是"复兴农村"方案。所以并不一定是晏先生喜欢迂缓路线，而是美援的来源注定了他不得不避开已被共产党抢去的土地改革。

过去半年来国民党里也有高唱土地改革的，我们先不必问他们的动机如何，但是表面上看来至少可以说因共产党的压迫，不能不承认中国有土地问题了，而且回头看看三民主义，内容里本来也有这一个方案。有些地方为了军事需要，也认识了农民的力量，正在想学共产党的办法推行土革，虽则我们可以怀疑他们是否能收到效果，但是比了否定土地问题是进了一步。这一种趋势到农复会的成立又打住了。晏先生的迂缓路线如果是代表中美同意的中国农村政策，那可以说是一种倒退的步骤。

我并不愿意从政治立场上去批评晏先生的用心。但是晏先生自己却应当明白，以往他是以私人的资格，为社会服务，能做多少就可以说是他的贡献，批评者必须从他所做的事上着眼，不应当从他没有做的事上去挑剔，但是现在他的任务是代表政府去实行农村政策，他就得负这政策的责任。如果这个政策并不能复兴农村，反而避重就轻，以慈善家的救济态度来拖延农村问题的解决，他将因这政策的错误而受到指责。个人方面我们尽管可以同情晏先生"含着眼泪"，但是为了"中国的安危"不能不坦白地检讨这种政策的过失。

晏先生自己明白在这个局面里，他的教育方案是很难见效的。他希望"各方面共体时艰，捐弃成见，转阴霾为光明，化暴戾为祥和，都站在为人民谋福利的立场上，以工作成绩相竞赛。那时，民力才能发扬，民主才能实现"。事实上确是如此，晏先生的乡建工作是技术性的，当中国社会矛盾的死结解开了，他现在所提倡的四项工作、知识、生产、健康、组织都是十分重要的。这些是开发民力所需要的技术。但是晏先生30年来实地工作的经验并没有"觉悟"这些技术性的工作必须有一个实施的条件，那就是没有封建传统压迫和没有外来强权欺凌的局面。晏先生悲天悯人的看法是发生在低估了中国农民自动自发的革命力量。这种力量并不是从文字知识里得来的，而是从求生的本能中发生的。

　　如果晏先生从过去的实验中认识了这一点，他可以继续他私人的事业，用他的专长，从技术问题上多做实验，有一天，他所贡献的技术还是可以有益于农民生活的改善的。但是他没有这种认识，终于牵入了政治性的漩涡里去。归根我不能不觉得他对中国农村问题的诊断缺乏真正的信念。他还是30年前的晏先生，一个把中国问题看成是单纯教育问题的晏先生。在这时局动荡、历史转折的当口，他又接受了一个更大的考验。如果他真是一个受科学教育的人，这一次如果失败，他应当有勇气承受这考验的教训，不应再像在过去30年一般地在实验中失去自我教育的机会了。

1948年8月28日

城乡联系的又一面

一

在这个暑假里我曾经有一个短期在北平附近的乡村里访问过。有一个现象特别引起我注意的就是在这些乡村里我遇着很多原来在城市里当工匠的回到了乡间来种田了。这是因为城市萧条和乡村缺乏劳力的结果。引起我注意的倒并不是这个现象的本身，而是在这现象背后存在的一种经常的城乡关系。那就是中国的城市里有许多工匠对于城市是寄居性质，他们的老家还是很根深蒂固地埋在乡村里。

我曾在我所访问的乡村里打听过很多人家（因为我在乡村里的时间不长，并不能开展研究工作，所以没有做数量上的调查），大部分都有男子在城市里做工或是当学徒。乡村里的人口向城市移动原是普通的现象。城市在人口上不是一个能维持和扩充的社区，它必须经常在乡村里吸收人口的。凡是靠近城市的乡村总不免受这城市吸收人口的影响。在这里引起我注意的是这些乡村里被吸收出去的人口却留着一个根在乡村里，并没有把这些人完全吸收到城市里，成为和乡村脱离了关系的人物。

我注意到这个现象是因为我心中常常在想找出中国传统城市的特性,也就是它和西洋现代都市不同的地方。我这里提到的那些把老家留在乡村里,单身寄生在城市里当工匠或伙计甚至老板的人物在现代都市里,即使有,也是暂时的和少数的。但是在我们传统城市这却是一种相当普遍的情形。

这现象的揭示可以从另一方面去看,就是传统城市里人口的性比例。Gamble先生在战前曾调查过北平的社会概况。在他所著的 *Peking: A Social Survey* 里有这一段话:

> 关于北平人口性分配是人口统计中最值得注意的项目,北平811556人中515535是男的,296021是女的,全人口的63.5%是男子,比例是174个男子对100个女子。在东京,这个正在很快扩大的东方都市,114个男子对100个女子。在美国,超过50万人口的都市中,费城是100个女子对97个男子,芝城100个女子对107个男子。

这些数字并不能直接告诉我们在城市里的男子是否和乡间有着家族的联系。如果我们再看这些人的婚姻状态则比较更可以明白一点:16岁以上的男子有28%是未婚的,女子有16%是未婚的;25岁以上的男子则只有9%未婚,女子则只有1%未婚。这样说来,很显然地有很多已婚男子并没有把家眷带来城里。这些已婚男子的妻子就是我们在乡村里看到男子在外做事的家属。

在西洋,都市同样不断地向城市吸收人口,但是吸收的人,如是已婚的,稍稍住定了,就把家眷接到城里来了;而大多是没有结婚的男女,他们在城市里找他们的配偶,在城里住下来。所以在西洋的都市和乡间之间并不拖着远隔的婚姻关系。但是在传统的中国却不然，乡间的男女结婚得早，而且家族的关系拉得紧，男子离乡入城，把父母妻子留在乡间。城里的工匠、伙计等一类职业报酬低至不能使他们用他们个人的收入维持一家老小在城里的生活，城里的职业机会又不多，他们的家属进了城，并不易自己谋生，所以不如在乡间做做活，男子们在城里寄钱回来津贴家属的生活，打算得过来。

这种单身匹马离乡去挣钱的办法，在国外的华侨里也看得很清楚。沿海有许多地方在经济上靠侨汇维持，人口上是女多于男。那些历尽艰苦的亡命客，在国外含辛茹苦，积了钱，就向家里寄。在表面上看来是中国乡土观念重，但是事实上还是在外的机会少，没有保障。一般人脑子里总以为华侨有钱，有钱的华侨固然有，而且华侨们大多数的确有了钱就向国内寄，但是到国外去看看华侨的生活就明白他们艰苦的情形。当黄鱼，冒生死，做着10多小时的工作，受尽各种剥削，屈死异域的，究属多数。这些人想在国外成家立业，真是凤毛麟角。这种情况发展出来的自是"单性移民"了。

我提到华侨的情形因为这是个最容易说明这种移民性质的情况。我觉得城乡之间的情形在原则上有相类之处。如果城里的经济机会多，一个进入城里来的劳工有能力在城里维持家庭的话，他们还是会和西洋人一般把全家搬进城的。譬如乡间的地主，产业大到一个程度，遇着时局不靖，就全家向城市里走——这种情形我这次在乡间看到很多。这些是我们常说到的离地地主。

我们可以说，由乡入城的移民中有两种性质：一是全家一起移动的，也是长期甚至永久性的；一是单身移动的，往往以男子为多，是暂时的、季候性的。在数量上说后者比前者为多。我在以往论城乡关系时偏重在第一类，他们在城市里的生活大部分还是靠乡间土地的供养，成为城市向乡间吸收财富的脉管。这里我想特别提到第二类，就是被乡间家族关系所拖住的城里的单身客。

二

我以往已经一再强调中国传统的乡村是农工混合社区。在没有吸收大量人口的边区，内地的土地上积聚了累积的人口，每家可以经营的农场不免因世代分割而减小，结果农场上的收入不够维持农家的生活，所以不得不在农业以外去谋收入的增加。农业以外去谋收入的方式很多，我在本文中所提到家庭中若干分子到城里去谋生也是一种常见的方式。

从整个经济看去，农工双方都不能独立维持家庭生活。换一句话说，农业和工业双方的机会都狭小，当劳工的，不论在哪一行业里，收入都只够勉强维持他个人，所有的剩余并不能供养一家人口，所以一家中的各个分子都得从事生产，如果在同一社区里并不能都找到生产机会时，就得分开。至于男的留乡还是女的留乡则要看外边的职业需要而定。

农业里的工作，精耕到和种菜园相似时，有很多工作并不需要太大的体力，使女子也可以担任。在北平附近的乡间（因为征兵的原因壮丁大多离乡的情形下），我们看到女子已成了农业中的主力。除了把犁之外，她们什么工作都能干。但是在太湖流域，附近织丝业工厂的发达，女工的需要大，乡间里留下来在农业里工作的则偏于男子。

不论是男的或是女的除外，同样的是夫妇间的城乡分离。这现象，我想，是和乡土工业式微相配合的。在乡土工业比较发达的地方，传统的农工混合社区的形式还能维持的时候，在所谓"男耕女织"的分工下，家庭的基本团体并不至于被破坏。而且在夫妇在同一个地方工作时，男女双方都不致太专门化，他们在农忙时可以共同下田，在工忙里，男子也可以帮助做各种重头工作。但是乡土工业式微之后，工业离开了乡村，跟着有一部分人口也被吸出去了。但是在吸收时，却并不是以家庭为单位，而是以个人为单位的，结果破坏了家庭的完整。这个现象是值得主张都市化的朋友们注意的。如果工业里的报酬高，高到一个普通的工人的收入至少能维持在家里抚育孩子的妻子，这种工业才能以家庭为单位来吸收乡间人口。或是这种都市里工业的种类多，就业的机会多，男女都能在工业里得到收入，工人的夫妇才能同时在城里居住，不然的话，就避免不了"单性移民"。

我在乡间也曾故意询问那些有男子在外工作的家庭，为什么不搬进城去？他们除了说城里生活贵、活不下去的理由外，还有一个很重要的理由，那就是"有个退路"。我已经说过我见到不少原来在城里做工匠的，现在回到乡间来了。我和这些人谈话中才明了，乡间留一片土地可说是一种"失业保险"。城里的工业，不论是传统的手工业或是现代的工厂，对于工人的职业并没有保障的。在西洋工业社会中，失业救济是一个必须解决的社会问题。他们的工人一走出工厂就会威胁到他们的生计，所以社会或国家必须出面设法维持他们。在我们社会性的失业救济并不发达，每个工人都得自己想法，在乡间留一片土地，"至少有口饭吃"，也成了他们最靠得住的保障了。再进一步说,负责工业的人虽则并没有注意到,而事实上,我们还是一个以农业来支持工业的经济。实质上还是一个农工混合社区,虽则因工业的集中,区位上已发生了变动。

三

城市里的劳工,每个人在背后拖着一根和他乡土相连的带子,这带子是具体的,他的父母、妻子、儿女拉着他的感情和责任。于是发生了一种现代西洋工业社会中所少见的"地方观念",给了通行在中国城市的劳工群众里的地方帮团一个发达的基础。一个现代工业里的劳动者是以他的游离性为特性的。他是个出卖劳力的无产者,到处都可以出卖劳力,和其他的出卖劳力者在利益上可以结合起来。利益相同是团结的基础。都市里地域不成为一种社会关系,一个无产者也没有从他的父母那继承到什么特权,除了必须自己出卖劳力来获取生活的条件。他对于他的子女,除了给他们一条生命和早年的抚养外,也没有其他可以给的。他既不能保障他们的生活,也没有给他们什么可以帮助他们谋生的地位。所以在这种人里,血缘和地缘一般不成为社会的联系。因之在无产劳动者中阶级利益表现得最清楚——这是现在工业社会的特色。

在我们传统的社会里,以及大多数部分现代化的都市里,情形却不尽相同。不相同的地方就是他们背后拖着的那根乡土带子。这根带子把传统的"地缘"私运进了现代工厂里。我们在昆明工厂里就见到过工人间依乡土而形成的帮团。这是在任何城市都看得到的，我们有所谓广帮、湖帮、苏帮、杭帮等一类大家熟悉的名字。这一类的帮的团结并不是从他们个人在工业中的地位上得来，而是发源于牵着他们背后这根带子的乡土。

我这次访问乡村就到过好几个村子，有一个村子生活特别苦，土地特别少。我就问他们为什么比不上邻近的村子？他们给我的答复是：邻村在外边吃得开，挣得起大钱，这村里的人在外边找不到好事情，穷了卖田地，邻村有钱的就买了去，积了多时，相形之下，就分出高低了。我接着问他们：为什么邻村吃得开呢？他们说，邻村有个人进了钱庄，同村的人一个一个地带出去；这村子里只是些裁缝、织布的，没有出息。邻村人不肯带这个村子的人，他们只带自己人。

我相信这段话的确可以代表城里各种行业里的情形。在没有考试制、没有公开招工制，人多事少的城市中，得到职业必须靠人情的情形下，引援是攀登所必须的力量，于是"自己人"也成了选择的标准，也在这选择里，每个人背后所拖着的那根乡土带子发生了作用。一个工头或是事务员是湖南人的话，不久可以使这一部分的工厂成为湖南化，饭堂上每顿都要辣子了（昆明有一个工厂的确因为辣子问题起过小小的风潮）。

华侨的情形又和此相类。在欧洲的华侨最大多数是青田人。小小的一个县份（在浙江）偶然因为有几个本乡人在巴黎卖青田的石器走了运，成千的青田人向欧洲走。别地方的人竟难于加入。青田的土话也特别难懂，华侨在欧洲跑单帮的几乎成了这个青田帮的独占事业。同样的在美国是台山帮，在南洋是闽帮、湖帮、广帮。

在现代西洋都市中也有以移民的来源作分化基础，在美国也很重要，纽约有好些地方被称作"俄罗斯镇""小西西里""爱尔兰区域""犹太城"等等。但是这和我们城市里的帮不同。纽约这些"地方"是移民初到时的插足地。他们因语言和生活习惯的歧异，初到时不能不在这些地方站一下。但是他们的目标却是离开这些被认为次等区的地方，所以到第二代，稍稍有办法的就搬到混合区里去了。除非像黑人、犹太人和中国人，被美国的种族偏见挡住了他们的出路，他们是不愿老是在这些次等区里活下去的。在我们地方性的帮团是职业的保障，不加入一个这类集团就不容易在城市里站下去。它是相当于西洋中世纪的"基尔特"。

我对于城市里劳工中这类地方性的组织并没有深入的和实地的研究，但是根据我上述所看到的事实，可以提出这问题来，同时也可以看到这问题的重要性。重要的意义是劳工的共同阶级利益常常被这地方观念所掩蔽。而掩蔽这阶级利益的地方观念并不是一个空洞的观念，而是有社会事实作基础的，这里的社会事实就是拖在大多数劳工背后具体的乡土联系。他们生活是双重的，一方面是寄居的城市，一方面是他们被感情和责任所系住的乡村。在比重上，他们很可能把后者放在前者的上面。

四

在西洋工业发达的初期，有很多从技工的地位，靠他们的技术和生活里节省下来的资本，慢慢爬上来，成为小工厂的老板，再爬上来成为工业巨头的。这过程中需要两个条件：第一是把他一生的事业放在工业里；第二是他把资本，不论大小，累积在工业里。一心一意，心不邪用、钱不邪费地努力经营。这是资本主义初期的奠基工作。这些人可以说了除工业里求上进外，别无退路的。而在我们的城市里，大多数的人却拖着根乡土的带子。有钱赶紧寄回家乡，先是为一家老小的生活，减除他们在农田上劳作之苦；再进一步则在乡间收买土地，如果乡间有安全，衣锦还乡，做个面团团的富翁，享受半身世的有闲生活。这类的人物，社会生活的重心是在家乡。我曾遇着个在上海开铺了的老板，他曾告诉我，他所请的伙计，如果要回乡，必然要向他借一笔款子，做套新衣服，带了各种礼物回去，这是必需的"面子"。在上海，他们可以节衣缩食，艰苦地生活，但是回家乡却不能不要场面。这件事说明了，在上海的那些伙计们，把在家乡的社会地位高估于在上海的社会地位。他的心不在上海，而在家乡。在上海可以不发生"面子"的问题，反正没有人认识他，但是家乡却不同。家乡的批评和毁誉是他所关心的。他的事业原是在家乡，买田、置产、做公德、捐款办学校，一切是在培植自己在乡土社会里的地位，这是他的目的。

同样的情形可以在华侨中看到：我10多年前从欧洲回国，曾坐一条法国轮船的四等舱，船里几乎全是回国的青田人。有一个一条臂膀已经瘫痪大概已不久于人世的老头，一生往返欧亚，生活俭朴，没有享受过西洋社会的奢侈。但是另外一个人和我说："他在青田已造了两座洋房。"显然地，他在这两座洋房里能享受的日子已很短了。他并不因之忧愁，好像是一个受了伤的战士凯旋回来一般。引起我好奇心的是为什么他不把造这两座洋房的钱在巴黎开个小铺子，投资下去，逐渐发展成个大老板呢？他并不这样做，而觉得家乡的两座洋房的价值远胜于巴黎的商店。当然，在巴黎开店有事实上的困难，但是他不从这面去打算也是事实。

我在乡间看到那些从城里寄钱回乡造房子和买田的情形，想到了青田这位半瘫痪的老头，因为我觉得其间有一个很相似之点，就是这类人并不像西洋工业初期那些技工。他们不但拖着乡土的带子，而且眼睛也望着乡土。城市对他们不过是个过渡，一个掘金之地，并不是安身立命之所。掘金的人可以一生掘不到金，即使掘着了也得送回来埋在自己的土里。

从乡村说，城市固然帮助了它解决一部分的人口压力，使很多农家不必完全靠土地来养活（土地本来养活不了他们），但是从城市说，有着这一个尾巴，也不易向工业化发展了。

1948 年 9 月 17 日于清华胜因院

第四编
农村建设新探索

农村调查的体会[1]

今天，我应北京市社会学学会的邀请，来做一次有关社会学的讲话。这也是中国民主同盟交给每一个从事学术工作的盟员的任务，推广自己这门学科的知识来为四化服务。我事先没有准备，也没打底稿，随便和大家谈一谈。雷大姐给我出了一个题目：什么是社会学？社会学在中国各大学已经停止了近30年，现在要恢复这门学科，总得讲一下它是什么东西吧！但是要回答这个问题并不那么容易。如果搬几个定义，比如说："社会学是研究社会的学科"，或是"社会学是研究社会现象、社会问题的学科"等等，实际上并不能使听的人明白这门学科究竟是搞些什么的。所以我想不要从定义出发来讲，而采取现身说法的办法，讲一讲我自己搞过些什么研究，这些研究也许可以说是社会学的研究。当然社会学的研究比我所要讲到的范围还要广大得多，我没有讲到的留着给别人去讲好了。

我不久前曾到我的家乡，江苏吴江县的一个农村里去搞一点社会调查，这个村子我给它一个学名叫"江村"，江苏的一个农村。我对这个村子已经调查过三次。最近我去英国演讲，题目就

---

[1] 本文是作者在北京市社会学学会与北京市民盟市委会联合举行的学术报告会上的讲话。

是《三访江村》。今天我想讲讲我自己做过的社会学的研究工作，不妨就讲讲这三次调查吧。

我今天不想在这里讲这三次调查中看到些什么，只想讲讲我自己怎么会去做这些调查，有什么体会。

我是怎么走上研究社会学道路的

我于1930年来到燕京大学读书，那时雷大姐还是位少女，当我的老师。这已经是51年前的事了。

我原来在东吴大学念的是医预科，准备投考北京的协和医学院，将来当个大夫，给人们治病。后来却变了主意，进了燕大社会学系。这是为什么呢？

当时治病的医生只管看病，不管看人。你去看病，医生只会就病医病，开个方子，不问你家里生活得如何？你的病怎么发生的？我当时想，一个人生了病，不单纯是受了细菌或病毒的感染。更重要的是，他生活贫困，营养不良，各种恶劣的社会环境侵蚀他，使他生病。我们要防治疾病，不仅要着眼于病毒、细菌，必须懂得人类社会、人的因素，由病见人，由人见社会。

到了燕大以后，才知道有社会学这门学科，碰上了社会学系的主任许仕廉，他的一番话说动了我，我就进了社会学系。

刚进门，我也和大家一样，不知道什么是社会学。当时只知道一点，就是我们生活在社会里面，对于这个社会生活本身，我却不是很明白的，只是跟着这个社会走，社会要我们做什么就做什么，怎样做就怎样做，我们并不是主动地在社会里面生活。比如说，我们生了下来，并不明白怎么生下来的。这个提法一定有人认为提得奇怪。其实，仔细想一下，我们一个人之所以生下来，并不是一个自然现象。我们在没有入世之前，事先要人家批准。首先一个条件是，我们的父母要结婚，我们才有资格进入这个世界。没等我们离开母腹，就发生了一连串的社会活动。我们妈妈的妈妈要跑来送鸡蛋，我们自己当然是不知道的。从妈妈的肚子里出来后，可就忙了，要做满月、周岁。我们自己从小就必须按照人家制定好的、固定的一套生活方式去生活。你如果不按照那一套去做，妈妈就会打你的屁股。我们哪一刻能不听妈妈的话？为什么她有这样的权力呢？这些我们全不懂。我们是不知不觉地在按照一套人家规定好的行为模式在生活。

我们学着对人要有礼貌。我小时候见到人要鞠躬，现在要拉手，外国人还要抱一抱，中国人却不兴那样。听说农村里，有一位公公和儿媳一起看电视，屏幕上出现了一双男女搂抱的场面，吓得公公赶忙跑开了，这是不奇怪的。

人和人之间有各种不同的称谓。见了某某人要喊他是什么。我们不能乱称呼人。英国人见了爸爸，可以喊他的小名。比如姓 Brown 名 Robert 的人，他的儿子可以喊他 Bob，而他很高兴，多亲密？可是，如果我的孩子叫我"孝通"，我肯定不舒服。实际上我的孩子也决不会这样喊我。我有个老师叫 Raymond Firth。他在学术上有贡献，封了爵士。人家称呼他为 Sir Raymond。我见到他还是喊他 Professor Firth，他说："你叫我 Raymond 行不行？我的儿子都这样喊我的。"我出不了口。过去我们每天早晨一起来，要叫一声"爸爸、妈妈"，如果不叫，这一天就不好过了。外国人要互相叫一声：good morning，这是一种礼貌。住在外国的旅馆里，客人们谁也不认识谁，早晨见了面，也要互相说一声：早安。其实，谁管谁安不安呢！像这样的例子很多，在社会中到处皆是，我们都从来不问一个为什么，只是不自觉地执行着。

解放初期，我们见到人不叫什么什么长，而是称同志或先生。后来不知道为什么变了？为什么不叫"长"就不好办事了呢？这个风气是从什么地方刮起来的呢？还有，以前我们应邀到毛主席或是周总理那里去吃顿饭，并没有什么了不起的。后来变了，可不得了啦，请柬到手，马上身价十倍。过去和他们握握手，并没有什么特别受宠若惊的感觉，只是觉得很亲切。为什么变了呢？

有人说，你这个人讲话总是天花乱坠，把芝麻大的事说得老大的。其实这些都是大家切身经历到的家常事，我不过喜欢问个为什么罢了。这一问就问出了社会学来了。

我开始对我们的生活，作为一个客观的对象来研究它，为什么这样？为什么那样？从中找出一套共同的规律。为什么外国的小孩子可以用父亲的小名来称呼，而中国的小孩子却不允许这样喊。这是两个社会嘛！它是怎么出来的呢？什么时候开始变的呢？我认为，这不是偶然的事情，而是社会学要研究的问题。

大家都知道，把亲属称谓作为科学研究对象是摩尔根开始的。摩尔根是马克思、恩格斯十分推崇的一位人类学家。他在印第安人那里生活过，发现那里孩子们对男性长辈都称为爸爸；称女性长辈为妈妈。摩尔根把这些称谓联系上婚姻制度，得出一个社会发展的观点，建立一个社会发展的系统。摩尔根的结论我们姑且不去说它，我只是说，不要小看了这个称谓问题。

一切事物的发展变化，都有它自身的道理。各个民族的风俗习惯，看起来似乎没有什么意义，但却是从一定的社会形态里面生长出来的。我们从这里可以看出一个社会发展总的规律。恩格斯从摩尔根那里得到了启发，写出了《家庭、私有制和国家的起源》这部经典著作。

在社会生活中，人们如果开始自觉到自己的客观存在，对自己的生活进行研究，多问几个为什么，我们对于很多事情的认识，心境就会更宽广一些。有人说："你这个人是打不倒的。你一会儿戴这个帽子，一会儿戴那个帽子，你还是没有死！"我觉得帽子戴在我的头上，倒可以研究研究为什么要给我戴上这么个帽子，这不是很有意思吗？一个人今天对我这样，明天对我那样，不是可以更深刻和更全面地认识这个人了么？而且还可以进一步去探讨这个人为什么这样变、那样变。通过这些人的自我表演，不但对这些人的面目可以看得更清楚，对人在社会里生活的各种表现不是可以理解得更深入了么？

在那个历史时期里面，许多人的本质赤裸裸地暴露出来了。我们可以看到许多平时无法看到的东西。所以我常说"文化大革命"是认识社会中各种人物的大好机会，我们不应该仅仅是被动地去挨斗，而且应当利用这个机会去认识社会。

人类的社会发展是从盲目走向清醒，从必然王国走向自由王国，这是一个自觉的过程。人本来是自然界的一部分，从北京猿人进化到现代人，这个进程并不是当年北京猿人的头脑里设想出来的。他们的头脑中，不会想象出在北京中山公园会造一座中山纪念堂。他们只是在自然力的推动下发展起来的。他们缺乏自己选择的机会和能力。这话对不对？后来，人逐步从自然界中分化出来，人开始与自然界异化，并且利用自然界为自己服务。人本来是自然界的一部分，可是人要利用自然，支配自然。人可以懂得并逐步掌握客观的自然规律，来为自己服务。这里面发生一个根本性的变化，文明世界出现了。人之异于禽兽者，就在于这个地方。就是因为有了文化嘛！这里有一个漫长的历史过程。至于人类自己认识自己，人的自我发现，那是很迟的事情了。在西欧，属于文艺复兴时代。到那时，西方的人们才从上帝那里解放出来。把人们的社会生活作为客观存在的研究对象，打算利用社会的客观规律来为人们服务，那是更近的事了。到这时才有社会学。

50 年前，我对社会学的理解，只是朦胧地感觉到：我们不能这样糊糊涂涂地生活下去，得问个为什么。于是走上了社会学这条道路。我进了燕京大学社会学系，但是上了课，对老师们在课堂上讲的东西，老实说是很不满意的。例如，课堂上讲了芝加哥的流氓集团，那倒是很有趣，可是，我没有到过芝加哥，更没见过那里的流氓。学校里讲了许多外国的东西，不能用它们来理解我们自己的生活。于是，我们几个青年人提出一个口号：社会学要中国化。这就是说，要我们去看中国自己的社会。但怎么去看却是很朦胧的。当时有的老师搞了些社会调查，但是我们学生对这些又不太满意。他们调查来的是很多枯燥的数目字，并没有说明这些数字有什么意义。譬如说，调查数字说明，清河一带农村的家庭大多是五口之家的小家庭。这说明什么呢？而且听说中国过去多是几十口人的大家庭。为什么现在这里是小家庭呢？我国有没有大家庭？大家庭在哪里？为什么如此？这些数字并没有说明这些问题。于是，我们几个青年人商议要自己深入到社会里去做调查。

当时，我们几个人还不懂得马克思主义。但是，我们为了了解中国国情，到下边去亲自做调查，在这一点上，还是合乎马克思主义的。马克思主义讲的是实事求是。毛主席所以对中国和世界做出这么大的贡献，我认为，就在于既掌握马克思主义，又熟悉中国的农民。中国历史上曾经发生过许多次农民运动，这是推动中国历史前进的重要因素，但是都没有彻底改变中国的封建社会。毛主席运用马克思主义的理论，识透了中国农民的力量，了解农民的想法和愿望。他从实际观察上升到理论，制定出正确的方针、政策，使我们获得了解放，推倒了三座大山。这是毛主席的丰功伟绩——当然，这不是他一个人的功劳，是一代人共同努力的结果。

我们当时没有学习马克思主义，现在看来是我们的一个很严重的缺点，但是我们有志气要对中国社会进行亲自的调查研究，这一点是应当肯定的。有了这个志气，也使我们后来容易自觉地要学习马克思主义了。

初访江村——1936年

我们这一批人，为了观察、认识中国社会，决心到下面去搞调查。这是抗战发生前几年的事。初访江村就是一个例子。

就我个人来说，1935年，我从清华大学研究院毕了业，由于考试分数较高，可以公费留学。我有位老师，是个俄籍教授，他的中国名字叫史禄国。他是研究中国满族、通古斯族及西伯利亚少数民族的专家，最近我去英国听说现在苏联很推崇他，并为他恢复了学术上的名誉。他对我说："你不要冒冒失失地到外国去。沉着一点，手上有了点东西再出去。"现在有些研究生什么准备也没有，空着手，一阵风跑到外国去学习，照我看是不容易有太大收获的。

这位老师叫我到下面先去做调查，然后再出国。于是，我挑选一个少数民族地区作为调查对象。人们很难在自己熟悉的环境里发现什么东西，因为都是见惯了的东西。如果到了一个很生疏的地方去看一看，就会感觉到处都很新鲜、奇怪，迫使你问个为什么？我到少数民族地区去搞社会调查，就是这个原因。于是，我们出发到广西大瑶山去，这地方现在是金秀瑶族自治县。

从瑶山出来时，我跌坏了腰腿，和我一起去调查的前妻没有生还。我到广州治病，然后回到家乡休息。

我有个姐姐，她从14岁开始学蚕丝，在一个女子蚕桑专科学校里读书。这个学校的校长是位很有远见的人。他认为这个学校应当帮助农民用科学方法去养蚕。现在的话就是要用现代科技知识为农民服务。我姐姐今年78岁了。她从这个学校毕业后，去日本留学回来一直在农村里帮助农民养蚕、制丝，直到现在，她的情绪还是很高。当前我们提倡科技下乡，而有些青年却愿意搞大项目、搞尖端科学，这些当然也需要，但不能忽视日用科学，特别是8亿农民需要的农业科学。

农民不懂科学，养的蚕经常生病，一批一批地死掉。土法缫的丝，质量不高。这时，日本的蚕丝业兴起来了，用科学方法提高技术，他们生产的生丝，把我们的市场夺走了。首先倒霉的是我们家乡的农民，他们耕地少，一向依靠养蚕的副业维持生活，丝业衰败，他们的生活就困难了。所以这个学校的校长把学校当作基地，派出学生去帮助农民科学养蚕，受到了农民的欢迎。今天，江苏、浙江蚕丝业的基础是这些人打下来的。

当时农民养蚕卖茧，商人以低价收购去，卖给上海丝厂，中间的剥削很厉害。农民辛苦一年，收入很少，于是，我姐姐她们帮助农民自己联合起来办了一家合作丝厂，集体经营，我觉得这种做法在当时对农民是有利的。当然，办一个合作丝厂，摆脱了商人的中间剥削，并不能根本解决农民被剥削的地位，因为制了丝，还是要卖给资本家，还要受资本家的剥削。这一点，我们当时并不太明白。

我利用养病机会，住入了这个村子，见到人就问长问短，进行我的调查，并且做了记录，搜集到许多资料。出国时，从上海乘轮船赴欧洲，在船上生活了近一个月，等到达英国时，底稿已写了出来。我在英国念书时，就用它作毕业论文，后来出版书名《江村经济》。这本书是我50年前写的，现在看来自然是不成熟的。但在当时，这本书却在人类学界里引起了人们的注意。过去的人类学研究的对象都是落后地区的民族。而且是白种人去观察非白种人，殖民者去研究殖民地人民。在这一点上，我是中国人研究文化发达的中国农村，在方法上为人类学开拓了一个新的领域。

我研究的结果认为帮助农民去改良蚕丝，并不能解决中国的农民问题。所以在那本书的结尾处提出"必须要解决土地问题"，但是如何解决中国当时的土地问题，我还是不太明确的。那时，我只达到同意孙中山先生的"耕者有其田"的水平，没有理解不经过新民主主义革命，根本推翻封建制度，中国的土地问题是不能彻底解决的。

后来，抗日战争爆发了。日本人侵占了这个地区。他们到达这里后，首先把几个丝厂全炸毁了。他们不允许中国人拥有蚕丝业。于是我们惨淡经营的一点点蚕丝业，遭到了毁灭性的打击。

这又使我认识清楚不把帝国主义赶出去，中国农民翻不了身。

重访江村——1957年

1956年，新西兰文化代表团来华，周总理接见了他们，我也在座。有一个代表是我在英国的后期同学，叫格迪斯，现在是澳大利亚悉尼大学人类学系主任。他向总理要求："我能不能到当年费孝通调查过的村子去看一看。"总理说："很好，你去看看，和解放前的社会比较比较。"他去了一个星期，写了一本《共产党领导下的中国农民生活》。那时正是农业合作化运动接近完成的时期。

1957年，我在中国科学院经济研究所支持下带一些人再次去江村做调查，住了一个多月，搜集到的材料不少。回来后，《新观察》杂志社叫我赶快写出几篇文章在他们的杂志上发表，于是我写了一组《重访江村》。没有等到第三篇印出来，我被划为右派了。当时我的观点，是首先应当肯定解放以来在农业上取得了极大进步，但也必须承认农民的收入并没有增加多少。手上没有钱，副业没有开展。这个地区人多地少，不搞副业，农民是富裕不起来的。这时候，"以粮为纲"的风开始刮了，我的论点与此违背，罪莫大矣。此后的事，就不必再提了。

在一个相当长的时期内，这个地区非但没有发展副业，反而砍了桑树，种了粮食。这个地区推行三季稻，农民很累，粮食是上去了，亩产接近千斤。可是"增产不增收"，投资多，收益不大。农产品和工业品有剪刀差，没能调整好。农民没增加收入，生产积极性提不高。60年代，全国农民每年平均收入只有五十几元；这里农民好一些，有一百一十几元，算是高的了。十几年来在这个数目上下徘徊再也上不去。

"文化大革命"中，杭州的几个丝厂生产没人抓，于是农民又回到老路上去，用土法缫丝。一直到三中全会之前，仍是如此。

三访江村——1981年

二访江村的结果是挨了个大批判，我并不因此泄气。我不认为自己的东西都是对的，必然有许多不对的地方。科学，是实事求是，是逐步发展的东西。从不懂到懂一点再到多懂一点，要好几代人的努力。如果认为我们几个人搞了一些调查，把人间的秘密全给抓住了，那是自欺欺人。要认识实际必须经过实践的多次反复。所以我认为有些批判是很好的，我的一些看法确实有局限性。主观上想给农民办些好事，做出来并不一定就会好。我们应该严肃地对待人家的批判，正确不正确，历史自有公论。

同时我们也应当坚持真理。我现在仍然这样认为：在江村这个地区，只讲农业单一经济是不行的。"以粮为纲"不能解决农业的全部问题。当然也不能倒过来，忽略了粮食的生产。我只是说，单纯去搞粮食是不能发展这个地区的农村经济的。

我今年70岁了，一直有一个心愿，再到江村去看一看。我在生命道上余下的时间不会很多了。如果没有意外，也许还可以有七八年为大家做些事情。时间急迫，只有几千天了，一天是一天！我盘算一下，至少要做两件事情，还两笔债，见到江村这个地区，把那里的情况好好研究一下。这一个普通的农村，半个世纪以来，已有几次调查，留下了一些比较材料，这是很可贵的。我们如果在这个地方继续调查，有可能从这小窗口看出中国农村在过去半个世纪里的变化。对于我自己来说，家乡父老们是欢迎我的。他们熟悉我，相信我，愿意向我谈问题。这一点，不能小看。这在资本主义国家是办不到的。在精神文明方面，我们不要妄自菲薄。在资本主义国家里，谁肯向你讲这么多问题？每交谈一次你都要出钱。我们和农民的利益是一致的，他乐意向你提供情况——当然，这和"四人帮"时期的所谓"外调"不是一回事，那不是调查，而是逼供，是犯罪行为。我们和农民心连心，他们向你讲真话，如同病者向医生讲话一样。我们搞的是属于人民的人类学，它的科学性超过资本主义国家的人类学、社会学。我们当然也有自己的局限性，但是我们在社会调查这个方面确实可以比资本主义社会强些，我们的调查可以更有科学性，但现在还不能说我们已充分发挥了这个优势。

我到江村调查时，人们相信我，知道我的底细，农民也了解我的姐姐，对她有深厚感情，这些也有利于我的调查工作。

我曾夸下海口，这一生中还想写两本书，一本书是《江村的五十年》，一本书是《大瑶山的民族社会调查》。即使不一定是我自己动手写，也希望能看到这样两本书。这两笔债我是要还的。于是我决心第三次到江村去。

碰巧，有一位美国马利兰州立大学的副校长，搞社会人类学的，她是研究亚洲农业问题的学者，走遍了亚洲其他各国，只是没到过中国。她向万里同志要求来华看一看，包括我曾做过调查的那个村子，以便于比较。万里同志批准了她的请求，同意她到凤阳、东北、广州、江村几个地方访问。她约我同去江村，我欣然同意。于今年9月去杭州接她，不料到苏州后，我病倒了，住院治疗。她走后，我还是想自己去一趟；因为英国皇家人类学会邀请我去讲一讲这个村子的变化。10月1日，在我坚决要求下，医生批准我出院。我立即拉着我的姐姐一起去了江村。后来，我们社会学研究所的几位负责同志一齐出动在江村会集。

这个地方，在三中全会以后的三年里面，农民的每人每年平均收入年年增加，已经从1978年的100元左右提高到300元。这个变化是惊人的，仔细分析一下，也不奇怪。单说养兔一项，每只兔一个月里剪下的毛就值1元左右。一家农民养十几只兔子，很简单，只要打些草来喂，小孩子都可以去打草，一个月就有十几元，一年一百几十元。现在，农村里只要找到一项副业，收入就"呼"地上去了。可惜，我们的兔毛还是做原料出口，外国人纺成高级毛线、毛料，又赚我们的钱，这个问题还要逐步解决。那里还有人工养珍珠，珍珠粉可以制造高级化妆品。有两个公社大发其财，每人每年平均收入上了500元。他们说："我们5年没有收成，也养得起整个村子。"当然，如果社社都养蚌，市场就成了问题。农民搞副业，当前盲目性很大。那里也养羊，和西北不同，既不吃肉，也不剪毛，而是取母羊肚里的胎羊，胎羊皮出口很值钱，做什么用，我们不清楚。

三年间，农民生活大大改观，多数人增加收入很多。过去，我到下面去，有两种反映：一种人见到我们是政协委员，说一套官话；另一种是熟人，一派牢骚。这次去大不相同，农民提出许多要求，如何更好地发展农村经济。他们的话表现得很清楚，就是要把眼光盯在工、副业上。以前工、副业与农业的比例是1:9，或者稍多一点。现在变化大了，在江村工、副业已经超过农业。

附近有些农村，已有80%的人口在搞工业。这是一个值得注意的变化。

中国人口众多，80%在农村。特别是在沿海地区，人口更为拥挤。人口大量转移到城市是不可能的，许多大城市在严格控制人口流入。那么工业布局应当怎样摆布？我们势必发展中小城镇和广大农村的工业。这样才能把一部分农村劳动力，在当地转移到工业劳动中去，这是宏观的看法。怎样发展社队工业，我今后下去还想好好研究一下。

现在农村搞责任制，这是不是又回到个体经济呢？允许家庭搞副业，个体经济逐步发展是不是会把我们的集体经济吃了？这是不是向资本主义道路发展呢？我们应当考虑这些问题，也可以说我三访江村时带着这些问题下去的，我在江村看到的是：

第一条，在农业方面，土地集体所有制我们抓得很紧。

第二条，在江苏，大多地方只包产到小集体。

农业只是一面，家庭副业也只是一面，还有一面是集体经济的社队工业。农村里的工业在现有的条件下不可能建立在个体经济的基础上的。社队工业的发展加强了集体经济的比重。现在要研究的是一个企业究竟要搞成多大规模？如何才最有效益？用什么动力？什么样的经济管理可以把一个大企业分成众多小单位？这些问题是很有意义的。

我到美国匹兹堡钢铁中心参观，看到他们把一些大企业分成小企业。这是因为能源改变了。以前烧煤用大引擎，企业只能集中管理。现在用电，加上标准化，可以使一个大企业化成若干小企业分散管理。我们中国和世界经济竞争的一个最优越条件是，我们吃得起苦，工资低。日本、台湾地区都是靠这点发展工业的。

这是我们的优势，要充分发挥它。不能只靠在土地里生产粮食。工业发展了，农业机械化才能跟上去。目前农村中的拖拉机很多在跑运输。韩丁说："你们为什么用拖拉机拉东西，买两部卡车不是更方便吗？"我们的拖拉机下不了地，只好跑运输，这是因为农村劳动力太多。现在江苏有很多例子表明，工业发展了，农民都想去拿工资，农村劳力也不够了。这时怎么办？农民就想买机器了。工业发展了，就把农业推动了。我们头脑里总有个农工对立的观念，这是不对的，它们是可以互相促进的。

总的看来，中国的现代化不能抄袭任何一个外国的现代化，这一点三中全会讲得很清楚。邓小平同志说，要搞中国式的现代化，到2000年，生活水平要翻两番，250元到500元，500元到1000元。这是了不起的。中国的整个面貌就会大变。对我们所调查的江苏农村来说，这已可说是现实。这里因发展社队工业已经使一些农村达到了500元这个标准。

农村结构发生了变化，以农业为主的人口变成以工业为主的人口，只是他们还分散地住在农村里。农村的性质也发生了变化，再不是那种落后的乡村了。那么粮食生产能保证10亿人口的需要吗？这要从根本上想一想，可不可以降低粮食的消费量，降低粮食在食物中的比重？以日本为例，30年来，从每人每年吃几百斤粮食降低到了百多斤，甚至几十斤。现在多吃肉，吃蔬菜。人家会说我荒唐。过去有个皇帝，下面闹饥荒。他说没有粮食了可以吃肉嘛，人家说他混蛋。我们吃的肉是从粮食那里来的，猪、鸡等都是吃粮食。没有粮食还有什么猪肉、鸡肉。可是也有不消费或少消费粮食能得到的肉，那就是牛、羊、兔，它们以吃草为主。我们可以发展不必大量用粮食为饲料的饲养业。

从历史上看，汉族历来是以五谷为主要食物的，粮价往往很高。可是现在不同，粮食不到两角钱1斤。1亩地产2000斤，能收益多少！如果改种经济作物能增加的收益那就多了。但因我们一定要吃粮食，就不能改种经济作物。我们吃起粮食来真厉害，江村壮劳动力一天三顿干饭，每一个人一天就要2斤粮食。人把粮食吃到肚子里，加工成蛋白质做营养；为什么不叫牛、羊加工成蛋白质再供我们吃呢？人家说我的这种议论"太理想了"！我看并不如此。我国有一半以上的土地是草地，多在少数民族地区，畜牧业大有前途。可是现在不去利用，却在破坏。汉族人到少数民族地区去，还是到处开地种庄稼，把许多很好的草地破坏了。经营一块好的草地是很不容易的。怎样发展牧业当然还需要研究，可是我们不能向传统习惯投降。从发展的观点来看，我们这种以粮为主食的"五谷经济"，必须和它告别！

如果大家注意这个问题，把食物结构改变一下，经济结构也会有大的变化。日本人受汉族影响，一向吃米；但现在每人每年吃米降到几十斤，营养反比我们好。我们大家都称赞女排为国争了光，可是女排是吃肉的，不光吃馒头。开飞机的也是要特殊营养品。我们老百姓的营养水平也要不断提高嘛。

三访为时很短。不久还要下去，我们应当更自觉地研究农村发展中出现的问题。有人问我是怎么去调查的。我说：我没有别的方法，只是带着脑筋、带着问题去看。

基本的一条是，要把我们的生活作为研究的对象，对客观存在的东西，多问几个为什么？这样可以减少盲目性。社会主义是一个自觉过程，直到建设成共产主义。这是符合客观规律的。我们已经逐步通过掌握自然界的客观规律，提高了我们的物质的生活。我们社会学者，要养成一种对待社会生活的科学态度，不要靠吹牛来遮盖问题，而要实事求是地处理问题。当然，我今天讲的这些，也还要接受实践的反复检验。我们要不断地发现问题，不断地进行调查，甚至进行一定规模的实验，只有这样我们才可以说得上是掌握了一些社会学的知识。

1981 年 12 月 27 日

农村工业化的道路

这几年我好几次到江苏南部太湖附近的农村和小镇去访问观察，看到许多令人深思的新人新事。其中之一就是城镇和乡村间出现了一种亦工亦农的新人物。他们原是住在乡村里种田的农民，这几年他们在农业之外找到了新的活路。有许多就在村里或镇上社队办的工厂里当上了工人。这种人大多还是住在乡村里。现在村镇间开通了公路，或是铺上了砖路，步行也好，骑自行车也好，早出晚归，往返于工厂和住家之间极为方便。他们上工回来，或是休假、停工期间，可以下田干些农活，照顾家里的各种副业。他们的家属还承包了土地依旧种田，粮食自给。从个人成分来说，既是工人又是农民，或说是离土不离乡的工农兼业者；从他们的家庭来说是个工农结合体。这种人在苏南一带为数越来越多。在靠近城镇的乡村里几乎家家有这种工农兼业者，有男有女。一些近几年来正在迅速发展中的小城镇里，这种被称为农民工的人竟占全镇人口的1/3。我从这种人身上看到了当前我国经济发展过程中农村工业化的一条新的道路。

我国的农村自从拨乱反正，纠正了过去那些"左"的错误政策以来，这5年多时间里发展了多种经营和家庭副业，落实了联产承包责任制，经济面貌焕然一新。苏南农民的人均年收入这几年以每年增加50—100元的速度飞跃上升；太湖附近的几个县，县县都有人均年收入在500元以上的生产大队。许多穷队怎么会在几年之内富裕起来的呢？主要原因是改变了农村的经济结构。以苏州地区来说，进入80年代时，农副工总产值中工业产值已占67%；这几年有些县已达到80%。这样的村子再称它作农村其实已经不太适当了。

由于乡村经济结构的变化，农民已经不完全靠天吃饭了，农业歉收并不致引起冻饿之忧。比如1981年苏南稻谷受灾相当严重，只收到普通年产的1/3，但是农民收入却节节上升。但是如果工业不稳定，影响就不小。比如1982年江苏农业大丰收，全省粮食总产量突破500亿斤大关，创造了历史记录，但是由于化纤纺织品降价，不少社队的农民收入增加率就赶不上上一年。这说明农村经济的重点已由农转工。去年江苏社队工业的产值占全省突破了500亿元的工业总产值的1/4强。乡村工业化正以破竹之势向前迈进。

当前农村经济繁荣促进城市工业扩散和发展的形势，不能不使人想起中国人民革命以农村包围城市的战略取胜的旧事来。这种联想也许并非出于类比，而反映了中国社会经济的特点。我们是个有10亿人口的大国，其中有8亿原本是以耕种为生的农民。他们密集地聚居于东南半壁，形成了人口众多、耕地缺少的局面。在这里讲农业现代化首先碰到的是怎样为剩余劳动开辟生产门路的问题。上面所说到的乡村结构的变化正是这几年里经济发达地区的群众创造出来的解决上述问题的路子。从劳动者来说是离土不离乡，从工业来说是从集中在大城市的形式扩散到广大乡村中去，从整个国民经济来说，出现了新型的农工相辅相成、互相结合的结构。

这是一条具有中国特色的工业化道路。它和西方资本主义初期工业化的路子不同。它对农业不发生破坏作用，它对农民不产生贫穷化的后果。相反地，它是在农业现代化和农民日益富裕中走出来的路子。当然，像雨后春笋般发展起来的小型集体企业，和其他新生事物一般，缺点是难免的。怎样使它们和大企业挂钩配套，怎样使它们在原料、技术、市场等等方面纳入社会主义的轨道，既能发挥它们的优势，又能防止它们滑入歧路，都是我们应当通过调查研究，实事求是地予以解决的发展中的问题。

如果我们着眼于这支新从农业里转来的工人队伍，就能看到他们在中国社会主义现代化道路上特有的作用。他们不仅在劳动上没有脱离农业，在生活上没有脱离乡村，他们作为城乡结合的具体纽带，深入到每个作为社会细胞的乡村家庭。如果说，社会前进的目标之一是消灭城乡差别，他们正是在消灭这个差别上起着现实的促进作用。通过他们，现代的科学技术将被带进农业；通过他们，现代先进的精神文明将在一向比较闭塞的乡村里生根开花。在这个意义上说，他们确实是当前中国社会前进的原动力。

现代工业化可能是人类共同得经历的历史路程，但是怎样才能使工业化为人民群众带来幸福，却是各国人民得自己按各自的具体条件探索的课题。我们中国人正在按社会主义的原则创建自己现代化的国家。我们在实践里有经验也有教训，但相信勤劳勇敢的中国人民，一定能发挥其胆力和智慧，找到一条具有中国特点的现代化的道路。至于上面所叙述的那一条农村工业化的路子是否会成为一条普遍可以采用的通道，固然还待实践的考验，但是作为群众的创造是值得深入研究和密切注意的新生事物。

1983 年 6 月 25 日

九访江村

从农村到小城镇，再到小城镇群体和中等城市，三年前我们以吴江农村为基地，循着这条路线，把小城镇研究的范围在这几年里逐步扩展了开去。

去年年底，当我结束了第一个回合的探索，从扬州踏上归途时，觉得离开出发点的距离远了，时间久了，仿佛自己也成了一名离开土地的"农民工"。然而谈论中国的任何问题都离不开农村，离不得人数最多的农民，我盘算着应及时抽回身去，重返故土，从头做起，并在这再循环的过程中检验自己以往的看法。

这次回乡在吴江两周，跑了一个村、四个乡和三个镇。飞下往返，如蜻蜓点水。可到基层走一走，就多一点实际的感受。既然是家乡，对新的变化自然就比较敏感。乡亲之间也免了许多客套话，可以直截了当地提问题。在访问后期，县委、县政府和各有关部、局的领导同志还特地腾出两天时间给我上课，使我学到了不少新鲜的知识。这里我就把自己对乡镇工业、农业和小城镇发展问题的思索写下来，作为学习体会向家乡人民汇报。

我屈指一算，为了调查研究到江村去访问，这是第九次了，所以用《九访江村》这个题目。

第四编　农村建设新探索

一

江苏的乡镇工业产值中有没有水分？苏南农村经济发展的高速度会不会是第二次"大跃进"？这是年初在北京大家普遍关心的问题。为了答复这个问题，我在《光明日报》发表的《政协小记》里专门写了一篇千字文，提出乡镇工业要速中求稳。

在城市里写的文章，与农村的实际之间不免会产生距离。一到吴江，新上任的孙书记就向我介绍全县的经济发展情况。他说，1984年全县工业产值达13亿元，农副业产值为4.2亿元，分别比1983年增长33.6%和31%。在工业发展中利润和职工工资的增长率都超过产值增长：实现税利1.3亿元，比1983年增加39.1%；职工工资额为0.88亿元，增加了47%。从财政收入来看，1984年首次突破亿元大关，增加21%，跨入了全省8个财政收入超亿县的行列。农村的人均收入从1983年的373元提高到570元，增长了52.7%。

1984年的发展速度在吴江历史上是最快的一年。上述一连串的数字告诉我们：工、副、农三业是同步发展的；工业的产值、利润、工资是同步增长的；国家财政收入和人民生活水平都是有所提高的。这表明吴江的经济发展是协调健全的。

在快速的经济发展中，国家、集体和个人都得到了各自的利益。其中增长幅度最高的是农民的收入，这一点在农村市场和农村面貌中充分反映出来。震泽镇的镇长介绍说，去冬以来，商店里有三样热门货：洗衣机、电冰箱和彩色电视机。货一到人们争相购买。庙港乡党委书记告诉我，小小的庙港镇上，一次来了100台电视机，每台售价430元，不到半天时间抢购一空。在开弦弓村，1981年我三访时，只有一幢我在1957年住过的二层楼，今年那幢二层楼已变成了三层楼，三十几幢新的二层楼房建了起来，据说门前垒起砖瓦准备盖楼的，全村不下60户。

1958年"大跃进"时的景象，人们至今难忘。可如今，我在吴江，不但没有看到虚假和浮夸的迹象，恰恰相反，我所感受到的是一种百业兴旺、人民喜悦的气氛。回到县里，问了银行的储蓄额，1984年城乡人民的存款余额为8700万元，以当年年末总人口73万计算，人均储有119元。

吴江经济的主体是工业，它占总产值的75%。在农村，工业以年均30%以上的速度向前推进，这的确容易令人生疑。然而盖屋置物，手中有余款，这些都是实实在在的事，来不得半点虚假。

因此，要回答高速发展是否扎实的问题，还得追问，乡镇工业持续发展的高速度是从哪里来的？

庙港乡缫丝厂在1967年筹办时并不是社办厂，而是由开弦弓周围的7个大队集资联办的。2.73万元办厂资金分为21股，每股1300元，由这7个大队根据自己集体积累的实力认领股份。当时招收的65名工人也就按出股多少，把名额分配到各大队。

缫丝工艺并不复杂，办厂的困难却不小：厂房因陋就简；设备在脚踏丝车的基础上稍加改进；用大铁锅煮茧，缺煤就烧东山的硬柴和当地的桑秆，甚至还用太湖边挖出的黑泥炭；缫出的丝卷则在铁皮敲成的烟筒管上烘干。

在最初创业的几年里，月工资一律为21元的工人们不分男女老少，职务高低，从搬砖平地到开动12台机车，样样活都得干。离家远的工人挤在6间漏雨的草棚里过夜。就这样年复一年，赢得利润不赔本，股份不分红。赚钱投资，投资赚钱。厂房扩建了，设备更新了，新工人一批又一批送往苏州培训，以适应新机器，掌握新技术。1980年，工厂终于还清了由7个大队筹集的股金。1984年这个拥有360名工人的丝厂已拥有55万元固定资产和28万元流动资金，产值由最初的近2万元提高到152万元。现在工人们夜班住宿有了楼房，吃饭有了食堂，劳动有了保护，伙食有了补贴，人均月工资为63元。

庙港丝厂是千万个社队厂中的一个，丝厂的历史也是乡镇工业历史的一个缩影。从中我们看到了除了一笔可数的集体积累之外，还有一本算不尽的账。十几年来，那些迈着泥腿进厂的农民不计工时、报酬，不顾辛苦、劳累，把自己的血汗投入工厂。

有投入必有产出，待到投入积累到一定程度，产出的旺季也就到来了。应当产出的规律加上可以产出的社会条件，苏南的乡镇工业便开始腾飞了。因此，乡镇工业今天的高速度主要来源之一是农民的集体积累，它是十几年来农民工劳动的结果。乡镇工业的发展是有深厚的根基的。

但由此说乡镇工业的资金都来自自身的积累，那也是不切实际的。从80年代开始，从中央到地方，各级政府制订了扶助乡镇工业的贷款和税收政策。贷款的无偿或低息，税收的减免或低率，使乡镇工业得以养生和滋长。同时还应看到，这几年各级政府也在乡镇工业的滋长中增加了财政收入。因此从长远的观点来看，只要政策对头，收入无疑将会大于支出，至少也会打平，这还仅仅是从金融管理的观点说的，至于在达到收支平衡的过程中，农村经济发展的社会效益是无法估量的。

金融政策对乡镇企业的发展具有一定的影响。可是政策要掌握得适当也不是一件容易的事。去年下半年，不知什么原因，贷款口子大开。农村干部反映，那时各家银行还真有点争风吃醋，项目一来就批，唯恐钱贷不出去，似乎有支不尽的钱。

看来在去冬的那股贷款风中，不切实际地要求扩厂、增加项目的倾向还是存在的。但是这种倾向既不是主流，也不能说乡镇工业本身浮夸，因为那是金融政策出了毛病。当然，我们必须认识到，项目摊子铺得过大是不合理的，到头来是会吃亏的。到了今年的二季度，银行的信贷一紧再紧，刀子切下来不容有任何例外，也不分贷款贷得是否得当。

在数月之内，信贷的大起大落不能不说是一种盲目性的结果，后果现在还没有暴露清楚。至于借钱搞建设和靠自身积累去发展，究竟哪个方式利多弊少，那是需要经济学家才能说得清楚的问题。对于基层干部们来说，重要的是如何把钱花在刀刃上，即服从宏观控制，进行微观调节。为此，吴江的新老两位县长正在绞尽脑汁想办法。他们把全县63个投资数在50万元以上的在建项目排队。其中经过论证效益不高的有9个停了下来，其余的也用清理往来款、扩大集资、吸引外资、企业内部挖潜调整等办法做出了分期分批发展的计划。

从被动的受制约变为自觉的有计划发展，这是宏观控制以后带来的一个积极后果。可以说，在贷款问题上虽然喝了几口凉水，但乡镇工业又一次经受住了考验，它将会更扎实地向前迈进。

二

为什么乡镇工业能有如此大的适应性和如此强盛的生命力？要

回答这个问题，就应当进一步去认识乡镇工业所具有的独特性质。

我以为，认识乡镇工业的性质有两种眼光。一是从西方工业革命到现代工业发展的历史经验上看去，苏南的乡镇工业则是不伦不类、难以理解的东西。二是从中国农村的家庭经济结构上看去，乡镇工业却是顺乎自然的事物。那么，在被人称为土头土脑的乡下人眼里，是怎么看待由他们自己办起来的乡镇工业的呢？

首先让我们做一个纯属假定的问题，即如果苏南的农民只在土地上进行单一性的粮食生产，他们能否满足自己生活的需要？

在30年代我第一次到开弦弓村做调查时，了解到当时的水田每亩产稻谷平均在400斤左右，而那时吴江人均也只有两亩耕田。土地上的收成去掉农本和税收仅够供人的食用。可是，农民的生活不光是吃饭，还有住房、穿衣、社交、娶媳妇等等，这些基本的生活内容一样也不能少。显而易见，农民光靠土地满足不了生活的需要。这一矛盾用四个字来归结，就是人多地少。

解决人多地少这一矛盾的办法有两条，一是把多余的人挤走，移居他乡，去开辟新的土地。可是苏南却没有地方可去移民。另一个办法是提高单位面积的产量，这一点苏南农民做了，世世代代精耕细作，实为举世罕见。可是这个办法在一定的历史阶段和一定的技术条件下总是有一个限度。

在历史上，苏南农民另辟蹊径，他们很巧妙地把畜牧业、种植业和手工业三者有机地结合在一起，最典型的便是栽桑、养蚕和缫丝，这便是所谓的家庭副业。其实副业并不副，如果按照我在30年代的调查结果，农民的生活是吃用各半的话，那么副业满足了农民除吃粮之外的另一半生活需求，吃靠土地，用靠副业，男耕女织，农副相辅。这种家庭经济结构，充分显示了苏南农民为谋求生活所激发的特有的创造性和主动性。这种结构作为历史传统一直流传下来，成为当时最理想的经济结构，苏南这块地方也成了人们向往的"天堂"。他们的命根子被掰成两半，一半是土地，另一半就是包括手工业在内的家庭副业。

可是，苏南农民的家庭经济结构没有一定的社会制度做保障，它就显得特别脆弱。封建制度容不得农民有长期稳定的康泰生活。特别是当封建制度与帝国主义侵略结合在一起向农民下手的时候，苏南的家庭经济结构就很快被瓦解了。我在30年代所得到的深刻印象是，帝国主义凭借先进的机器工业把中国农民的土丝挤出国际市场，与此同时各色洋货又打进中国市场，于是苏南农民的副业萎缩以致完全衰败，农民失去了半条命根子。可农民不能不生活，要生活下去就得靠借债，地主、高利贷者乘势加重盘剥，土地兼并的速度越来越快。农民从生活无着到丧失土地，原先处于掩盖状态下的封建矛盾趋于表面化、白热化。土地矛盾的激化引起农民的反抗，终于酿成了一场席卷中国的急风暴雨式的革命。

革命的结果是生产关系的彻底变革。解放以后，土地还家激发的生产热情加上集体劳动的力量提高了土地的利用率，单位面积产量直线上升。在苏南，50年代末亩产粮食在800斤上下，60年代末超过了1000斤，70年代中期达到了1200斤左右。

粮食产量的增加固然能提高土地养活人口的能力，然而在土地与人口这两个变量中，人口的能动性远胜于土地的弹性。自70年代开始，粮食产量一直停滞在现有技术条件下的临界状态，可是人口却剧增起来，人均拥有耕田从解放前的两亩下降为一亩，所以尽管产量翻了接近两番，每人从土地上获得的粮食却只有1200斤，如果吃粮水平为600斤，那么还剩600斤。在扣除农业税、农本和提取集体积累之后,农民所余无几。

与此同时,在农业政策上片面性也越来越大。农民的家庭副业成了以粮为纲的对立面而被严加限制,集体副业也差不多只剩下为粮食生产提供肥料的养猪一项。

反省起来,在二十多年时间里,由于没有认识到人口增殖对经济发展的制约作用,使人多地少的矛盾再度尖锐起来;由于忽视了传统的农民家庭经济结构中合理、积极的成分,致使农业独木难支,长期徘徊不前,这就是苏南农民在实行农业责任制以前人均收入始终处在百元上下水平的根本原因。

历史的经验表明,对苏南农民来说,只从土地上去讨生活是不足以维持生计的,要使生活富足起来,就得把握住另一半命根子。而增加家庭收入的副业门道,这是人们最熟悉、最有感情的途径。因此,即使当时的政策把所谓"七种八养九行当"的传统副业都列入禁区,农民还是顽强地寻找能开辟活路的新的副业行当。于是在60年代末期的特定的社会条件下,苏南农民又创出了一条新路,他们纷纷起来兴办社队工业,用搞工业的方式取得生活所必需的收入。

因此,在农民的眼光里,社队工业是开辟增加收入、满足生活需要的一个新的副业。它的作用与过去在家里饲养几头羊并无差别,至于手段和形式的不同是另一回事。因为副业的本性就是易变,什么收益最大就搞什么,怎样搞赚钱最多就怎样搞,七种八养九行当轮着转。

如果我们用以工业为手段的农村集体副业这一根本性质去观察社队工业,那么对于社队工业的种种特征也就很容易理解了。例如,副业的项目变化不定,社队工业也可以经常换牌子、转产品，副业是把耕作之外的剩余时间利用起来变成生产性的劳动，社队工业的工人也是亦工亦农的农民工，他们既不离乡，离土也只是部分时间，回家还得帮助种田，实际上是劳动时间的分业安排，而决不是如同西方工业革命时那样，劳动力被抛入市场作为商品出售。家庭副业的收入是由所有家庭成员分享的，社队工业也在社或队的范围内搞利益均沾，招工一户一工，工资尽量缩小差距，保证收入均摊。搞副业只求收入，讲究勤快，而不计成本，缺乏精密计算的效益概念，所以社队工业兴起时工人也不太关心工厂的经济效益和产品成本核算，工资虽低，对工人说总是一笔现金收入，可以贴补家用，有收入就可以，因而不计较工时长短和劳动强度。副业与农业是共同负担吃用各半的"亲兄弟"，谁也离不了谁，社队工业自然也就要补农、贴农，农业上的技术员、拖拉机手、管水员以及社队干部、民办教师、农村医生等等，他们的名字都可挂上工厂的花名册，从工厂支取报酬……凡此种种，与现代工业的特征相背离而使人费解的事，在农民看来极其自然，理应如此。道理就是工厂并不是别的东西，只不过是他们自己的又一副业阵地而已。

　　农民搞副业的一个特点是一哄而起，遍地开花。在初期短短几年里，苏南的社队工业已到处蔓延，落地生根，历经艰险而不衰。社队工业的这种强盛的生命力和普遍的适应性，不能不使人联想到那野火烧不尽、春风吹又生的小草，草根深深地扎在泥土之中，一有条件它就发芽，就蓬蓬勃勃地生长。这种社队工业，可以称作草根工业。

　　与西方工业革命的历史相对照，草根工业无疑是中国农民的一个了不起的创举。西欧工业的发生，一股出自城市侵入农村的力量把农村作为工厂的猎地,农民变成工业发展的猎物。而中国的农民却发自一股自身内在的动力,驱使他们去接受工业。他们有力量冲破资本主义工业发展初期的老框框,他们根据自己的生活需要去改变工业的性质,让工业发展来适应自己。在草根工业中,农民表现了充分的主动性,这不是当今中国社会的一大特点么?

三

任何事物的发展都是相互作用的结果。一旦草根工业破土而出,它就会按照自身固有的规律运行。这就是说,在农民接受工业的同时,工业也在接受农民,影响农业,改变着农村的面貌。从这一意义上说,农民最终还得去适应自己创造的工业的发展。

应当看到,草根工业虽然具有副业的作用,但它毕竟不完全等同于传统副业。首先,传统副业以家庭为经营单位,而工业的经营单位一般都是集体性质的,至少是几家联户才能办得起来。所以,草根工业是集体性的合作经济。其次,传统副业是小农经济的一部分,它是一种小商品生产,副业生产的商品往往是农户生活的多余部分。例如鸡鸭卖出去成了商品,卖不出去也可以留着自用或待客。而工业则完全是商品经济,它的商品率远比副业高,而且它把生产者与消费者严格区分开来。第三,传统副业大多是农产品的一次性转换或手工进行粗加工,所以它在资金、设备、技术、人才和管理等方面要求很低。而工业在上述诸方面的要求比传统副业高得多。

正是由于这三个不同,草根工业就不能像以往的家庭副业那样，长期停留在一个水平上，它必须不断改变分配、人事、管理等各种制度和技术素质，以适应工业经济的规律。否则在急速的市场涨落和激烈的企业竞争中，草根工业就有被淘汰的危险。

在同里镇有一家小厂，与一家城市企业商谈建立协作关系。上午在小巧别致的退思园观赏，印象颇佳；中午用餐招待鱼虾河鲜，亦使来客满意。可是下午到厂里一看，厂房窄小，设备陈旧，来客爱莫能助，摇头而去，协作之事就此告吹。

在北厍乡，达胜皮鞋总厂拥有1400多名工人，三年来实行企业改造和加强企业管理的结果，使它做到要批量有批量，要质量有质量。去年一年就生产了50万双中、高档女式皮鞋，"达胜"这块牌子在上海市场一打响，该厂身手不凡的萧厂长也就特别引人注目。一次他从广州飞回上海，机场上竟有好几家上海商业公司的经理开车去"抢"他，要向他订货。据说这件事在乡镇工厂同行里不胫而走，流传很广。因为从来都是乡下人巴结城里人，而今天倒了个头，上海人要巴结乡下人，这在吴江乡镇工业的历史上还是第一遭。

这一悲一喜的两个小故事告诉人们，早期社队工业的一部分优势正在转化为劣势。例如"船小好掉头"，在当时表现出企业灵活的一面，而今也表现出了经不起风浪、容易翻船的另一面。又如"土法上马"，成本固然轻微，但它也意味着质量不行，产品上不了市场。因此，乡镇工业发展的重心开始移到上批量生产、拼技术实力、强化质量管理、讲究经济效益上。

从切身经验中认识和掌握现代化工业运转的规律性，并按照规模经济的要求改造自己，这就使得一部分乡镇工业在草根工业的基础上上升了一步，开始脱离副业性质，朝着现代化工业的目标发展。北库乡的吴江绣服总厂与上述的达胜皮鞋厂就是两个离副变工的上升型乡镇企业。

去北库乡是临时决定的，我比较喜欢这种令人突如其来的常态访问。可看来那位姓陆的绣服厂厂长根本无须做准备，全厂所有的数据和情况似乎都装在他的脑子里。在电扇轻摇的产品陈列室里，他井井有条地向我们做了简洁明了的介绍。

绣服总厂现有4个分厂，一千多名职工。它的产品是绣了花的丝绸服装，其中有30%为内销，70%出口海外。三年前，它还只是一个只能做化纤料裤子的百来人的小厂。当时化纤服装处于低潮，在关厂还是继续办下去的抉择面前，他们分析了服装的面料、款式、色调等市场信息，决定充分利用"丝绸之乡"的本地优势，改产绣花丝绸服装。这一改，使工厂气象更新，面貌大变。三年里产值每年翻一番，利润每年翻一番半。今年上半年，实现产值450万元，全年利润可望达150万元，还可为国家创汇300万美元。他们用自己的实际行动，使一个原先不相信社办厂能生产外销服装的省级公司，也主动找上门来，将它列为外贸的定点厂。

北库绣服厂走到今天这一步，那是大刀阔斧进行企业整顿和改革的结果。在工资制度上，他们变固定式的低工资为用百分考核计算的计件工资制，打破了平均主义的大锅饭。在干部制度上，他们取消了退出农业第一线的老干部仍然进厂当干部的惯例，实行任聘结合的新制度，不论是什么人，不讲情面，有多少本领就授予多少权。在招工制度上，废除了一户出一工的老办法，新工人必须通过文化考核和技术考核才能进厂。工厂握有完全的用工权，工人在三个月的实习期间，工厂有权择优录用，不适宜的可以除名退厂。目前，这个厂正在进行强化科室领导、分层把关的改革，厂部分设了 10 个科室，各车间除了一名主任，还配齐 5 至 6 个检验员、收发员和统计员。他们相信，通过以全面质量管理为目标的改革，工厂将会有更新的起色。

听完介绍，我觉得自己把过去的社队工业或现在的乡镇工业作为一个不加区分的统一体的看法应当得到修正。看来我们应把乡镇工业分为两个层次：一层就是现在的村办工业，它仍然保持着草根工业的性质；另一层则是现在的乡办工业和镇办工业，它是从草根工业向现代工业过渡的工业。这一层次的工业正在把草根工业的种种特征逐步抛开。例如北库绣服厂除了上述的各种制度改革以外，已经建造了 600 人的职工宿舍，有 60% 的工人不再每天回家。据说，在其他几个类似的工厂中，农民工们通过工会提出了修建职工家属宿舍的要求，厂方也正在制订这类规划。这层过渡性的工业所具有的特点，应当引起我们的注意，值得我们去深入研究。

从吴江来看，从草根工业内部分化出一批初具现代工业特征的乡镇工业，是在最近一两年里发生的事。乡办或镇办工业之所以升上一层，除了工业发展的规律在起作用外，财政上的包干制、各级政府都要分灶吃饭，恐怕也是一个重要的原因。

据庙港乡反映，不包括乡镇建设在内，仅仅用于维持一些必要的开支，乡政府一年就要花费 20 万元左右。其中第一笔是行政人员的工资，乡党委、乡政府和经联会三套班子有 84 人，而由国家支付工资的干部仅 27 人，其余 57 人须由乡财政支付工资，全年为 4 万元。第二笔是公共事业和文教卫生费用，约 8 万元。第三笔是防洪、驳石岸等等的兴修水利费，约 5 万元。第四笔是修桥铺路的开支，需 3 万元。这 20 万元的维持费就要由乡一级的工业利润来负担。

其他乡、镇的情况也是如此。据介绍，乡办和镇办工业的利润在上缴税收以后，一般分为3份，分别用于工厂的再生产、乡镇一级的财政开支和小城镇的建设。例如盛泽镇，1984年全年镇办工业的利润为300万元。除去税收145万元，上缴镇政府54万元，镇区建设集资付出61万元，只剩40万元返回到再生产。

镇区建设的集资费用是做什么用的呢？从盛泽镇和震泽镇来看，1984年分别集资61万元和54万元。建设的项目有办托儿所、建公园、街道铺建、盖老干部活动室、修订镇志、造敬老院、改进自来水设施、修防洪设施、办文化中心或俱乐部、造职工教育楼等等。

既然乡和镇都作为国家基层一级的财政单位，那么国家下拨的经费又到哪里去了呢？回答说是有的，但数量极少。北厍乡1984年才1.8万元，而实际的乡镇建设经费为60万元，缺额部分只得向乡办工业去化缘。

听了这些，我心中泛起一股说不清楚的滋味。在乡、镇一级的开支中，应当由国家开支，而现在转给乡镇工业负担的项目是太多了一些。据说连乡派出所的民警制服也要由乡镇工业出钱去买。问题究竟出在哪儿呢？这不能不引人深思。

为了满足这么众多的经费需要，乡、镇一级的工业自然必须讲究经济效益，以争取更高的利润。然而赢了利，要负担一笔笔的非生产性开支，目前普遍感到负担过重。可是从农民的角度看，乡办和镇办工业赚的钱，除了付给农民工的工资、奖金以外，主要用于集镇建设，为镇上的聚居人口服务。所以乡办工业与村里农民的生活之间已经隔了一层，相对疏远了。村办工业与农民生活的联系就要密切得多。从报表数字看，村办工业的经济效益最低，而实际上，村办企业把自身的经济效益转成了全村的社会效益。例如村办工厂通过一户一工、多招工人的方法，使工厂的劳动生产率变成了农民家庭的工资收入。在吴江，凡是村办工业，都起到直接补贴农业、补助农民的作用，村办工业办得越好，补贴和补助就越多。据县委办公室提供的资料，八坼乡的农创村，由于村办工业办得有起色，在过去的5年内集体给农民的补助共计77.2万元，人均得870元。补助的项目有兴修农田水利、农民建造楼房、修筑村道、集体应提取的公积金和公益金及管理费、发放养老金、修护石驳岸、合作医疗、计划生育、学生学费、烈军属补助、困难户补助、农民购买电视机补助共12项。其中接近和超过10万元的有前列的四项。

与村办工业的作用相比较，乡办工业的作用与农民生活是隔了一层。但乡办工业毕竟是从草根工业中脱胎出来的，因此，尽管它为提高经济效益而改变草根工业的性质，但它始终没有抛弃支农、养农的主旨。这就是由农民发展起来的现代工业与资本主义工业的根本区别。一方面，乡办工业以支撑乡财政，资助小城镇建设和兴办乡、镇范围的公共事业、社会福利事业的形式，间接为农民服务；另一方面，一些先进的乡办工厂开始用联营的方式去扶助村办工业。

北厍乡有一个村办的皮鞋厂，由于缺乏技术、信息不灵和经营不善，年年亏本，一直处于危机状态，可它养着200名农民工，关不了厂。今年1月，乡政府决定将该厂划归乡办的达胜皮鞋厂管理，成为它的一个分厂。半年来总厂只给分厂添了点设备，建立起与总厂相一致的管理制度，分厂的经济效益就提高了十倍。

今年分厂的利润可达 40 万元左右。乡村联营不但带动了村办厂的发展,而且可以通过分散经营和协作生产,使乡办厂自身在不增加人员设备的情况下扩大产品的批量,更具有规模效益。

乡办和镇办的工业上升了,草根工业的力量是否因此而削弱了呢? 看来情况恰恰相反。吴江乡镇工业局的同志说,这一年来村办工业的发展势头比乡办工业旺得多。统计资料也表明,工业的发展速度是县不如乡、乡不如村。在产值上,1984 年乡办工业为 3.1 亿元,村办工业为 2.7 亿元,二者已相当接近。在发展速度上,今年上半年与去年同期比较,县属工业只增长 18.7%,乡办工业增长 87.8%,村办工业则增长 111%。

把这一现象与上述的工业和农民生活之间的关系联系起来,使我们明白了一个道理:工业与农民生活的关系越密切,发展的动力就越足,发展的速度也就越快。所以乡一层的工业一上升,农民就觉得它离自己的生活远了一点,于是就把积极性投入到仍然作为草根工业的村一层的工业上去。就这样,一批草根工业离了"土",又一批草根工业长了出来。由此而言,乡、镇一层工业的升级,不但没有削弱草根工业,而是助长了草根工业的发展。

四

草根工业上升了一层,再滋长一批,这个过程当然不可能永远进行下去。可是现在乡镇工业还刚刚上升,就亮起了红灯叫它暂停。

部分同志从宏观控制出发,认为乡镇工业已不能再承受劳力的冲击了，他们希望至少在目前不要再提劳力的转移。另一部分同志则从农业现状出发，觉得乡镇工业不能再挖走农田上的劳力了，他们希望不要再讲无工不富，要讲无农不稳。

对于前一种看法，我以为宏观控制的对象是失控，乡镇工业的发展并没有失控，自然它就不应当成为控制的对象。至于宏观控制带来的影响，也必然会随着失控现象的扭转而消失。因此，只要农业上有劳力剩余，就会产生冲击力，谁也挡不住。关键就在于农业上究竟还有没有多余劳力？按照第二种看法，农田上的劳力紧张起来了，农业开始告急，草根工业的基础在发生动摇。

情况是否果真如此呢？

根据统计资料，1984年，吴江县的农村劳力总数为39.14万人，其中有12万人已转移到乡、镇、村工业和县集体企业工作，从事建筑、运输等其他非农业的劳力为6万人，从事林、牧、副、渔业的劳力有3万人，从事耕作的农业劳力为19.32万人，以全县96.24万亩耕田计算，每个劳力平均拥有5亩耕田。另据县农工部测定，若按现有耕作技术条件下每亩耕田需要34个标准劳动日计算，每个劳力可耕种8亩田。可这是在理论上算账。如果考虑到劳动力的不平衡性和农田耕作的季节性，现在的生产条件实际上一个劳力能种好5亩田已经很不错了。劳均拥有的耕田数与一个劳力能够耕种的田亩数正好相等。由此可见，从全县的大账算来，吴江的农业劳动力应当是既无剩余，也不缺乏。

然而，在我走访的几个乡，除震泽以外，干部们都说农业劳力颇感紧张。可替他们算一算账面上的劳力，又都与全县的情况相符，基本上能够满足农业耕作的需要。看来只算账面数字而不看实际，就不容易把真实情况摸清楚。

开弦弓村合作社的社长谈雪荣,今年刚满40岁。他家有口粮田和承包田共7亩多。原先,这些田主要由他60多岁的父亲在负责耕作,农忙时则全家帮忙。今年他父亲病故,失去了一个农业上的全劳力,种田的担子则落到他的肩上。虽然家务事由老母亲做,在村丝织厂工作的爱人和一个儿子也可在工余时间做帮手,可他既要工作又要种田,夏收夏种时家中又饲育春蚕,在最紧张的那些日子里,每天十七八个小时的劳作累得他躺在床上动弹不得。

北厍乡的柳书记告诉我,这个乡共有劳力1.5万人,其中从事以乡镇工业为主的非农劳动人数有1万人,还剩下1/3的劳力在种田。他强调说,从人数上看农业劳力并不缺,但农业劳力老的老,少的少,质量太差,是个不实足的数。梅堰的徐胜祥书记是老熟人了,他说在梅堰这个铸件之乡,青壮年劳力绝大多数被工厂吸收了,留下的都是60岁上下的老人和病弱者。所以在群众语言里多了个词,他们把联产到"劳"称为联产到"老"。

强劳力进厂,半劳力种田,这无疑是农业劳力紧张的一个原因。如果联产到"老"的趋势继续下去,有可能造成极为严重的后果。去年,在梅堰的庙头村有三家万斤粮户,今年大概都保不住这一称号了。据说是因为这三家的青年不听家长要他们留下种田的劝阻,都跑到工厂去了。大家普遍反映,现在农村的青年人都不愿当农民。对此,有人惊呼,10年以后将无农夫。

青年人之所以不愿留在村里种田,据说一是因为农忙时劳动强度太大;二是社会地位低下,不进工厂甚至连对象都难找;三是农业的收入少。

我注意到的是第一和第三两条,第二条是从这两条派生出来的。第一条这里姑且不说它。先看第三条，种田的收入少到什么程度？

请县有关部门计算1984年每亩粮油作物的物质费用，结果是：以亩产粮食1433斤和油料61斤计算，亩均收入是255元，而种子、肥料、农药、机耕、排灌、小农具添置等物质费用每亩约为78元，这是在县农工部提供的每亩物质费用资料中扣除管理费一项后计得。又据开弦弓一户记账农户提供，去年他家的5.7亩田地共缴纳了两金一费和农业税为330元，每亩为58元。以亩均收入减去物质费用和缴纳费，农民在每亩农田的耕作收入为119元。如果一个劳动力全年耕种5亩田，则可收入595元。

据乡镇工业局领导同志介绍，去年乡和村两级工业职工的年平均工资收入（包括奖金在内）是727元。所以务农劳力收入要比务工劳力的收入少132元。这里应当指出，务农劳力的收入中有相当大的部分是以实物形态兑现的，即全家所需的粮食、食油、柴火等都包括在上述的收入中。以全县农业户户均人口为4人、每人需自耗农产品的价值为100元计算，那么，耕作5亩田的农业劳力只到手现金195元。还应当指出，一户人家耕5亩田必须有一个劳力被钉在土地上，而在耕种和收获时节，全家人必须都扑到土地上做帮手，由此算来，一个农业劳力的现金收入就是微乎其微了。

计算数字不免使人枯燥乏味，可所得的结果却十分重要，它可以使我们悟出不少道理。平望乡的干部说，现在种田不如一位老太太在车站上卖茶叶蛋，不如在乡镇办厂当工人，更不如到上海做小工。所以该乡的溪港村就有三户人家不肯种田，弃农经商，留下的7亩田只好由村里的塑料厂派人代耕。开弦弓村有一户人家因特殊困难退出了 3 亩田，村干部为了重新分配这点田召集社员开会。会议从下午 7 点半一直开到午夜 11 点半，无人愿意领受。最后还是请大家看在乡亲、乡邻的面子上，才分掉了 2 亩 7 分。北厍乡为了防止农业劳力的盲目外流，下行政命令不准农户白田抛荒，外出经营需三级证明。这种现象，包括前述的青年不愿种田等等，不都可以在这计算结果的数字中找到根源吗？

因此，农业劳力的紧张，农民地位的低下，根本的原因就是农民所说的一句话：种田赚不着钱。干部们把它翻译为：农业的经济效益最低。由于农业的经济效益最低，土地的价值在农民心中便失去了其数千年来的传统魅力。土地价值的跌落是一盏真正的红灯，不过它不应该是暂停的信号，而应成为提醒我们警惕农业有可能产生危机的标记。它要求我们必须深入研究在农村工业化的过程中怎样发展农业这一迫切课题，从而使农业现代化与工业化同步进行。

目前我们在吴江看到的实际情况是，农民尽管不愿种田的思想普遍存在，尽管有弃农的苗头出现，但在吴江，从总体上看，眼下的农业生产还是稳定的，农民们拼死拼活也要把落实责任制时承包的几亩田种熟种好。这是因为农民的商品经济头脑还没有发展到把粮食也包括在内的程度。所以农户的食用粮和家庭饲养牧业用粮还得靠自己种出来才放心，盖屋时请人吃饭亏空的粮食也不是到市场上去买，而是到亲戚家中去借。

因此，粮食必须自给自足的传统和几十年来粮食并不富裕的教训，维持了目前农业生产的稳定。可这种维持的局面是不可能长久的，假定从工业得利和从农业收益之间的距离进一步拉大，农民的商品经济头脑再向前迈一步，那么农业生产就会出现危机。

上述两个假定并不是研究者的空想。在苏南一些发达的地方，已经出现了所谓"产值翻一番，缺少鸡鱼蛋"的情况。在吴江，当农户把前两年打下的粮食用塑料袋储放在家里以后，今年便出现了改水田为旱田、变粮食生产为其他经济作物生产的新情况，以致县领导觉得国家下达的2.75亿斤定购粮任务过重，担心今后有可能完不成。因此，用行政命令不准农业劳力流动的办法只能暂时奏效。要真正做到有一个稳定的农业，就得从提高农业生产的效益出发，去寻求发展农业的新途径。

在吴江，我听到两家农业大户的情况。一户在菀坪乡，全家10口人，承包了81亩土地，而且把粮食生产与饲养畜禽相结合，成了以农业生产致富的典型。另一户在同里乡，夫妇两人加上女方的父亲和一个渡工，承包了178亩耕田，预计今年的收入逾万元。

人们从这两个大户身上总结出一条：农业生产要提高效益，就得搞规模经济。县委办公室的一位副主任说，实践证明，五六亩责任田只能拖住农民，却不能安住农民的心。只有扩大经营土地的面积，形成一定的规模，才能产生较高的经济效益，也才能有人安心种田。

这使我想到了在日本时参观过的家庭小农场。一对夫妇，一两个雇工，经营着相当于三四十亩土地的小农场。在日本，这种家庭小农场的收益并不算高。但若与苏南每家耕种五六亩田相比，它的效益显然要高出一个层次。那么，我们能否在责任制的基础上，也实行这种土地小规模集约的经营方式呢？

从上述两个农业大户的情况来看：第一，在他们承包的田地中，绝大多数是围湖后的湖田，因此没有像其他土地那样重的粮食定购任务。第二，在种子、化肥、水利、仓库以及农机等方面，集体为他们撑了腰，提供了高于一般的农业服务。这两个条件显然不具有普遍性，因此，吴江的农业大户也仅此两家。

要做到土地的一定规模的集约经营，离不开农业耕作技术的提高和农业生产服务体系的建立。现在的农业技术与服务情况如何，我这次来不及做详细了解。但看来农业技术的提高很缓慢，服务也没有大的改进。调查时，人们说到这样一件事：一位农民在梅雨季节过后打算翻晒粮食，一天他听广播说是晴到多云，于是就把谷子摊在场地上，他自己去镇上的茶馆喝茶了。谁知转眼间下了一阵雷雨，等到他赶回家，粮食已全部被雨水浸泡透了。一气之下，这位农民举起铁锄，把挂在墙上的广播喇叭敲得粉碎。当然，天气预报并不能保证万无一失。我举这个例子是想说明，对于在现有技术条件下的农业生产来说，对自然力量的抗御力还很弱，冒的风险较大，故而优良的服务更显出其不可或缺的重要性。一旦服务不周，农业的规模经济自然也就不可能形成，只好将农业生产的风险让众人分散去承担。这就是县干部所说的发展农业服务难，农业风险共担。

农业负担的减轻，耕作技术的改革，服务体系的建立，都需要雄厚的经济物质基础。这一力量在现在的农业里是不具备的。农业这条腿目前还很软，靠它自己还站立不起来。所以农业由小农经济向规模经济过渡，必须有一外来的触发和支撑的力量。我以为这一力量就来自草根工业。实际上，现在苏南农村不发生大批农民外流，农业还能继续高产，是得力于基层草根工业的支持。

工业的进一步发展把农民一批批地吸走，农业劳力的紧张导致土地经营的相对集中，工业的利润则为农业的集约经营减轻负担和增强技术服务提供经济力量，而农业的规模经济又反过来以释放更多劳力的方式促进工业的进一步发展和飞跃。这就是我对草根工业的意义和农业发展的前景动力的认识。至于苏南农业究竟以多大的规模进行集约经营，人们估计现有技术条件下大概可达到二十来亩。对此还有待于我们去研究。

从现有包产到户的小农责任制转化成相当规模的小农场，给农业机械化和现代化的真正到来创造条件，是当前已经提到日程上来的现实问题了。显然，农村体制改革已要求更上一层楼。这也应当是我们今后研究的重点。我觉得现在回到农村里去进行调查是及时的。农村是乡镇工业的基地，乡镇工业促进了小城镇的发展，形成了苏南地区全面的繁荣，要跟踪追进地观察这个历史过程，我们不能放松对农村本身的调查研究。这可说是我九访江村总的体会。

1985 年 8 月 29 日

说草根工业

苏南农村这几年发展的工业，不是上头叫办的，而是农民自己创造出来的。与西方工业发展的历史相对照，这是一个了不起的创举。西欧工业的发展，是少数资本家，通过一股出自城市侵入农村的力量，把农村作为工厂的猎地，把农民变成工业发展的猎物，弄得农村破产、农民流离失所，不得不出卖廉价的劳动力。这种工业发展的结果必然是城乡对立、工农对立。所以马克思说这几个差别是资本主义社会的特征。而中国农民发自自身的动力，冲破资本主义工业发展时期的老框框，根据自己的生活需要，让工业发展来适应自己。这与资本主义工业是有根本区别的。

中国工业化，要从农村开始。在苏南，农民办工业，是逼出来的。有限的耕地吸收不了不断增长的人口，而农民只有种田一条路，没有别的出路。他们在打破大锅饭以后，就在人口的压力下，千方百计地寻找活路，找到了工业这条路子。十年动乱，把城市工人、技术工人赶下乡，使城市技术和农村劳动力结合起来办工业。工业的发展要有原始的积累。葡萄牙、西班牙工业靠海盗起家，英国工业靠掠夺殖民地起家，日本工业靠赔款起家，中国工业靠什么？我们不能抢人家的钱，也不能靠赔款，只有靠农民勤劳。中国农民办工业可以像长乐的农民一样两年不拿工资，这是城市工厂办不到的。农民办工业，以农业做基地，通过家庭这个细胞来发展。开头是靠农业积累资金，"以农养工"，随着工业的发展，收入的增加，反过来就"以工补农"。农村破破烂烂，农民省吃俭用，在农业里积累下资金，利用简单的机器设备办工业，有的有机器没有厂房，就把机器安装在自己家里，厂房就是农民的家，工人就是农民的子女。有的地方机器放在农民家中两三年后才搬进新建的厂房，经过几年努力，逐步发展成为颇具规模的自动化、半自动化的工厂。草根工业就是从这里来的，从农村种地的人里长出来的，它的根深深扎在泥土之中。由于农民可以把住房让出来安装机器，自己的子女可以不计报酬地参与劳动，不要国家一分钱投资，这一切就赋予草根工业无限的生命力。亏本不认输，倒了又爬起来，真是"野火烧不尽，春风吹又生"。国家一办工厂，就要组织一批人马，往往搞得机构臃肿，养一大批工人，官僚化，赔老本。因此，城市里是工厂养人，农村里是人养工厂。草根工业有很强的生命力，几年时间就出现了一批系列化的小工厂。

江苏的草根工业，是集体性的合作经济。他们的发展已经历了三代人。第一代是由一批有一片热心的农村优秀基层干部带头办起来的。第二代是一些学徒出身有经营能力的中年干部。现在已发展到第三代，大多是高中生，精明能干，开始实现现代化、知识化、年轻化。他们有气魄，敢于同国营工业挑战。国营工厂经济效益较差，自己不行，就讨厌他们、排挤他们，刮起了乡村工业"以小挤大"等一阵阵冷风，他们顶住了。江苏省乡村工业产值相当于70年代全省工业总产值，今年已超过了上海。国营工厂弊端多，效率低，乡村工业的蓬勃发展，势不可挡，逼着它非来个脱胎换骨的改造不可。

中国是以农民为主的国家。在革命战争年代,我们主要是靠农民力量夺取民主革命的胜利。现在我们要实现工业化,也得靠农民。农民办起了工业,也不会放弃农业。因为草根工业是植根于农民的,它不仅靠农业里挤出来的资金诞生,而且成长了也不忘本地不断"以工补农",它与农业血肉相连,脉脉相通。

　　农民现在很注意智力投资,培养人才,有的地方自己办起了农民大学,如江苏的沙洲职工学院,请钱伟长同志当名誉校长。青年学生一进国家办的大学,就只求考试及格,等着毕业端"铁饭碗"。农民办的大学大不一样,国家不承认,没有文凭好拿,但他们不靠文凭吃饭。草根工业的蓬勃发展,农民自己起来办大学,逼出了一个经济体制的改革,又逼出了教育体制的改革。事实证明,乡村工业走出了一条具有中国特色的社会主义道路,一条农村工业化的道路。

1985 年 11 月 30 日于福州

农民头脑里的变化

不少对中国现代化同情的外国朋友们担心,具有长期历史遗产的这样一个人口众多、幅员辽阔的大国,传统的思想意识是否会严重妨碍这个史无前例的社会经济大改革。在国内也有不少人不大愿意看见在实现现代化过程中,在接纳新的科学技术的同时,伴随而来的某些不大顺眼的风尚在年轻一代中流行。物质生活上的繁荣是否会在精神文明上付出过重的代价?这些过虑引起了我对中国现代化过程中思想意识变化的研究兴趣。我毫不怀疑人们的一切社会行为是受着当事人的思想意识,特别是价值观念的指导和限制。同时我也相信,任何个人的爱好、取舍,都受到社会关系、特别是人们所在的社会生活方式的影响。我国现在正面临一场社会经济大变革,这场变革带动着人们思想意识的变化,反过来它又对变革本身起着促进或阻碍的作用。中国在这场变革中将从一个以小农经济占优势的国家,变成一个有现代科技装备的现代化的社会主义社会。这个过程在人类历史中具有它的独特性。我想举一些具体的事例说明中国农民的一些传统的思想意识怎样滞留下来,又怎样被改变。

我近年在江苏北部农村调查时,在等候长途汽车的广场上遇到一位携带着大包花生的少妇。我问她这包花生是哪里买的?她说这是舅舅送给她带回家去的。她每年要探望她的外婆家好几次,每次要带来这地方不出产的白米送给舅舅,她回家时舅舅就送她大包花生。她现在住的地方是不出产花生的。我在这里就看到了这种通过亲戚关系的互通有无的实例了。这是种带着人情味的交换过程。

30年代,我在经济比较发达的江苏南部的农村里调查时,注意到村子里的小店铺的店主全是外来户,不是本地人。他们告诉我本地人之间不好论价,赚乡里邻居的钱怎么说得过去呢?这是50年前的事。

最近我去甘肃定西县调查,定西县是当前国内的不发达地区,刚刚开始着手解决温饱问题的地方。在一个小镇上,我访问了几家专业户。有一个是青年焊铁匠,由于这几年镇上都在盖新房子,木材不足,改用了一部分钢材,焊接成了个热门。这个青年两年里成了个万元户,新盖了一所楼房。我去访问时,见到他的妻子,是这位青年工人的小学同学,在这地方算是有文化的人。我好奇地问她是不是也学会了焊铁工艺,帮助丈夫干活?她摇摇头接着说,我学了这个有谁去种田呢?我们要吃饭的呀!现在这地方市场上已经可以买得到粮食,但是她认为要吃饭就得自己下田种庄稼。

另一个专业户是磨坊主人。我在他家里看到他的仓库里至少贮藏着全家两年都吃不完的麦子。可是他从来没想到过把这些麦子在自己的磨坊里磨成面卖给别人。他对这几年生活很满意,指着他养的四头肥猪和一笼鸡对我们说,过年不愁没有肉,平时天天有鸡蛋吃。我说你怎么吃得完呢?他回答时很大方,也很得意,他说他的朋友和亲戚不少。

我怕我所见到的是这地方的特殊情况,所以回头找这个地方的商业机关核对通过他们供给市场的营业总额,并同他们一起估计农民用货币买卖的数量占全部包括实物在内的收入总额的百分比。我们得到的数目是不超过1/5。那就是说，在这地方生产品中商品化的程度不到20%。在这个水平上，人们思想意识中表现出了"自给为先，轻视商业"，尽管已出现了专业户、富裕户，但是在食物消费上还强烈地保守着传统的自给经济的观念。

我在这里不想引经据典地列举历史上各家怎样贬低商业的论述。中国重农重商的大辩论是发生在公历纪元的初期，大概早于欧洲一千五百多年。那时起，各种职业的社会地位已经做出定论，士、农、工、商，商是处在最低的一级。所以我认为有理由说，今天在定西所见到的情况在很大的程度上是中国昨天的农村里的一般情况。

上述这些事例，我想足够给我们作为研究中国农民在现代化过程中的思想意识变化的起点，就是说，我们不妨假定，在小农生产的早期，中国农民一般具有上述那种自给为先、轻视商业的思想意识，然后，我们可以用此来比较一下当前经济比较发达地区的农民情况，看看有没有变化，变化有多大、多快。

我今年春天到江苏北部去调查，这地区在解放前也是个有名的穷地方。但经过解放后水利工程的建设，和在十一届三中全会后实行了生产责任制，这5年来农业生产突飞猛进，去年有一个县（兴化县）粮食产量在全国已名列第二。这个过去的逃荒区今天已变成商品粮基地。

这里的农民也和定西一样，每家除口粮地外，承包一定的农田，并规定除了卖给国家一定数量的粮食外，有权自由处理他们的余粮。在定西余粮是贮藏起来的，在这个地区这两年来都起了变化。首先是他们正在想尽方法把余粮卖出去，以致国家的仓库从去年起已经告急，存放不下了。有些农民摇着船，一个一个码头去找收购粮食的顾主。我们听说，苏北的余粮正在大量供应山东的产棉区。我为了收购粮食一事去请教当地管理这项事务的机关。他们说，减去农民自己消费之后的余粮，今年上市的粮食实际上已超过了农民今年收成，这表明农民正在把上几年的存粮也抛入市场。这种现象固然使经管粮食的机关发愁，但是对我却很有启发。这里的农民思想意识正在起变化，他们头脑里长出商品化的细胞了。把他们和定西一比，变化就突出了。同是有过穷地方的称号，同是实行了生产责任制，但是经济发展水平的区别，导致了思想意识上的差别。定西农民至今一般还是为自己搞饭吃而种田，苏北的农民已开始看到粮食是一种商品，可以卖出去换钱来花了。

苏北的农民目前确是碰到了粮食难卖的问题。但是他们却不像定西的农民那样把麦子堆在仓库里取得心理上的安慰，而开始想办法把粮食变成其他可以出售的商品，最方便也最熟悉的办法是养鸡。他们养鸡不是像定西的磨坊主人一样用来赠送亲戚、款待朋友，而是上市卖钱。这两年我们的商业机构的工作赶不上农村形势那种急速的发展，他们没有办法去收购农民养的这么多的鸡。结果是农民自己想办法把活鸡运到大城市里去上市。我在苏北通上海的公路上，看到一辆接一辆的自行车，车后都装上大笼的活鸡。这种景象是前所未有的。尽管驾驶我所坐的汽车的司机同志，必须提心吊胆地行车，而我却高兴地看到农民思想里出现的现代化苗头。

使我惊奇的是农民思想意识变化的速度。在农村政策改革以前，农民根本就不关心市场。他们在集体经营的田地上劳动，每年从生产队按他们劳动所得的工分领取粮食和零用钱。他们接受商业机关的定货提供农副产品，价格是规定的，下达的任务不得不完成。得到的现金，在国营的商店里按定价换取日用品，他们不容许为商品而生产，生产了也没有地方出售。在这种生活中产生不了商品意识。

农村经济体制的改革，开放了和搞活了农村经济，同时也开放了和搞活了农民的思想意识。当然在最初阶段，特别是经济基础较差的地区，生产力没有显著提高的时候，像定西那样过去经常受灾、农业还不能保收的地方，传统的轻商思想还有盘踞的领域，自己搞饭吃这种过去赖以保全性命的教条还能维持不变。但是粮食产量一旦提高，远超过国家征购的定额，又开放了粮食市场，余粮可以上市，像我们在苏北看见的情形，农民开始为生产商品而种田，甚至出现了农业专业户，自给自足的思想也就被冲垮了。

当然，思想意识是个人头脑中的东西，它的改变因个人的因素而有先有后，但总的看来，它的改变是以社会生产力的发展和有关的社会体制为前提的。这促进了农业经济体制的大改革，发展了农业的生产力。在短短的几年里，我们就看到原来力求自给的农民大踏步地走上市场，表现出他们头脑中的东西已经有了新的现代化的苗头了。

1985 年 4 月 13 日

江村五十年

50年前的夏季,我在家乡江苏省吴江县的一个农村里度假。利用这段时间,我进行了一次短期调查,后来根据这次调查写成了一本书叫《江村经济》。江村就是我替这个村子起的学名。最近几年我又多次去江村访问,可以说亲眼看到了这个村子在半个世纪里的变化。变化之大可以称得上"飞跃"二字。

江村坐落在太湖东岸,地处长江三角洲,属民间传统谚语"上有天堂,下有苏杭"的地区。土地肥沃,气候温和,适宜于高产的水稻种植。在以农立国的时代它在经济上的确比国内其他地区较为发达;加上沟渠纵横,交通方便,市集兴旺,不愧是个富庶之区。

但是在这个世纪的30年代,我初访江村时,这个被誉为人间的天堂已经名不副实。它和当时全国的农村一样,大多数农民劳动终日,不得温饱。所以我在那本《江村经济》的结束语里不得不惊呼:"饥饿是中国农村的结症。"历史事实明白显示,即使像江村那样天赋独厚的农村,在当时的封建制度下,经济是发展不起来的,何况近百年帝国主义的压迫,中国农民的日子到这时候已经陷入贫困的深渊了。

过去太平盛世时这个地区人民生活究竟怎样,现在已无可考。但分析50年前抗日战争前夕的江村经济,还可以看到这个地区人多地少、农工相辅的特点。当时人均耕地面积仅约一亩，如果只靠这块地上所能长出的粮食过日子，吃饱已经很困难了，谈不到富裕。但是这地区农民懂得发展多种多样的副业，特别是家庭手工业。江村长期以来家家户户养蚕缫丝，形成了以家庭为基础的男耕女织的经济结构。这个结构使得这个地区不仅是鱼米之乡，而且是丝绸之府。它之所以有天堂之称未始不是从这种结构赢得的美誉。

江村近百年来的历史，和中国的其他农村一样，是一部衰落的悲惨记录。江村衰落的起点就在于家庭手工业的破产。农民重要的收入来源一旦断绝，穷困迫使他们出卖土地，跌入封建剥削的陷阱。30年代江村这一地区土地权迅速集中到地主手上，使农村经济走向崩溃。这种悲惨状态在日本帝国主义占领及其后国民党反动派的统治时期一直在恶性发展。

40年代末人民革命的胜利，推翻了压在中国人民身上的三座大山，接着的土地改革，使全国人民获得了他们耕地的所有权，"土地回了家"。农民生产积极性促进了农业的大发展。解放初江村水稻的亩产量平均只有330斤，5年后增至510斤。

为了农业进一步发展，单单解决土地所有权的问题是不够的。所以土改之后不久就开始合作化，由农民自愿把各自所有土地合并集体经营。这是符合农业发展规律的，合作化后粮食产量继续上升。这是农村经济发展关键性的一步。

但另一方面，我在1957年重访江村时已看到粮食增产的同时，却忽视了农村家庭副业和手工业在农村经济中的重要性，不仅没有注意发展，甚至加以限制，以致农民除了生产粮食和国家收购的农产品外，只能从事一些自给性副业的生产活动。农民的饥饿问题固然解决了，其他的生活需要却不容易得到满足。农民还是富不起来。

农业合作化后不久很快地实行了公社制度，原来属于农民私有的土地收归集体所有，在农业经营规模上大大地扩张，同一公社的人在集体公有的土地上和统一指挥下进行劳动，公社社员按劳动工分分配集体所得。经过一段实验，才把经营单位加以缩小，实行了队为基础的三级所有制。农业上扩大经营规模在经济上有它积极的一面，比如水利建设、农业机械化和电气化等都促进了农业生产。但是另一方面，当时所实行的集体管理制度却发生了吃大锅饭和瞎指挥的作风，打击了农民的生产积极性，制约了农业的继续发展。更由于农村副业和农村集体工业的受到歧视，农民收入徘徊不前。以江村来说，70年代人均收入长期停留在100元上下。

70年代使农村经济停滞不前的另一个重要因素是人口的暴增。从解放时到70年代末，江村人口增加了80%。这样就使有限的农业增长很快地被新增加的人口所分掉。人口的压力迫使农民千方百计寻觅生产之道。就在这时候，城市工业在"十年动乱"中很多"停产闹革命"。但市场上的需求依然存在，农村的剩余劳力和城市里下放的技工结合起来，利用这机会在江村所在的长江三角洲一带首先兴办了当时所谓"社队企业"，就是由公社或生产队所办的小型集体工业。

1978年中共十一届三中全会后决定了农村经济体制改革，在农村里实行生产责任制，在坚持土地公有制的基础上，由家庭承包土地进行生产，生产所得除规定纳税和上缴集体的部分外，全归各家所得。这是土地改革之后，第二次解放了农民的生产力。

江村的粮食亩产量又稳步上升,达到了1200斤。

生产责任制的实行使长期被大锅饭掩盖的剩余劳力暴露了出来。每家人都明白自己承包的土地需要多少劳力,几乎没有多少例外地发现自己家里人手太多,土地吸收不了,因此积极主动地去开辟"活路",这就给已经创建的"社队企业"以向前发展的推动力。这时"社队企业"已改称"乡镇企业",取得了合法地位,并受到国家的支持和鼓励。农业和工业在这一带农村里并肩发展,出现了史无前例的繁荣景象。江村农民人均收入在80年代里,每年以近百元的增加上升,到1984年已经达到601元。江村所在的吴江县工农业总产值该年已达17亿元。它在江苏省还是处于中间水平,该省各县中工农业总产值超过20亿元的已有五个县(市)。

江村经济的飞跃发展中,值得我们注意的是经济结构发生了显著的变化:农业和工业在总产值中的比例换了位置。70年代初期还是农大于工,大致是7∶3;到了80年代中期倒了过来,农小于工,大致是3∶7。这个变化并不是出于农业的萎缩,而是农工并肩上升的,只是工业增长得更快,大约以年增长30%的速度在发展,农业赶不上,因而相形见绌了。所以江村农民的日益富裕起来,主要是靠了他们办了自己的工业。

乡镇企业是农民为了增加收入在自己乡村里办起来的工业。他们节衣缩食,积累资金;购买机器,因陋就简地开工生产;和城市里的技工结合,引进技术;吸收家属,从事劳动。年复一年地积累资金,逐步更新,到现在包括江村在内的许多乡村已建立起很像样的现代化小工厂。这完全是农业里生产出来的工业。它回过头来补贴农业,用盈利去兴建水利,办为农业服务的机耕队,还要为乡村修桥铺路,兴办各种公益事业,把长江三角洲的农村原有的面貌完全翻了一新。

将来的历史学者也许会指出发展乡镇企业这一条工业化的道路确实是具有中国特点的创造。它是从农民的草根上长出来的工业，不像早年西方工业化那样曾引起工农矛盾和城乡矛盾。相反地在中国这一条工业化的道路上见到的是工农相辅、城乡协作。农民自己办的工业不仅富裕了千家万户，而且促进了小城镇的发展，使从农业里释放出来的劳力在工业里变成了巨大的生产力，而且截留了大量人口，使他们不向大中城市集中，正在形成中国人口分布的新格局。

历史巨轮还在继续向前运转。上面所叙述的江村过去50年中我所见到的变化，只是更大更富有意义的变化的前奏。冬天已经结束，春天降临人间，整个中国人民正在向繁荣富强的目标前进，江村只不过是千万个农村中的一个标本。虽然有它的个性和特点，但它是和其他农村一起在同一个大势中推进的。在这里见到的种种也反映了中国千万个农村的共相。我们正在以无比热情，追踪观察这个标本，并力求能如实地记录下它在历史长河中留下的波信。

1986年6月13日

在农业基础上发展起来[1]

我很高兴今天同各位见面,首先我要感谢湖南省委和省政府几次写信要我到湖南来,我也几次打算来,未来成。这次我抽出了10天时间在洞庭湖区进行了一次访问,时间很短,实际看的时间不过三四天,其他时间都在路上,所以看的东西很少,我不敢在各位面前班门弄斧。可既然来了,也就不能不说几句,现在我把我这次的印象做一个素描,有些问题,需要将来深入去研究,有说过头的话,不符合实际的话,请批评指正。

首先从我的印象讲起,这几天我来到了洞庭湖区的岳阳、华容、沅江、常德这几个地方,我想拿我所见到的洞庭湖区同我的家乡做一比较。我的家乡是江苏吴江县,属于太湖区域,我感到你们这里农业基础比我们那里好,这句话并不是我的客气话,就拿粮食来讲,岳阳亩产1300到1400斤,同我们江苏南部平均亩产差不多,可是沅江亩产达到了1500到1600斤,比我们吴江县要高,高的原因,我同陪我的尹长民大姐研究了这个问题,她是科学家,她知道的比较多,主要是这几年采用了杂交稻种,我对于农业科学是外行,她给我讲杂交是运用了科学技术,促进了农业生产,成绩是很显著的,超过了我们太湖流域。这里要说明一

---

[1] 本文是作者在长沙各界人士见面会上的讲话。

下，在我的家乡，粮食亩产超过了1000斤再要上去成本太大，农产品的产量虽然还可以提高，但越提高，成本越大，到后来感到经济上不合算，所以1000斤以上，大家就很满意了，同时我们也不搞三季稻了，以前搞过一段三季稻，现在是一季稻，一季其他产品，如麦子一类，不管怎么说，这里的农业底子很好，洞庭湖区是有雄厚的农业基础的。

我们太湖区是我们江苏最好的地方，你们同太湖比，有什么地方强呢？以整个洞庭湖区来说，你们有山，有水，有丘陵；有丘陵地带，平原地带和比较潮湿地带，地形不像我们太湖，太湖一望一片，你们到处是水泊河流。这对农业有好处，但是也有害处，大家都知道，长江一来，你们头上就顶着一盆水。水一退，留下一些泥沙。泥沙是很好的肥料，这是它有利的地理条件。

洞庭湖区的农业与我们太湖区还有些什么不同呢？由于地域不同，各个地区有它不同的适于生长的植物，比如经济作物中的麻、橘子、油茶。在我们太湖里有个洞庭山，洞庭山上有个洞，与你这里《柳毅传书》的柳毅井是一脉相通的。可是洞庭山只是一个很小的岛，它也可以种橘子，看过古代小说的人知道，古书里面说的洞庭山是指我们那里的洞庭山。太湖地区的农作物主要是稻麦，经济作物有乌桕和桑树。但是那边有不少搞丝绸的农户，是丝绸最集中发展的产区。我们本乡依靠这种从手工到机器生产的丝绸业，再加上富足的农产品，成为"上有天堂，下有苏杭"的好地方。你们这里的经济作物比江苏多得多，麻、橘、芦苇这些都是湖区的东西，还有油茶。而且这些作物不是分散的，是集中在一个区域里。我们这次看到沅江马路两旁都是橘子树，实在好看。我们到了产麻的地方，看到一片片都是麻田；常德地区，已是洞庭湖的边区，那里到处都是油茶，漫山遍野，这些都是"黄金"，只要经营得好，是可以致富的，经营不好，当然不行。沅江人说一人"一担苎麻一担橘，半吨芦苇半担鱼。粮食人均1400，此外再加鸭猪鸡"，这样算来人均收入1200元（熊清泉省长：没有1200元，只有800元），800元是下面报的，照上面这些数字算来，应该是1200元，确实是多种经营带来的好处。

在过去以粮为纲的时候，这个地方不能发挥它的优势。搞粮食当然不错，产值100多亿元，是全国重要的商品粮基地。但是一旦从单种粮食解放出来，种上经济作物，那么这个地方的经济就会起飞。

去年麻的价钱高，7块钱1斤麻。很小一片地，一年可以收三次，老太太和小姑娘都在割麻，刮麻皮。一家人搞1万多块钱不算稀奇，所以家家成了万元户。芦苇我没有去看，芦苇是造纸的很好原料，现在我们搞精神文明建设，文化要发展，纸浆是个大问题，而这个地区有这么多好原料。这些我们已经看到，它是农业方面表现出来的优势。据各县各个地区干部同我们讲，实际发挥作用的，还不过是一部分。就说芦苇吧，可以生长芦苇的地方有66万亩，现在长了芦苇的面积还不到一半。可以种植柑橘的有12万亩地，现在只种植了6万亩，也只有一半。不要其他条件，只要你们充分利用湖区的土地，因地制宜，种植经济作物，在短短的几年里面就可以翻一番，所以说你们农业的优势在我的印象中很深。

我们也应当一分为二，同是这块土地，有它的好处，也有坏的地方，水也是这样，有好处，也带来了坏处，带来了灾难。现在我只讲它的好处，这块土地，我说它就像尼罗河下游冲积成的那块沃土,埃及的土地就靠这种冲积下来的泥沙,一淤积,土地就肥沃,长江里的水,每年给你们带来很多肥料,也就是粮食。看你怎么利用它,农民懂得根据它的地域,因地制宜地发展它最适合的经济作物。出现了农业结构的变化,要树立大农业观点,农业不只是粮食,粮食只是农业的大头,农业可以包括更广的范围。你们已从狭义的农业观点种粮中解放出来,树立了大农业的观点,造出一个分区域的、专业化的农业格局,这一点对我的启发很大,我们江苏就没有这样一个格局,就是种了点桑树,现在还很困难,原因我现在还不清楚。地形大概是一个很大的因素。

为什么你们现在可能发展经济作物的专业化和区域化?为什么过去不这么发展?一个很重要的原因,就是现在发展了社会主义商品经济,麻在自给经济里不值什么钱,可是一进入国际市场,麻从几角钱一斤,变成几块钱一斤,就是说这个地区的经济同整个世界的经济结合起来了,这个结合就是商品化经济,不是为了自己做衣服去种麻,而是供应市场,这个市场现在主要不是在国外,你们自己办了麻纺厂,但是能消化的原料只是其中很小的一部分,主要还是出口,所以这个地区的农业经济,在短短的几年里,进入到国际市场里去了。

橘子不同一点,橘子主要是国内市场上的东西,老百姓很清楚种橘子靠得住。橘子现在不过三四毛一斤,好的时候五毛钱一斤,它的收益没有种麻大,但是橘子的市场靠得住,因为这里有种橘子的传统,老百姓知道什么地方需要橘子。我对于流通问题很感兴趣,所以问老百姓,你们的橘子生产出来后怎么办呢?他们讲给我听:通过商业系统来订购的只有十几万担,不到20%;各个工厂、单位从这里订购的也只一小部分。老百姓不愿意都订出去，因为他们知道留着自己卖可能卖的价钱更高。所以大部分橘子由橘农集体或个人在门前摆一个摊子、拉一车橘子叫卖，常常是一下子就被人买走了。我问他们，有没有橘子市场？他们说没有橘子集市，橘子的市场是分散的，到处都是。为什么是这样呢？我想这是他们的传统，要买橘子的人都知道到什么地方去买，不需要集中拢来。这个市场看不见，实际是传统市场在活动，每年不用愁，总可以卖出去，每家卖不完的不多，这很有意思。

麻的主要市场在国外，而且变化不定，需要一套现代化的服务机构，这是农产品进入国际市场的大问题。我家乡吴江县有养蚕、缫丝、织绸的传统，1980年以来又发展了养长毛兔，在江苏是第一。去年很好，就像你们这里的麻一样，兔毛几乎100块钱一斤，所以农民高兴得不得了，家家户户的老太太都说养一笼兔，比娶一个媳妇还好，养了兔子钱就来了，养兔胜过了养蚕。可是今年国际市场发生了变化，我们的外贸部门预先没有掌握信息，也没有准备，价格一下子跌了下来，农民可吃不消了，我们的农民是刚进入市场的农民，他们不习惯这种价格的一高一低，过去我们国家的价格是固定的，几十年不变已成习惯，这么一变农民就受不了，他们一受打击就杀兔子，我说你们等一等看，到明年可能还会涨的，他们不相信，因为我们农民的思想习惯还不适应这种国际市场的变化。不仅农民，就是我们外贸部门的干部，也还没有适应这种国际市场的变化。

农业经济怎么适应国际市场价格的变化，这是以前搞农业的人没有碰到过的问题。这次在湖南我问当地一些干部，假如明年麻跌价了怎么办？他们说，我们把麻挖了种别的东西。这是对的，农田里种什么东西，应当根据市场需求来变化，可是农业不像其他的东西，它的周期长，所以必须要有很好的信息服务，究竟明年国际市场上麻的需求量有多少？是上涨、持平还是下降？要根据这个信息来安排种麻的数量，这就需要比较高一层的管理能力。我不敢说我们现在的机构已经有应付国际市场大变动的能力，所以我们还要进行改革。

在洞庭湖区农业里还有一个问题值得注意，就是各种作物在经济上的不平衡，我们看到各种经济作物和粮食作物之间出现了很大的差距。粮食现在不到两毛钱一斤，这同7块钱一斤的麻差距太大，当前这里的一些经济作物如橘子、麻、芦苇等，都已经区域化了，这就出现了各种作物结构中比例怎样灵活调整的问题。农作物效益的差别引起了区域间的不平衡性，洞庭湖区现在收入高了，洞庭湖以外的地区收入比较低，这就引起了区域间的劳动力流动。种麻所需要的劳动力不多，我问了一下，一年大概两个月的劳力就可以应付了，因为它是多年生的，不像谷子，年年要播种插秧。按理说，种麻的地区劳力是够用的，不需要雇工，但现在还是有雇工的，麻区的农民连这一点重劳动都不愿干了。在苏南农村里我们也发现乡镇工业发展之后，发生雇用外来劳动力的情况，雇用苏北和浙江人到无锡和吴江来挖池种地。在这里，农业里面也发生了这种现象，那是因为地区经济差别太大了，各种作物之间出现了竞争，情况比较复杂。我们问种橘子的人愿不愿弃橘种麻，他们说不愿意，因为橘树是多年生的木本植物，不愿砍了老树种麻，而且橘子市场稳定，不担风险。另外橘子生长在丘陵地带，麻要种在平原地带，是地区分工。看来种麻和种粮食之间有较大矛盾，为了保粮不得不依靠行政手段支持种粮，但是已经出现有的农民情愿到市场上买粮来交他的合同粮，也不愿种粮食。这是值得进一步研究的问题。

刚才我提到流通市场问题，商品经济首先一条是为市场生产，生产要服从于市场的需要，不能盲目，不是市场需要的商品，生产常常会发生很大的困难。我们江苏乡镇工业的初期，不是先了解市场需要后再决定生产什么，而是看到别的村子在搞什么，自己也赶紧搞什么，跟着人家后面跑，结果因为市场已被人家占了，因此常常赔本。今年我回到家乡去，看到化纤纺织品囤积得太多了，他们不是根据市场的信息去生产，等生产出了东西以后再想法找市场，县长得亲自出马去推销，这不是商品经济的正道，商品经济最怕囤积，积压了不仅需要仓库，还会积压资金，就亏本。所以必须根据市场信息去生产。上面我讲的是这10天看到的洞庭湖区的基本情况。它有丰富的农业基础，这个基础还有很大的潜力。这个潜力即使不增加什么新条件，按老办法生产，还可以增加一倍产量。但是，洞庭湖区是不是就应满足于这一点？现在有一种倾向，我称之为"农民倾向"。我访问过一家种麻专业户，大家谈得很高兴，他说这两年里造了一栋房子，还剩余4000多元。我问他明年会怎样？他说明年估计可挣1万元。我问他打算怎样用这些钱？他想了一下，还是回答不出。他的孩子还小，未到结婚年龄，不能将钱用在结婚上，最后他说用来买国库券吧。这当然很好，说明他的政治觉悟高，但也说明他不大会用钱。

这就出现了一个新问题：农民富起来后怎么办？过去我们中国农民穷，但是只要艰苦劳动总能维持下去。现在有了钱怎么办？我认为有三条路：第一条，消费掉，吃穿造房子；第二条，放在箱子里藏起来；第三条，作为扩大再生产的资金。现在的情况是走第一条路和第二条路的多。

从总体来看，我国已基本解决了温饱问题。70年代，我到宁夏去参加一个庆祝大会，有同志到下面去看了一下，回来对我说，那里的个别贫困户真的有穷到一家人只有一条裤子，谁出门谁穿，穷到这个程度，是我没有想到的。现在这样的情况是极少了，全国贫困线以下的人口已不到10%。但是在我国广大的农村里，住的问题还未完全解决，现在农村里兴起一股建房热潮。建房要花掉一笔钱，但房子造好后又怎么办？钱怎样花呢？现在结婚的费用越来越高，有些地方娶一个媳妇要用1万块钱，嫁妆里光是被子就要十几条，还要沙发等等。办婚事不根据需要来办嫁妆，而是为了将钱变成固定资产，或是讲排场、拉关系。现在时兴买高档商品如电视机等，认为它值钱，作为一种可以存放的固定资产，岂不知电子工业的发展日新月异，将来彩色电视机也许会很便宜。其实农民家庭生活还是很简单的，因为文化没有提高，生活不可能起质的变化。他们买的东西，有很多是不实用的。除了结婚，死人的排场也很大。前天我坐车路过一个地方，看到有人放爆竹，陪同我的同志说，这里的风俗是死人后，来一个吊丧的人要放一次爆竹，死一个人要放七八百块钱的爆竹。农民这样的消费方法要好好研究，搞得不好就会走到邪路上去，如赌博等都会跟着来的。

还有的人按传统的方法将钱放在箱子里藏起来，这些人是规矩人、老实人。我在一个村子问了一户人家，我说你们身边有多少钱？他说三四千元还是拿得出来。我估计每家最少能有1000块余钱，一般都有三四千块钱吧。这个村子不大，只有100多户人家，我问村干部：如果现在要集资，能集到多少钱？他说100万大概没有问题。这说明现在农民手里的死钱很多，没有用来发展经济，这是一个很严重的问题。江苏农民个人收入没有这里高，手里没有这么多钱。农民进乡镇企业只拿到工资，集体的创收留在企业里做再生产之用，或用来补助农业。所以江苏农民的钱，很大一部分通过集体机构积累起来了。集体机构将这部分积累进行再投资兴办新的企业，因此江苏的农村工业发展快。浙江温州不是这样，是"民富官穷"。到这两个地方一看就知道，江苏因为集体有钱，乡政府可以用来建设公共事业，所以乡镇建设得很好，各个乡镇都建有漂亮的电影院和招待所，但是农民家里就没有温州农民家漂亮。

农村经济发展后利润怎么分配？各地的制度不同，江苏是以集体为主，温州是以个体为主。这里的农民包产到户后，富起来了，钱多到了农民手里，怎样把这些钱从农民的箱子里拿出来，用来发展生产，这是摆在我们干部面前的新课题。农民意识的改变是一个很困难的问题，超越了农民的意识，路就是走不通，强迫命令这一套现在行不通了，可是跟着他们的自发倾向走也不行，我们必须正确引导他们走发展生产的道路，要在他们自愿的基础上去发展。这里边有许多学问，要在实际工作中才能学到，我们要善于总结经验，我曾经在桃源的陬市听到一些好的经验，我们可以去调查论证一下，如果确实可行就在洞庭湖区推广，最好是让各地的干部到那里去参观调查访问，回去以后再根据自己那里的实际情况具体应用。

农民富起来后究竟怎样发展生产？不要小看了这个问题。我们的干部有个传统观念，一谈到钱，总是眼睛望着上面，一级一级地往上要，其实钱就在农民手里，农民富了，不要他们将钱全部消费掉，要用来发展生产。我们与世界先进水平的差距还很大，现在还不是强调消费的时候，还是要勤俭持家、勤俭建国，这个中国的好传统农民是接受得了的。可是有一点，农民拿出的钱，要能够收回来。发展乡镇工业、村办或家庭办工业最易见效，而且这种投资看得见、摸得着，就在自己村里、家里，办这样的工业农民的积极性才会高。温州以前很穷，外出做工的人，用靠自己的手艺挣来的钱，发展了乡镇工业，这就是所谓的"起飞的启动金"。他们开始时的这点资金我估计现在洞庭湖区的农民是有的，问题是怎样使他们拿出这些钱来发展经济，这比伸手向上要好得多。钱就在你们身边，拿不拿得到就看你的本领，就看你是不是真心为农民服务，是不是有信誉。

我们的干部一定要改变向上看的观念，眼睛要望着下面，向下看不光是要看到下面农民有钱，还要想到用这些钱通过再生产变成更多的钱，这就需要生产技术。例如我吃到过一种藠头，很好吃，原来这种藠头并不值钱，只一角多钱一斤，有人办了一个厂将它加工成腌藠头，还是不怎么值钱。他们又请了几个师傅来，花了几万元，制成了糖醋藠头，这种藠头国内现在四角钱一小塑料袋，销路很好。后来出口到日本，日本人很喜欢吃，提出有多少要多少。当初如果舍不得花几万元去请师傅来指导，几万元也不会变成现在的几十万元，这就是技术的价值。所以我们的干部要有知识，懂科学技术。

在生产中有不少问题并不需要引进什么高科技就可以解决。重要的是要找窍门，改革我们传统的生产方法。在这方面要舍得花钱，同时要重视人才，人才问题要实事求是，不要只重文凭，大学生不一定什么都懂，首先要找有实践经验的内行的技工。我在西北听到有这么一个例子，甘肃定西到江苏请了三个小姑娘，教当地的妇女绣花，一个村子的妇女在几个月内全部都学会了，他们给了这三个小姑娘几千块钱，而这个村子的妇女学会了绣花，找到了活路，一下子富起来了，这一具体事例说明，我们不要好高骛远，要实事求是，先搞那些自己能够消化的东西。我们有的同志动不动就想搞大的项目，这很难一下实现。每个村、每个乡都会有些传统的好项目，在这个基础上，请些有经验的、好的技工来，帮助改进技术，虽然花点钱，但最后受益的还是我们自己。

我们的干部、群众，千万不要因为搞农业达到温饱有余就满足了，要把这种"有余"变成工业。我说你们要想办法从"农业里边长出工业"。开始不要搞大工业，先搞农产品加工，比如搞苎麻脱胶，尹长民同志正在和一些同志研究苎麻生物脱胶的办法，如果搞成功，农民就可以自己办厂脱胶。自己办厂农民放心，因为自己的厂就在身边，天天看得见。从脱胶开始，然后再办麻纺厂，一步一步办成一个纺织中心，这是一种从农业基础里边长出来的工业。这种做法很适合于洞庭湖区。

你们现在已经有了一定的基础，要先把这些传统作物如麻、橘、芦苇、油茶等的产量提高，并通过科学技术提高它们的质量。这方面有许多工作要做，为我们各学科的知识分子提供了用武之地。

还有一点就是要开放，要开门。长期以来，由于历史的原因，湖南形成了一个自成体系的"独家天下"。为什么你们离武汉这么近，而武汉的辐射力在这里这么小？你们和上海还有些来往，同武汉却有些疙瘩，这是历史造成的。我看湖南的市场在西边，出路要看南边。西边现在的经济发展比你们差，你们的工业品可以往那边销。南岭山脉把你们和南面的联系阻隔了，所以只有一条出路就是长江。你们城陵矶码头可以通过5000吨的船，可出海到日本，但是往东去你们会碰到一个个很强的竞争对手，你们的产品向哪里去呢？我看最好是向南去，你们真正的机会在南边，通过广州到香港。你们可以以西南作为腹地，西南能和你们竞争的是四川，可是四川向南的口子没有你们好，所以以西南为腹地，以香港为出口，等京广复线通车后再搞几条出路你们就活了，洞庭湖区的优势就可以大大发挥出来。

另外，思想要解放。这次我们一路来，下面的干部要我反映，希望省里向下面多放点权，这个意见很好。过去他们在计划体制下工作，不需要什么权，权越少越好，现在他们要做事，觉得没有权不好办，特别是专区一级，它不是一级政府，没有财政权，办什么事情都看着长沙。省里是不是可以研究一下，把能够放下去的权放下去，让下边有一定的自主权。当然，我不是搞行政的，这里边有很多"文章"我不懂，但是下面的很多干部要求我向上反映，我想是不无道理吧。

最后说一个比较敏感的问题，就是洞庭湖区的洪水问题。这里的同志从上到下都感到不安，头上顶着一盆水，说不定什么时候倒下来。这三年靠老天爷帮忙，情况还好，可是它的危险性还存在，要居安思危。我在这里说两个方面的意见：一、洞庭湖靠长江带来的泥沙得到了肥土，可是也会带来危险，对这个危险要想办法预防。现在老百姓说，要造三层的楼房，水来了就往楼上跑，这是老百姓消极的预防方法；二、我们应当有一个总的治理方案。我之所以说它是敏感问题，是因为大家都觉得这是北方来的威胁，如果长江水不入洞庭湖，只有湘、资、沅、澧的水通过洞庭湖进入长江，那么洞庭湖就不会那么危险了。但这牵涉到湖南、湖北两省的利益,产生了矛盾,这个矛盾不是几年内产生的,其源在西面。我到过甘肃南部的白龙江,是长江支流嘉陵江的上游,过去白龙江水质很清,因为上游的树都砍光了,水土流失,现在变成了"黄龙江",甚至快要变"黑龙江"了。整个长江上游这种现象很严重,长江都变成"黄河"了,所以说要治理洞庭湖不能只在洞庭湖身上打主意,洞庭湖区只能解决老百姓的安全问题。要解决根本问题,必须治本,国家要看到长江的危险性,要从长江治起,治湖要治江,应该提出整个长江的水利总的处理办法。我建议湖南、湖北两省的水利专家共同来讨论一下,从治本、治标两方面来考虑。如加固堤防、造安全楼等都要想出一套办法来,至少要使住在洞庭湖区的人和住在汉口的人有安全感。两省如何协作,共同治理江湖。

我们民盟有不少这方面的专家,民盟又比较超脱,不会偏袒哪一省,我想可以由民盟牵个头,把大家的观点都摆出来,看一看问题究竟在什么地方,提出比较科学的意见,使决策人能在这个基础上逐步采取适当的措施。

最后,我还要强调一下,这次因为时间短,看得很不全面,很多话不一定正确,你们一定要实事求是,根据自己的具体情况进行分析,找出适合于自己发展的路子。

1986 年 11 月 13 日

三访江村[①]

从青年时代踏进这门学科，我就已经向往的荣誉，经过了半个世纪坎坷的道路，到了垂暮之年，突然落到自己身上的时候，欣慰愧赧可能是形容此时内心感受最适当的语词。去年英国皇家人类学会通知我要我在今年冬季到伦敦来接受赫胥黎纪念奖章是完全出乎我意料的。古人云："人贵有自知之明。"以我学术上的成就来说，我决不敢妄想和从这个世纪开始时起接受这奖章的任何一位著名学者相提并论。但是我一想到这个光荣榜上开始列入中国人的姓名时，我感到衷心喜悦。这表明了英国皇家人类学会的学者们怎样重视这门学科。今后的发展将有赖于全世界各国、各民族的学者们的共同努力。我在这个体会的驱策下，欣然就道，来到我的母校伦敦经济政治学院，经过了 35 年，再一次站到这个讲台上来，虽然使我不胜遗憾的是已经不能再见到主持我那次大学演讲的托尼教授（R. H. Tawney）了。

提到汤姆斯·赫胥黎（Thomas H. Huxley），这是我们中国知识界熟悉的名字。早在 1895 年，我出生前的 15 年，他的名著《进化与伦理》（*Evolution and Ethics*）已经由英国海军学校毕业的中国清代学者严复用当时优美的古文翻译出版，书名《天演论》。

---

① 本文是作者在英国皇家人类学会 1981 年赫胥黎纪念会上的演讲。

1976年，又有人改译成当前通行的白话文的版本行世。到今天来说，在中国至少已经有四代人受到这位英国学者的影响了。为纪念他而设的讲座名单上列入中国人的姓名，可以认为是对这位人类学的先驱者在全世界人民思想上所起的促进作用的历史肯定。荣誉属于这位先哲的本人。

坦率地说，使我发愁的倒是我自己能在这个庄严的讲台上讲些什么来报答同人们对我这样殷切的期待？在这里我不能不感谢今天在座的我的老师雷蒙德·弗思爵士（Sir Raymond Firth）。他在今年6月里，遥感到我的困难，伸出了援引的双手。他来信说："我看到你还没有决定在你的赫胥黎讲演里将对我们说些什么……在我心中涌现的各种意见中，有一种也许更突出一些的是讲讲你对开弦弓村1938年以来所发生的变化的看法。"开弦弓村是我在1936年调查过的一个靠近我出生地江苏吴江县的农村，想用它来代表这一类型的农村，我给它一个"学名"叫"江村"。后来我到这个学校来卜学，就在马林诺斯基教授（B. Malinowski）的指导下，根据这个农村的调查材料写成论文，1939年出版，书名 *Peasant Life in China*，中文称《江村经济》。

在我收到这位老师的来信之前，我早已有意想在我的余生中写一本书，叙述这个农村的新面貌。今年10月我有机会偕同我在上述书中提到的那位姊姊，现在已经78岁，一起去开弦弓村走了一趟，当然说不上什么实地调查，事实上只可以说是回乡探亲。乡亲们的热情是难于形容的。我完全沉浸在友谊的海洋里。这种感情的余波，也使我忘记了今天我是在一个学术的讲座上。我恳求你们的宽容，让我讲一些只适合于朋友间茶余酒后的谈话，为大家摆一摆这个已经为西方学者熟悉的开弦弓村半个世纪以来的变化、当前的问题和今后的前景。

莫里斯·弗里德曼（Maurice Freedman）教授在生前曾告诫进行微型调查的人类学者，不要以局部概论全体，或是满足于历史的切片，不求来龙去脉。所以我必须首先指出，开弦弓村只是中国几十万个农村中的一个（全国有大约500万个生产队，江村现在包括两个生产队或两个村）。它是中国的农村，所以它具有和其他几十万个农村的共同性；它是几十万个中国农村中的一个，所以它同时具有和其他中国农村不同的特殊性。我认为只要把它在中国农村中所具有的共性和个性实事求是地讲清楚，也就可以避免弗里德曼所指出的错误了。

开弦弓村处于苏杭之间，太湖之滨。古语有言"上有天堂，下有苏杭"，指出了在经济上这是中国的一个富饶地区。不仅因土地肥沃，水源充足，农产较高，而且以农产品为原料的副业和手工业也较为发达。这个特点已有很长的历史，一直维持至今。按1979年全国抽样调查了70万个生产大队，该年个人平均年收入不到100元。[①] 而开弦弓村所在的苏州地区1980年个人平均年收入约250元。这地区在经济上占先的地位是明显的。开弦弓村在苏州地区却处于中级，个人平均年收入接近300元，略高于这个地区的平均数。我们抓这个在全国居上游、上游中又居中级的农村进行解剖，就可以和比它好的和比它坏的农村相比较，从而看到当前中国农村经济正在怎样变化，要致富上升应采取什么道路。

用开弦弓村作为一个观察中国农村变化的小窗口有一个好处，就是我们有近50年的比较资料。我本人在1936年夏季搜集过一

[①] 《中国农业年鉴》，农业出版社1980年版，据第5页及第383页有关数字计算。

些基本资料已如上述。1956年5月现在澳大利亚悉尼大学任教的威廉·格迪斯（W. R. Geddes）教授访问过这个农村，1963年出版了 *Peasant Life in Communist China*（《共产党领导下的中国农民生活》）一本专刊。我本人在1957年夏季又去重访江村。这次调查的资料在过去动乱时期中已经散失，正在访求中。今年9月，美国马利兰州立大学的南希·冈萨勒斯（Nancie Gonzalez）教授访问了这个农村。我本来打算同她一起去的，因病延期到10月才去成。我的访问时期虽短，但还是搜集了一些基本资料。

开弦弓村在这近半个世纪中所经历的道路基本上是和中国的其他农村一致的，但是也有它的特点。我离开这村子以后两年，1938年日本侵略军占领了这个地区。我在1936年说当时中国的农民问题是个饥饿的问题，在经济方面如果确是如此的话，从1936年到1949年农民的生活不但没有改善而是更为贫困了。当时全村的土地已有56.5%被地主所占有，75%的人家靠租田和借高利贷过日子。水利无人关心，太湖洪水一发，这些滨湖地区立即受灾。农田的粮食产量逐年下降，亩产稻谷大约只有300斤，蚕丝副业几乎停顿，加上苛捐杂税，盗贼横行，真是民不聊生。造成这悲惨局面的根本原因，我在上述书中归结于土地制度和维持这种制度的政治权力。正如格迪斯教授书中所叙述的，1949年的解放，改变了政治权力的性质，1951年的土地改革改变了土地私有制，农民真正成了自己土地的主人，从此中国进入一个新的历史时期。我必须在这里指出，中国人民能取得政治权利和改变土地制度，没有中国共产党的领导是不可能的。

土地改革后，农民在自己的土地上耕种，积极性空前高涨。若以土改完成后的1952年和1949年相比，全国平均粮食生产增长了 42.8%，农民购买力提高了一倍。以开弦弓村来说，1936 年的粮食亩产量是 300 斤，1952 年据格迪斯教授的数字是 500 斤，增加了 66%。如格迪斯教授所记下的，这个村子完成了合作化后，粮食产量继续上升，到 1955 年已达亩产 560 斤。1956 年就是合作化后一年，当时农民给格迪斯教授的预算该年亩产量将达 700 斤，那就是比合作化前的 1955 年增加 28%；比 1952 年增加 42%。这年全国粮食产量比 1952 年只增加 14%，[①] 像现在一样，开弦弓村当时在全国范围内是属于上游的。

1958 年开弦弓村像中国的其他许多农村一样建立了人民公社。由于当时在生产上提出了过高的指标，经济上搞平调，挫伤了社员的积极性，使生产受到挫折，粮食反而减产，社员收入减少。到 1960 年加上了若干其他原因，全国陷入困难时期。在最严重的时刻，像开弦弓村这样的农村也发生了人口外流的情况。但是在开弦弓村这种情况扭转得比较快，1962 年已经纠正了一些过左的措施，规定了以生产队为核算单位，和实行了计件工分制。同时还开展了农田基本建设：平整土地，开通沟渠；又推广机电排灌，基本上消灭了我在上述书中所描写的那种用人力踏水车的传统方法。从 1962 年到 1966 年，全国大动乱开始前的四年中，开弦弓村粮食产量平均递增率是 8.25%，又因恢复和发展了蚕桑生产的传统副业，个人平均收入在 1966 年达到 119 元。社员们至今把 1962 年作为生活进入富裕的转折点，他们用最简单的话来表达说："从那年起我们每天吃三顿干饭。""三顿干饭"是说一个壮劳动力一天要吃两市斤粮食。

---

① 《中国农业年鉴》，据第 34 页有关数字计算。

1966年到1976年，这个全国大动乱时期，农村经济受到的破坏看来并没有城市里所受的那样严重。但是由于强调以粮为纲，集体副业和家庭副业都受到了限制，加上管理上强调统一指挥而不考虑各地区的差别，即所谓"一刀切"，和分配上的平均主义，所谓"吃大锅饭"，农村经济进入了停滞状态。以开弦弓村来说，1966年到1978年的12年中，粮食总产平均递增率是3.95%，不到大动乱前的一半。由于单打一抓粮食，忽视了工、副业生产，与粮食生产上忽视了节约成本开支的重要性，加上人口增长，个人平均年收入一直徘徊在114元上下，也就是停在1966年的水平上。

这次全国大动乱在农村中的消极影响到1978年底才得到全面纠正，中国的农村经济又进入了一个新的发展时期。在我继续讲到这几年在开弦弓村见到的新气象和新问题之前，我想插进一段讲一讲影响着农村经济的另一个重要因素，它就是人口问题。

从1949年解放以来，中国的经济得到了空前的发展，人民生活得到了显著的改善，而同时人口也有较快的增长。1917年，中国人口有4.4亿，32年后（1949年）人口增加了1亿，达5.4亿。又经过了32年，1980年末估计中国人口已近10亿，约占世界人口的22%，在这段时期里，中国人口增加81%，每年平均增长19‰。这样多的人口，分布又极不均匀，90%以上分布在中国的东南半壁，东南一半的人口密度十倍于西北半部，其中长江三角洲和珠江三角洲每平方公里平均有400到500人，是世界人口最密集地区之一。

开弦弓村就在这人口最密集地区。我在1939年得到当时这个村子的人口数字是1458人，格迪斯教授得到1956年的数字是1440人。虽则由于该村行政地区划分略有改变，在比较人口数字时还需要加以校正，但已有的数字可以说明在这一段时间里，开弦弓村在抗战时期可能由于战争的影响人口有所下降。而且解放后在全国人口开始暴涨的最初8年（1954—1957年全国出现第一次人口高潮，每年平均增长24%），开弦弓村人口却比较稳定。我至今还没有找到1957年到1965年这段时期的人口资料，而这正是它的人口开始上升的时节。1966年开弦弓村人口已达到1899人，比1956年增加459人，即31.9%，增加率甚至超过了全国的平均数，出现了人口暴涨。

对于开弦弓村这个特殊现象的解释还有待于今后的研究。但是现在可以提到的是，我在上述书中已经讲过的，这个村子的农民长期以来存在着人口控制的习惯。我在这次访问中曾追问他们为什么后来抛弃了这个习惯而让人口暴涨呢？他们给我的解释首先是政府禁止溺婴，所以儿童多了，后来群众有了节制生育的医学方法之后，儿童还是比较少。这种解释是否可靠还待调查。但是这表明这村的农民并没有改变对人口需要控制的传统观念。

当前开弦弓村的人口2308人，和1936年或1956年相比，只增加约60%，和全国在相同时间里的增加率相比应当说是比较低的。在这个增加率中除了出生数增加外，还有死亡数降低的一方面。这方面在我这次访问中印象很深，不仅是我还能找到许多30年代相识的老乡，而且从人口资料中看到在70岁以上的人数，1936年是17人，而现在却有114人。人民生活水平的提高和医疗卫生事业的改善改变了过去多生多死的控制人口的公式。在早就意识到人口压力的开弦弓村，用科学方法进行的计划生育正符合人民的需要，这使得这村的干部在答复我问到最近落实计划生育政策的情形时，很有把握地说："这在我们这里是没有多大困难的。"人口统计也证实了这一点,自从1977年以后不仅增长率已经降低,而且已出现过负号的年头。

我不敢说在开弦弓村所见到的人口现象在全中国有多大的代表性。从已有的资料看来,开弦弓村的历年人口的变化和中国全部的人口变化二者之间的差距是相当大的。但是即以开弦弓村的情况来看,中国的人口压力已经够严重的了。在一个发展中的国家,从个体经济进入集体经济的过程中,由于社会安定,生活有了保障,人口激增如果不及早预防是不容易避免的。

由于人口增长过快,影响了个人平均占有农产品的数量。尽管解放以来,我国农业生产有相当大的增长,它的增长的速度也超过人口增长的速度,但是由于人口毕竟增长得过多,个人平均粮食配额就不容易提高。例如1978年全国粮食总产量达6000多亿斤,比1949年增长了169.2%,但按人口平均,仅增长52%。[①]经过解放以来的30多年到1980年,中国谷类的个人平均配额仅约有580斤。一部分农业落后地区还不能自己解决粮食问题。然而,开弦弓村由于土地相对肥沃,人口相对增加得慢一些,情况就显然不同。1962年已实现了"三餐干饭",1980年个人平均实际得到的粮食(包括口粮及副业的粮食津贴)已接近1000斤;除了自己充饥之外,已有余粮喂养猪、鸡等家畜,提高家庭收入。从这个小窗户里去看全国形势,且不论人口压力对教育和就业的影响,单是为了解决粮食问题,控制人口的必要性也是很显然的。

然而,无论我们现在采取任何有效办法来控制人口,以全国来说,10亿人口这个数目决不容易在短时期内有所减少。据最乐

[①] 《中国农业年鉴》,据第34页有关数字计算。

观的估计,到本世纪末,中国人口将达到12亿。此后,如果政策对头,也许可以开始稳定和下降。现在这10亿人口中有80%住在农村里。因此,我们必须从这个基本事实出发来考虑今后中国社会经济的发展。

回想起我自己对中国农村问题的认识,《江村经济》确是一个重要的起点。在这本书里我注意到中国农村里农业、家庭副业、乡村工业的关系。我的姊姊用了她一生的岁月想从改进农村里的副业和工业,来帮助农民提高他们的生活。1938年我从伦敦回国,在抗日战争时期,在中国云南省的内地农村进行社会调查,使我进一步看到在一个人口众多、土地有限的国家里,要进一步提高农民的生活水平,重点应当放在发展乡村工业上。我在 Earthbound China 一书里明确地提出了这个见解。1957年我重访江村,看到当时农业上有了发展,我感到高兴,但是为那种忽视副业和没有恢复乡村工业的情况而忧心忡忡。现在,历史的事实已经证明我当时的忧虑并不是没有根据的。

这次短短的几天访问,由于激动人心的巨大进步以及令人陶醉的家乡情谊,使我担心我的观察是否会超越了科学的界限。中国有句谚语"旁观者清",我高兴地知道在我回乡前大约10天,亲自到开弦弓村观察的冈萨勒斯教授将有机会用她所观察的事实来讲述她的见解。但是我也不愿意错过这个机会,把我在这次访问中得到的一些看法,在这里传达给关心中国农民生活的朋友们。

我在这个讲演开始说明开弦弓村在全国的地位时,已经说过1980年这个农村个人全年平均收入已接近300元,位于全国的前列,大约是全国平均水平的三倍,所以它在中国可以称作属于富裕的一类。但是开弦弓村达到这个水平还只有三年。三年前,

1978年个人平均收入还只有114元。为什么在这几年里这个村子的农民会这样富裕了起来呢？

开弦弓村农民收入的增加主要是由于1979年以来贯彻了党的三中全会决定的政策，改变了农村经济的结构。那就是纠正了片面地发展粮食生产，而落实了多种经营的方针，大力发展多种多样的副业，不仅包括已纳入集体经济的养蚕业，而且扩大了各种家庭副业。在我30年代见到的养羊和50年代见到的养兔，现在已成了家家户户经营的副业，并且已是家庭收入的重要部分。以养兔为例，养一只长毛兔，每年可以出售兔毛10元以上。而很多人家养五六只甚至十只以上。全公社一共养兔10万只，一年总收入超过100万元。各种家庭副业合在一起，个人平均收入1980年约120—150元，占个人平均总收入的一半。

开弦弓村有一家，共3人，1980年出售肉猪9头，养羊2只，养兔8只，加上卖给集体的肥料和自留地所种的能出售的油菜籽等等，一年得到1087元，他们从集体劳动工分（包括农业和集体副业）收入660元，每人平均收入是582.3元。这一家在开弦弓村还并不是突出富裕的人家；另一家，共5人，其中4个劳动力，1980年收入2429元，人均485.8元。这家全年日常生活费用是960元，储蓄1469元，预备添盖房屋。

开弦弓村的老乡一致同意，吃和穿，也即是温饱，已经不成问题。现在主要的问题是住，也即是房屋和家具。冈萨勒斯教授能用她在农民家亲自吃过的伙食来说出他们的水平。她会告诉你们所尝到的使她称赞不已的饭菜，并不是特地为她的访问而准备的。她常常在人家家里谈话到了吃饭的时候，主人按当地的习惯一定要留客共餐，那就可以吃到各家日常的饭菜了。

至于穿着,已经超过了保温的要求。对于年轻人来说,时行的式样成了主要的考虑。手表对他们计时的用处可能还不及装饰的功能;上一代的手镯已让位给上海牌的手表了。在这一方面还是让冈萨勒斯教授所摄的相片来替我说话为生动。

冈萨勒斯教授的相片也会告诉我们,我上述书中所附相片上的一些房屋至今还在,只是陈旧了一些。人口增加60%而房屋的增建却远远落后。该村干部提供我们关于住房的数字从1948年到1980年每人平均增加不到1平方米,全村增建一共不到100间。我参观了一个生产队,十多家,挤在三个大门内,在30年代这里只住三家人。建筑房屋的困难,比如土地少、建筑材料不容易买得到等等,我不在这里多说。要说的是这个村子的老乡手边有钱能想到建筑房屋,还是近几年来的事。建造一间房要1000元,一家至少要三间。在1978年前有多少农民的积蓄能达到三千多元呢?而这几年来,情况变了,农民现金收入多了,一年上千元的储蓄已经不稀奇。这些钱怎样花呢?绝大多数的农民的答案是居住更新。

这次访问中特别引起我兴趣的是农村中居住更新的过程一般是通过青年一代结婚的机会进行的。新婚夫妇需要单独的卧室。在房屋紧张的情况下,不是延期结婚,就得把老房间分隔。在开弦弓村老一代中确有一生娶不起老婆的人。这几年农民具备了盖新房屋的经济条件时,凡是有儿子要结婚的就急于要扩建住所。过去一年中,靠河边大约有250户人家的几个生产队一共建造了50间新房子,几乎全是扩建旧宅的性质。因之,这村子房屋的布局更见凌乱。新建房屋内床柜箱桌等等用具也是大多在结婚过程中添置的。从订婚到结婚这段时间里,男女双方的家长忙于张罗。

由于开弦弓村是父系父居社会，所以提供房屋是男家的责任。那些无力提供房屋的男方，也有采取入赘方式，住到女方提供的房屋里去。新房内的用具事实上是男女双方合凑的，比例以女方经济水平决定。名义上，男方要给女方一笔礼金，而这一笔礼金实际上是给女方准备嫁妆的津贴。这几年经济好转后，女方提供的嫁妆，一般说来都超过礼金所能购买的东西。我们曾参观过一家新房，凡是女方提供的嫁妆上都挂着一条红色丝绵，所以很容易看出男女双方贡献的比例。在这个新房里，双方的贡献几乎相等。我们得到的解释是这地区女儿少，特别疼爱，所以出嫁时总是要尽力准备一份丰盛的嫁妆。我们当场估计了一下全部用具和衣服的总值大约两千多元。这个数字曾经引起结婚费用太高的批评。过于讲究排场固然不好，但是也应当看到事实上这正是农村里生活资料更新的重要过程。至于为了取得对男女间新的夫妇关系的社会承认而采取宴请亲友的方式，由于传统的好客风尚，有时未免花费得过分一些。

如果容许我过早地做一个估计，这三年来开弦弓村农民收入的增加，其中相当大的一部分是通过结婚的过程而消费在家庭生活的物质更新上的。而这个更新过程又是从进入结婚年龄这一代开始的。就在我们参观的新房隔间是老一代的卧室。在这间卧室里我看到的是我幼时所熟悉的我祖母房里的陈设，我祖母是太平天国时嫁到我家的。我直觉地感到过去农村里生活物质基础更新率是这样缓慢，使两代卧室的对比如此之鲜明。

上面所叙述的这段话，当然还要在今后进一步核实，并用正确的数字来表达，现在还不能说是科学的观察，但是当我向老乡们指出了他们正在进行生活基础的物质更新时，却接触到了一个当前的实际问题。这几年农村经济从复苏到繁荣提出了许多新的问题，其中之一就是用普通的话来说，农民手上的钱怎样花法？从全国来看，每年流入农村的货币达到几百亿元。用什么商品去满足农民的需要呢？因此我们有必要去调查研究农民需要什么，怎样可以去指导他们的正当消费，这里社会主义制度可以发挥它的优越性。

就在我们参观新房的下一天，在一个和本村干部的座谈会上，大家提出了许多问题：怎样有计划地进行农民生活资料更新？怎样通过民主讨论的方式制定各种房屋的结构和布局？怎样根据本村农民的财力，分期分批地按大家同意的规划来有步骤地更新全村的面貌？人民自己的政府才能根据人民的需要来发动集体的智慧和力量来为人民群众办事。在这件事上，大家要我们人类学者帮助他们进行系统的社会学调查。我本人是心甘情愿做这种能直接满足人民需要的人类学工作的。

最后我想讲一讲中国农村中集体经济的发展的前景。自从中国农村建立集体经济以来，它一直是农村经济的主要部分，至今还是这样。1956年正当格迪斯教授去开弦弓村调查时，合作化运动已进入高级社阶段，提高了集体经济的地位。1958年成立人民公社，农村中的个体经济已微不足道。直到1978年开弦弓村和中国的其他农村一样，农民的收入几乎全部依赖集体分配所得，按各人在集体经济中所贡献的劳动折合成工分计算。但是一度在平均主义的左倾思想支配下，农民所得的工分并不能正确反映他所付出的劳动，所以出现了违反社会主义按劳取酬的分配原则的所谓"吃大锅饭"的偏向。在这个时期，作为个体经济的家庭副业受到极大的限制，甚至遭到禁止。1978年才改变了这种抑制农民积极性的错误政策,恢复和发展了农民的家庭副业,因而使农民的收入有了显著的增加。

但是这种承认农民个体经济的作用并不是否定了或削弱了农村的集体经济;相反地,由于农民生活的改善,生产积极性的提高,同时也促进了集体经济的发展。中国的农业和乡村工业主要是属于集体经济的部分,它们的性质一直没有改变。1981年起所实行的责任制也只是在集体经济的基础上根据各地生产技术和群众的觉悟水平,改善经营方式和贯彻按劳分配的原则罢了,并不是经济制度性质的改变。

在这里应当说明的,上面所提到的农民收入中副业部分的增加,并不反映这个农村结构的全部情况。列入农民收入中的副业部分,只是指从个体经济中得到的副业收入,农民从例如开弦弓村的养蚕业等集体副业中所得到的收入是包括集体分配部分之内的。集体经济的总收入中只有一部分按劳分配给个人,还有相当大的一部分作为集体事业的经费、社区公益费用和用于更新、扩展生产的投资以及公共积累等。因此,我们不能直接从农民个人收入中家庭副业和集体分配所得的比例,得出在农村里个体经济和集体经济的比重。当然,总的看来,这三年农民家庭副业收入的增加是可以说明农村经济结构变化的一个方面,那就是个体经济的增长。至于集体经济和个体经济的相对比重,还需要进一步计算。

农村经济结构另一方面的变化是农村集体经济部分本身的结构变化,主要表现在农业比重下降、副业有所增加和工业激增。

开弦弓村自从抗日战争时期起,合作丝厂被毁,桑田被破坏之后,蚕丝业就一蹶不振。一直到1966年才恢复了集体养蚕的副业,使该村每人平均收入突破百元大关。但是农业和副业的比例还是悬殊,1966年是87.8%比11.9%。

1968年开弦弓村开始重建缫丝厂,但是设备和技术由于条件太差还赶不上抗战前的合作丝厂。1975年乡村工业受到重视后才扩充设备和技术。1978年以后逐步发展,现在已成为一个有200多工人的小型现代工厂,而且在出丝率上正在赶上日本的先进水平。1979年开弦弓村开办了两个豆腐坊和一个丝织厂。乡村工业的发展使这个农村的集体经济结构发生了重大变化。以这村南部的那个大队来说,1979年农业收入占50%,副业收入占23%,工业收入占27%;1980年农业占41%,副业占19%,工业占40%。这个结构变化是农、副、工三方面都在增产中发生的。由于发展了乡村工业,这个农村的农民1980年每人平均集体分配达到150元,比1978年前增加约1/3。苏州地区农村中集体经济结构1980年是农业占19.6%,副业占13.2%,工业占67.2%,[①]所以开弦弓村在这地区的乡村工业发展上还是比较落后的。

在开弦弓村所见到的农村经济结构的变化在中国并不是个别的特殊现象。即使不能说中国几十万个农村都已发生这样的变化,但是可以说这是中国农村的共同趋势。据了解,到1979年底为止,全国已有98%的人民公社办起了集体企业,包括粮食生产之外的种植业、养殖业和工业。单以社队工业计算,估计产值已占全国工业总产值的9.3%。

现在中国农村经济的发展仍然是不平衡的,穷队和富队之间相差的距离相当大。按人口平均最好的富队已超过千元,而大约

[①] 《中国农业年鉴》,第13页。

还有 1/4 的队不到 50 元。[①] 分析富队之所以能富，最普遍的原因是开展了副业和工业，凡是单打一种粮食的大多属于穷队。粮食价格过低固然是一个重要原因，而农业产量的提高在像开弦弓村这样的地区已经感到成本太高，以致出现增产不增收的现象。中国粮食产量在过去 30 年中的不断增长，以占世界 7% 的耕地，养活世界人口的 1/4，可以认为是人类历史的奇迹之一，但是还要继续增长，如果不改变经营方法至少是相当困难的了。开弦弓村在每人平均只有 1.1 亩水田的面积上，1980 年生产 1510 斤粮食，只留下 660 斤做自己的口粮，一半以上的产品提供给城市居民消费。这样的负担确实不轻。在耕地面积不能增加、单靠提高单位面积产量的办法来解决供应粮食的任务，就开弦弓村来说可供挖掘的潜力，在近期内似乎已经不大了。要使该村经济继续繁荣起来就只有向副业和工业方向发展了。

开弦弓村副业的前途固然还很开阔，但是凡是要利用农业原料的副业，如猪与家禽的喂养需要粮食，养蚕需要桑叶，都已受到限制，而且这限制也将越来越大。开弦弓村蚕业的复兴和增长主要是由于利用电力排水把原来被水淹的和易涝的土地开辟成肥沃的桑田。比如从丝织厂楼房上一眼就看得到的那片桑田，1936 年我初访该村时是一块废地，总面积在百亩以上，现在靠这片桑田养蚕，蚕茧收成每年达到 3 万斤。但是今天还要增加桑田面积，至少将和增加粮食产量一样困难。

开弦弓村发展副业的前途看来是在尚没有大量利用的湖泊和

[①] 《苏州地区选择适宜本地的生产责任制》，载《人民日报》，1981 年 10 月 22 日。

河流，1936年我见到的渔家现在已集中到太湖边上，和这公社的其他渔民一起组成了专业的渔业生产队。本村作为副业的渔业并没有发展。近年试殖产珠的蛤蚌，已告成功，但尚未推广。因此到目前为止开弦弓村副业增产的幅度并不大。

从农村经济新结构中农、副、工三个方面来看，发展前途最大的显然是工业。乡村工业还可以分为两种：一种是用本地区所产的原料加工制造，例如从养蚕、制丝、织绸、刺绣，到制成消费品，直接在市场上销售。这在中国称作"农工商一条龙"。另一种农村工业是为都市里的大工厂制造零件。例如上海有一些缝纫机厂、自行车厂把零件包给社队工厂。现在这种方式的乡村工业还只发生在大城市的附近，而且还只是个开始，但是发展的前途是很大的。由于乡村工业的发展，苏州地区有些突出的农村已经出现农村居民职业结构的重大变化，就是主要从事工业的人口在比例上超过了主要从事农业的人口，或是说在农村里用在工业上的劳动力已超过了用在农业上的劳动力。最高的纪录已达到4∶1的比例。当然，这种例子的社区还称它为农村显然不太合适了。

我觉得特别兴奋的是在这里看到了我几十年前所想象的目标已在现实中出现，而且为今后中国经济的特点显露了苗头。在人口这样众多的国家，多种多样的企业不应当都集中在少数都市里，而应当尽可能地分散到广大的农村里去，我称之为"工业下乡"。工业下乡同样可以在国家经济结构中增加工业的比重，但是在人口分布上却不致过分集中，甚至可以不产生大量完全脱离农业生产的劳动者。在这个意义上，为具体实现工农结合，或消除工农差距的社会开辟了道路。

雷蒙德爵士为我这次讲演出了这个题目，要我在短短的一个多小时里讲述开弦弓村近半个世纪的变化，我在时间的控制上和内容的选择上，显然都没有能遵守我老师的指示。如果还能给我补救的机会，那将在离我开始在开弦弓村调查之后的 50 年，到那时候（1986 年）即使我不能再在这个讲台上做一次补充演讲，希望一本《江村经济》的续篇可以在那个时候送到在座的朋友们的手上。我这个希望的根据是我们中国社会科学院的社会学研究所在我出发来伦敦之前已经作出决定，将在开弦弓村建立一个社会调查基地，一个可以进行继续不断地观察的社会科学实验室。如果这个社会调查基地能顺利地建成，通过年轻的研究工作者的集体努力，我相信刚才许下的愿是可以实现的。

我感谢皇家人类学会同人们对中国农民的关切，并给我机会就我自己所看到的事实，叙述他们怎样在 30 年里建成安定、繁荣的社会主义农村。开弦弓村的父老们知道我要来伦敦做这次演讲，特地叮嘱我，把他们向你们的问候亲自带给你们。谨祝我们两国人民的友谊不断增长。

1981 年 11 月 18 日

工农结合探索农业现代化新路 [1]

今天我到双八村参观福源集团公司在这个村搞的改革示范工作,从中学到了很多新知识。对于国有大中型企业的改造问题,我在1990年到包头考察时就提出来了,我一直主张国有大中型企业要化整为零,一厂多制,因地制宜,分别对待,一部分一部分地消化掉,最后在经营的基础上再集零为团(集团)。我们不走俄罗斯那种"休克"疗法的道路而是走我们自己从老本上"嫁接"的道路。福源在改革中没有采取"丢包袱"的做法,而是采取了很多办法,在搞活国有企业的过程中,把一个大型二类企业的国有资产保护下来了,一部分退离休干部、老工人都包下来,在这个过程中没有发生大的震动,可以说是"保旧创新"。他们改革走的第一步成功了。

第二步福源公司参与到农村体制的改革中,公司在双八村租赁了农民的1000亩土地,用实物或货币保证了农民原有的收入水平。这实际上是公司从农民手里以租赁方式取得了土地使用权。我到双八村的农户访问时,听到他们对公司的做法是乐于接受的。把土地租给公司的农民脱离了土地,这些解放出来的劳动力有的外出经商,有的到外边打工,成了离土又离乡的农民。公司把这

---

[1] 本文是作者在商丘福源集团公司座谈会上的讲话。

1000亩土地集中了,可以做到规模经营,使用了科学技术,提高了产量。

我从3月开始,到珠江三角洲、浙江、江苏、山东一些沿海地区跑了一趟,看到这些沿海发达地区的干部都或前或后地碰到当前农村体制如何适应生产力发展的新问题。广东在试验土地入股的办法搞股份制,农村公司化;浙江搞稳制活田,稳定制度,逐步改变使用方式;江苏采取稳住口粮田,放开责任田,搞农业大户。总之要把分散在一家一户农民手里的田集中起来使用,便于在连片的土地上实行机械化,科学种田,以实现初步农业现代化。我感觉到当前东部沿海发达地区已经到了完善和发展原有"包产到户"式的农业制度了。

福源在这里搞的示范试验工作,是在中部农业发达地区,根据当地的实际情况在探索农村体制的完善和发展道路,因此这项工作具有重要的意义。但是,搞实验是要冒一定风险的。福源从农民手里租来了土地使用权,同时把农民一年的收获和各种费用都包了下来,因此福源公司就需要有足够的经营能力才能赚钱。但是我们的眼光要看得远一些,不要只看到赚钱,而要想到这一项工作的潜在意义,你们走了一条工农结合的道路,参与了完善和发展农村体制改革的试验。当然,这项试验规模还不大,还有待继续深入,不断总结经验,然后在实践中再逐步修正和推广。首先要注意这种做法是不是受到农民的欢迎,农民是否真正地愿意接受,依农民的自主选择为主要指标,能做到什么程度就做到什么程度,不能硬来,不能简单用行政命令在农民中推行。

第二步是把出租了土地的农民的劳动力发动起来,在自愿的原则下推广庭院经济。我看到福源在村子里为农户提供仔猪、饲料、技术，让农民在自家的院子里利用空闲时间养猪，猪养大了，由公司收购。这种做法也可以说是在公司和农户中间插进了"庭院经济"，就是发展农民熟悉的、家家户户都能搞的副业。这种充分发挥农民生产力的办法，正是我多年来在河南看到的，能够比较快地让老百姓富裕起来的公司+农户的办法。福源用这个办法把农民从庭院经济里生产的产品和市场经济结合了起来，为农民包销副业产品，比过去只在生产过程中为农民提供服务又推进了一步。

我国当前正处在由计划经济向社会主义市场经济过渡的时期，农村里还是一家一户的小农经济，这些一家一户的农民如何进入市场经济是一个大问题，福源公司在示范村里的做法解决了农民产品的销路。公司发挥信息灵、销售渠道广、资金比较雄厚的优势帮助小农经济找市场，为农民消除了后顾之忧，农民得到了好处。我去访问的那家农户进了公司以后，每年多收入了七八千元。另外由于不需要他家再种田，所以儿子女儿都外出打工，又可以赚钱，口袋里钱多了，盖了新房，生活富裕多了。我看，福源走的这条路符合当地形势的发展，又受到农民的欢迎，所以我认为这是一条走得通的路子。

所有的改革试验都会遇到困难和受到干扰，但这些困难和干扰是能够克服的。当前福源就遇到资金紧张的难题，我想不要把眼睛只盯住银行，要求贷款，是不是可以走出商丘，到深圳这些发达地区去看看，学一些新的办法，吸收一些资金，与深圳的企业联合。另外，农民富裕了，他们口袋里有了钱，要想办法让这些钱投入到生产中来。福源的试验是你们这些在基层做实际工作的人创造出来的，这些办法是你们在同农民接触中，从实践中创造出来的。希望能培养出更多这样的人来做这种工作，搞出一批像福源这样的企业，但不能照搬，还是要因地制宜地搞。

京九路通车给我们提供了一个很好的机遇。这次我到香港参加香港回归仪式，感想很多。香港的回归不仅具有重大政治上的历史意义，而且在发展我国的经济上也将发挥巨大的作用。香港要继续繁荣，需要大陆广大腹地的支持。同时由于香港的地位，使我们更有利地进入国际市场。通过京九路，商丘能与香港联系起来。福源要很好地抓住这个机遇，拓宽路子，拿出能够供应香港和国际市场的好产品。

从今年夏收的收益中，福源公司支付了对双八村农民承担的各项费用，而且还盈利了七万多元，这是公司在这1000亩土地上进行了科学种田，依靠科技的力量结出的硕果。同时因为农业科技的应用，也为农业科技人员提供了一个用武之地。

总的来看，福源公司的这一试验是工业体制改革发动了对现行农业体制的改革，是工农联合起来推动小农经济向农业现代化迈进了一步。在这个过程中科学技术得到了广泛的利用，科技人员充分发挥了力量。同时农村劳动力进一步释放出来，使他们向其他生产领域发展，创造了更多的财富。现在我们更应该注意加速发展二、三产业，用以吸纳这些被释放出来的劳动力，创造更多的财富。希望福源继续努力为这个改革创造出更丰富的内容。

1997年7月14日